Buch

Agrippina, Tochter des berühmten Feldherren Germanicus, Urenkelin des göttlichen Kaisers Augustus, Schwester des Caligula, Nichte und Ehefrau des Kaisers Claudius, ist sich schon als kleines Mädchen ihrer göttlichen Abstammung bewußt. Aus ihr schöpft sie den unermeßlichen Drang, selber einmal die Macht zu übernehmen. Da ihr als Frau der direkte Zugriff auf den Thron verwehrt ist, projiziert sie all ihre Ambitionen auf ihren Sohn, den späteren Tyrannen Nero. Agrippina nützt jede Gelegenheit, scheut keine Intrigen und schreckt auch nicht vor Mord zurück, um ihr Ziel zu erreichen. Doch die Erfüllung ihres Lebenstraumes wird ihr selbst zum tödlichen Verhängnis.

Mit der einfühlsamen Raffinesse eines versierten Romanciers und der Akribie eines Historikers gelingt es Pierre Grimal, die ereignisreiche Zeit des Tyrannen Nero darzustellen.

Autor

Pierre Grimal wurde 1912 in Paris geboren. Nach Studium und Promotion in Romanistik lehrt er an verschiedenen Universitäten in Frankreich. Auch nach seiner Habilitation blieb er dem Universitätsbetrieb treu. Neben seinen wissenschaftlichen Arbeiten über das Altertum machte er sich in Frankreich als Autor von historischen Romanen einen Namen. 1986 wurde er mit dem »Prix Gobert« der Académie française für seinen Roman »Cicéron« ausgezeichnet.

PIERRE GRIMAL

DIE WÖLFIN VON ROM

ROMAN

Aus dem Französischen von
Giuliana Broggi Beckmann

GOLDMANN VERLAG

Deutsche Erstveröffentlichung

Die französische Originalausgabe erschien unter dem Titel
»Memoires d'Agrippine« bei Editions de Fallois, Paris.

Umwelthinweis:
Alle bedruckten Materialien dieses Taschenbuches
sind chlorfrei und umweltschonend.
Das Papier enthält Recycling-Anteile.

Der Goldmann Verlag
ist ein Unternehmen der Verlagsgruppe Bertelsmann

Umschlaggestaltung: Design Team München
Umschlagfoto: AKG, Berlin, Alma-Tadema
Satz: Uhl + Massopust, Aalen
Druck: Elsnerdruck, Berlin
Verlagsnummer: 42324
Lektorat: Ulrike Kloepfer
Redaktion: Stephanie Meyer
Herstellung: Stefan Hansen
Made in Germany
ISBN 3-442-42324-4

1 3 5 7 9 10 8 6 4 2

Für jene, die als erste
an dieses Buch dachte

Vorwort

Agrippina die Jüngere, Mutter von Nero, hat *Memoiren* hinterlassen. So steht es bei Tacitus. Diese *Memoiren* sind jedoch seit langem verschwunden. Ihr Verschwinden verschafft dem Autor einen Vorwand, die Schlüsselfiguren der Geschichte Roms von Tiberius bis Nero zu neuem Leben zu erwecken. Alle hier erwähnten Begebenheiten sind authentisch und können faktisch belegt werden. Sie sind bei Tacitus, Sueton, Dion Cassius und einigen andern antiken Schriftstellern sowie durch verschiedene Inschriften überliefert. An einigen Stellen sind Einzelheiten hinzugefügt worden, die dazu dienen, die Realitäten der Zeit in Erinnerung zu rufen. Dazu zählt etwa die Eule, die einem nächtlichen Gespräch beiwohnt, oder der Zuschauer, der im Zirkus neben Agrippina Platz nahm. Die Worte hingegen, die Seneca in den Mund gelegt werden, sind seinen eigenen Werken entnommen.

An diesem Abend, gegen Ende des dritten Tages der Palatinischen Spiele, beginne ich, das Grauen des heutigen Abends vor Augen, die Geschichte meines Lebens und meiner Familie aufzuschreiben.

Britannicus ist tot.

Er ist heute abend umgebracht worden, während des Festmahls zum offiziellen Abschluß der Spiele. Ich habe ihn mit den anderen jungen Männern und Frauen ganz in meiner Nähe sitzen sehen. Er hatte etwas zu trinken verlangt. Ich bin mir nicht sicher, was genau geschehen ist. Er hatte einen Becher an seine Lippen geführt, den er sofort mißbilligend wieder absetzte. Ein Diener, ein neuer, mir unbekannter, kam mit einem Krug herbeigeeilt, hatte Wasser in den Becher gegossen, den Britannicus schließlich trank. Auf einmal spannte sich dann sein ganzer Körper. Ich dachte, er wolle aufstehen, doch er sank kraftlos zusammen und war bereits bewußtlos. Es wurde so getan, als ob man sich eifrig um ihn bemühte. Ein Blick von Nero, der gebieterischer war als jeder Befehl, ließ alle Anwesenden auf ihren Plätzen erstarren. Zwei der persönlichen Diener des Britannicus näherten sich und trugen ihn, eigentlich nur mehr seine sterblichen Überreste, mit Billigung des Princeps fort. Niemand wagte zu sprechen. Schließlich brach Nero das Schweigen und rief in Erinnerung, daß sein Bruder zu epileptischen Anfällen neigte, daß er dabei, wie an diesem Abend auch, leicht in Ohnmacht fiele, jedoch bald wieder zu sich kommen würde. Die gleiche Krankheit, fügte er hinzu, hätte seinen Vater Claudius nicht gehindert, ein recht hohes Alter zu erreichen. Ich fühlte, wie mich in diesem Moment sein eiskalter Blick streifte. Intuitiv wußte ich, daß Britannicus tot war. Nero war nie dem Irrglauben unterlegen gewesen, daß ich getäuscht werden könnte, und hatte mir auf diese Weise ein Zeichen gegeben. Die Anspielung auf das Ende von Claudius war eindeutig: Auch Britannicus war vergiftet worden. Wenn ich den Vater hatte töten lassen, besaß dann nicht er, Nero, das Recht, den Sohn zu beseitigen? Das Ziel war in beiden Fällen das gleiche: Es ging darum, die Macht zu ergreifen, beziehungsweise zu behaupten, diese Allmacht, die einst Claudius und jetzt Nero gehörte und die ich, seine Mutter, der er sie verdankte, ihm streitig machen konnte.

Das Festmahl ging zu Ende, als ob nichts geschehen wäre. Ich wollte mir nichts anmerken lassen; wahrscheinlich verriet mich aber mein Gesichtsausdruck. Ich beging auch den Fehler, Octavia, die anwesend war, wie es der Gattin des Princeps gebührte, einen Blick zuzuwerfen. Sie hatte keinerlei Gefühlsregung gezeigt. Aber auch sie hatte gewiß begriffen. Nero hatte meinen Blick bemerkt. Hatte ich, allein dadurch, daß ich die Augen auf Octavia richtete, die Angst zu erkennen gegeben, die ich für Claudius' Tochter empfand? Octavia war nun eine Geisel. Nero würde nicht zögern, auch sie aus dem Wege zu räumen, so wie er ihren Bruder aus dem Wege geräumt hatte. Ich überlegte, was für ein Motiv er wohl haben könnte, dem ersten Verbrechen ein zweites folgen zu lassen. Octavia bedeutete für ihn keine Gefahr. Ganz im Gegenteil, sie war einer der Gründe, die ihn, als Sohn und Schwiegersohn von Claudius, zum rechtmäßigen Kaiser machten. Nein, Octavia war für ihn zu wertvoll, um sie zu opfern. Es sei denn, . . . ? Ich wagte nicht, diesen schrecklichen

Gedanken zu Ende zu führen. Doch die Wahrheit ließ sich nicht verdrängen; ich hatte sagen wollen: Es sei denn, daß eine andere Leidenschaft als die der Machtbesessenheit von ihm Besitz ergreifen würde. Es lag an mir, darüber zu wachen.

Doch wie lange würde ich das können? Ich weiß seit vielen Jahren schon, daß ich zum Tode, zum Tod durch seine Hand verdammt bin. Wie könnte ich den Tag vergessen, an dem Balbillus, der Sohn des Thrasyllus und als Astrologe seinem Vater ebenbürtig, es mir trotzig entgegenschleuderte, daß Nero »herrschen und seine Mutter töten« wird? Ich hatte ihm damals heftig und ohne Zögern entgegengeschleudert: »Möge er mich töten, wenn er nur herrschen wird!« Möglicherweise nahte nun die Zeit, da sich der zweite Teil der Wahrsagung erfüllen würde. War ich wirklich so schicksalsergeben, daß ich das wollte? Das fragte ich mich auf dem Heimweg in der Sänfte: Die Prophezeiung war über zwanzig Jahre alt. War ich bereit zu sterben? Gab es denn keinen anderen Weg? Vielleicht sind die Schicksalsmächte gar nicht unabwendbar; vielleicht ist es nur so, daß wir sie falsch deuten. Selbst die eindeutigsten Orakel lassen Raum für verschiedenste Interpretationen.

Nachdem ich wieder daheim war und die Mägde mir mit den üblichen tausend kleinen Handgriffen geholfen hatten, die mein Zubettgehen stets begleiten, faßte ich den Entschluß, mit dem Aufzeichnen meiner Memoiren zu beginnen. Ich kenne zu viele Geheimnisse, die mit meinem Leben verbunden sind, als daß sie der Nachwelt verlorengehen dürften. Außerdem möchte ich von meinen Erlebnissen ausgehend jenen Menschen Gerechtigkeit widerfahren lassen, die mich persönlich umgeben haben oder deren Bild mich mein Leben lang begleitet hat; ich möchte noch einmal ihre

Stimmen hören. Ich weiß sehr wohl, daß manche von ihnen für alle Zeit verhaßt sein werden und daß ihr Name in Rom Grauen und Schrecken hervorruft. Aber was soll mir das Denken der andern, der Unwissenden, derer, welche jene Machträusche der Seele nie kennengelernt haben, die unabtrennbar unserem Wesen anhaftet, uns, denen die Götter Teilhabe an der Herrschaft schenken! Welche vermeintlichen Ekstasen des Glücks gekauft werden können – um den Preis des Todes!

Erstes Buch

Die Zeit meines Vaters

Ich war noch nicht auf die Welt gekommen, als sich mit mir Erwartungen verbanden, die mich in den Mittelpunkt eines dramatischen Geschehens rückten. So erzählte es mir meine Mutter, als ich zehn Jahre alt war. Wir befanden uns an jenem Tag in unserem Haus des Palatinus ganz in der Nähe der kaiserlichen Residenz. Aber nicht dorthin richteten sich unsere Blicke, sondern auf das gegenüberliegende Ufer des Tiber, das mein Onkel Claudius beharrlich das etruskische nannte. Den Grund sollte er mir eines Tages fern von Rom erklären, während einer denkwürdigen Unterhaltung, von der ich zu gegebener Zeit berichten werde.

Meine Mutter war müde; sie sah erschöpft aus. Gewöhnlich war sie immer voller Tatendrang; doch an diesem Tag erhob sie sich nicht, sondern blieb auf einem Ruhebett in einem Raum mit Aussicht auf den Garten liegen. Sie ließ den Blick über die Pinien des Janiculus schweifen, die sich über den Abhang des Hügels bis zum Fluß erstreckten. Es war eigentlich noch Winter; doch der Frühling kündigte sich schon zaghaft an. Der Himmel war mit drohenden dunklen Wolken bedeckt. Ich wußte jedoch, daß schlechtes Wetter nicht gereicht hätte, meine Mutter jeglicher Energie zu berauben und ihre Stimmung zu verdüstern. Waren es die Nachrichten, die ich am Morgen über den Prozeß gehört hatte, dem man im Senat einem uns wohlbekannten Mann gemacht hatte, diesem Cordus, dessen Tochter später einmal meine Freundin werden sollte? Ich wußte nicht, weshalb

Cordus angeklagt worden war. Ich wußte nur, daß der Senat ihn verurteilt hatte.

Meine Mutter verharrte lange schweigend; dann rief sie mich zu sich, nahm meine Hand und sagte: »Ich wünsche mir nur, meine Tochter, daß du solche Zeiten, wie ich sie jetzt durchlebe, nie kennenlernen wirst. Solche Tage der Einsamkeit in diesem leergefegten Haus, Tage voller Erinnerungen! Sie sind alles, was mir noch bleibt. Sie kehren manchmal zu mir zurück wie riesige bedrohliche Vögel, die über meinem Kopf fliegen und mir den Himmel verdecken! Ach, wie gern wäre ich jetzt bei ihm, der meine Erinnerungen teilen könnte! Würdest du mir helfen, daß sie keine beängstigenden Alpträume mehr für mich sind?«

Ich habe damals nicht genau verstanden, was meine Mutter damit meinte; aber ich fühlte, daß die Vergangenheit an diesem Tag zu schwer auf ihr lastete, als daß sie sie allein hätte ertragen können. Daraufhin kuschelte ich mich an sie, und die weiterziehenden Wolken schienen mir weniger furchteinflößend, so daß sie vielleicht nicht Schnee, sondern die belebenden Frühlingsschauer ankündigten.

»Vielleicht erinnerst du dich«, sagte meine Mutter, »daß wir, dein Vater und ich, uns in Gallien befanden, als Kaiser Augustus starb. Dein Vater hatte zu dieser Zeit den Oberbefehl über alle Legionen in Gallien und Germanien. Jedoch führte er die Befehlsgewalt nicht unmittelbar aus; und da er daher persönlich nicht an den militärischen Unternehmungen teilnehmen mußte, hatte ich ihn begleitet. Seine Tätigkeit entsprach eher der eines Zivilverwalters als eines Soldaten. Sie bestand darin, den Zensus der Gallier aufzustellen, weißt du, die Liste aller Besitzenden mit der Höhe ihrer Einnahmen, um die Steuerabgabe umzulegen ...«

Ich hörte meiner Mutter nur mit halbem Ohr zu. Was –

dieser Held, dessen liebevoll aufbewahrten Lorbeerkranz von seinem Triumphzug ich in diesem Zimmer sah, dieser prächtige General, von dem ich damals, am Tag des Zenits seines Ruhmes, nur einen flüchtigen Blick erhaschen konnte, hatte Monate um Monate damit verbracht, die Rolle des Intendanten zu spielen? Bei uns daheim wurden solche Aufgaben von unseren Freigelassenen erledigt.

Meine Aufmerksamkeit ließ ein wenig nach, als meine Mutter weiter berichtete: ». . . und dann erfuhren wir plötzlich, daß Augustus gestorben war und in einigen Garnisonen die Soldaten meuterten. Das war natürlich ein schwerwiegender Verstoß, ein Verbrechen. Sie brachen den Eid. Ich war empört und habe das Germanicus mitgeteilt, der, ohne ihnen recht zu geben, sich mir gegenüber, in der Abgeschiedenheit unseres Hauses, bis zu einem bestimmten Punkt zu ihrem Anwalt machte . . .«

Meine Mutter verstummte. Sie erlebte diese Szene noch einmal, ihr fielen seine Worte wieder ein, mit einer Freude, die ihrem Gesicht eine Lebhaftigkeit verlieh, welche ihm einen Augenblick zuvor völlig gefehlt hatte; ich war von dieser Verwandlung fasziniert, für die ich größeres Interesse empfand als für die Worte meines Vaters; weil ich verstand, daß diese Verwandlung auf die Liebe zurückzuführen war, die meine Mutter ihm stets entgegengebracht hatte.

»Gewiß«, sagte Germanicus, »es ist unverzeihlich, aber viele von ihnen haben dreißig Jahre lang gedient, und sie haben keinerlei Aussicht, daß sie eines Tages wieder freie Menschen sein werden. Ihre einzige Perspektive ist die, unter den Fahnen zu sterben, in Feldlagern, wo, wie du genausogut weißt wie ich, die Disziplin hart ist und ihnen die Annehmlichkeiten des Lebens fehlen. Soeben ist Augustus gestorben. Er war ihr Führer, ihr *Imperator*. Früher hatten ihn einige gekannt. Aber er war seit langem nur ein Name. Es gab keine Hoffnung, daß er käme, um sich ihnen zu zeigen. Er war über fünfundsiebzig Jahre alt. Trotzdem waren sie an ihn gebunden, ihm hatten sie den Eid geschworen . . .«

Das alles langweilte mich ein bißchen. Ich wunderte mich, wieso die Tatsache, daß man einmal einem Mann bestimmte Worte nachgesprochen hatte, zu einer lebenslangen Bindung wurde, die nichts brechen konnte. Nicht einmal der Tod? Aber welcher Tod? Der Tod des Soldaten oder der des *Imperators*? Gilt das gleiche in den Beziehungen zwischen Mann und Frau? War der Eid der Ehe genauso unantastbar wie der des Legionärs auf seinen Führer? Die Treue meiner Mutter über den Tod ihres Mannes hinaus ließ mich vermuten, daß es zumindest manchmal der Fall war. In meinen Träumereien holten mich die Worte meiner Mutter ein:

»Jetzt war Augustus tot, und man erklärte ihnen, von nun an sei Tiberius Caesar ihr *Imperator*. Viele von ihnen kannten ihn. Sie wußten, daß er im Kampf Mut besaß und daß er ein guter General war. Aber wozu? Auch er war alt. Wie konnte er mit mehr als sechsundfünfzig Jahren, in einem Alter, in dem ein Bürger Roms seit langem nicht mehr in den Kampf gerufen wird, der Waffenkamerad sein, den sie sich wünschten? Außerdem verließ er Rom schon seit langem nicht mehr. Wenn er verkündete, die Armeen besuchen zu wollen, so brach er jedesmal sein Versprechen, sobald der Augenblick gekommen war, es zu verwirklichen. Sie brauchten einen Führer, der bereit war, ihnen zuzuhören, und mit eigenen Augen sah, was sie litten. O ja, Germanicus konnte seine Männer genau verstehen. Er wußte von der Faszination, die er auf sie ausübte. Weißt du, die verdankte er seiner persönlichen Ausstrahlung ebensosehr wie der Erinnerung an seinen Vater Drusus, den die Legionen nie vergessen hatten. Und er hatte außerdem noch etwas von seinem Großvater Antonius an sich, der einige Jahre lang ein königliches Schicksal gehabt hatte...«

Ich verstand so in etwa, daß die Soldaten meinem Vater das Angebot gemacht hatten, ihn zum Kaiser zu machen; ihre Gründe waren mir allerdings unklar.

Von ihren Erinnerungen im Bann gehalten, erzählte mir meine Mutter, wie Germanicus sich einen Ausweg aus der schwierigen Situation ausgedacht hatte, in der sie sich befanden.

»Wie du weißt«, fuhr sie fort, »befand ich mich während dieser schwierigen Tage im Lager. Dein Bruder Gaius war bei mir, und ich wartete auf deine Geburt, die Geburt meines fünften Kindes. In solch einem Augenblick ist man ja normalerweise sehr vorsichtig! War es für mich etwa nicht gefährlich, inmitten meuternder Soldaten zu bleiben? Germanicus wußte wohl, daß diese Soldaten uns liebten, und sie empfanden eine ganz besondere Zärtlichkeit für Gaius. Sie hatten ihn »Stiefelchen« genannt, so stolz waren sie, daß er gekleidet war wie sie. All das beschwichtigte meine Unruhe. Germanicus erklärte mir allerdings, daß trotz alledem ein Attentat möglich wäre; daß, so populär er auch war, nicht alle ihm hundertprozentig gewogen waren. Er erinnerte mich an ein Beispiel, das er vor seiner Ankunft im Lager von Köln erlebt hatte. Als die Soldaten ihm angeboten hatten, ihn als Kaiser zu proklamieren, tat er so, da er Tiberius gut kannte und wußte, daß zwei Kaiser gleichzeitig das Risiko eines Bürgerkriegs bargen, als ob ihm der Tod lieber wäre als der bloße Gedanke an Verrat. Vor den Augen aller richtete er sein Schwert gegen sich selbst und ließ sich, ohne den Eindruck zu erwecken, lang gebeten werden zu müssen, von seinen umstehenden Freunden vom Selbstmord abhalten. Die meisten anwesenden Soldaten hatten Beifall geklatscht. Trotzdem hatte einer den Mut, sich Germanicus zu nähern, ihm ein Schwert zu reichen und ihm zu erklären, es sei ›schärfer geschliffen als seins‹. Als Germanicus den Vorfall erzählte, hat er ihn mit ein paar Worten kommentiert, deren Richtigkeit sich im Laufe meines Lebens erwiesen haben. ›Eine Armee‹, so hat er behauptet, ›hat nur eine Seele, nämlich die, die man ihr aufzwingt. Zu diesem Zweck gibt es die Disziplin. In Zeiten der Unruhe lösen sich die Seelen wieder von der allgemeinen Moral, und dann ist alles möglich.‹«

»Du siehst«, sagte meine Mutter, »man mußte vorsichtig sein; und genau das nutzte er als Vorwand, um das Drama zu dem Ende zu bringen, das er sich wünschte. Die meisten Divisionen hatten anscheinend zum rechten Weg zurückgefunden. Trotzdem verhielt er sich so, als ob er diese Ruhe für trügerisch hielt und es als ratsam empfände, mich zusammen mit Gaius und dir, meinem noch ungeborenen Kind, in Sicherheit zu schaffen. Er bestand regelrecht darauf. Einige Wagen sollten uns, mich mit Gaius sowie die Frauen und Kinder der höheren Offiziere seines Stabes, fortbringen. Ich war mir völlig sicher, daß das bloße Schauspielerei war, du kannst dir also vorstellen, wie sehr ich dagegen protestierte. Du kennst mich gut genug, um zu wissen, daß ich jede Form von Feigheit hasse, ganz gleich, ob echt oder vorgetäuscht. Ich war ehrlich und aufrichtig; deshalb machte ich Germanicus eine Szene des Bittens und Bettelns, in der ich mich weigerte, ihn zu verlassen, während er mich mit zärtlichen Argumenten dazu zwang. Selbstverständlich zog solch ein Spektakel nach und nach Zuschauer an. Als ich endlich nachgab und der Troß sich zum Haupttor des Lagers bewegte, begleiteten uns Hunderte von Soldaten bis dorthin. Ein ergreifenderes Bild konnte man sich kaum vorstellen. Es waren

Gerüchte gesät worden, daß wir bei den *Trierern* Schutz finden würden, bei diesem gallischen Volk, das besonders treu zu uns hält, weißt du? Der Gedanke, daß wir bei Galliern sicherer wären als im Lager der Legionen, entrüstete die Soldaten; sie verzweifelten; sie wurden wütend. Sie wollten die Karren anhalten. Dein Vater nutzte die Gelegenheit, ihnen eine beschwichtigende Rede zu halten, in der ich an manchen Stellen Spuren der großen Redner aus der Vergangenheit erkannte. Er schloß mit der Erklärung, daß ich nicht im Lager bleiben würde; die Jahreszeit sei zu weit vorgeschritten und bald würdest du zur Welt kommen. Was jedoch die anginge, die mich zurückzuhalten versuchten – warum bewiesen sie ihre Rückkehr zum rechten Wege nicht durch einen deutlichen Beweis? Und dieser wäre, die für die Unruhen Verantwortlichen ums Leben zu bringen. Unter solchen Umständen hast du, meine Tochter, das Licht der Welt erblickt«, schloß meine Mutter, »inmitten von Gefahren, wie eine tragische Gestalt.«

Ich lauschte all dem ziemlich gelangweilt, wie Kinder eben zuhören, wenn Erwachsene Geschichten vergangener Ereignisse berichten. Ich behielt davon aber immerhin im Gedächtnis, daß das Schicksal aus mir sogar noch vor meinem Lebensanfang die Heldin einer Tragödie gemacht hatte. Eine Königin offensichtlich; denn außer den Königinnen gibt es in Tragödien nur Ammen und Vertraute, und zu denen konnte ich nicht gehören. Also war ich berufen, Königin zu werden!

Abends schien ein helleres Licht über dem Janiculus, hinter dem die Sonne unterging. Meine Mutter war eingedöst; ich war allein und überlegte, was ich mir von ihrem Bericht gemerkt hatte. Ich war mir nicht sicher, ob ich alles verstanden hatte. Die Worte, gewiß, die konnte ich wiederholen, sie hatten sich mir tief ins Gedächtnis eingegraben, und ich kann sie auch heute noch, dreißig Jahre später, in Erinnerung rufen! Doch mir war nicht klar, was diese Worte für mich bedeuteten. Jedoch eins hatte ich ganz sicher verstanden, nämlich die Bedeutung der Soldaten im Leben des Staates und ihre Macht, Kaiser ein- und abzusetzen, je nachdem ob sie dem einen oder dem anderen anhingen. Und ich hatte auch verstanden, daß diese Macht auf das Recht zu töten gegründet war, das ihnen zuerkannt war.

Dann wandten meine Träumereien sich meinem Vater zu, von dem ich etwas verwirrte, aber dennoch ergreifende Vorstellungen hatte! Als Triumphator auf dem Wagen unterwegs zum Capitol, um für seinen Sieg dem höchsten Jupiter zu huldigen, und ich stand ebenfalls in dem Wagen, zusammen mit meinen drei älteren Brüdern und meiner kleinen Schwester Drusilla. Sie war noch nicht sechs Monate alt.

Der Triumph meines Vaters. Eine andere überwältigende Erinnerung, die ich mit allen Details abends beim Einschlafen gern wachrief: das Geschrei der Menge, die Schritte der Soldaten auf den Steinplatten der Via Sacra, die germanischen Kriegsgefangenen, die dem Zug der Sieger vorangingen, und auf großen Tafeln Bilder der Länder, die unsere Legionen erobert hatten, der Berge, der Flüsse und vor allem des Flusses, wo ich geboren und der für mich wie eine Legende war. Und dann kam Germanicus selbst, groß, prächtig, der die ganze Szene dominierte. Leider habe ich keine Zeit gehabt, ihn richtig kennenzulernen.

Im Zimmer war es inzwischen fast völlig dunkel. Meine Mutter blieb schweigend, doch ihre Lippen bewegten sich. Wovon träumte sie wohl? Von der Vergangenheit, die sie erlebt hatte? Von der Zukunft, die sie erwartete und vor der sie sich, soweit ich sie verstanden hatte, fürchtete? Im Schein des letzten Tageslichts erkannte ich auf den Wänden des

Zimmers Bilder, die mein Vater hatte malen lassen, lange bevor er Ägypten kennenlernte, wo er sein letztes Lebensjahr verbringen sollte. Diese Bilder zeigten merkwürdige Gestalten, vor denen ich mich ein wenig fürchtete. Ein Diener namens Psamuthis, den meine Mutter aus Ägypten mitgebracht hatte, hatte mich ihre Namen gelehrt und mir viele Dinge von ihnen erzählt. »Siehst du«, so hatte er gesagt, »dort die stehende Göttin, die auf ihrem Kopf eine Mondsichel trägt, siehst du ihr langes, weißes Kleid und ihren blauen Mantel? Das ist Isis, die Königin. Sie hat gerade ihrem Mann Osiris, der gestorben war, das Leben zurückgegeben ...«

Ich dachte an diejenige, welche die Macht besaß, die Toten wiederzubeleben, und fragte mich, ob meine Mutter je den Versuch unternommen hatte, sich zu überzeugen, daß Isis eines Tages ihr den zurückgeben würde, den sie verloren hatte.

Meine Mutter hatte Germanien nie geliebt. Für ihren Geschmack mangelte es dort an Licht, Sonne und Frohsinn. Sie hat nie vergessen, daß sie in Athen geboren wurde, auf der langen Reise ihres Vaters Agrippa, der den Auftrag bekommen hatte, die Herrschaft Roms wiederherzustellen. Auch sie war die Tochter eines Königs, eines Königs ohne Krone, der jedoch über diese Hälfte der Welt eine absolute Macht ausübte, so wie Antonius zwanzig Jahre zuvor, und nun hatte sie einen Enkel dieses Antonius geheiratet. Man hatte ihr vergeblich geraten, diesen Namen zu verschweigen oder nur ganz leise zu erwähnen, denn alle im Palatin konnten nicht anders, als an ihn denken. Auch wenn sie kaum von ihm sprach, so verhielt mein Bruder Gaius, der große Stücke auf ihn hielt, sich da ganz anders.

Gaius war erst dreizehn Jahre alt, als meine Mutter dieses

unvergeßliche Gespräch mit mir führte, durch das ich erfuhr, inmitten welchen Dramas ich zur Welt gekommen war; doch es war meinem Bruder überhaupt nicht peinlich, über alles zu reden, insbesondere über verbotene Themen. Er hatte mich mit der Geschichte unseres Urgroßvaters Antonius vertraut gemacht. Er nahm mich gern beiseite, um mir Geschichten zu erzählen, die mich erschreckten und gleichzeitig faszinierten.

»Du glaubst, daß unsere Eltern und Großeltern immer so brav und so tugendhaft waren, wie sie es von uns erwarten? Heuchler sind sie! Hast du etwa gewußt, daß die alte Livia, die von ihrem Mann, dem göttlichen Augustus, so gut und mit Tränen in der Stimme spricht, von ihm entführt wurde? Daß sie ihn nur geheiratet hat, weil sie dazu gezwungen wurde? Und daß ihre Ehe auch nicht die beste war? Sie hat ihm Dienerinnen und Jungfrauen besorgt, um ihn zu behalten. Und was sie selber betrifft... Aber still! Das sind Staatsgeheimnisse.« Dann flüsterte er mir ganz leise ins Ohr: »Apropos Staatsgeheimnisse. Weißt du, wer der wahre Vater unserer Mutter ist? Nein? Also, Augustus selber, mit seiner Tochter Julia!« Und er fügte noch hinzu, ganz als ob diese Lüge ihn mit Freude erfüllte: »Wir sind das Erzeugnis eines Inzests. Wir tragen das Böse in uns; nichts kann es entfernen. Wir sind unrein! Unrein!« Und plötzlich: »So etwas kümmert doch nur die Idioten! Glaubst du denn, daß sich die Götter daran stören, wenn man mit der eigenen Tochter schläft?« Er nannte eine endlose Reihe von Namen, von der ich nur den Namen des Thyestes behalten habe, weil er eine Gestalt aus einer Tragödie ist und ich Tragödien liebte. »Und vergiß nicht, meine kleine Agrippina«, fügte er am Ende noch hinzu, »daß Jupiter seine Schwester Juno zur Ehefrau genommen hat...« Woraufhin er zu tanzen begann und summte: »Wer will erst ein Gott werden, damit er mit seiner Schwester schlafen darf?«

Ich nahm solche Dinge selbstverständlich nicht ganz ernst, aber allmählich setzte sich bei mir die Idee fest, daß unsere Familie sich von anderen Menschen unterschied. War nicht Augustus ein Gott? Und bedeuten Gut und Böse für die Götter das gleiche wie für uns? Für *uns?* Nein – für die anderen! Ich spürte das Blut des Augustus in mir fließen, dies Blut eines Unsterblichen, das ich von seiner Tochter Julia, meiner Großmutter, geerbt hatte, so wie meine zweite Großmutter, Antonia, mir das Blut des Antonius vererbt hatte, den die Ägypter wie einen Gott verehrt hatten. Gaius hatte es nicht bei diesen Enthüllungen bewenden lassen. Er hat mir auch von Julia erzählt, von ihrer Lebensweise und ihren Liebhabern. Über Cleopatra und die Art ihres Selbstmords wußte er unerschöpflich zu berichten. Er kannte das alles viel besser als irgendwer sonst, insbesondere als ich, weil die gelegentlichen Anspielungen meiner Mutter auf diese Vergangenheit nie sehr deutlich gewesen waren.

Als mein Vater nach seinem Triumph von Tiberius in die überseeischen Provinzen entsandt wurde, hatte meine Mutter sich gefreut, die Länder ihrer Kindheit wiederzusehen, und das um so mehr, als Germanicus dort die Vollmacht haben würde wie damals Agrippa. So glaubte sie zumindest. Der Kaiser hatte den Senatoren erklärt, nur die Weisheit des Germanicus könne wieder Ruhe in diese Region bringen. Dem hat selbstverständlich niemand widersprochen. Germanicus zog in den Osten, und wir mit ihm. Ich kann mich noch an die endlose Reise erinnern. Meine Mutter war erneut schwanger. Das Rütteln unseres Wagens auf den schlechten Straßen bekam ihr schlecht; und als wir nach langen Strecken zu Lande an Bord eines Schiffes der Kriegsflotte gingen, war das Schwanken des Schiffes nicht besser. Unsere Mutter litt sehr unter den Reisestrapazen. Ich war bei ihr, soviel ich konnte. Ich hätte ihr wieder Mut gemacht, sagte sie mir. Ich verstand auch, daß sie für die Huldigungen empfänglich war, die man ihr an Bord und längs der Straßen erwies; doch manchmal waren die Schmerzen unerträglich. Zudem war mein Vater während der verschiedenen Überfahrten sehr beschäftigt; schnelle Schiffe oder Sonderkuriere überbrachten ihm ständig Mitteilungen, er mußte dann sofort Antworten diktieren und die Maßnahmen vorbereiten, die er, wie er uns erklärte, bei der Ankunft da oder dort treffen sollte. Und so konnte er nicht mehr tun, als sich von Zeit zu Zeit erkundigen, wie sie diese Reise ertrage, um nach einigen ermutigenden Worten wieder zu verschwinden und sich seinen Pflichten zu widmen.

Gaius kam und ging, rannte überall herum und wurde bei den Soldaten der Eskorte sehr beliebt. Er stellte Fragen, über die die Männer manchmal lachten, auf welche er aber lange Antworten erhielt, die er sich mit dem größten Ernst anhörte und bis zum letzten Wort behielt. Er war sechs Jahre alt, genau doppelt so alt wie ich. Mir kam er sehr alt vor. Davon war er selbst allerdings auch überzeugt; er belehrte mich bei allem, was ich tat, eines Besseren. Er erklärte mir die Ursachen von allem, was ich beobachtete, und aus der Distanz zu jenen Jahren weiß ich heute, welch großen Einfluß er auf mich ausgeübt hat.

Seinen größten Erfolg hatte er an dem Tag, als er mich durch Nikopolis führte, der Stadt des Sieges, in deren Nähe die Schlacht zwischen Augustus und Antonius stattgefunden hatte. Gaius erzählte mir noch einmal, daß unser Urgroßvater Augustus und, noch entscheidender, unser Großvater Agrippa ihr Bestes getan hatten, um unseren anderen Urgroßvater zu schlagen. Das schien ihm überhaupt sehr komisch. Doch plötzlich fing er an zu weinen und zu schreien;

um mir dann, als er aufhörte, leise zu sagen: »Siehst du, das war für Antonius«, und übergangslos in Gelächter auszubrechen – das war für Augustus und Agrippa! Ich war von diesem Affentheater entzückt, spürte allerdings auch ein wenig Angst. Ich sagte mir ganz verwirrt, daß die Dinge an sich doch eigentlich traurig waren. Hier vor der Bucht von Actium, neben den von Augustus errichteten Trophäen zur Feier der Niederlage des Mannes, mit dem, wie meine Mutter erzählte, Augustus' geliebte Schwester Octavia verheiratet war, wußte ich wirklich nicht mehr, was ich denken sollte. Wie konnte man jemandem, den man liebte, weh tun wollen?

Ich liebte meine Mutter über alles in der Welt. Ich wollte, daß sie nie leiden müßte. Ich fand schon den Gedanken unerträglich, daß sie leiden könnte. Das wußte sie auch, und sie gab sich deshalb Mühe zu lächeln, mich anzulächeln, selbst wenn sie vor Schmerzen plötzlich kaum mehr atmen konnte – in solchen Augenblicken ganz besonders, damit ich nicht erraten konnte, was sie für Qualen litt.

Trotz ihrer Erschöpfung schien sie wieder aufzublühen, als wir Athen erreichten. Unser Einzug wurde ein wahrer Triumph, würdig dieser Stadt, die, wie man mir immer gesagt hatte, nicht ihresgleichen hatte. Das glaubte ich gern, weil sie die Heimat meiner Mutter war. In meiner kindlichen Unschuld hatte ich angenommen, daß mein Vater sich den Athenern ruhmbedeckt mit einer Eskorte von Soldaten zeigen würde. Doch das tat er keineswegs. Er erschien in seiner Toga und ließ nur einen Liktor vorangehen; und wir folgten ebenfalls zu Fuß. Es wird offenbar als unerträgliche Demütigung empfunden, wenn ein Römer in einem Wagen oder gar in einer Sänfte eine verbündete Stadt betritt; es wäre sozusagen eine Erniedrigung der Bewohner. Wenn es nach mir gegangen wäre, so hätte ich nicht gezögert, die Athener zu demütigen, nur um meiner Mutter diesen langen Fußweg durch die engen, gewundenen Straßen zu ersparen. Gaius blieb über die ganze Strecke unerschütterlich ernst, auch wenn er nach rechts und links Blicke warf, die seine Neugier verrieten. Ich bemerkte sein Kopfnicken, als wir unter improvisierten Bogen hindurchgingen, deren Inschriftentafeln ich nicht zu lesen vermochte. Gaius aber wollte den Eindruck erwecken, daß er sie lesen und verstehen konnte; vielleicht konnte er es sogar. Um die Wahrheit zu sagen, kümmerte mich all das sehr wenig.

In meinen neuen Sandalen hatte ich mir die Füße wund gelaufen. Jeder Schritt tat mir weh. Aber ich wußte genau, daß es mir nicht erlaubt gewesen wäre, darüber zu klagen. Es ging um meine Ehre als Römerin, um die Ehre Roms. Mit drei Jahren wußte ich bereits, daß eine Römerin nicht vor Griechen weint!

Als wir das Haus erreichten, das uns während unseres Aufenthaltes in der Stadt beherbergen sollte, wartete dort eine Delegation von Würdenträgern auf uns. Ich sah eine Gruppe von streng dreinblickenden Männern, die sich gemeinsam vor meinem Vater verneigten. Germanicus sprach in einer Sprache zu ihnen, die ich nicht verstand, und sie antworteten, einer nach dem andern, mit einer endlosen Ansprache, die gespickt war mit Namen, die ich nicht kannte. Obwohl ich gewöhnt war, meine Amme, eine Griechin, griechisch sprechen zu hören, war mir die Sprache selbst nicht wirklich vertraut. Gaius allerdings war von den Ansprachen entzückt.

Auf meine Frage, was denn die Redner gesagt hatten, antwortete er, vage und von oben herab: »Oh, das Übliche, wie gewöhnlich.« Nach dem, was ich verstanden zu haben glaubte, hatten sie daran erinnert, daß die ganze Welt die

Freiheit ihnen verdanke; daß im übrigen die Götter sie so sehr liebten, daß sie den schönsten Marmor auf Erden im Boden Griechenlands versteckt hatten; und daß ihre Stadt sich von allen entferntesten Punkten der Erde im gleichen Abstand befände. Ein Vorteil, dessen Wert ich natürlich überhaupt nicht zu schätzen wußte. Ich fragte daher Gaius; er erwiderte mir: »Dafür bist du noch zu klein. Du wirst schon sehen, wenn du groß bist.« Dann drehte er sich einmal um die eigene Achse und rannte davon, um dem einen oder anderen Fragen zu stellen und seine Neugier zu befriedigen.

Nach dem Aufenthalt in Athen wurde die Reise meines Vaters – ich sollte wohl sagen: unsere Reise – fortgesetzt. Inzwischen stand die Niederkunft meiner Mutter kurz bevor, weshalb wir einige geplante Umwege aufgeben mußten. Wir überquerten die Euböa, um so rasch wie möglich die Insel Lesbos zu erreichen. Dort wurde Livilla geboren, meine jüngste Schwester, das letzte Kind meiner Eltern. Germanicus blieb nicht bei meiner Mutter, als sie sich erholte. Auf meine Frage nach dem Grund erhielt ich die Antwort, dank der Götter sei das Kind glücklich zur Welt gekommen, so daß sich unser Vater nunmehr ganz dem Dienst des Princeps widmen könne. Gaius, den ich fragte, um zu erfahren, worin diese Aufgaben bestanden, wiederholte ernst, was er erfahren hatte. Er berichtete mir, daß es in Asien (und er zeigte für mich Richtung Osten) eine Reihe von Städten gab, die Hilfe brauchten: Im vorausgegangenen Jahr hatte ein Erdbeben großen Schaden angerichtet, und man mußte überprüfen, wie lange der Wiederaufbau dauern würde. Außerdem schienen verschiedene Städte nicht mehr gut miteinander auszukommen. Es gab Streit; die Bewohner versuchten jeden Trick, um ihre Abgaben nicht zu zahlen, und die Magistrate erdachten alle Mittel, um sich das wenige, was blieb, anzueignen.

Ich gebe zu, daß mich das alles nicht sehr interessierte. Ich bedauerte bloß, daß diese Angelegenheiten, die für uns so unvorstellbar weit weg waren, unseren Vater so beanspruchten, daß er nie für uns Zeit hatte. Was wußte ich wirklich von ihm? Ich hätte ihn gern von ganzem Herzen geliebt, so wie ich meine Mutter liebte; doch seine fortwährende Abwesenheit und die viele Zeit, die er, wenn er nicht fort war, seiner Arbeit widmete, bauten eine Art Hürde zwischen uns auf. Vielleicht himmelte ich ihn deswegen so an; das ist möglich; aber irgendwie gewann ich den Eindruck, daß es zwischen einem Vater und seiner Tochter auch noch anderes geben mußte und daß die Bewunderung, die ich ihm entgegenbrachte und nicht als einzige für ihn empfand, von ihm belohnt werden sollte. Ich hätte mir so sehr gewünscht, daß er mich ab und zu in die Arme genommen und mir zärtlich ins Ohr geflüstert hätte! Dann wäre der Held, der Gott menschlicher geworden, und ich hätte ihm meine kleinen Geheimnisse mitteilen können, so wie ich sie meiner Mutter mitteilte. Aber was sollte ein römischer *Imperator*, der vom Princeps mit Missionen von höchster Wichtigkeit beauftragt war, sich um Kindergeheimnisse kümmern?

Heute weiß ich, was Germanicus in diesem Frühjahr seines zweiten Konsulats beschäftigte. Er war beunruhigt. Verdeckten die Würden, die ihm Tiberius verlieh, möglicherweise ein merkwürdiges Ränkespiel? Der Verdacht war ihm gekommen, als der Herrscher ihm seine Legionen in Germanien entrissen hatte, die Legionen, die er zu beruhigen und an sich zu binden wußte, vielleicht enger als angemessen. Die Beschlüsse des Tiberius hatten oft geheime Motive. Sie zielten darauf ab, die gegenteilige Wirkung dessen zu erreichen, was man glauben konnte und er selbst erklärte. In dem Augenblick, als er Germanicus mit dieser Generalinspektion des Orients beauftragte, hatte er sich beeilt, den Statthalter von Syrien, der zufälligerweise durch Verschwägerung ein Verwandter des Germanicus war, durch einen schwierigen, anmaßenden, stolzen Mann zu ersetzen, dessen Frau ihm in nichts nachstand. War all das nicht mit Absicht geschehen, dem Handeln von Germanicus entgegenzuwirken, ihm Fallen zu stellen oder noch Schlimmeres?

Natürlich ahnte ich von all dem nichts, und ich darf sagen, daß Gaius bei all seiner Neugierde und Naturbegabung, Geheimnisse zu lüften, darüber auch nicht mehr wußte. Meine Mutter war besorgt; und wenn mein Vater daheim war, gab er sich Mühe, die Sorgen zu vergessen, die ihn bedrängten, und sich möglichst fröhlich zu geben. Öfters war er allerdings verreist. Gaius wußte zwar immer das Land, in dem Germanicus gerade seinen Geschäften nachgehen mußte, doch wir wußten nicht genau, wo es lag. So hörte ich erstmals von der Insel Samothrake, die gar nicht weit von Lesbos war, wo wir uns aufhielten – das behauptete jedenfalls Gaius, der dies Wissen seinem Erzieher verdankte, einem Griechen, der zum Schwatzen und zum Alkoholismus neigte. Gaius hatte mir heimlich berichtet, daß es auf Samothrake Götter gab, deren Namen keiner wirklich kannte, die jedoch eine große Macht besäßen. Ich fragte: Welche Macht? »Die der anderen Götter und noch etwas mehr dazu.« – »Aber was?« – »Sie sind nicht nur fähig auf Erden zu leben, sondern auch in den Himmel und in den Hades zu gehen. Sie wissen, wo sich die Schätze der Weltunterwelt befinden, und wenn du sie bittest, wie es sich gehört, nehmen sie dich mit.« – »Was ist ein Schatz?« fragte ich. »Du Dumme, das sind wertvolle Steine, wie unsere Mutter sie bei Festmahlen trägt, solche glänzenden Sachen, die sind rot oder grün oder durchsichtig, wie ein Tropfen klarsten Wassers, und zugleich strahlen sie so etwas wie Licht aus. Sie wissen auch, wo man Gold für Halsbänder und Armbänder findet. Ich glaube, daß unser Vater sie besucht, damit sie ihm all diese Dinge verraten. Damit möchte er unserer Mutter das schönste Geschenk machen, das es nur gibt.«

Ich hätte selbst gerne Gold und wertvolle Steine an meinem Hals hängen gehabt. Das schien mir, so klein wie ich war, die begehrenswerteste Sache auf Erden zu sein und, obwohl ich heute weiß, daß es weitaus begehrenswertere Güter gibt, bin ich für ihren Glanz noch immer empfänglich. Ich versprach mir, die Kabiren, die Gottheit auf Samothrake, selbst zu befragen, sobald ich groß war. Das war meinem Vater auf seiner Reise nicht möglich, da der Nordwind so heftig gewesen war, daß ihr Schiff nicht auf Samothrake anlegen konnte. Er beschloß daraufhin, den Wind zu nutzen, um bis nach Troja zu fahren. Ich weiß nicht, warum dieser Plan meine Mutter aufbrachte. »Wäre es nicht klüger«, hielt sie ihm entgegen, »an das zu denken, was du tun *mußt*, während der andere...«; sie brach ab; denn Germanicus hatte die Brauen hochgezogen und mit einem Blick auf uns, meinen Bruder und mich, hingewiesen. »Ich glaube vielmehr«, nahm er den Faden wieder auf, als ob sie ihn gar nicht unterbrochen hätte, »daß es nicht schlecht sein wird, wenn ich die Manen unserer entferntesten Vorfahren fragen gehe. Vielleicht geben sie mir einen nützlichen Rat.«

Die Worte weckten meine Neugier. Gaius machte ein ernstes Gesicht. Am nächsten Tag bat ich ihn, mir zu erklären, was unser Vater gesagt hatte. »Wenn du nicht so klein wärst, wüßtest du«, begann er, »daß unsere Familie aus dem Land, wo wir zur Zeit weilen, nach Rom gekommen ist. Nun, nicht genau von hier, sondern aus dieser Stadt Troja, von der gestern die Rede war.« Woraufhin er begann, mir die ganze *Ilias* zu erzählen und anschließend die *Aeneis*. Sein Erzieher unterhielt ihn damit jeden Tag, denn Gaius liebte Geschichten, vor allem jene, in denen Helden vorkamen, über die man ihm gesagt hatte, daß wir von ihnen abstammten. Und dann entdeckte er, daß diese hochstehenden Persönlichkeiten, seine Vorfahren, sich immer ungezwungen mit den Göttern und Göttinnen unterhalten hatten, was ihm schmeichelte und ihm zu versprechen schien, daß er, wenn er groß sein würde, das gleiche tun würde, und die gleiche Macht haben würde. Sehr viele Jahre später, als er Kaiser war, konnte ich sehen, daß er diesen Kindheitstraum nie vergessen hatte, der mit den Jahren für ihn zu einer unbestreitbaren Gewißheit geworden war.

Als mein Vater aus Troja zurückkehrte, war die Zeit für uns gekommen, Lesbos zu verlassen. Meine Mutter hatte sich vollkommen erholt, und Livilla war inzwischen kräftig genug, um die Reise durchzustehen. Wir fuhren mit dem Schiff an der Küste Asias entlang. Wir hielten so oft wie möglich in einem Hafen, was relativ häufig vorkam. Diese Zwischenstationen empfand ich als angenehm. Ich, Gaius und sein Hauslehrer gingen jedesmal an Land und schauten uns an, was es zu sehen gab. Überall wurde gebaut; man setzte die halbverfallenen öffentlichen Gebäude wieder instand oder errichtete neue. Diese Spaziergänge erschöpften mich so, so daß ich, sobald wir aufs Boot zurückkamen, sofort einschlief. Mich ermüdete auch das endlose Geplapper meines Bruders, der tausend Fragen über die Szenen stellte, die auf dem Giebel der brandneuen Tempel oder entlang der Säulengänge dargestellt waren. Ich sog alles auf, was sein Erzieher ihm erwiderte, und so habe ich auf unseren Gängen durch Myrina, Sardes, Smyrna und andere berühmte Orte viel gelernt. Nachts träumte ich von dem, was ich tagsüber erzählen gehört hatte. Die Riesen, die sich gegen Jupiter erhoben, der Kampf der Titanen und der Götter begleiteten mich im Schlaf. Ich entdeckte, daß die Welt, die meine Augen sahen, nur ein kleiner Teil von all dem ist, was existiert. Ich, ein ganz kleines Mädchen, war den Dingen kaum weniger gewachsen als die großen Leute, die soviel Wissen besaßen, aber auch so vieles nicht wußten!

Woher weiß man zum Beispiel die Geschichte, die ich auf einem Relief entziffert hatte – die Geschichte von der schönsten Arachnida, die in ihrem Stolz behauptet hatte, besser spinnen und sticken zu können als die Göttin Minerva? Und woher wußte man, daß Minerva in Wut geraten war und die Herausforderung angenommen hatte? Die beiden hatten tagelang gesponnen, aber natürlich hat Minerva gesiegt und die Übermütige zur Strafe in eine Spinne verwandelt, die nie müde wurde, überall ihr jämmerliches Gewebe zu hinterlassen, und die von allen aus den staubigen Ecken gejagt wurde, wo sie mit ihrer Schande Schutz suchen wollte.

Als ich Gaius fragte, wie man das alles erfahren hatte, antwortete er herablassend: »Die Alten haben es gesagt.« – »Aber woher wissen die es?« – »Na, von den Göttern selber! Weißt du denn nicht, daß die Götter mit uns sprechen, daß sie Orakel geben?«

Zur Zeit dieses Gesprächs zwischen meinem Bruder und mir hatten wir die Küstenstadt Claros erreicht, und Germanicus erwähnte in unserer Gegenwart beiläufig, daß er am nächsten Tag den Tempel des Apollo aufsuchen wollte, um die Götter zu ehren. »Weißt du«, sagte mir Gaius, als wir alleine waren, »er wird das Orakel befragen!« Daß mein Vater sich mit den Göttern unterhalten wollte, erstaunte mich nicht. Gehörte er denn nicht zu ihrem Geschlecht? Die Götter konnten ihm nur wohlwollen, vor allem dieser Apollo, der in Claros seinen bekannten Tempel hatte. Bei ihrem Treffen konnte nur Gutes herauskommen. Doch als mein Vater abends zurückkehrte, wirkte er besorgt. Auf Fragen meiner Mutter antwortete er ausweichend. »Was hast du erfahren?« fragte sie. – »Oh, nichts Besonderes.« – »Aber was?« – »Du weißt doch, wie sie sind: inhaltslose Worte, unklare Sätze und das Ganze in Versen, die weder schön noch regelmäßig sind.« Sie konnte nicht mehr aus ihm herauslokken, doch sie spürte wie ich, daß er besorgt war, daß das Orakel keineswegs so ungenau und unbedeutend gewesen war, wie Germanicus uns vormachte.

Wir hielten nur kurz in Ephesos und in Milet, deren Wunder die Griechen in unserer Begleitung rühmten. Germanicus hatte es eilig, nach Rhodos zu kommen. Der Sommer nahte. Es war angenehm auf dem Meer. Eines Tages hörte ich meine Mutter sagen: »Der andere kann nicht weit sein!« Wer war dieser »andere«, den man nicht bei seinem Namen nannte? Es war natürlich Gaius, der es mir erklärte. Eines Abends sagte er mir: »Weißt du nicht, warum wir nicht länger anhalten? Du weißt es nicht, aber ich weiß es, doch ich sag es dir nicht.« Ich mußte ihn lange bitten, ihm versprechen, niemandem davon zu erzählen, bis er schließlich einwilligte zu reden:

»Der, der kommen soll, ist der neue Statthalter von Syrien; und ihn mögen weder unsere Mutter noch unser Vater.« Er senkte die Stimme. »Ich glaube, sie haben Angst!« Ich war skeptisch, aber auch ein wenig besorgt. Meine Eltern, diese allmächtigen Wesen, mein Vater, den die ganze Welt mit höchstem Respekt behandelte, der alle Soldaten, alle Matrosen ringsum befehligte, die nur geboren schienen, um ihm zu dienen – wie könnte er Angst haben? Und vor wem?

Ich war nicht davon überzeugt, daß mein Bruder mir die Wahrheit gesagt hatte. Dieser Statthalter von Syrien – ein Land, dessen Namen ich da zum ersten Mal hörte, auf das wir aber jetzt laut meinem Bruder zusteuerten – besaß er eine außergewöhnliche Macht? Stand auch er in Verbindung mit den Göttern?

Wir legten in Rhodos an. Wir wohnten in der Stadt Lindos. Gaius lief den ganzen Tag lang mit seinem Erzieher auf Entdeckungsspaziergängen durch das Umland; ich sah ihn kaum. Meine Mutter und mein Vater blieben zusammen. Was mich betraf, so plauderte ich, in Ermangelung eines Besseren, mit meiner Amme.

Sie war es, die mir schon immer die von mir so geliebten Legenden der tragischen Dichter erzählte; die mir gegenüber zum ersten Mal den Namen von Thyestes und Atreus aussprach. In Rhodos berichtete sie mir vom Sonnengott, den die Griechen Helios nennen; er ist der Beschützer der Insel. Sie sagte mir, daß Helios mehrere Kinder gehabt hatte, fünf Töchter und einen Sohn namens Phaeton. Phaeton wußte lange nichts von seiner göttlichen Abstammung, bis zu dem Tag, als seine Mutter es ihm enthüllte. Er wollte es zuerst nicht glauben. Welch äußeres Anzeichen gab zu erkennen, daß er der Sohn dieses leuchtenden Sterns sein könnte, der jeden Tag die unermeßliche Weite des Himmels durchquerte? Seine Mutter konnte ihm noch so oft sagen, daß dieser leuchtende Stern, den er wie sie auch in Form einer brennenden Scheibe erblickte, in Wirklichkeit ein Gott war. Er wurde auf seinem Karren von vier schnellen Pferden über das Firmament gezogen; sie nannte die Namen der Pferde: Pyrois, Eos, Aeton und Phlegon. Meine Amme erklärte mir, daß diese Namen ihnen zugeschrieben worden waren, weil sie zu ihnen paßten. Pyrois ist das Wort für Feuer, Eos das Licht der Morgenröte, Aethon das Brennen der Flammen, und Phlegon die Hitze, die alles verbrennt. Die Pferde waren prachtvolle, stolze Tiere. Sie konnten auf dem kristallenen Gewölbe des Himmels, wo die Sterne aufgespießt sind, mit einer Leichtigkeit rennen, als liefen sie auf sicherem Boden. Phaetons Mutter sprach so überzeugend, daß ihr Sohn bald kein anderes Verlangen mehr kannte, als den Wagen seines Vaters zu lenken. Seine Mutter versuchte ihm klarzumachen, daß das unmöglich sei. Nach langem Nachsinnen, wie er das Ziel seiner Wünsche erreichen könnte, kam er auf den Gedanken, seine fünf Schwestern zu seinen Komplizinnen zu machen. Schließlich waren sie es, die Abend für Abend die Pferde des Sonnengottes pflegten und in ihren Stall sperrten, um sie jeden Morgen wieder vor Helios' Wagen zu spannen. Es wäre für sie ein leichtes, Phaeton vor der Rückkehr Helios' in den Wagen steigen zu lassen. Sie stimmten zu, aber nicht ohne zu zögern. Und so flog der unbedachtsame Junge nun davon, getragen von den göttlichen Pferden. In der Schilderung der Gefahren, die Phaeton erwarteten, war meine Amme unerschöpflich: Nach vielen Zwischenfällen war der junge Mann schließlich unfähig, sein Gespann zu meistern, das der richtigen Bahn allein nicht zu folgen vermochte. So näherten sie sich der Erde und steckten ganze Länder, Wälder und Städte in Brand. Die Welt wäre zerstört worden, wenn nicht Jupiter, der alles überwacht, seinen Blitz geworfen und Phaeton und seine Pferde in einen großen Fluß gestürzt hätte. Für Phaeton bedeutete dieses Abenteuer das Ende, während die Pferde, die göttlich waren, am nächsten Tag von neuem im Orient der Welt erschienen.

Diese Geschichte beeindruckte mich nachhaltig. Ich war in einem Alter, in dem man noch gerne an die seltsamsten und wunderbarsten Berichte glaubt; Phaetons Schicksal stimmte mich traurig und begeisterte mich zugleich. Es mußte schön sein, den Sonnengott zum Vater zu haben. Verworren dachte ich an den eigenen Vater, der auch prächtig und mächtig und so wenig zu Hause war! Ich hatte miterlebt, wie er über das Meer fuhr, beobachtet, wie die Bewohner der Orte, durch die wir gezogen waren, sich ihm näherten und sich als Zeichen der Ehrerbietung verneigten. Das hätte mich beruhigen müssen; trotzdem blieb ich besorgt. Auch Phaeton hatte die Völker erleuchtet. Nichtsdestoweniger war er gefallen. Und ich dachte an den andern, diesen Statthalter von Syrien, der laut Gaius Piso hieß und im verborgenen darauf wartete, Germanicus zu vernichten. Und wenn Germanicus fiele – was würde dann mit den Seinen geschehen, was würde aus mir? Die Töchter des Sonnengottes hatten so sehr über den Tod ihres Bruders geweint, daß sie zu Bäumen geworden waren. Bestand Gefahr, daß auch ich zur Pappel würde? Ich mochte Pappeln sehr gern; diese Bäume hatte ich auf unserer Durchreise durch Athen außerhalb der Stadt für mich entdeckt. Sie säumten in einer langen Reihe einen Bach. Es waren hohe Bäume gewesen, noch ohne Blätter; doch man hatte mir an den Zweigen Knospen gezeigt, die zur rechten Jahreszeit ein dichtes Laubwerk versprachen. Würde ich nun zum Baum werden, wenn mein Vater vom Himmel herabfiele, wo ich ihn mir vorstellte? Doch es lag nicht in meiner Macht, und so hörte ich auf, mir darüber Gedanken zu machen.

Viele Jahre später, als Nero der Macht bereits nahe war, stellte ich fest, mit welchem Vergnügen er Wagen lenkte, und fragte mich, ob er nicht Gefahr liefe, eines Tages Phaetons Schicksal zu erleiden.

Inzwischen war Hochsommer. Von Zeit zu Zeit kamen gewaltige Gewitter auf. Während eines furchtbaren Sturms, der das Meer in riesigen Wellen aufstob, kam ein Offizier mit der Mitteilung zu Germanicus, daß eine kleine römische Flotte, zu der auch Kriegsschiffe gehörten, sich an der Nordzunge der Insel in Schwierigkeiten befand. Den Signalen hatte man entnommen, daß es sich höchstwahrscheinlich um den Konvoi handelte, der den neuen Statthalter von Syrien brachte. Als mein Vater dem Offizier die erforderlichen Befehle geben wollte, um den Männern in Gefahr zu Hilfe zu kommen, nahm meine Mutter ihn beiseite und flüsterte ihm etwas ins Ohr. Er drückte sie sanft von sich und schüttelte den Kopf. Sie hatte ihm vorgeschlagen, wie ich inzwischen weiß, keine Menschenleben für einen Mann zu riskieren, von dem sie sich nichts Gutes erwartete; doch mein Vater hatte abgelehnt. Seeleute der Flotte liefen mit einer Trireme aus und steuerten auf die Stelle an der Küste zu, wo Pisos Schiffe gegen eine Felsenbank abgetrieben waren. Es gelang ihnen, dem am stärksten abgesunkenen und gefährdeten Schiff ein Haltetau zuzuwerfen und es außer Gefahr zu bringen. Es war tatsächlich das Schiff des Prokonsuls.

Am gleichen Abend dinierte Piso in Begleitung seiner Frau Plancina an der Tafel von Germanicus und Agrippina.

An diesem Abendessen durften Gaius und ich nicht teilnehmen. Wir schliefen längst, als das Mahl begann, waren jedoch bei den Vorbereitungen und der Ankunft unserer Gäste zugegen. Die ganze Hausgemeinschaft hatte sich ans Werk gemacht, sobald bekannt wurde, daß der Prokonsul und seine Frau unverletzt waren. Die Feuerstelle der Bäder wurde wieder angezündet, so daß, als Piso und Plancina eintrafen, das Schwitzbad wieder bereit war. Sie hatten es nötig. Beide waren völlig durchnäßt; die vom Salzwasser getränkten Kleider hingen ihnen wie Lumpen von den Schultern. Ich hielt mich gerade im Hof des Hauses auf, den sie auf dem Weg zu den Bädern durchqueren mußten. Piso berührte mich leicht, ohne mich zu bemerken, oder zumindest, ohne es zu zeigen. Er wirkte auf mich wie ein Riese. Er sah mürrisch aus; für meinen Bruder (der das Spektakel selbstverständlich nicht verpassen wollte) und mich hatte er keine jener freundlichen Gesten übrig, die man Kindern normalerweise erweist. Plancina hatte uns nicht freundlicher behandelt. Sie schien sich eher zu sorgen, ob ihr Halsband noch um ihren Hals hing. Sie ließ es zwischen ihren Fingern hin- und hergleiten und warf wilde Blicke um sich. Mein Vater und meine Mutter hatten nicht bei der Ankunft der beiden zugegen sein wollen, weil sie ahnten, daß weder Piso noch Plancina in dem Zustand gesehen zu werden wünschten, in den ihr Mißgeschick sie versetzt hatte. Nach dem Bad, das eine Ewigkeit dauerte, wurden sie auf das Zimmer geleitet, das für sie vorbereitet worden war. Piso erschien bald wieder, wohingegen Plancina mit einer Zofe, die meine Mutter ihr zur Verfügung gestellt hatte, sich noch lange in ihrem Gemach aufhielt. Ich war noch nicht im Bett, als mein unangenehmer Eindruck von Piso sich noch verstärkte. Germanicus erwartete Piso in dem »Männersaal«, wie die Griechen den Raum nennen. Der Pflicht, sich zu bedanken, konnte Piso sich nicht entziehen. Er tat es kurz und nach meinem Eindruck überhaupt mit Widerwillen. Das sei alles schön und gut, erklärte er, jedoch könne er nicht lang bleiben und müsse bereits am nächsten Morgen in aller Früh wieder aufbrechen. Er sei nicht da, sagte er, um »nach griechischer Art« zu leben, denn diese verdammten Morgenländer dächten nur daran, ihren römischen Herrschern böse Streiche zu spielen. Deswegen müsse man die Augen stets offenhalten.

Mein Vater schien dieses Gerede nicht zu schätzen. Als er bemerkte, daß ich zuhörte, nahm er mich in seine Arme, küßte mich und gab mich meiner Amme zurück, die mich nie aus den Augen verlor. Er bat sie, dafür zu sorgen, daß ich so bald wie möglich ins Bett ginge, weil es schon sehr spät war. Meine Amme nahm mich also mit, während Germanicus und Piso ihre offenbar gar nicht freundliche Unterhaltung fortsetzten. Als wir einen der Säle durchquerten, die den Hof umgaben, entdeckte ich meine Mutter und Plancina, die sich in einigen Abständen auf ihren Sitzen steif gegenübersaßen. Sie wechselten kein einziges Wort. Plancina schwieg sogar, als ich zu meiner Mutter lief und sie mich umarmte. Für Plancina existierte ich überhaupt nicht. Das kränkte mich sehr.

Als ich am nächsten Morgen aufwachte, waren der Prokonsul und seine Frau schon abgereist.

Die wenigen Worte, die ich mitbekommen hatte, stimmten mich nachdenklich. Der Prokonsul schien der Auffassung zu sein, daß wir »auf griechische Art« lebten – und das war für uns, in seinem Sinne, kein Kompliment. Was hieß das also: »auf griechische Art« leben? Diesmal befragte ich nicht meine Amme, sondern Gaius' Erzieher, der mir für ein solch schwieriges Thema geeigneter vorkam. Er nahm meine Frage mit großem Gelächter auf. »Er hat das gesagt? Dieser Piso, den wir Poseidons Hunden entrissen haben? Daß wir auf ›griechische Art‹ leben? Aber wie könnte ein Mensch, der dieses Namens würdig ist, denn anders leben? Will er etwa, daß wir die Wölfe der Wälder oder die wilden Tiere nachmachen, die nur in einer Höhle hausen und ihre Beute herunterschlingen, ohne einen Freund oder einen Kumpan an ihrer Mahlzeit teilhaben zu lassen? Siehst du, Kleine, zu Beginn der Welt haben die Menschen in den Wäldern und in der

Bergwildnis gelebt, wo sie gegen Tiere und sogar gegen andere Menschen um ihre Nahrung kämpften. Sie kannten kein Gesetz. Sie waren völlig frei. Um sich zu verteidigen oder um anzugreifen, brachen sie von den Bäumen der Wälder große Äste ab und machten daraus eine Keule. Sie schärften harte Steine, die sie als Beil benützten. Sie wußten nicht, daß es Götter gab und daß nicht alles, das man gerne tun möchte, erlaubt war. Doch sie begriffen noch lange nicht. Endlich aber, als auch die Götter aufgehört hatten sich untereinander zu bekämpfen und Zeus als ihren einzigen Herrscher anerkannten, befaßten sie sich endlich mit den Menschen, die nackt und elend, ohne Zuhause und auf Tierkost beschränkt waren, weil sie das Feuer nicht kannten. Übrigens, das Feuer wurde ihnen nicht von einem Gott gegeben, sondern von einem Riesen, einem Vetter des Zeus. Diese Geschichte werde ich dir ein andermal erzählen.

Also als die Menschen das Feuer kennengelernt hatten und es mit trockenem Moos anzündeten und die Funken im Stamm einer Eiche unter Asche zu bewahren verstanden, wurde alles ganz einfach. Ein offenes Feuer lockt die Menschen an. Wie du schon weißt, versammelt man sich gern um ein Feuer; und so entdeckten die Menschen die Freundschaft. Dann mußten die Menschen sich überlegen, wie sie dies kostbare Feuer vor dem Regen schützen konnten – so zündeten sie es in einer Höhle an, und wenn eine Höhle oder ein naturgegebenes Dach zu seinem Schutz fehlte, bauten sie eins mit Ästen: So erfanden sie das Haus. Ein großer Fortschritt, nicht wahr? Eine große Entdeckung. Und als diese Menschen dann für ihr Überleben nicht mehr so hart kämpfen mußten und herausfanden, daß man sich zusammen viele Dinge zunutze machen kann, wenn man einander hilft, erdachten sie unbekannte Vergnügungen. Einige von ihnen stellten mit Wachs aus Schilfrohr Flöten her; andere kamen auf die Idee, Tierdärme zu trocknen, um sie als Saiten über Schildkrötenpanzer zu spannen – so entstand die Leier. Aber um diese Leier mußte sich ein Gott kümmern. Dieser Gott war Hermes – euer Merkur, weißt du. Aber ganz gleich sind die beiden nicht. Euer Merkur ist ein Händler, der durch die Straßen läuft. Unser Hermes reist auch, denn er nimmt seine Leier mit.

Das, Kleine, bedeutet, auf ›griechische Art‹ zu leben. Es bedeutet, nie zu vergessen, daß man ein Mensch ist, und dem Vergnügen seinen gebührenden Anteil im Leben einzuräumen. Siehst du, sogar die Tiere finden Gefallen daran, sich auszuspannen, in der Sonne zu liegen; die Vögel singen morgens und abends, die Schmetterlinge können die schönsten Blumen erkennen; sogar die wilden Dornen schmücken sich zur passenden Jahreszeit mit Rosen. Und Piso hätte es gerne, daß die Menschen immer mürrisch sind, daß sie nur daran denken, wie sie mehr und mehr Reichtümer zusammenhäufen und sich mehr und mehr Macht sichern, auf Kosten ihrer Rivalen. Ich weiß nicht, ob für ihn nur so ein Leben eines Römers würdig ist. Ist es aber menschenwürdig?«

Mir schien das alles sehr glaubhaft. Ich wußte gar nicht, daß ich an diesem Morgen meine erste Lektion in Philosophie erhalten hatte.

Nach dem Besuch von Piso auf unserem Anwesen in Rhodos verließ uns mein Vater mal wieder für eine lange Zeit. Er war, wie mir Gaius erzählte, gen Norden gezogen, in ein Land mit gefährlichen Bergen und rauhem Klima, wo – fügte er wichtigtuerisch hinzu – man einen Römer brauchte, um wieder Ordnung zu schaffen. Es handelte sich um Armenien; ich konnte mir darunter allerdings nichts vorstellen. Was meine Mutter mir von der Lebensweise der Bewohner erzählte, erinnerte mich an das Bild, das Gaius' Erzieher von den ersten Zeiten der Menschheit gemalt hatte. Sie erzählte von endlosen Jagden in den Wäldern und großen Festessen. Die Leute dort lebten weder auf griechische Art noch auf römische. Ich fing an zu begreifen, daß die Welt voller Unterschiede ist, daß die Völker sehr verschiedenartig sind und daß mein Vater als Römer die Aufgabe hatte, dafür zu sorgen, daß alle in Frieden lebten.

Wir verließen Rhodos am Jahresende und reisten in Asia von Stadt zu Stadt. Zwei- oder dreimal begegneten wir Piso und Plancina; es verlief niemals ohne Zwischenfall. Piso erwies sich als äußerst gewalttätiger Mensch. Ich erinnere mich, wie er mitten in der Wüste am Tisch eines Königs einen Wutanfall bekam! Dieser König hatte seinen römischen Gästen goldene Kronen geschenkt. Da er die hierarchischen Ränge unterscheiden konnte und es richtig machen wollte, hatte er Germanicus und Agrippina schwere, Piso und Plancina dagegen viel leichtere Kronen überreicht. Der Prokonsul fragte daraufhin voller Arroganz und Wut den König, ob er Germanicus etwa für einen Königssohn und nicht für einen römischen Magistrat halten würde; und er gab ihm den Rat, Germanicus nicht noch in seiner Vorliebe für Luxus zu bestärken. Ich hörte die Auseinandersetzung vom Kindertisch aus mit. Mich erschreckte die erregte Stimme Pisos; so wie die Ruhe, die mein Vater bewahrte, mich wieder beruhigte. Mir kamen die Worte des Erziehers ins Gedächtnis: Hatte mein Vater nicht vielleicht recht, wenn er »auf griechische Art« lebte?

Seine »griechische Lebensart« gab er auch während der langen Reise durch Ägypten nicht auf, die wir bald darauf antraten. Als erstes legte er die offizielle römische Kleidung ab: Seine schweren militärischen Schuhe ersetzte er durch Sandalen, den roten Mantel des Befehlshabers tauschte er gegen eine Leinentunika. Er sah tatsächlich aus wie ein Grieche. Mir gefiel er so. Er kam mir jünger und nicht mehr so streng vor. Ich konnte nicht wissen, daß er mit dem Betreten ägyptischen Bodens ein Verbot überschritten hatte, das auf Augustus zurückging. Er tat es bewußt. Es war vielleicht diese Kühnheit, die ihm seine überlegene, edle Miene gab. Vielleicht glaubte er auch, daß er als Vertreter seines Vaters Tiberius das Recht besaß, in seine Inspektionsreise die reichste, berühmteste und eigenartigste Provinz des gesamten Orients einzubeziehen. Später habe ich dann erfahren, daß Tiberius diese Reise in die Länder des Nils mit großem Argwohn betrachtete und sie möglicherweise die Katastrophe ausgelöst hat. Aber niemand kann sich dessen sicher sein.

Es ist jetzt dreißig Jahre her, seit Germanicus in Alexandria ankam, dem Sitz des Präfekten und persönlichen Vertreters des Kaisers, der sich zur Fahrt nilaufwärts mit uns einschiffte. Welche Erinnerungen sind mir von dieser langen Kreuzfahrt geblieben? Es fällt mir schwer, präzise Angaben zu machen, weil seither so viele Menschen und Dinge aus Ägypten in meinem Leben eine große Rolle gespielt haben. Wenn ich mich zu erinnern versuche, sehe ich zuerst unser Schiff und die Sonne über uns, die uns zu gewissen Stunden unerträglich blendete, und den Himmel, der je nach Tageszeit alle Schattierungen von Blau annahm, vom hellsten Himmelblau bis zu den tiefsten Farben der Nacht. Die Ufersäume waren mit einer dichten Vegetation bedeckt, mit Schilfrohr und Papyrus, einer Pflanze, die mir noch unbekannt war. Gaius' Erzieher – noch immer mein Hauptinformant – lehrte mich, daß sie zur Herstellung eines Stoffes genutzt wurde, der getrocknet als Schreibmaterial diene. Dieser Stoff ist, ihm zufolge, nicht so praktisch wie unsere Wachstäfelchen, nehme aber in den Schränken der Bibliotheken weniger Platz ein. Inmitten von Schilf und Papyrusbüschen entdeckte ich manchmal flache, breite Blätter, zwischen denen sich weiße oder rosa Blumen entfalteten, die mir besonders gefielen. In dieser Vegetation lebten zahlreiche besondere Tierarten, darunter auch das Krokodil, von dem ich schon mal eins im Wasserbecken einer Villa Roms gesehen hatte. Es lag flach auf dem Bauch und wirkte schlafend; es sah so friedlich aus, daß ich mich ihm nähern wollte. Man hielt mich jedoch zurück. Danach machte mir schon die Erwähnung des Namens Krokodil angst. Trotz seiner Gefährlichkeit wird dieses Tier von den Ägyptern, die es Sebek oder Sobek nennen, als eine Gottheit verehrt.

Seitdem habe ich viele Wundergeschichten über die Krokodile gehört, besonders von unserem gelehrten Freund Balbillus, der mittlerweile Präfekt von Ägypten ist. Er erzählte uns, daß er an der Nilmündung einmal einen Kampf zwischen Krokodilen und Delphinen beobachtet hatte. Die Delphine wollten in die Hoheitsgewässer der Krokodile, den Fluß, eindringen, aber die Krokodile widersetzten sich. So entwickelte sich ein hartnäckiger Kampf ganzer Armeen. Der Rücken des Krokodils ist so hart wie ein Panzer, während der Bauch ganz weich und verletzlich ist. Das machten sich die Delphine zunutze und griffen ihre Feinde mit ihren dolchartigen Rükkenflossen an. Viele Krokodile kamen dabei ums Leben. Das war mir bis dahin unbekannt. Auch fürchtete ich mich vor einem anderen Tier, das »Nilpferd« heißt und Sobeks gewöhnlich begleitet.

Hinter der gefährlichen Zone und den stehenden Gewässern am Rand des Meeres fielen mir in der Ebene auf beiden Seiten des Flusses verschiedene Baumarten auf. Einige dieser Bäume waren mir bekannt. Palmen ähnlich denen, die ich in Rom gesehen hatte, waren mir bereits unterwegs aufgefallen; diese aber waren höher, aufgeschossener, und trugen Früchtetrauben in der Krone. In der Ferne zeigten sich eingezäunte Anwesen mit Bäumen, deren üppiges Laubwerk über die Mauern ragte.

Was mich besonders verwunderte, waren diese merkwürdigen Bauten, die wir fast täglich in der Ferne an uns vorüberziehen sahen. Wie quadratische Türme mit riesigen Toren sahen sie aus. Angeblich waren sie heilige Opferstätten oder Gräber. Manche waren in der Ebene erbaut, andere am Fuße der Felsen oder der Berge. Zwischen den Bergen und uns lagen Felder, die Bauern bestellten. Sie wohnten anscheinend in Hütten, isoliert oder in Dorfgruppen, die in der Ferne zu sehen waren.

Ich genoß die Reise sehr. Fast den ganzen Tag rannte ich auf der Schiffsbrücke umher oder fand, wenn ich müde wurde, Zuflucht im Zelt, wo meine Mutter sich aufhielt, meist in Gesellschaft unserer Leute. Das Boot glitt mit gleichmäßigem Ruderschlag sanft dahin. Durch die Bewegung entstand selbst während der Mittagshitze, wenn kein Lüftchen wehte, eine leichte, erfrischende Brise. Wenn mein Vater nicht bei uns war, bearbeitete er meistens Nachrichten, die ihm von Reitern überbracht wurden, die am Fluß entlanggaloppierten und unser Schiff mühelos einholten.

Von Zeit zu Zeit wurde die Schiffsreise für ein paar Stunden unterbrochen, während denen wir an Land gehen konnten, um ein Denkmal, einen Tempel oder den halbverfallenen Palast irgendeines toten Königs zu besichtigen, wo noch immer Statuen und Mauern voller Bilder mit seltsamen, rätselhaften Zeichen zu sehen waren. Chaeremon, ein sakraler Schreiber, den ich später zu Nero rufen sollte, begleitete uns von Alexandria an zu allen alten Denkmälern. Er erläuterte meinem höchst interessierten Vater den Sinn der eingemeißelten Zeichen und Szenen. Doch all das interessierte mich nicht sonderlich. Ich war zufrieden, wenn ich da oder dort vertraute Gestalten finden konnte, die den Figuren ähnelten, die unser Haus auf dem Palatinus schmückten. Selbstverständlich war Isis mein Liebling. Unter den Gottheiten des Nils war sie meine älteste Bekannte. Für Anubis, der mit seinem Schakalskopf aussah wie ein großer Hund, hegte ich gemischte Gefühle: Hunde hatte ich gern, und deshalb gab es eigentlich keinen Grund, meine Sympathie diesem Gott zu verweigern, doch dieser Hund war ohne freundliches Lächeln. Außerdem sah er schrecklich ernst und würdevoll drein! Als ich Chaeremon nach dem Grund fragte, antwortete er, daß Anubis die Toten auf ihrer letzten Reise begleiten müßte. Darum wäre es unangebracht, wenn er die Trauer der Lebenden angesichts des Todes nicht teilte.

Der Tod! Ich entdeckte ihn überall in diesem Ägypten, da er durch die vielen Grab- und Denkmäler ständig präsent war. Aber dennoch betrübte mich solche Allgegenwärtigkeit des Todes nicht sonderlich. Ich empfand es als Spektakel: Der Reiz der Fremdartigkeit war stärker als jedes andere Gefühl. Noch wußte ich nicht, was es bedeutet, einen geliebten Menschen zu verlieren. Ich ahnte ja nicht, daß schon bald ... ich war nur ein kleines, glückliches Mädchen zwischen einem Vater, den ich anhimmelte, und einer liebevollen Mutter.

Gaius war wie gewöhnlich überall gleichzeitig. Er bestürmte Chaeremon mit Fragen, und da ich ja am meisten mit den beiden zusammen war, bekam ich auch die Antworten mit. Ich lernte viel, und wenn ich auch längst nicht alles verstand – Gaius verstand übrigens auch nicht mehr –, so machten die Worte unseres Führers auf meinen Bruder und mich doch einen großen Eindruck. Sie gaben uns das Gefühl, daß man in diesem Land das Geheimnis der Welt, die Erklärung für alles Existierende entdeckte, daß nur dieses Land wirklich war.

In Rhodos hatte ich den Sonnengott Helios und sein Gefährt kennengelernt. In Ägypten fand ich diese Sonne wieder. Sie wurde allerdings nicht mehr von einem Wagen getragen, sondern von einem Boot, was mir selbstverständlich erschien, weil man in diesem Land mit einem Schiff reisen mußte. Chaeremon brachte mir bei, daß die Sonne hier Re hieß. Oft war er auf den Reliefs, die wir besichtigten, als König zu erkennen. Nach und nach begriffen wir, was es mit dem Begriff Königstum auf sich hatte. Es schien ein Teil der Weltordnung zu sein. »Es gibt nur eine Sonne«, erläuterte Chaeremon. »Sie leuchtet der ganzen Menschheit, und ihr Licht erhellt die ganze Welt. In seinem Königreich tut der König das gleiche. Wie schön wäre es doch, wenn alles unter dem Schutz und der Macht eines einzigen Königs stünde! Davon haben die damaligen Könige geträumt. Auf den Inschriften ließen sie ihre Namen von einem geschlossenen Kreis umranden, um anzudeuten, daß die ganze Erde ihr Königreich sei – das heißt: alles, was die Sonne erhellt. Sie konnten ihren Traum nicht verwirklichen, aber« – und er wandte sich zu Germanicus um, der zugehört hatte – »vielleicht wird es dem römischen Kaiser gelingen? Mir ist gesagt worden, daß du weiter in die Richtung des Nordsterns und des Abends gegangen bist als jeder andere Führer sonst. Im letzten Jahr weiltest du an den Toren des Orients; jetzt bist du auf dem Wege nach Äthiopien. Darüber hinaus gibt es nur Wüstensand.«

Mein Vater antwortete nicht, wirkte jedoch noch ernster als gewöhnlich. Ich für mein Teil war gar nicht sonderlich überrascht von der Idee, daß Germanicus eine Art Sonnengott wäre. Der Gedanke war mir bereits in Rhodos gekommen. Aber diesmal handelte es sich nicht um irgendeinen Usurpator, der dem Sonnengott seinen Wagen entwendet und ihn schlecht benutzt hatte, also würde ich mich auch nicht in eine Pappel verwandeln.

Chaeremon fuhr fort: »Du hast sicherlich verstanden, daß alles hier ein Bild der Sonne ist. Alles, was du siehst, ist eine Andeutung ihrer Allmacht. Der göttliche Augustus, der so viele Obelisken nach Rom schaffen ließ, hat das sehr wohl verstanden! Dir ist doch gewiß bekannt, daß ein Obelisk – ein spitzer Stein, der in den Himmel hineinragt – das Symbol eines Sonnenstrahls ist: gerade und unbiegsam. Um den Zusammenhang zu kennzeichnen, hat man sie in der Vergangenheit vor den Tempeln errichtet. Du liebst es«, fügte Chaeremon hinzu, »die Geheimnisse des Universums zu ergründen; du studierst die Wissenschaft der Gestirne; und du weißt besser als jeder sonst, daß alles Existierende in seinen zahllosen Erscheinungsformen nur ein einziges Wesen ist. Zukunft wie Vergangenheit sind im Himmel verzeichnet. Alles, was wir von den Göttern sagen, alles, was unsere Ahnen gesagt haben, deren Denkmäler du siehst, sind für uns Menschen nur verschiedene Weisen, uns der Wahrheit zu nähern. Die Anbetung der Götter ist ein Mittel, uns die Wahrheit zugänglich zu machen und, wenn unser Glaube stark genug ist, sie zu verwirklichen. Und glaub nicht, daß das Schicksal, wie man es in der Bewegung der Gestirne vorhersehen kann, so starr und unbeugsam ist, wie man sagt. Andernfalls hätten die Götter keinen Platz und keine Rolle in der Welt: Es handelt sich um ein großes Geheimnis. Das weiß ich wohl. Aber ein König ist nie gezwungen zu tun, was er tut, und seine Taten sind nicht nur für die Menschen folgenreich, die unmittelbar von ihm abhängen, sondern für die Gesamtheit der Menschen.«

Das waren Chaeremons Worte, und das wäre, wenn ich alt genug gewesen wäre, sie zu verstehen, meine zweite Lektion in Philosophie gewesen. Doch natürlich konnte ich sie nicht begreifen, und außerdem hörte ich nur mit einem Ohr zu.

Gaius verstand auch nicht mehr, aber er setzte eine ernste Miene auf, als ob er über das Geheimnis des Universums selbst nachgedacht hätte. Andererseits stellte er Chaeremon unentwegt Fragen, sobald wir mit ihm allein waren. Er hatte gehört, daß die Könige von Ägypten ihre Schwestern heirateten. Davon war er begeistert und wollte wissen, mit einem Seitenblick auf mich, ob es wahr sei. Er erkundigte sich auch, wie früher die Könige gewählt wurden. Auf die Frage erwiderte Chaeremon schlicht, daß beim Tode eines Königs sein Nachfolger automatisch sein Sohn gewesen wäre; so sei es jedenfalls meistens gewesen. Der junge Prinz wurde, weil er der Sohn seines Vaters und dieser Vater der Sohn des Gottes Re war, nun auch Sohn des Sonnengottes, denn er vermittelte den Königen Macht und Weisheit zugleich. Als wir eines Tages an Land gingen, um einen Tempel in der Nähe zu besichtigen, der, obwohl ziemlich neu, doch den anderen ähnelte, die Jahrhunderte zuvor erbaut worden waren, zeigte Chaeremon uns ein Relief mit einem Priester, der in seinen Armen die Statue eines Königs hielt (ich hatte gelernt, sie an ihrer Kopfbedeckung zu erkennen) und zum Himmel hob. Man sah den Priester gegenüber der Sonne, die sich über den Horizont erhob. Sie schien die Statue des Königs, und nur diese allein, zu beleuchten. Laut Chaeremon hatten häufig Zeremonien stattgefunden, in deren Verlauf die mit der Kraft des Gottes Re beladenen Sonnenstrahlen Körper und Seele des Königs durchdrangen, sein göttliches Wesen erneuerten und ihn nicht nur robust, mutig und unermüdlich, sondern auch seinen Untertanen gegenüber gerecht machten.

Wenn ich das heute, nach all den Jahren, niederschreibe, so handelt es sich dabei selbstverständlich nicht nur um Erinnerungen aus meiner Kindheit. Vielmehr sind die wenigen Bilder, die in mir lebendig geblieben waren, ergänzt und verjüngt worden durch all das, was Chaeremon mir später in Rom in langen Gesprächen berichtete, in dem Palast Claudius', wo Chaeremon Nero unterrichtete. Ich schätzte diese Gespräche, weil sie mich an die Tage erinnerten, die dem Tod meines Vaters vorausgegangen waren, an Zeiten, als er sich imstande fühlte, den Fallen seiner Feinde zu entgehen. War nicht auch er der Sohn eines Königs?

Wenn ich mir die Reise jetzt noch einmal vergegenwärtige, die uns bis nach Theben führte, damals Hauptstadt eines großen Reiches, deren Herz noch schlug, so begreife ich, warum Augustus allen römischen Senatoren verboten hatte, in Ägypten einzuziehen. Er wollte verhindern, daß ein römischer Aristokrat, dem Recht nach seinesgleichen, weil er sich ja nur zum ersten unter den Senatoren proklamiert hatte, die mächtige Anziehungskraft der Monarchie begriff. Es war eine so eindeutige, so berauschende Kraft, daß mein Bruder und ich die Vorstellung davon und die Sehnsucht danach für immer in uns wachhielten.

Die Pracht und den Ruhm der Könige von damals hatten wir in Theben entdeckt. Ich hatte solch große Gebäude nie gesehen – Paläste oder Tempel, das war mir nicht so recht klar –, die sich über unendliche Gebiete erstreckten. Es gab da gepflasterte Höfe, Becken und vor allem Säulen – Wälder von Säulen, viel größer als in Rom und Griechenland. Statt längsgerillt, waren sie ganz mit Reliefs behauen. Ihre Kapitelle sahen wie Blumen oder Pflanzen aus. Ich wußte gar nicht mehr, ob ich mich nun in einem Palast oder in einem dichten Garten befand. Chaeremon erläuterte uns die Bedeutung dieser Bilder näher, doch ich war von den endlosen Spaziergängen zu müde zum Zuhören. Ich erinnere mich nur, daß, Chaeremon zufolge, Priester seit Tausenden von Jahren Zeremonien zelebrierten, die den Königen, und damit auch dem Volk dieses Landes, das Wohlwollen der Götter sichern sollten. Ich vergaß mein ganzes Leben lang nicht, daß das Glück eines Volkes vom Glück seines Königs abhängt.

Nach der Besichtigung des uralten, heiligen Theben setzten wir unsere Schiffsreise bis zur Insel Philae fort. Dort fand ich wiederum meine liebe Isis, und sie war nicht allein. Chaeremon zeigte mir eine andere Göttin, mit dem Kopf einer Kuh und dem Namen Hathor. Ich begriff nicht ganz, welche Art von Verwandtschaft sie mit Isis verband. Bei diesen Erzählungen wirkte Chaeremon selber ein wenig unsicher. Ich verstand mehr oder weniger, daß die Göttin Hathor den Sohn der Isis, Horus, geheiratet hatte und wie Isis auch die Mütter beschützte.

In Philae war Osiris, der Ehemann der Isis, begraben worden. Allerdings, so erklärte Chaeremon, gäbe es in Ägypten viele Orte, wo man Osiris begraben wähnte. Die Göttin hatte auf diese Weise verhindern wollen, daß die Leiche ihres Mannes ihrem Feind Seth in die Hände fiele. Deshalb hatte sie überall Denkmäler errichtet und von jedem behauptet, es sei das echte, in dem der Gott ruhe. Gaius und ich erfuhren auch, daß Isis in Wirklichkeit Osiris' Schwester war und daß die beiden noch eine Schwester mit Namen Nephtys hatten, die Osiris ebenfalls sehr geliebt hatte. Nachdem Seth Osiris getötet und verstümmelt hatte, half ihr Nephtys, die Glieder des Toten zu finden und einzusammeln, so daß sie ihn schließlich wieder zusammenfügen und ihm mit Hilfe von Re und der Himmelsgöttin Nout wieder Leben einflößen konnten. Aber warum zeigte man weiterhin die Gräber, wenn Osiris doch auferweckt worden war, wollte ich wissen – diese logische Frage eines naiven Kindes brachte Chaeremon keineswegs in Verlegenheit. Im Unterschied zu den Menschen, so entgegnete er, seien die Götter nicht gezwungen, nur an einem einzigen Ort zu weilen. Sie könnten zur gleichen Zeit tot und lebendig sein. Es sei ein Mysterium, das sich Jahr um Jahr wiederhole, bis Osiris, wenn die Zeit gekommen wäre, wirklich sterben würde. Überall, an den Ufern des Nils, in den Tempeln, klagten dann die Ägypter. Daraufhin fänden Isis und Nephtys wieder den Körper und Osiris käme zur Freude aller wieder zum Leben. Das alles fände in dem Universum der Götter statt. Was wir auf Erden davon sähen, sei nur ein Abbild.

Diese Erklärungen habe ich erst viele Jahre später verstanden, als Chaeremon sie in Rom wiederholte. Auf den Inseln von Philae damals machten sie das Geheimnis um Isis für mich eher noch dunkler. Ich verstand nur so viel, daß die Göttin existiert hatte und eine richtige Frau gewesen war, wie meine Mutter. Und daß sie jetzt weiterlebte, jedoch woanders, und daß unsere Gebete sie erreichten.

Ich gewann auch den vagen Eindruck, daß manche Wesen nie sterben. Aber was habe ich damals vom Tod gewußt, was habe ich mir bei diesem Wort vorgestellt, das ich in meiner Umgebung so oft hörte? Im Garten unseres Hauses am Palatinus hatte ich manchmal Vögel gesehen, die ich anfassen und aufheben konnte, ohne daß sie wegflogen. Sie lagen unbeweglich auf dem Boden, und ihre Körper waren kalt. Meine Amme erklärte mir, daß sie tot wären. Ich begriff soweit, daß sie nie wieder fliegen und sie sich nie mehr ins Laubwerk der Bäume setzen würden. Das ließ mir die Tränen in die Augen steigen. Und in diesem Tempel der Isis erfuhr ich nun, daß der Tod keineswegs immer endgültig ist. Was sollte ich davon halten? Für ein kleines Mädchen war das alles sehr sonderbar.

Der Anblick der ägyptischen Denkmäler, das Bewußtsein einer lang zurückreichenden Vergangenheit, die Inschriften über königliche Eroberer – all das bereitete mich jedenfalls darauf vor, ein wenig vom Lauf der Zeiten zu erahnen. Doch ich muß bekennen, daß ich mich meistens der Gegenwart überließ, die recht angenehm war.

Doch das sollte sich nur zu bald ändern.

Wir hatten Ägypten eben erst verlassen und Syrien erreicht, als mein Vater erkrankte. Er unterließ seine üblichen Beschäftigungen, gab keine Audienzen mehr und erschien nicht mehr in seinem Gerichtsgebäude. Die Bewohner der Städte beteten zu den Göttern, daß er wieder gesund würde. Die meiste Zeit hielt ich mich an seinem Krankenbett auf. Dann schien es so, als ob seine Kräfte zurückkehrten; das währte aber nur einige Tage. Ich war bei ihm, als der Rückfall kam und die Krankheit sich verschlimmerte. Ich war bis zu seinem letzten Augenblick bei ihm. Ich war dabei, als er versicherte, daß er vergiftet worden sei. Er nannte noch die Schuldigen – Plancina und Piso. Dann starb er.

In seinem Gefolge zweifelte niemand daran, daß er den Intrigen seiner Feinde zum Opfer gefallen war. Alle Winkel und Ecken des Hauses wurden durchsucht. Was man dabei entdeckte, habe ich mit meinen eigenen Augen gesehen: Bleiplatten, auf denen Worte eingeschrieben waren, die man mir nicht vorlesen wollte, auch Knochenstücke und Asche.

Die Diener entfernten mich, bevor sie diese Trümmer sorgfältig einsammelten und fortschafften.

Während der Krankheit meines Vaters hatten wir uns in Daphne in der Nähe von Antiochia niedergelassen. Die Beerdigung jedoch fand öffentlich in Antiochia selbst statt. Es war das erste Mal, das ich an einem Begräbnis teilnahm. Entweder weil man mir ein solches Schauspiel bislang erspart hatte, oder weil in unserer Verwandtschaft bisher tatsächlich keines vorgekommmen war. Als die Leiche unseres Vaters auf den Scheiterhaufen gelegt wurde, standen wir Kinder neben unserer Mutter. Nur Livilla fehlte, sie war zu klein. Gaius drückte mich an sich, und ich hielt Drusillas Hand. Die schreckliche Erinnerung an diesen Tag läßt mir noch heute keine Ruhe.

Diese riesige Menschenmenge auf dem Platz gab mir das Gefühl zu ersticken. Außerdem verharrte diese Menge in Schweigen, so daß man das Knistern hörte, als die Scheite von den Flammen ergriffen wurden. Dann der Geruch. Der Geruch von Parfüm, Weihrauch und Aromaten, die man über dem Scheiterhaufen verstreut hatte. Aber er überdeckte keineswegs den anderen, den von verbranntem Fleisch, der stärker und stärker wurde. Ich konnte kaum noch atmen, so daß man mich wegtragen mußte, weit weg von dieser Szene, weg von diesem Körper, den das Feuer in leblose Asche verwandelte.

Einige Tage danach begann unsere Rückreise nach Rom, wo die Überreste von Germanicus in ein Grab gebettet werden sollten – in das Grab, das man damals für Augustus errichtet hatte, erklärte mir meine Mutter.

Es wurde eine lange Reise. Noch war die Jahreszeit nicht zu Ende, in der Stürme und ungünstige Winde eine Schiffsreise erschwerten und gefährdeten. Von Asia aus fuhren wir von einer Insel zur nächsten. Einmal sahen wir Kriegsschiffe auf uns zukommen – die Schiffe Pisos, wie ich hörte. Würden sie uns angreifen? Eine Zeitlang waren wir davon überzeugt. Dann entfernten sie sich, und wir machten uns wieder auf den Weg.

Nach vielen Tagen auf See und vielen Zwischenlandungen kam endlich die italienische Küste in Sicht, und am nächsten Tag fuhren wir in den Hafen von Brindisi ein. Ich mußte ein weiteres Mal der Menge trotzen – überall standen Männer und Frauen, nicht nur am Ufer, sogar auf den Dächern der Häuser und den Mauern der alten Stadt. Auch diese Menge verharrte in Schweigen. Sie wartete. Dann – als sie uns sah, unsere Mutter an der Spitze des Zuges, in ihren Armen die Urne mit der Asche – erhob sich ein Stöhnen, ein unendliches Trauergeschrei, dessen Widerhall mir manchmal heute noch in den Ohren klingt.

Aber noch war unsere Reise nicht zu Ende. Wir mußten Rom erreichen – ein wahrer Alptraum von einer Fahrt, den unsere Mutter uns Kindern dadurch verkürzte, daß sie uns Soldaten anvertraute. Wir konnten in Wagen reisen, so daß uns der lange Marsch erspart blieb, den sie selbst Meile für Meile mit der Eskorte von Soldaten zurücklegen mußte, die Tiberius der Asche seines Sohnes entgegengeschickt hatte.

Zum Glück besaß unsere Mutter einen unbeugsamen Charakter und eine unerschöpfliche Energie. Ich kann das heute besser beurteilen als damals. Der lange Trauerzug durch Italien, während dem man bis an die Grenze seiner Kräfte gelangt, während dem man unentwegt die Züge des Mannes vor Augen hat, dessen Überreste man begleitet, während dem man sich erinnert, was er für einen bedeutet hat, bevor alles in Erschöpfung, Nebel und Vergessenheit verlorengeht – zwanzig Jahre später mußte ich dies furchtbare Erlebnis selbst durchmachen, als Gaius mich dazu verurteilte, die Asche von Lepidus aus Germanien nach Rom zu bringen. Auf den Gedanken an solche Marter brachte ihn die Erinnerung des Marsches seiner Mutter mit der Asche des Germanicus von Brindisi nach Rom. Sie mußte die schwere Urne immerhin nicht tagelang tragen, denn am zweiten Tag wurde sie Offizieren und Soldaten anvertraut, die sich ablösen konnten.

Aber so war Gaius, so groß seine Erfindungsgabe, um uns Leid zuzufügen, daß er der Folter des Körpers noch den moralischen Schmerz hinzufügte, den er in diesen Januartagen möglicherweise ertragen hatte, als Germanicus zu seinem Grab getragen wurde. Aber damals war er kaum acht Jahre alt! Was konnte er gefühlt haben? War die Wunde denn wirklich so tief gewesen?

Nach der Beerdigung, an der Tiberius nicht teilnehmen wollte, kehrten wir zurück in unser Haus am Palatinus. Ich fand meine liebe Isis wieder. Doch was konnte sie schon für uns tun?

Der Winter ging zu Ende. Mit den ersten Sonnenstrahlen des Frühlings tauchten auch die Vögel wieder auf, und ich fragte mich, ob nicht einige von ihnen irgendwo leblos unter toten Blättern gelegen hatten und nun wieder auferweckt worden waren? Wo waren sie während der kalten Tage? War es nicht vielleicht doch so, daß sie mit dem Frühling von den Toten zurückkehrten? Im tiefsten Innern wußte ich wohl, daß ich mir Illusionen machte, daß ich sie mir machen wollte, weil ich solche Angst hatte, daß der Tod, der wahre Tod, keine Hoffnung auf Rückkehr ließ. Mein Glaube an die Wiederkehr des Osiris war erschöpft.

In unserem Haus war es häufiger still als in der Vergangenheit. Es wäre mir jetzt, da mein Vater nicht mehr bei uns war und sich zu seiner Begrüßung nicht mehr allmorgendlich die

Klienten versammelten, völlig trostlos vorgekommen, wenn meine Mutter nicht regelmäßig Besucher empfangen hätte, mit denen sie lange Gespräche führte. Die meisten davon kannte ich. Sie waren Freunde meines Vaters, gute alte Freunde. Einige hatten zur Zeit des Todes meines Vaters in Syrien geweilt und ihr versprochen, ihn zu rächen. Sie waren ausnahmslos davon überzeugt, daß er vergiftet worden war und daß nur Piso der Täter sein konnte. Manche fügten leise hinzu, daß Tiberius den Tod von Germanicus in Wahrheit persönlich gewünscht hatte, aber in der Öffentlichkeit durfte so etwas nicht erwähnt werden. Sie zeigten jedoch das Verbrechen öffentlich an und forderten im Senat die Bestrafung des Täters, nämlich dieses Piso, der die Mordtat ausgeführt hatte. Über diesen Prozeß sprachen sie mit meiner Mutter, die sie ermutigte und sie über die kleinsten Details der Ereignisse während der letzten Monate informierte. Auf diese Weise fanden die Ankläger die nötigen Beweisgründe, um ihre Sache hieb- und stichfest zu machen.

Ich war damals selbstverständlich zu klein, um zu begreifen, was in meiner Umgebung vorging; doch die Freundschaft all dieser Menschen tat mir gut, und wir waren weniger allein.

Heutzutage frage ich mich oft, ob die Ankläger Pisos recht hatten. Ob Germanicus tatsächlich vergiftet wurde oder nicht? Und wenn ja, ob Tiberius wirklich dafür verantwortlich gewesen ist. Daß Piso meinem Vater feindselig gegenüberstand, war außer Zweifel, denn er hatte ja alles getan, um ihn bloßzustellen, sein Vorgehen zu behindern, ihm seine Soldaten abtrünnig zu machen und ihn überall auszustechen. Aber mußte man folgern, daß er es auf Befehl des Princeps getan hatte? Daß er von Natur aus gewalttätig, autoritär, ängstlich auf seine Macht bedacht und wenig gebildet, also das genaue Gegenteil von Germanicus war, wußte jedermann. Es wußte auch jeder, daß er sich in Athen wie ein ungehobelter Soldat, wie ein Eroberer benommen und sich bemüht hatte, die Athener auf alle erdenkliche Art zu demütigen. Hatte er damit geheime Anweisungen befolgt? Oder war es nicht doch eine Folge seiner schlimmsten Charaktermerkmale? Hätte er sich offen als Feind gezeigt, wenn er von Tiberius beauftragt worden wäre, Germanicus nachzuspionieren und ihn zu verraten? Gewiß, das war kein zwingendes Argument. Man könnte sich eine List vorstellen, die genau darin bestanden hätte, den Gedankengang zu suggerieren, den ich hier angeführt habe. War eine so deutliche Feindseligkeit nicht gerade das beste Mittel, finsterste Absichten zu verbergen?

Wenn Piso meinen Vater ermorden wollte, hätte er ihn außerdem bestimmt nicht zuerst so angegriffen, daß er sich jeden Zugang zu seinem Gefolge versperrt hätte. Aber auch das war kein stichhaltiger Beweis. Man konnte daraus lediglich die Schlußfolgerung ziehen, daß der Mann ungeschickt und dumm war. Doch all das schloß nicht aus, daß er seine Mission trotzdem erfüllt hatte oder daß er einen Umweg gefunden oder angewiesen bekommen hätte, um seinen Feind niederzuwerfen.

Daß irgendwer Germanicus schaden und sehr wahrscheinlich ihn sogar töten wollte, war unbestreitbar. Die abscheulichen Trümmer, die ich gesehen hatte, die menschlichen Knochen, die in unserem Hause versteckt gewesen waren, und die an die Götter der Unterwelt gerichteten Bleiplatten ließen keinen Zweifel. All das deutete darauf hin, Germanicus zu »verzaubern«.

Ich wußte sehr wohl, daß das nicht ausgereicht hätte, daß solche Methoden selten wirksam sind (falls sie es überhaupt je sind!), und daß mein Vater nicht durch die Wirkung solchen Zaubers gestorben war. Man hatte mit Sicherheit zuverlässigere Mittel benützt. Selbst aus der Ferne, selbst unter Ausschluß von unserem vertraulichen Kreis hätte Piso Mittelsmänner einsetzen können, die Diener oder Dienerinnen unseres Haushalts bestochen hätten. Derlei Dinge waren möglich, wie ich nur zu gut wußte. Aber ich fragte mich: Warum hatte man, wenn man zu Gift greifen mußte, obendrein dies Theater von Schwarzer Magie veranstaltet, für das ein römischer Prokonsul nur Verachtung hegen konnte? Und so richtete sich mein Verdacht nicht länger auf Piso, sondern auf Plancina. Plancina scheute sich nicht, ganz offen mit einer gewissen Martina befreundet zu sein – mit einer Hexe, die in dem Ruf stand, sich mit Giften auszukennen.

Und wenn am Ende alles nur eine Folge von weiblichen Intrigen gewesen wäre, die zu guter Letzt schiefgingen?

Ich mußte nicht länger warten, um die Welt der Frauen, also meine eigene Welt, besser kennenzulernen und vorauszusehen, was das Schicksal mir zugedacht hatte.

Von Livia, der Witwe des Augustus und Mutter von Tiberius, sprach man nur mit größter Vorsicht. Sie lebte im Kreise von Freundinnen oder vielmehr Klientinnen, die sie beschützte und bei ihren Intrigen half. Es gab unter den Damen der Aristokratie keine einzige, die sich nicht früher oder später verpflichtet sah, Livia ihre Aufwartung zu machen. Und so fuhr meine Mutter zwei Jahre nach dem Tode meines Vaters an einem Sommertag mit mir aus Rom und einige Meilen gen Norden zu einer Villa, in die sich die Mutter des Princeps zurückgezogen hatte.

Livia empfing uns in einem wundervoll geschmückten Saal. Die vier Wände waren mit Malereien verziert, die Laubwerk, Baumgruppen und Vögel darstellten, alles in allem einen bewundernswerten Garten, eine so perfekte Imitation, daß man ihn fast für echt gehalten hätte. Das fahle Dämmerlicht, das in diesem Zimmer herrschte, war die optimale Beleuchtung. Livia war von Dienerinnen umgeben. Sie schien mir eine uralte, zerbrechliche Dame – zumindest, wenn sie schwieg, doch sobald die das Wort ergriff, ahnte man eine beherrschte Energie und eine Autorität, die man besser nicht herausforderte.

»Meine liebe Tochter«, sagte sie, als meine Mutter auf sie zukam und sich zur Begrüßung verneigte, »meine liebe Tochter, ich verstehe, daß es dir in deiner Trauer unmöglich erschien, mir den erwarteten Besuch abzustatten. Ich freue mich also, dich wiederzusehen wie auch dieses kleine Mädchen, das mir der Mutter würdig scheint!«

Daraufhin gab sie einer Dienerin ein Zeichen, einen Sitz zu bringen. Meine Mutter nahm Platz, während ich mich neben sie kauerte.

Livia fuhr fort: »Man hat sehr viel über den Tod deines Mannes, meinem Enkel, gesprochen. Man hat versucht, aus einem bloßen Unfall der Fortuna ein Mysterium zu machen. Ich habe es sehr bedauert, daß Piso nicht mehr Mut bewiesen und sich nicht das Leben genommen hat, statt den Versuch zu machen, sich gegen die Beschuldigungen zu verteidigen. Du weißt von meiner unendlichen Liebe für Plancina, denn sie gehört einer guten Familie an, die Augustus viele Dienste geleistet hat. Das kann ich nicht vergessen; und es wäre mir lieb, daß auch du, meine Tochter, dich daran erinnerst. Darf ich hoffen, dich mit meiner teuren Plancina zu versöhnen?«

Meine Mutter verzog plötzlich das Gesicht und biß sich auf die Lippen, um schließlich mit einiger Mühe zu antworten: »Domina, ich fürchte, daß mich das große Anstrengung kosten würde.«

Darauf Livia: »Ich weiß seit langem, Agrippina, daß du dich nicht leicht beugst, daß dein Herz nicht zu Sanftmut und Vergebung neigt. Mein Sohn Tiberius hat mir berichtet, wie du die Armee, die in Unruhe aus Germanien zurückkehrte, damals ganz allein empfangen, die Soldaten getröstet und die Zerstörung der Brücke verhindert hast. Ohne Zweifel eine herausragende Tat! Du hast Rom einen guten Dienst erwiesen. Ist das aber wirklich die Aufgabe einer Frau?«

Und da meine Mutter schwieg, fuhr Livia fort: »Du weißt, daß Augustus und ich bis zum letzten Tag glücklich zusammengelebt haben. Das ist meiner Fügsamkeit ihm gegenüber zu verdanken. Ich habe mich nur dann um Staatsangelegenheiten gekümmert, wenn er mir sein Herz ausschüttete. Noch stolzer als auf die Ratschläge, um die er mich bat und die ich ihm zu geben vermochte, war er jedoch darauf, nur Tuniken zu tragen, deren Wolle ich mit den Dienerinnen gesponnen hatte, bevor wir sie selbst webten. Glaube mir, Agrippina, in der weiblichen Sanftmut steckt mehr Macht als in Gewalt und in Streitereien.«

Das Gespräch zog sich noch eine Weile hin. Livia lobte die Sitten von früher. Agrippina hörte respektvoll zu und sagte nichts. Als Livia bemerkte, daß ich mich langweilte, wies sie ihre Verwalterin an, mir die Villa zu zeigen.

Es war ein ländliches Haus, das zwar um einige Gemächer erweitert, im wesentlichen jedoch unverändert geblieben war. Vor dem Säulengang der Vorderseite zog sich ein mit Steinplatten ausgelegter Hof hin. Hier und dort waren Gärten angelegt, kleine Baumgruppen, oder vielmehr Lichtungen, hinter denen ein großer Gemüsegarten lag, dann Obstgärten und noch ein Stück dahinter ein eingezäuntes

Gebiet, zu dem man mich hinführte. Dort bemerkte ich eine beträchtliche Anzahl von weißen Hühnern, alle fleckenlos, die um die Wette den Boden kratzten, gackerten, zankten und eine außergewöhnliche Vitalität ausstrahlten. Mittendrin wuchs ein wunderbarer Lorbeerbaum mit kleinen gekräuselten Blättern. Ich hatte so einen noch nie gesehen. Da ich den Busch lange betrachtete, erklärte mir die Verwalterin:

»Der Lorbeerbaum, den du da siehst, ist heilig. Er ist uns von den Göttern geschickt worden. Dieses Haus oder vielmehr dieser Landsitz hat immer der Familie unserer Herrin gehört. Einige Tage nach ihrer Heirat mit dem göttlichen Augustus ist sie in diesem Garten spazierengegangen, als am Himmel ein Adler auftauchte und sich schwebend genau über ihr hielt. In seinen Fängen hielt er ein weißes Huhn, das diesen, die du vor dir siehst, völlig glich. Jedoch im Schnabel des Huhns befand sich ein kleiner Lorbeerzweig. Der Adler öffnete seine Fänge, und das Huhn fiel mit seinem Lorbeer der Herrin auf die Knie. Sie beschloß, es aufzuziehen, und den Zweig einzupflanzen. Die Aufzucht des Huhns ist, wie du an seinen Abkömmlingen siehst, wunderbar gelungen, und dieser Baum ist daher der göttliche Lorbeerbaum.«

Es schien mir nicht verwunderlich, daß die Götter sich gerade dort durch so deutliche Vorzeichen manifestierten. Ich fragte mich nur, warum diese Vorzeichen Livia und nicht ihrem Ehemann gegolten hatten, denn durch ihn würde sie ja das verheißene Ansehen erreichen. Wenn aber die Götter so gehandelt hatten, dann gewiß, weil die beiden unauflösbar in diesem Abenteuer vereint waren. Wurde von einer Frau wirklich nicht mehr verlangt, als die Tuniken ihres Mannes zu weben? Livia schien es zu behaupten. War sie aufrichtig? Ich erinnerte mich, daß Gaius sie mir als ausgezeichnete

Komödiantin geschildert hatte; »Heuchlerin«, hatte er gesagt. Hatte sie vorhin nicht für uns, für meine Mutter, Komödie gespielt? Aber warum?

Die Verwalterin führte mich in den Saal zurück, wo Livia und meine Mutter sich immer noch aufhielten. Während meines Spazierganges war die Sonne langsam untergegangen, und das Zimmer war voller Schatten. Auf den Wänden war das gemalte Laubwerk kaum mehr zu erkennen. Es schien von der Nacht erfaßt worden zu sein. Der einzige Lichtstrahl, der noch durch die einen Spaltbreit geöffneten Fensterläden drang, beleuchtete zwei Statuen, die ich vorher nicht bemerkt hatte, obwohl beide sehr beeindruckend waren: eine lebensgroße Bildsäule und eine Büste, Seite an Seite. Die Statue stellte Augustus dar, der stehend den Arm ausstreckte, wie wenn er seinen Legionen das Kampfsignal geben oder den Soldaten eine Ansprache halten wollte; zweifelsohne eine kaiserliche Geste, und sein Blick wirkte nicht minder kaiserlich. Der *Imperator* trug einen Harnisch mit Bildern, die ich zu entschlüsseln versuchte, während meine Mutter und Livia sich in mehr oder weniger höflichen Floskeln übten. Ich glaubte den Sonnengott, die Nacht und andere Gottheiten zu erkennen. In der Mitte des Harnisches gab ein Barbar einem Römer Feldzeichen von Legionen zurück, Gegenstände, die mir vertraut waren, da mein Vater dergleichen hinter unserer Hauskapelle aufgestellt hatte. Um den Harnisch zur Geltung zu bringen, hatte der Bildhauer den militärischen Mantel auf dem Bauch und dem unteren Teil der Figur zusammengerafft, was etwas sonderbar aussah. Ich fragte mich, wie Augustus unter solchen Bedingungen hätte laufen können.

Entlang des rechten Beines hatte der Bildhauer aus unklaren Gründen ein Kind plaziert, einen häßlichen kleinen Jungen mit rundem Kopf, der den linken Arm emporstreckte und einen unbestimmbaren Gegenstand schwenkte. War er Teil des Spektakels?

Auf einem hohen Sockel neben der Statue stand die Büste einer jungen Frau, die niemand anderes als Livia sein konnte. Diese junge Livia erschien mir recht hübsch und vor allem recht anders als die Livia, die ich vor mir hatte. Der Unterschied lag nicht nur am Alter. Natürlich war die wirkliche Livia gealtert. Unter ihren Augen, um die Lippen und auf der Stirn hatten sich Falten eingegraben, und die Wangen waren nicht mehr so voll. Doch ich spürte, daß es da noch etwas anderes gab. Diesen weiblichen Blick, den der Bildhauer so heiter und sanft zugleich darzustellen gewußt hatte, indem er einzig die leeren Augenhöhlen zeigte, konnte ich bei der wirklichen Frau, der Großmutter, nicht entdecken. Deren ganzer Ausdruck schien mir von Bösartigkeit geprägt. Hatte sie in der Zeit, als sie die Gattin des Princeps war, ihre ganze Güte verbraucht? Sind davon nicht wenigstens einige Spuren übriggeblieben? Der verkniffene Mund unter der geraden, spitzen Nase weckte Zweifel. Die »gute Livia«, jung und schön, liebevoll, ein tugendhaftes Vorbild für die römischen Frauen, gehörte eindeutig der Vergangenheit an. Wie auch die Anordnung ihres Haars, mit der zu einer Art Knoten komisch eingerollten Locke auf der Stirn, veraltet war. Es kam mir wie ein vergessenes Vogelnest vor. Das reizte mich zum Lachen, wie es bei kleinen Mädchen der Fall ist, die einen Blick haben für Absonderlichkeiten, welche die Erwachsenen gar nicht mehr bemerken.

Der lange Besuch fand schließlich doch ein Ende, und wir verließen diese Villa mit ihren weißen Hühnern, um Rom fast bei Dunkelheit zu erreichen. Während unser Wagen auf der Via Flaminia zur Stadt zurückfuhr, gelang es meiner

Mutter nicht, ihre Verärgerung über die Worte der »Augusta« zu unterdrücken.

Wir schwiegen beide, während wir an den Villen vorbeifuhren, die die Straße säumten. Der Duft der Pinien reichte bis zu uns herüber. In der Ferne war das silberne Band des Tibers von Zeit zu Zeit zu erkennen. Weinberge zogen sich zwischen den Bäumen hin. Ich erkannte die Rebengirlanden, die sich um die Zweige der kleinen Ulmen klammerten, die als ihre Stütze dienten. Hier und da jätete jemand zwischen den Ulmen die Erde, entfernte einen überflüssigen Trieb oder saß auf einer Ulme, um den Wein anzubinden.

Wir fuhren ins Tal hinab, als wir einer Herde Schafe begegneten. Zwei Hirten stürzten mit hocherhobenen Stekken nach vorn, als sie sahen, daß ihre Tiere den Weg behinderten; ihre Hunde trieben die Widder, Schafe und Lämmer zur Seite, um uns die Durchfahrt zu ermöglichen. Allerdings nicht ohne einige Anstrengung. Der Anblick dieser Hunde, die so eifrig bestrebt waren, ihre Sache gut zu machen, erinnerte mich daran, daß auf dem Harnisch der Statue von Augustus auch ein Hund abgebildet war, und zwar neben dem Römer, dem der Barbare die Feldzeichen überreichte. Dieser Hund sah unheimlich ernst aus. Warum war er vom Bildhauer gerade dort plaziert worden? Vermutlich als Sinnbild der Treue. Treue gegenüber wem oder was? Und wer streichelte ihn zur Belohnung für seine Treue?

Als die Hirtenhunde nach einigen Mühen wieder Ordnung in die Herde gebracht hatten und mit hechelnder Zunge am Straßenrand standen, hätte ich ihnen gerne ein freundliches Zeichen gegeben, doch der Wagen fuhr ohne Zögern weiter.

Seit unserer Abreise von der Villa mit den weißen Hühnern hatte meine Mutter kein einziges Wort gesprochen. Als wir kurz vor der Stadt auf der Milviusbrücke den Tiber überquerten, sagte sie plötzlich: »Aber was will sie eigentlich?« Ich mußte gar erst nicht fragen, um zu wissen, wen sie meinte! Meine Mutter fuhr indessen fort: »Sie hat ihren Sohn an die Macht gebracht. Sie weiß jedoch, daß Tiberius nicht Augustus ist und tief in seinem Herzen der Republik nachtrauert, und sie fragt sich, wie lange er die Rolle zu spielen bereit ist, die sie ihm aufgezwungen hat und die abzulehnen ihm der Mut fehlte. Sie spürt, daß sie alt wird. Was wird Tiberius machen, wenn sie nicht mehr ist? Das ist es eben, was sie beunruhigt. Deinen Großvater Drusus hat sie auch nicht besonders gemocht. Sie hielt ihn ebenfalls für zu republikanisch. Und deinem Vater hat sie vorgeworfen, die gleichen Ansichten zu vertreten. Das Kaiserreich ist ihr Werk. Sie will, daß diese Staatsform sie überlebt...«

Während der Fahrt über die Brücke sah ich links und rechts Barken, in denen Fischer ihre Netze für die Nacht auswarfen. Morgen früh, noch vor der Dämmerung, würden sie ihren Fang einziehen und die getöteten Fische am Markt verkaufen. Ich hatte Mitleid mit diesen Tieren, die fern von Menschen lebten und daher eigentlich vor ihren Fallen und ihrer Grausamkeit sicher sein sollten.

Als ich an jenem Abend einschlief, leistete mir in meinen Träumen eine große Schar von Tieren Gesellschaft, die ganz furchtlos auf mich zukamen. Auch ich hatte keine Angst. Die weißen Hühner gluckten, während sie ihre Küken riefen; ganze Horden von Küken. Der Adler flog hoch über ihnen, jedoch ohne zu versuchen, eins von ihnen zu greifen. In den Lorbeerwäldchen, auf den Zweigen der Apfelbäume und der anderen Bäume mit den großen, knallgelben Früchten halbversteckt hinter Laubwerk – ich hatte sie zum ersten Mal in Wandmalereien von Livias Saal gesehen – zeigten sich meine üblichen Gefährten vom Palatinus: Amseln, Sperlinge,

Meisen, Buchfinken. Am äußeren Rande dieses Gartens waren Schafe mit ihren Hirten und Hunde, die sie hinderten hereinzukommen. Meine Amme hatte mir einmal erzählt von einer Zeit, als die Tiere in Frieden lebten und selbst die furchterregendsten unter ihnen weder andere Tierarten noch Menschen angriffen, von einer Zeit ohne Stürme. Sie hatte diese Zeit das Goldene Zeitalter genannt und mich überzeugt, daß es früher einmal existierte. Hatte ich es wiedergefunden?

Zweites Buch

Mein Großonkel Tiberius

Seit meiner Kindheit frage ich mich, ob diese tragische Fähigkeit des Sehens einer natürlichen Neigung oder dem Geschwätz meiner Amme zuzuschreiben ist oder ob die Luft, die ich seit Kindertagen geatmet habe, sie in mir geweckt hat. In Rom träumte man seit langem von Königen. Der göttliche Caesar hat gern zwei Verse des athenischen Dichters Euripides zitiert:

> Wenn du das Recht verletzen mußt,
> Tu's, um zu herrschen. Sonst achte die Moral.

Auch meine Mutter hat diesen Machthunger verspürt. Diese Erkenntnis kam mir plötzlich an dem Tag, als sie so erschüttert vom Haus des Tiberius zurückkehrte, daß sie sich nicht unter Kontrolle hatte und mir von ihrer Unterredung mit Tiberius berichtete. Obwohl ich damals erst elf Jahre alt war, konnte ich sie sehr wohl begreifen. Einfach gekleidet, ohne Schmuck, mit einer langen Stola über den Schultern, die bis auf die Füße herabfiel, um Kopf und Schulter eine glanzlose, graue Palla – sie war die Trauer in Person. Und so hatte sie Tiberius aufgesucht, um sich über die Attacken zu beklagen, die unserer Verwandten Claudia Pulchra galten. Sie war von einem gallischen Rhetor angefeindet worden, der vor kurzem aus Nemausus eingetroffen und für den Gewinn eines Namens und Vermögens zu allem bereit war – Domitius Afer, der gar nichts zu tun hatte mit den Domitiern, die bald meine

Familie werden sollten und zum alten, authentischen Adel gehörten. Dieser Afer nun beschuldigte unsere Cousine nicht nur, einen Liebhaber zu haben, sondern auch – was viel schwerer wog – Tiberius zu verhexen und gegen ihn Zauber einzusetzen, wie sie ähnlich gegen meinen Vater benützt worden waren. Tiberius hatte dem Prozeß zugestimmt, daher war eine Verurteilung vorauszusehen. Ob Claudia Pulchra schuldig war oder nicht, das war von geringer Bedeutung. Meine Mutter wußte, daß der Ankläger sich mit der ganzen Geschichte nur bei Tiberius einschmeicheln wollte. Aber Claudia Pulchra war auch eine Freundin von Agrippina, die der Princeps isolieren und der Unterstützung durch die alten Freunde von Germanicus berauben wollte.

Als meiner Mutter Zutritt zum Kaiser gewährt wurde, brachte er soeben in der Privatkapelle des Palatinus dem göttlichen Augustus ein Opfer dar. Wie der Zufall es so wollte – aber war es wirklich ein Zufall? –, standen die Oktoberkalenden unmittelbar bevor. Man feierte den Geburtstag des Augustus. Nach Beendigung der Zeremonie trat Agrippina vor und richtete ungefähr die folgenden Worte an den Princeps:

»Es ist gewiß höchst ehrenwert, dem göttlichen Augustus Opfer und Trankopfer darzubringen. Es wäre aber noch ehrenwerter, nicht seine Nachkommen zu verfolgen, die die wahren Sendboten seines göttlichen Geistes sind.« Zutiefst getroffen, antwortete Tiberius ihr mit einem griechischen Vers, der sinngemäß folgendermaßen lautete: »Glaube nicht, daß du ein Opfer bist, wenn du nicht herrschst.« Und damit war das Gespräch beendet.

Als meine Mutter mir diese Szene erzählt hatte, fügte sie hinzu: »Nein, ich will nicht herrschen. Ich habe nie herrschen gewollt, aber ich stamme vom Blut des Augustus ab.

Ich bin sein Enkelkind durch Geburt. Tiberius ist sein Sohn nur durch Adoption, weil Livia es so wollte, weil sie dafür alles getan hat. Wir, du und ich, haben mehr Rechte auf Herrschen als er! Deshalb wurde Germanicus getötet, um diese Nachkommenschaft auszurotten, die ich ihm sicherte! Doch ich lebe immer noch! Ich habe sie euch allen, meinen Kindern, weitergegeben. Ich verdanke es meiner Ehe mit Germanicus, daß ihr immer noch am Leben seid, während alle anderen Kinder von Julia, meine Brüder und Schwestern, umgekommen sind!«

Unser Gespräch endete unter Tränen.

Tiberius tat so, als ob er diesen Vorfall auf dem Palatinus acht Tage vor den Kalenden vergessen hätte. Um die Erinnerung daran ganz zu löschen, besuchte er uns einige Zeit später, und diesmal war ich bei seinem Gespräch mit meiner Mutter anwesend.

Sie war offensichtlich krank. Ihre Züge waren zerfurcht, ihr Gesicht ausgemergelt, ihre Augen fiebrig. In Anwesenheit des Kaiers begann sie zu weinen. Keiner der beiden sprach ein Wort, bis sie, ohne auf meine Anwesenheit Rücksicht zu nehmen, erklärte: »Ich weiß genau, was du denkst, Tiberius. Ich kann in deinen Augen lesen, daß du mich gealtert findest, daß du Mühe hast, in mir die Frau wiederzuerkennen, deren Schönheit Germanicus gern rühmte. Was ist mir von dieser Schönheit geblieben? Nicht mehr, als mir von den damaligen Ehren geblieben ist! Schau, ich bin allein.« Sie zeigte auf mich: »Wenn ich meine kleine Agrippina nicht hätte, wäre ich noch einsamer. Du weißt besser als jeder andere, was meine zwei großen Jungen, Nero und Drusus, werden. Was aus ihnen wird, hängt nicht von mir ab, sondern von dir, nur von dir! Gaius ist erst dreizehn Jahre alt, aber ich spüre, daß er sich mir entfremdet. Gewiß, Tiberius, ich habe

Angst vor der Einsamkeit. Seit sechs Jahren lebe ich ohne die Umarmungen eines Mannes, und ich bin noch jung. Ich bin erst achtunddreißig Jahre alt. Viele andere Frauen hätten sich in diesem Alter einem Liebhaber genommen. Ich will es nicht. Ich weigere mich, das Blut des göttlichen Augustus mit dem irgendeines Römers zu mischen. Kannst du mir daraus einen Vorwurf machen, du, der du ohne Erbarmen bist mit Frauen, die die heilige Bindung der Ehe nicht achten? Es gibt in unserer Verwandtschaft genügend Männer, die die Witwe des Germanicus nur zu gern heiraten und Kinder mit ihr zeugen möchten. Es ist keineswegs zu spät, zu hoffen, daß ich einem Mann legitime Nachkommenschaft schenken werde.«

Ich merkte, daß Tiberius' Gesicht sich verhärtete. Er schwieg, aber seine Miene verriet, daß ihm mißfiel, was er da hörte. Er war sicherlich nicht willens, den Stamm von Germanicus, den der Julier, wiederaufleben zu lassen. Er verabschiedete sich bald darauf mit wenigen höflichen Floskeln. Wir waren allein, meine Mutter und ich, als die herbstliche Nacht hereinbrach.

Die Emotionen, die meine Mutter gezeigt hatte, überraschten mich keineswegs. Eine Jungfrau meines Standes war über die Tatsachen des ehelichen Lebens informiert. Darauf wurden wir frühzeitig vorbereitet, denn jede Familie war daran interessiert, ihr weiteres Bestehen zu sichern. Die Geburt eines Kindes war an so viele Zufälle gekoppelt, daß es weise erschien, die Chancen zu verdoppeln. Ich wußte, daß ich mit dreizehn Jahren verheiratet werden würde. Ich war neugierig zu erfahren, was für einen Mann Tiberius mir geben würde, weil ich (nicht ohne ein gewisses Vergnügen) vermutete, daß meine Ehe eine Staatsaffäre sein sollte. Das schmeichelte meiner Eitelkeit.

Allerdings verschwendete ich damals nicht viele Gedanken an meine zukünftige Ehe. Meine Mutter sah die letzten Jahre ihrer Jugend entschwinden, und ihr Bangen wurde durch die Furcht verstärkt, die ihr das Verhalten von Tiberius, sein undurchschaubares Wesen und die Häufung von Prozessen wegen Majestätsbeleidigung einflößten, die die edelsten Familien Roms dezimierten. Ich selbst war hauptsächlich mit dem Unterricht meines Lehrers Eutychus beschäftigt. Wir trafen uns allmorgendlich in einem Saal unseres Hauses, der Bibliothek, die ganz unsere Domäne war, in der wir uns beide wohlfühlten. In den Wänden gab es große Nischen oder vielmehr Schränke, mit Regalen voller Schriftrollen mit den Werken unserer großen Dichter, Redner und Geschichtsschreiber aus Vergangenheit und Gegenwart. An jeder Rolle war eine verzierte Aufschrift mit dem Namen des Autors und dem Titel des Werks. Es gab griechische Schriften und lateinische. Sie reichten von Homer bis zu Vergil, von Herodot und Thukydides bis zu Titus Livius, von Lysias und Demosthenes natürlich bis zu Cicero. Manche kannte ich nicht einmal dem Namen nach. Eutychus gab sich alle Mühe, mir diese Schätze zu enthüllen. Aber längs der Wände gab es in diesem Saal zwischen den Schränken noch weitere faszinierende Dinge: eine ganze Serie von Bronzebüsten von Schriftstellern. Die meisten wirkten recht abstoßend auf mich. Die gestrenge Miene, welche die Bildhauer bei ihnen offenbar für erforderlich hielten, gefiel mir ganz und gar nicht. War es denn eine so traurige Angelegenheit, ein literarisches Werk zu schreiben? Vor allem die Philosophen kamen mir wenig liebenswürdig vor. Sokrates, dessen Namen ich am Sockel einer Büste las, machte auf mich eher den Eindruck eines Tiers denn eines Menschen. Als ich das Eutychus sagte, lächelte er mich an und antwortete:

»Du hättest es gar nicht besser ausdrücken können, Agrippina. Wenn Sokrates der weiseste Mann aller Zeiten war, so verdankt er es nämlich teilweise eben der Tatsache, daß er die Verachtung hinnehmen konnte, die ihm seine Häßlichkeit einbrachte. Du bist doch in Athen gewesen, du hast die Tempel und die Statuen gesehen, die es schmücken. Du weißt, wie sehr gerade die Athener in Schönheit vernarrt sind. Für sie kommt auf Erden nichts der Schönheit gleich. Nun, Sokrates war häßlich, und trotzdem strahlt sein Name heute viel heller als der Ruhm von Phidias und all den Künstlern, die so viele Epheben, junge Mädchen, Männer und Frauen von mustergültiger Schönheit geschaffen haben. Also, Sokrates war häßlich – doch er besaß eine einzigartige, innere Kraft. Also kümmerte ihn sein Aussehen gar nicht! Er akzeptierte einfach, was die Götter ihm bei seiner Geburt mitgegeben hatten, seine unschönen Gesichtszüge und seine Armut wie auch die Gabe Fortunas: den grauenvollen Charakter seiner Frau. Er selbst war heiter, und das war auch die erste Lektion, die er den jungen Leuten erteilte, die von ihm auf den Weg zur Weisheit geführt werden wollten.«

Eutychus konnte sagen, was er wollte – für diese Figur mit Sattelnase, wulstigen Lippen und finsterem Blick, der an den stupiden Seitenblick eines Stiers erinnerte, mochte ich einfach keine Sympathie aufbringen. Im Laufe meiner zahlreichen Gespräche mit meinem lieben Seneca habe ich Sokrates später achten gelernt, und trotzdem nie den ersten Eindruck korrigiert, den seine Büste im Halbdunkel unserer Bibliothek auf mich gemacht hatte. Liegt es daran, daß ich die Philosophie so wenig schätze?

Die Wände unserer Bibliothek waren in großen Abständen mit hohen, engen Fenstern durchbrochen, die Licht spendeten. Ich liebte diese Fenster, weil sie auf das Peristyl unseres

Hauses hinausführten und ich beim Zuhören meine Lorbeerbäume, die Buchsbaum- und Myrte-Einfassungen und manchmal ein oder zwei Vögel sehen konnte.

Inzwischen hatten Eutychus und ich mit der Lektüre der Annalen des alten Ennius begonnen. Ich entdeckte eine ganze Reihe von Erzählungen, die mir bereits durch meine Amme bekannt waren. Die Geschichte von den Zwillingssöhnen des Mars konnte Eutychus rasch durchnehmen. Die beiden waren nicht weit von uns auf der anderen Seite des Palatinus in einer Grotte ausgesetzt worden, die mir wohlvertraut war. Ihr Abenteuer interessierte mich auch nicht sonderlich. Bezaubert war ich dagegen von dem Bericht oder vielmehr der prophetischen Vision der Ilia, Ennius' Tochter. Mir war, als ob ich diesen Traum, der soviel Veränderungen gebracht hatte, selbst erlebte. Er wurde für mich plausibel durch die schlichte, vertraute Art, wie Ennius ihn erzählte. Auch mir war es schon passiert, daß ich im Schlaf geschrien und nach meiner Amme gerufen hatte, die dann herbeieilte und mit zitternden Händen die kleine Lampe hielt, deren Schein mich beruhigte. Ilia war in ihrem Traum, als ob ein junger, schöner Mann versucht hätte, sie zu verführen. Doch auf einmal war er verschwunden, und sie war unter Weidenbäumen am Ufer eines Flusses umhergeirrt, weil sie nicht wußte wohin. In diesem Augenblick hatte sie eine Stimme vom Himmel vernommen. Ilia erkannte die Stimme von Ennius, der nach seinem Tod ein Gott geworden war und sie mit den Worten beruhigte: »Oh, meine Tochter! Du wirst noch viele Schmerzen erleiden müssen, doch danach wird vom Fluß her das Glück zu dir kommen.«

Wie wahr mir doch, trotz allem, diese Geschichte vorkam! Wurde man auf solche Weise Königin? Man hatte mir gesagt, daß auch mein Vater nun der Welt der Götter angehöre. Ich war überzeugt, daß er weiterhin über mein Glück wachte. Würde auch ich eines Tages, ob in einem Traum oder auf irgendeine andere Weise, seine Stimme vernehmen? Würde auch ich viele Schmerzen erdulden müssen? Und woher würde *meine* Rettung kommen?

Ich glaubte an Träume. Ich wußte jedoch, daß ihre Deutung oft auf eine falsche Fährte führen konnte, doch bei manchen konnte man im voraus ahnen, daß sie sich bewahrheiten würden. Manchmal zeigen uns nächtliche Visionen das Gesicht der Götter. Dank ihnen wissen wir, daß sie menschliche Gestalt – nur schöner und größer – und menschliche Gesichtszüge – nur edler und heiterer – haben, daß sie uns gleichen und wir ihrem Geschlecht angehören. Das hatte ich schon sehr früh entdeckt, und die Reise in Ägypten hatte es mir bestätigt, insofern sie mir zeigte, daß manche Gottheiten wie Anubis und Sobek zwar Tiergestalt haben, doch nur als Verkleidung. Ihr göttliches Wesen gleicht dem unsrigen oder ist ihm zumindest sehr nahe, und zwar so sehr, daß zwischen ihnen und uns Beziehungen möglich sind. Wir können sie verstehen, und sie können uns verstehen. Wir sind im Universum nicht allein und isoliert. Die Götter sind unsere Gefährten, und diesen Gedanken, diesen Glauben, den ich weitgehend dem Unterricht Chaeremons verdanke, fand ich gleichzeitig ermutigend und beunruhigend. Was mußte ich tun, um die Götter zufriedenzustellen, um mir ihr Wohlwollen zu sichern? War es möglich, daß sie mir es übelnahmen, wenn ich mich nicht nach ihren Wünschen verhielt? Hatte mein Vater sie auf irgendeine Weise beleidigt? War sein Tod eine Strafe, die sie ihm geschickt hatten? Aber war der Tod an sich überhaupt eine Strafe der Götter? Ich hatte mit Eutychus in einem Buch von Herodot gelesen, daß der Tod das schönste Geschenk sei, das die Götter uns machen können. Ich habe seither Seneca diesen Gedanken oft aussprechen hören. Damals allerdings, tröstete er uns, meine Mutter und mich, kaum über den heftigen Schmerz hinweg, den der Tod des Germanicus in unser Leben gebracht hatte.

Allmählich begann ich jedoch zu begreifen, daß die Götter dem Tod zwei Gesichter gegeben haben: mit dem einen Gesicht schaut er den Menschen an, welchen er den Lebenden entreißt, während er das andere den Lebenden zuwendet. Die beiden haben nicht denselben Ausdruck. Sehr viel später hatte Seneca mir zu beweisen versucht, daß uns im Leben nichts an sich Gutes oder Böses widerfährt, daß sein Wert vielmehr davon abhängt, wie wir es aufnehmen. Ich war natürlich noch weit davon entfernt, einen solchen Gedanken vollständig zu verarbeiten, der mich im übrigen nie völlig überzeugt hat. Ich bleibe auch heute noch dabei, daß das Leben besser ist als der Tod, daß es Taten und Dinge gibt, die an sich, ihrer Natur nach, gut oder schlecht sind, auf Grund der Folgen, die sie nach sich ziehen, oder aber wegen der Tatsachen, die untrennbar mit ihnen verbunden sind. In diesem Sinne erschien mir die Ausübung der Macht als Vorteil und das Kostbarste, das einem Mann gegeben werden kann. So auch die Tatsache, ein Römer zu sein. Ich habe im Laufe meines Lebens begriffen, daß unser Volk mit besonderer Verantworung für die menschliche Rasse betraut ist, daß es ihm zusteht, der Menschheit Gesetze zu geben.

So kam es, daß ich imstande gewesen wäre, die Aussagen des Eutychus in unserer Bibliothek Wort für Wort wiederzugeben, wenn er es von mir verlangt hätte. Allerdings hörte nur ein Teil von mir ihm zu, während mein wahres Ich sich einer Träumerei überließ, die mich in meine Vergangenheit entführte und je nach Augenblick mit Melancholie oder Hoffnung erfüllte.

Eutychus ging mit mir ziemlich oft auf Spaziergänge durch die Stadt. Auf diese Weise wurde mir die Größe des römischen Reiches bewußt, und ich lernte zugleich die Orte kennen, wo die dramatischen Geschehnisse der Vergangenheit stattgefunden hatten und die Stimmen der großen Redner erklungen waren. Der Anblick des alten Forums beeindruckte mich jedesmal von neuem. Ich bemerkte, daß große Persönlichkeiten stets von einem Gefolge begleitet waren, wenn sie zu Senatssitzungen in die Curia gingen, oder um dort im Gericht einem Klienten beizustehen. Ein Römer von staatsmännischer Bedeutung zeigt sich in der Öffentlichkeit niemals allein. Er ist nicht nur von einigen Sklaven und Freigelassenen umgeben, sondern auch von einfachen Bürgern, die ihm ihren Respekt beweisen und sich ihm bekannt machen wollen für den Fall, daß sie eines Tages seine Hilfe brauchen könnten. Solche bunten Menschenansammlungen waren allerdings nicht das einzige Schauspiel, das die Stadt mir bot. Ich schaute gern der Menge zu, die sich unter den Säulenhallen entlang der Basiliken drängte. An den Ständen dort feilschten Käufer mit den Händlern, besonders mit den »Silberbeschließern«, welche die unterschiedlichsten Münzen mit alten Kopfbildern oder aus entlegenen Königreichen gegen neue Münzen einwechselten. Diese Silberbeschließer fungierten, wie Eutychus mir erklärte, als Zwischenhändler zwischen Verkäufern und Käufern und garantierten die Korrektheit der Geschäfte.

Zu unseren häufigsten Spaziergängen zählte der Weg in die Umgebung des Forums, die vom Flachhang bis zum Tiber reicht. Dort wurden Sklaven zum Verkauf auf Podesten ausgestellt – ein Anblick, bei dem ich stets ein leichtes Schaudern verspürte. Tafeln nannten ihre Namen und listeten ihre Fähigkeiten auf sowie alles, was den geforderten hohen Preis rechtfertigen konnte. Manche waren aus dem Morgenland, andere aus Gallien oder aus Britannien hergebracht worden. Ich lernte an den Gesichtern das Land ihrer Herkunft erkennen. Wie groß war doch unser Reich!

Im Forum war auch das Gericht des Prätors im Freien meist von einer dichten Menschenmenge umlagert. Jedoch hielt ich mich dort kaum auf. Mit den Feinheiten des Rechts konnte ich nichts anfangen. Ich bevorzugte es, die ältesten und ehrwürdigsten Denkmäler dort näher zu betrachten. Hier hatte sich der junge Römer Marcus Curtius für das Wohl der Stadt geopfert, indem er sich mit seinem Pferd in einen tiefen Erdspalt stürzte, da das Orakel verlangt hatte, daß die Römer die Wut der Götter durch die Opferung ihres Kostbarsten besänftigten. Kann es etwas Kostbareres geben als einen jungen Krieger? Kaum war Curtius mitsamt seinem Pferd verschwunden, als der Abgrund sich wieder schloß: Das Schicksal Roms nahm wieder seinen ruhmreichen Verlauf. Ich hatte Mühe, dieser Geschichte Glauben zu schenken. Ein in Stein gehauenes Bild nahebei lieferte eine andere Erklärung, die mir besser gefiel: Das Pferd eines Kriegers stolperte an einer Stelle, die, wie der Künstler durch die Andeutung von Schilf nahelegte, morastig gewesen sein dürfte. Doch hatte sich dieser Krieger nicht freiwillig als Opfer angeboten: Curtius, ein sabinischer Heerführer, war in der großen Schlacht zwischen Sabinern und Römern zur Zeit des Romulus an dieser Stelle fast versunken. Der Gedanke, daß das Pferd und sein Reiter gerettet wurden, erleichterte mich.

An der Straße weiter stand ein Brunnen. Es war, wie mich eine Inschrift belehrte, der Brunnen des Juturnus, zu dem Castor und Pollux, Jupiters Söhne, geritten waren, um ihre Pferde zu tränken, nachdem sie an der Seite der Römer siegreich gegen die verbündeten Latiner und Etrusker gekämpft hatten.

Die Vorstellung, daß der Platz des alten Forums damals das Schlachtfeld gewesen war, auf dem Roms Truppen erstmals ihrer Tüchtigkeit bewiesen, gefiel mir besonders.

Man war gerade dabei, noch einmal die alte Basilika Emiliana zu renovieren. Ein Nachkomme der berühmten Familie der Aemilier hatte darum gebeten, die Restaurierung zu übernehmen. Ich kannte ihn gut, denn einige Jahre später sollte ich seinen Sohn zu unser beider Unglück zu gut kennen. Außer Säulen aus weißem, rotadrigem phrygischen Marmor gab es unter den neuen Ornamenten eine lange Folge von Reliefs mit der Abbildung von Ereignissen, die am Anfang unserer Geschichte dort stattgefunden hatten oder dort zum Abschluß gekommen waren.

Das Leid der jungen, von Römern entführten Sabinerinnen berührte mich nicht. Außerdem war die Tat nicht genau hier, sondern ein wenig weiter entfernt geschehen, wo sich inzwischen der Zirkus Maximus befand. Die jungen Mädchen waren mit ihren Eltern zum Besuch der Pferderennen gekommen, und auf einmal standen sie verheiratet da! Das war doch eigentlich gar nicht so traurig. Ich hatte mehr Verständnis für die unglückliche Tarpeia, die unter dem Berg von Schilden zerdrückt wurde, welche die Soldaten über ihrem Körper aufstapelten. Sie wiederum tat mir aufrichtig leid. Ihr Verbrechen kam mir nicht so schlimm vor. Sie war hinter den Mauern des Kapitols auf dem Hügel eingesperrt gewesen, dessen Tempel ich in der Ferne sah, und hatte den Fehler begonnen, den sabinischen Belagerern der Zitadelle zuzuschauen und dem schönen, jungen Sabiner Tatius ihre Aufmerksamkeit zu schenken. Ist es denn so verwunderlich, daß sie sich in ihn verliebte und ihm half, zum Gipfel des Hügels zu gelangen? War das ein Verrat oder ein naiver Liebesbeweis? Wenn er auch nur bißchen Ehrgefühl besessen hätte, hätte er ihre zärtlichen Gefühle meines Erachtens nicht ausgenutzt, um das Kapitol zu erobern. Und hätte das Mädchen, das ihn liebte, anschließend bestimmt nicht unter einem Haufen von Waffen ersticken lassen! Immerhin wollte es das Schicksal, daß die Sabiner ihre römischen Gegner wie ihresgleichen behandelten. Tarpeia war ihr Werkzeug gewesen. Ihre Schuld hatte dem Willen der Götter gedient. Mußte dieser Fehler dann mit einer solchen Strafe geahndet werden?

Diese Bilder, die ich an der neuen Mauer der Basilika betrachtete, weckten in mir eine Art Stolzgefühl. Hatten diese Frauen wirklich soviel Macht, allein durch die Kraft der Liebe, die sie empfanden oder erweckten? Anscheinend besaßen sie die Macht, Städte oder sogar ganze Völker zu retten oder zu verlieren. Ich wußte, daß die Zeit meiner Vermählung nahte. Welche Macht würde ich dann haben? Ich war entschlossen, mich nicht in den Pflichten fangen zu lassen, die man mir auferlegen würde. Ich träumte ein wenig und fragte mich, welches Mannes Gefährtin oder Verbündete ich wohl werden könnte – doch seine Sklavin würde ich mit Sicherheit nicht!

Nach eingehendem Studium der Reliefs der Basilika kehrten wir ihnen den Rücken und machten uns auf den Heimweg zum Palatinus. Dies bot mir die Gelegenheit, weiter über die Stellung der Frauen in unserer Stadt nachzudenken. Wir mußten nämlich an der Ummauerung des Hauses der Vestalinnen entlang. Das Laub des der Göttin geheiligten Waldes, deren Dienerinnen sie waren, war deutlich zu erkennen. Was machten sie in ihrem weitläufigen Wohnsitz? Ich wußte, daß es ihre Pflicht war, das Feuer auf der Feuerstätte des Stadtstaats zu erhalten, und daß sie die Ehe oder selbst die

Liebe nie kennenlernen durften, solange sie Vestalinnen blieben, das heißt für mindestens dreißig Jahre – eine lange, eine fast unendliche Zeit, wie mir schien! Eine Vestalin wollte ich bestimmt nicht werden! Aber es dachte ja auch niemand daran, aus mir eine geweihte Jungfrau zu machen. Es wäre unmöglich gewesen und gegen die religiösen Regeln, weil ich meinen Vater verloren hatte. Zu Vestalinnen konnten nur junge Frauen bestimmt werden, die noch Vater und Mutter hatten. Ich kam dafür also zum Glück überhaupt nicht in Frage.

Dennoch, es hatte auch Vorteile, eine Vestalin zu sein. Weil sie nicht verheiratet waren, verfügten sie nach Belieben über das eigene Vermögen. Außerdem genossen sie ein hohes Ansehen und den Respekt aller Bürger. Sie hatten das Recht, in den Straßen der Stadt im Wagen zu fahren; Verurteilten, die ihnen unterwegs begegneten, konnten sie den Tod ersparen, ebenso verletzten Gladiatoren in der Arena. Aber unter ihren Aufgaben gab es etliche, die mir schwergefallen wären. Sie führten ihren Haushalt selbst. Das Wasser mußten sie aus ziemlich weit entfernten Quellen holen, die im sogenannten Tal der Musen außerhalb der Stadt lagen. Sie kehrten die Zimmer ihrer Häuser und trugen den Schmutz selbst zu entlegenen Schächten, die eigens dafür gegraben worden waren. Das Ganze war, fand ich, ein hoher Preis für die Ehre, eine Vestalin zu sein. Alles in allem war es besser, über ein Privathaus zu herrschen, besonders wenn wie bei uns Mägde und Diener nicht nur die alltäglichen Aufgaben erledigten.

Da wäre mir sogar das Schicksal von Tarpeia lieber, die mindestens den Ehrgeiz gehabt hatte, einen König zu heiraten, wenngleich es ihr das Leben gekostet hatte. Man lebt eben auch in einem Fürstenhaus nicht ungefährlich.

Solche Gefühle und Gedanken waren der Anfang meines

Jugendalters und das Ende meiner Kindheit. Heute kann ich sie mir besser erklären. Es war die Angst vor dem Unbekannten, das mich aber gleichzeitig reizte. Welches Schicksal war mir bestimmt? Für wen würde ich meine Mutter verlassen, der meine ganze Liebe gehörte? Würde ich einen Ehemann finden, der meinem Vater ebenbürtig wäre? Wir waren dem höchsten Rang zu nahe gewesen, als daß ich mich nicht fürchtete, durch eine Heirat sozial abzusteigen.

Mein Schicksal hing nicht von meiner Mutter und noch weniger von mir selbst ab. Das hatte ich schon an der Art und Weise begriffen, wie meine älteren Brüder, Nero und Drusus, Karriere gemacht hatten. Bis dahin hatte ich mich wenig mit ihnen beschäftigt. Nero war fast zehn Jahre älter als ich, Drusus sieben. Als wir mit Germanicus ins Morgenland abreisten, war Nero schon verlobt gewesen, und während unseres früheren Aufenthalts in Germanien hatten er und Drusus in Rom geweilt. Nicht Gaius und ich, sondern sie waren die wahren Erben des Ruhms, den mein Vater sich erworben hatte. Stolz hatten wir ihre Anfänge im öffentlichen Leben aus der Entfernung miterlebt. Doch der Glanz ihrer Anfänge könnte uns, die Jüngeren, in den Schatten stellen.

Das war ohnehin die Absicht unserer zwei Schwägerinnen, Iulia, Neros Frau, und Lepida, Drusus' Frau. Beide verfolgten das Ziel, ihre Heirat als Mittel zu benutzen, um in die höchste Gesellschaftsschicht im Staate aufzusteigen und unter den anderen Frauen zu glänzen. Beide waren schön, im Sinne der toten, gezierten Schönheit von Steinmetzen. Beide waren ziemlich jung, doch älter als ich, und sich dessen voll bewußt. Auch wenn Iulia mir nur um sieben oder acht, und Lepida nur um fünf Jahre voraus war, so erlaubte ihnen dieser kleine Unterschied die Einbildung, mich, »die Kleine«, verachten zu dürfen, was mir sehr mißfiel. Ihr eigentlicher Grund für ihr grenzenloses Überlegenheitsgefühl gegenüber Jugendlichen wie mich war, daß sie verheiratet waren.

Wesensmäßig ähnelten sie sich im übrigen gar nicht. Lepida war bösartig. Sie hat Drusus nie geliebt, und als er in Ungnade fiel, dachte sie sich gegen ihn alle Arten von Beschwerden und Beschuldigungen aus, um ihre Zukunft von seiner zu trennen. Obendrein benahm sie sich schlecht und vergnügte sich, wann immer sie wollte, ohne auf ihren Mann oder andere Beteiligte Rücksicht zu nehmen. Allein das hohe Ansehen, das ihr Vater als früherer Konsul genoß, gab ihr den nötigen Freiraum. Kaum war ihr Vater tot, als ein Denunziant Lepida auch schon schuldhafter Beziehungen mit einem Sklaven bezichtigte – sogar zu Lebzeiten ihres Mannes. Die Beziehung war allgemein bekannt, und Lepida versuchte nicht einmal sich zu verteidigen. Sie beging Selbstmord. Ich war zu der Zeit bereits verheiratet, und ich erinnere mich, daß mir die Nachricht von ihrem Tod gleichgültig war. Ich hatte für sie nie Sympathie empfunden.

Iulia hatte ein anderes Naturell. Gewiß, sie war nicht besser, aber eine bessere Heuchlerin. Außerdem stand sie ganz unter dem Einfluß ihrer Mutter, vor der sie kein Geheimnis hatte. Sie betrog ohne Skrupel ihren Mann und trug ihren Teil zu seinem Tod bei, ohne daß jemand gemerkt hätte, welche Rolle sie in der Verschwörung spielte, die ihn erledigte. Deshalb vermochte sie die schwierige Zeit auch mühelos zu überleben. Und sei es, daß sie ihrer Stellung in der Nähe der Macht müde war, oder, wahrscheinlicher noch, daß sie der Niedertracht ihrer Seele nachgab – jedenfalls akzeptierte sie den Ehemann, den Tiberius ihr bald darauf gab. Sicher, dieser Rubellius Blandus war Konsul gewesen, doch niemand hatte vergessen, daß er der Sohn eines Lehrers der Rhetorik war, der seine Kunst in Tivoli lehrte. Dieser neuerliche Verrat gegen sich selbst und ihre illustre Herkunft ersparte ihr jedoch nicht ihren erbärmlichen Tod. Am Ende widerfuhr ihr genau das Schicksal, das sie vermeiden wollte – allerdings erst in ferner Zukunft. Als Iulia und Lepida uns auf dem Palatinus kurze Besuche abstatteten, die mich ebenso langweilten wie ich sie fürchtete, genossen sie noch ihre ganze Pracht. Und die Wunden, die ihre absichtliche Herablassung mir gegenüber schlug, wurden durch keinerlei echte Zuneigung gelindert.

In diesem Jahre fand ich einen Freund: meinen Onkel Claudius. Ich kann nicht ohne Beschämung und Schmerz von ihm sprechen. Aber ich habe mir selbst das Versprechen abgenommen, nichts zu verheimlichen, weder Tatsachen noch meine Empfindungen, und auch das nicht, was man mir als Verbrechen vorwerfen könnte. Wie bin ich nur dazu gekommen, den Tod eines Mannes zu verursachen, den ich von meiner Jugend an liebte, den ich sehr schätzte und der mir seine Liebe geschenkt hatte? Ich weiß es nicht. Ich weiß nur, daß dieser Tod an einem bestimmten Moment notwendig und unvermeidlich wurde. Die Schicksalsmächte forderten es. Und eine Kraft, die stärker als mein Wille war, drängte mich, ihr Werkzeug zu sein.

Bei seiner Geburt löste Claudius verständlicherweise Verlegenheit aus. Meine Großmutter Antonia bedauerte, ihn zur Welt gebracht zu haben. Sie empfand ihn als Monstrosität, als ein Wesen, das die Natur entworfen hatte, ohne es zu vollenden. Und als dumm – was, wie sich später herausstellen sollte, mitnichten der Fall war. In der Familie, in der die Männer, groß und athletisch, von Jugend auf dazu bestimmt waren, auf den Schlachtfeldern zu glänzen, bildete Claudius schon als Kind eine Ausnahme. Für Körperübungen zeigte er wenig Interesse, obendrein hinkte er. Dieses Gebrechen hat er nie überwinden können. Und außerdem war er sehr zerstreut, und das seit seiner Kindheit. Wenn man ihm etwas sagte, schien er zuzuhören, tat es jedoch nicht oder gab eine völlig verkehrte Antwort. Es war unvermeidlich, daß dies die Verachtung seiner Familie für ihn nur noch verstärkte. Er hat mir oft erzählt (denn er wiederholte sich gern), daß diese Verachtung, die er aufs tiefste spürte, ihn lähmte und stottern ließ. Im übrigen hatte man ihm einen Erzieher gegeben, der ihn terrorisierte, nämlich einen ehemaligen Stallburschen, der ihn beim geringsten Vorwand schlug. Livia ließ sich nicht herab, auch nur ein Wort an Claudius zu richten. Wenn sie ihm etwas mitteilen wollte – meistens, wie er mir gestand, eine kritische Bemerkung –, so geschah es schriftlich und ohne jede Liebenswürdigkeit. Was nun seine Schwester betraf, meine Tante Livilla, so verhielt sie sich ihm gegenüber auch nicht freundlicher. Sie herrschte ihn jedesmal an, wenn er ihr gegenüber eine zärtliche Geste zeigte. Kurzum, Claudius war ein unglückliches Kind gewesen, was ihn sehr verwundbar machte. Niemand wußte das besser als ich.

Nur Augustus schätzte ihn ein wenig und behandelte ihn nicht wie ein Tier. Gewiß, er war nicht blind für die Absonderlichkeiten und das vermeintlich lächerliche Verhalten dieses Kindes, aber er hatte auch seinen Wert erkannt. Er hatte ihn eines Tages beim Rhetoriklehrer deklamieren gehört und die Rede, die Claudius selbst geschrieben hatte, wie auch den Vortrag zu seinem größten Erstaunen ausgezeichnet gefunden. Er schrieb Livia einen Brief. »Wieso kann der stotternde Claudius so deutlich reden und angemessen argumentieren, wenn er deklamiert?« Er entschloß sich allerdings nie dazu, ihn in die kaiserliche Familie zu integrieren.

Er schämte sich. Er hat es Livia gestanden, der es Vergnügen bereitete, es das Kind wissen zu lassen.

Als er mir von diesen Jahren erzählte, während denen er vergeblich auf Zugang zu einem öffentlichen Amt wartete, sagte er: »Mir war klar, daß Augustus, wäre er Livias Einflüsterungen weniger gefügig gewesen, mir ohne langes Bitten meinen sehnlichen Wunsch erfüllt hätte, wie alle jungen Römer aus gutem Hause in den Angelegenheiten der Stadt mitwirken zu dürfen, mich mit dem Götterkult vertraut zu machen und die Zeremonien, von denen das allgemeine Schicksal abhängt, zu begleiten oder zu führen. Doch meine Großmutter wachte und nutzte skrupellos alle Mittel, um mich in Augustus' Augen lächerlich zu machen. In diesem Spiel war sie Meisterin. Ich werde dir erzählen, wie sie mir eine Falle gestellt hat, indem sie Augustus bat, mir die Organisation des Banketts der Salier anzuvertrauen. Ich war damals zwölf und gehörte dem Gremium an, das, wie du weißt, damit beauftragt ist, jedes Jahr den Gott Mars zu feiern. Diesmal sollten die Zeremonien besonders festlich ausfallen, denn man weihte einen neuen Tempel auf dem Augustusforum ein. Nach der Prozession, während der wir alle unter dem Schwenken geweihter Schilde und dem Singen der üblichen Hymne tanzen würden, sollte es ein Festmahl geben, das zum ersten Mal in den Nebengebäuden des Tempels stattfinden sollte, du weißt, im Atrium, links, hinter der großen Exedra. Vom Morgen an sollten die Küchendüfte die Luft der ganzen Umgebung erfüllen. Die Bankette der Salier sind berühmt für ihre Fülle und die Vortrefflichkeit der Speisen. Ich versprach mir, es noch besser zu machen, und ich versichere dir, alles war perfekt. Ich hatte dabei natürlich Unterstützung gehabt, und ich hatte mir solche Mühe gegeben, damit nichts schiefging!

Endlich kam der Tag des Banketts. Der Zug lief mehr recht als schlecht ab, wie gewöhnlich, dann begaben wir uns zu Tisch. Der erste Gang war reichlich, noch reichlicher war der Honigwein, der dazu getrunken wurde. Alle tranken viel. Ich auch. Und so ging es mit den folgenden Speisen weiter, die alle großartig waren. Schweineeuter, ein ganzes Reh, das von wie Jäger gekleideten jungen Leuten serviert wurde, und mehrere riesige Steinbutte. Die Diener waren, um sie vorzutragen, als Seegötter verkleidet, und manche spielten das Horn wie echte Tritonen. Alle beglückwünschten mich. Man trank viel, forderte einander heraus, wer die größte Zahl an Bechern leeren würde.

Wie du weißt, ist während dieser Bankette die Statue des Gottes Mars anwesend; sie liegt in einem Bett bei Tisch, und wenn zum Schluß der Moment kommt, da die Gäste sich trennen, nimmt jeder den Blumenkranz ab, den er auf dem Kopf trägt, und wirft ihn so, daß er auf das Bett des Gottes fällt. Mir kam die Ehre zu, damit zu beginnen. Ich hatte so viel getrunken und gegessen, daß ich nicht mehr wußte, was ich tat. Ich nahm meinen Kranz und warf ihn mit zögernder Hand, doch so ungeschickt, daß ich das Ziel verfehlte und er in einen großen Krater fiel, der voll mit Wein war und sich zehn Fuß über der Stelle befand, auf die ich geglaubt hatte zu zielen. Sein Fall ließ den Wein in Strömen herausfließen, und er überschwemmte einige Gäste, was alle zum Lachen brachte. Ich aber schlief, ohne mich um das Desaster zu kümmern, das ich verursacht hatte, so fest ein, daß man mich in mein Haus tragen mußte, wo ich den ganzen restlichen Tag und die ganze Nacht darauf blieb, ohne mir viel Gedanken zu machen. Ich hatte die Mission, die mir anvertraut worden war und die nach Augustus' Auffassung eine Prüfung sein sollte, sicherlich nicht zu meiner Ehre erfüllt, so leicht sie auch war. Livia hatte zweifellos ähnliches erwartet. Sie war sofort informiert und hatte nichts Eiligeres zu tun, als Augustus alles zu berichten. Ihre List hatte den gewünschten Erfolg. Ich hatte mich lächerlich gemacht, ich hatte mich nicht beherrschen können. Wie sollte man mich da für ein öffentliches Amt in Erwägung ziehen, das den Beginn meiner Karriere bedeutet hätte? Sie war zunichte, bevor sie überhaupt angefangen hatte!

Wie zu erwarten, ging die Geschichte meines Mißgeschicks in Rom um. Bei den folgenden Spielen weigerte sich Augustus, mich in seiner Loge im Zirkus zu empfangen, wohin Statuen von Gottheiten gebracht worden waren. In einem Brief an Livia (die beiden hatten die Gewohnheit, einander zu schreiben, selbst wenn sich beide in Rom aufhielten) nannte er die Gründe: »Wenn er bei mir gewesen wäre, wäre er in der ersten Zuschauerreihe gewesen und hätte von allen gesehen werden können.« Er untersagte mir auch, in der Stadt zu bleiben, solange zwanzig Meilen vor Rom in den Albaner Bergen das jährliche Opfer gefeiert wurde, das der Begründung der Liga einige Jahrhunderte zuvor gedachte, welche die Städte Latiums zusammenbrachte, weil sonst offenkundig geworden wäre, daß man mich der Teilnahme an irgendeiner der Funktionen für unwürdig hielt, die der Machtausübung mehr oder weniger nahe kamen. Mein Bruder Germanicus dagegen hat bei jeder Gelegenheit in vollem Rampenlicht gestanden. Schließlich habe ich die Situation akzeptiert, die mir geschaffen worden war, und beschlossen, mich ganz dem Studium zu widmen.«

Ich wußte, daß die Geschichte Roms ihn schon immer fasziniert hatte. Und er hatte sich ihr mit einem unglaublichen Eifer hingegeben.

Obwohl Augustus ihm jede Art von politischer Aufgabe

verweigerte, übertrug er ihm zum Trost das Amt des Augurs. »Siehst du«, sagte Claudius eines Tages zu mir, »ohne es zu wissen, hat mir Augustus mit der Aufnahme in die Augurenschaft das schönste Geschenk überhaupt gemacht! Gibt es etwas Schöneres, als aus den Zeichen, die die Götter senden, ihren Willen zu deuten, als zu wissen, ob der Vogel, der den Himmel durchfliegt, ein günstiges oder ungünstiges Omen ist? Und ob die Tat, die man im Namen des römischen Volkes zu vollbringen gedenkt, einen glücklichen oder unglücklichen Ausgang nehmen wird? Wenn ich am Himmel oder beim Untersuchen der Eingeweide eines Toten gespannt auf ein Omen warte, fühle ich mich den Gottheiten jedesmal ganz nahe. Es ist, als ob ich in ihre Gesellschaft zugelassen wäre, und das zu meinen Lebzeiten! Und dann ist da noch etwas. Die Regeln unserer Wissenschaft mögen einem Laien merkwürdig erscheinen, aber sie sind uralt und reichen zurück in eine Zeit, als die Menschen noch nicht verdorben waren und unmittelbare Kenntnis von göttlichen Dingen hatten. Zu ihrer Bezeichnung verwendeten sie Worte, welche die Menschen von heute vergessen haben. Ich lerne diese Worte und auch ihren Gebrauch, um von den Göttern gehört zu werden. Und so verstehe ich auch die Dinge der heutigen Zeit, die oft ein verzerrtes Bild der Dinge von früher sind, um vieles besser.«

Einige Zeit vor meiner Heirat nahm mich Claudius auf einer Reise durch das Land der Etrusker mit. Er war von diesem Volk fasziniert. Sein Interesse war geweckt worden, als er sich mit der Wissenschaft der Auguren vertraut machte. Denn, so hatte er mir erklärt, von ihrer Kultur hatten die Römer am meisten übernommen. Er erklärte mir all das in dem Wagen auf der Fahrt längs der Küste gen Norden. Ich hörte ihm kaum zu, da mich der Anblick des Meeres völlig beanspruchte. Doch das Wissen meines Onkels war schier unerschöpflich. Auf den Ebenen oder auch auf dem Plateau über dem Meer zeigte er auf scheinbar halb vergrabene Hütten, die ihm zufolge Gräber waren. Meine Neugierde erwachte, als er mich lehrte, daß die Menschen von früher ihre Toten in diese Gräber gelegt hätten. »Denn«, so erläuterte er, »die Leute jener Epoche verbrannten die Toten nicht, wie wir es heutzutage zu tun pflegen. Sie legten sie, wenn sie nur eingeschlafen waren, auf Betten oder eine Art von Liegen, die sie in den Stein schlugen, mitsamt allen Gegenständen, die ihnen im Laufe ihres Lebens gedient hatten. So als ob ihr Leben gar nicht aufgehört hätte...«

Die Worte meines Onkels versetzten mich einige Jahre zurück, als ich unter der Führung Chaeremons mit Gaius ein ägyptisches Grab besichtigt hatte. Genau konnte ich mich daran nicht erinnern, doch es reichte, um mir die Ähnlichkeit zwischen den Grabmälern von Ägypten und Etrurien zu veranschaulichen. Ich sagte es Claudius. »Was du da unten gesehen hast«, sagte er mir, »ist mir bekannt. Möglicherweise sind die Ägypter vor langer Zeit einmal hierhergekommen und haben ihre Gewohnheiten mitgebracht. Ich glaube es allerdings nicht. Ich habe Chaeremon und andere gelehrte Kenner Ägyptens befragt. Es bestehen große Unterschiede, und ich halte nur eines für möglich – daß Menschen unabhängig voneinander zu dem Glauben geführt worden waren, daß das menschliche Leben nach dem Tod nicht endet, sondern sich im Grabmal so fortsetzt, wie es unter den Lebenden war. Also haben sie alle möglichen unterschiedlichen Dinge erfunden, um sich zu überzeugen, daß ihre Lieben nicht gänzlich verschwunden sind...«

Ich dachte an meinen Vater, den ich für lebend halten wollte, und ich bedauerte, daß sein Körper auf dem Platz von

Antiochia den Flammen zum Opfer gefallen war. Bestand nicht die Gefahr, daß in dieser Urne, die meine Mutter auf der schrecklichen Reise mit unbeugsamer Entschlossenheit bei sich trug, eben das vernichtet worden war, was von ihm fortbestehen konnte? Ich fragte Claudius auch: »Bewahren die Toten in den Grabmälern, die du mir dort zeigst, noch lange die Gestalt, die sie zu ihren Lebzeiten hatten? Sie verschwinden nicht wie jene, die wir auf den Scheiterhaufen legen?« – »Glaub das nicht! Auch wenn der Körper eines Verstorbenen bei der Grablegung intakt ist, kann er dort nur Staub werden. Natürlich langsamer als auf einem Scheiterhaufen, aber genauso unabwendbar.«

Meine Neugierde war keineswegs befriedigt. Ich verspürte plötzlich das Verlangen, selber in eins dieser Grabmäler vorzudringen und seinen Inhalt zu betrachten. Mein Onkel versicherte, nichts sei leichter als das.

Wir befanden uns gerade in der Nähe von Tarquinii. Statt in die Stadt hineinzufahren, steuerten wir auf das Plateau zu, an dessen Rand sie errichtet worden war. Von den Grabmälern, die man unter unzähligen Hügeln ahnte, war eines geöffnet worden. Mein Onkel wußte davon, da er es selbst veranlaßt hatte.

Ich werde dieses Gefühl nie vergessen, als sich vor mir eine Tür öffnete, die zur Unterwelt hinabzuführen schien. Eine ziemlich steile Treppe führte in einen engen Vorraum hinunter, der noch etwas vom Tageslicht erhellt wurde. Von da ab ging uns ein Mann mit einer Fackel voran. In der Grabkammer angekommen, bewegte der Mann seine Fackel. Die Flamme warf auf die Mauern und Gegenstände ein flackerndes Licht, das die Schatten länger und die Stimmung geheimnisvoller machte. Vor mir stand ein in den Felsen gehauenes Bett, auf dem die Statue eines Mannes lag, die so echt wirkte, daß ich einen Augenblick lang fast annahm, den Verstorbenen vor mir zu sehen. Ein Hahn unter dem Bett machte den Eindruck, als wolle er gerade krähen. Drei erhabene Gestalten an der Wand hinter dem Bett reichten Geschenke. Sie wurden von einem Flötenspieler und zwei Tänzern begleitet. Welche Rituale hatten wir da unterbrochen?

Eine Grabmalwand zeigte eine Freske mit einer Bankettszene. Auf den Liegen an der Tafel lagen Männer und Frauen Seite an Seite. Das überraschte mich. Bei uns will es der Brauch, daß zum Mahl nur die Männer auf Liegen ruhen und die Frauen sitzen – ein solches Feingefühl war den früheren Bewohnern von Tarquinii offenbar abgegangen. Die Liegen schmückten bestickte Decken, deren lebhafte Farben mit der Zeit nicht verblichen waren. Ein nackter Jüngling schritt von Gast zu Gast und füllte die Becher mit Wein.

Ich sah vor mir den Gegensatz zwischen den Freuden des Lebens und dem Schweigen des Todes. Erstere kamen mir hier im Grabesinneren nicht besonders begehrenswert vor, allerdings hatte ich davon damals auch noch nicht gekostet. Wir besuchten anschließend noch zwei oder drei andere Grabmäler, die sich sehr ähnelten. In einem waren sportliche Wettkämpfe zu sehen, bei denen der Tote sicherlich gesiegt hatte. Sonst sah ich Männer und Frauen, die zur Musik eines Lyra- und eines Flötenspielers tanzten. Ich hatte den Eindruck, daß diese Bilder besser in helles Sonnenlicht gepaßt hätten, denn sie spiegelten die Fülle des Lebens wider, all das, was Ruhm und Glück begründeten. Es war offensichtlich, daß die Kinder und Freunde des Toten alles versucht hatten, um die Zeit anzuhalten, um in Bildern zu verewigen, was die schönsten Augenblicke seines Lebens ausgemacht hatte. Ich begriff jedoch, daß nur die Kulissen auf einer leeren Bühne übriggeblieben waren.

In einem der Gräber hatte man sich bemüht, das darzustellen, was auf der Seite des Todes vor sich ging. Es war ein entsetzliches Schauspiel: Dämonen mit monströs verformten Körpern schleppten Verstorbene fort. Wohin? Sollte Eutychus recht haben? Daß es in der Unterwelt Lohn und Strafe gab? Oder gab es in Wahrheit nur Folter? Mich packte auf einmal Entsetzen. Der Fackelschein verlieh den Gesichtern der Dämonen und den Toten, die sie mitnahmen, einen furchterregenden Ausdruck, daß sie lebendig erschienen. Ich floh, gefolgt von Claudius, der hinter mir die Stufen hochhinkte. Als ich das Sonnenlicht auf dem Laubwerk der Olivenbäume sah, kam ich endlich wieder zu mir.

Wir gingen wortlos zu unserem Wagen und machten uns wieder auf den Weg. Nach einer Weile meinte mein Onkel: »Ich wollte dich nicht daran hindern, in diese Grabmäler hinabzusteigen. Ich lasse sie bewachen, um zu vermeiden, daß die Leute der Umgebung sie plündern. Im übrigen ist es nicht recht, in die Geheimnisse der Unterwelt einzubrechen. Siehst du, auch ich kenne die Wahrheit über Leben und Tod nicht. Es kann sein, daß man darüber viele Märchen erzählt, daher ist es ratsamer, sich nicht zuviel auf sie zu verlassen. Sicher scheint mir allerdings, daß die Gegenstände, die wir mit unseren leiblichen Augen sehen, nicht alles sind, das auf Erden existiert. Es muß auch eine Kraft geben, die imstande ist, alle Wesen, die menschlichen und die nichtmenschlichen, zu beseelen, ihnen die uns bekannten wunderbaren Fähigkeiten zu verleihen, so zum Beispiel die Gabe der Erinnerung – eine Fähigkeit, die alle Lebewesen beherrschen. Die Schwalben kehren alljährlich treu zum Nest zurück, das sie im Herbst verlassen haben. Und auch die Fähigkeit zu lieben. Welchen Namen sollten wir dieser unsichtbaren, aber äußerst realen Kraft geben? Spürst du sie in eben diesem Augenblick nicht in dir? Nur deshalb kannst du beglückt diese Küste betrachten und das Meer, das sie umspült. Deshalb freut es mich, den unermüdlichen Schwätzer, dir all das zu erzählen, auch auf die Gefahr hin, dich zu langweilen.«

Ich versicherte meinem Onkel, daß er mich überhaupt nicht langweile, daß nichts für mich aufregender sei, als ihm zuzuhören, besonders bei ernsthaften Themen, die mich selbst seit langem beschäftigten. Ich war aufrichtig, denn ihm zuzuhören milderte die unerträgliche Angst, die mich im Grabe befallen hatte. Eindrücke, die mich an die Fahrt auf dem Nil erinnerten, waren plötzlich zurückgekehrt, nur um vieles stärker!

Nach einer Zweitagereise erreichten wir Faesulae, eine alte Stadt über dem Tal des Arno. Mein Onkel hatte irgendeine Angelegenheit im Zusammenhang mit der Verpachtung von Ländereien zu klären, die er dort besitzt. Nach Abschluß der Gespräche mit seinem Verwalter besuchten wir am nächsten Tag das alte Theater. Wir setzten uns auf eine der obersten Sitzreihen, und Claudius begann, von der umliegenden Stadt zu reden. Allerdings konnten wir sie nicht sehen, da unsere Aussicht in die Ebene vor der Stadt ging. Doch spürten wir die Nähe der Stadt durch ihre dumpfen Geräusche und den Geruch von Rauch in der Abendluft. Das lenkte mich ein Weilchen vom Bericht meines Onkels ab. Ich weiß nur noch, daß er so berühmte Namen erwähnt hat wie etwa Hannibal und Catilina, die sich in dieser Gegend anscheinend hervorgetan hatten. Aufmerksam wurde ich erst, als er die Wunder aufzuzählen begann, die sich vor mehr als einem Jahrhundert in Faesulae und Umgebung ereignet hatten. Begonnen hatte es damit, daß der Boden Blut schwitzte, ein Jahr danach folgten Erscheinungen von Geistern, die, dunkel gekleidet und extrem blaß, in Gruppen zwischen den Gräbern umherliefen.

Zwei Jahre später kam ein unterirdisches Grollen, dann geschahen eine Reihe weiterer mysteriöser Dinge. Es wurden monströse Kinder geboren. Man entdeckte eine Frau, die zwei Geschlechter hatte. Ein langer Komet schoß durch den Himmel. Eine Kuh fing plötzlich an zu reden. Das letzte und das schlimmste Omen war ein Bienenschwarm, der sich auf dem Dach eines Privathauses festsetzte. Ein Jahr danach brach der furchtbare Krieg aus, in dem die Römer ihren Verbündeten aus Italien gegenüberstanden.

Derartige Anzeichen ereigneten sich allerdings nicht nur in Faesulae, sondern besonders zahlreich und unheilverkündend in ganz Etrurien. Es war ganz so, wie mein Onkel erläuterte, als ob die Götter dieses Land auserwählt hätten, um ihre Macht zu demonstrieren.

»Wenn die Götter uns Zeichen schicken, wenn sie die Dinge aus ihrer natürlichen Ordnung bringen, um uns vor irgendeinem ernsten Ereignis zu warnen, dann heißt das wohl, daß über das Sichtbare hinaus eine weitere Realität existiert. Diese andere Realität ist ebenfalls beseelt, von Absichten belebt; oder immateriell; oder von einer so alles durchdringenden Materie, daß sie unseren Sinnen entgeht. Glaubst du nicht, daß das die Antwort auf die Fragen ist, die du dir vor den Gräbern von Tarquinii gestellt hast? Ist nicht die Kraft, die uns, die Lebenden, beseelt, vielleicht die gleiche, die uns die Omina schickt? Es wäre interessant zu wissen, ob sie als ein Wesen für sich überlebt oder ob sie in die Universalseele eingeht, wenn sie sich aus unserem Körper zurückzieht. Möglicherweise hält sie sich auch in ihrer Besonderheit eine Zeitlang an einer Stelle des Universums auf, bis sie wiederkehrt, um einer anderen Kreatur Leben einzuhauchen. Die Götter wollen es so, daß das Schicksal, das die Seele erwartet, für uns ungewiß bleibt. Die Zukunft gehört ihnen, nur ihnen, und vielleicht beherrschen auch sie sie nur zum geringsten Teil. Vielleicht gibt es eine Macht, die mächtiger ist als ihre, deren Vorschriften unumgänglich sind. Doch was immer sie über die Zukunft zu wissen vermögen, offenbaren sie uns in jedem Fall nie ohne Mehrdeutigkeit und nur in Brocken. Vielleicht um so zu verhindern, daß wir in der Gegenwart faul werden und einschlafen, denn das würde uns widerfahren, wenn wir im voraus wüßten, was uns erwartet.«

Wenn ich aus heutiger Sicht an dies Gespräch in Faesulae zurückdenke, deute ich es so, als ob die Götter auch mich hatten warnen wollen. Gewiß, wie hätten Claudius und ich uns damals die Zukunft vorstellen und ahnen können, was die Götter für uns beide vorbereiteten? Konnte Claudius etwa ahnen, daß er einige Jahre später an die Macht kommen sollte – er, der von allen Verachtete, dessen Name in den offiziellen Urkunden nicht einmal erwähnt wurde, so, als ob er gar nicht existierte? Vor allem aber: wie konnten wir uns vorstellen, daß ausgerechnet ich mit Absicht sein Leben beenden, diesen Mann töten würde, der mit mir liebevoll über die Dinge sprach, die ihm am Herzen lagen, der mir die Geheimnisse seiner Gedanken offenbarte? Hätte ich damals alles von den späteren Ereignissen gewußt, so hätte ich mich damit begnügt abzuwarten. Dann hätte ich den Dingen einfach feige, wie mein Onkel so etwas nannte, ihren Lauf lassen können. Wahrscheinlich hätte ich mich aber doch versucht gefühlt, das letzte Mittel zu ergreifen, das dem Menschen zur Verfügung steht, um das Schicksal zu besiegen, oder, noch eher, zu verhindern gesucht, daß es sich verwirklichte. Nein, damit die Menschen Mut zum Weiterleben haben, müssen sie blind bleiben, oder zumindest muß ihre Existenz von Halbschatten umgeben sein, müssen die Götter ihnen zuviel Licht ersparen.

In Faesulae und auf unserer Rückreise hatte Claudius ein

prophetisches Gespräch mit mir geführt. Er erzählte von der Geschichte des etruskischen Volkes. Um mein Interesse zu wecken, berichtete er mir von der Rolle der etruskischen Frauen. Mich hatte die Freiheit beeindruckt, die sie anscheinend genossen. Die Frauen, deren Bilder ich auf den Grabmälern von Tarquinii gesehen hatte, hatten sicherlich größere Freiheit gehabt als wir. Wovon ich vorher nicht wußte, doch nun durch meinen Onkel erfuhr, war der maßgebliche Einfluß, den einige von ihnen auf das öffentliche Leben ausgeübt hatten. Er erzählte mir die Geschichte der Königin Tanaquil.

Tanaquil war die Frau des Königs Tarquinius; »des Alten«, wie wir ihn nennen. Sie hatte ihm sehr geholfen, an die Macht zu kommen. Nach seiner Ankunft aus Etrurien war es ihm in Rom dank ihrer Ratschläge gelungen, populär zu werden. Deswegen konnte er nach König Ancus' Tod ohne Schwierigkeiten vom Volk gewählt werden. Wirklich entscheidend wurde ihr Einfluß allerdings erst nach dem Tod von Tarquinius. Im Palast lebte ein Kind, der Sohn einer Magd, das der Gegenstand eines Wunders gewesen war. Während es schlief, erschien um seinen Kopf ein Flammenkranz. Die Anwesenden fingen an zu schreien, es stürzte sogar ein Diener mit einem Gefäß voll Wasser herbei, um das Feuer zu löschen. Tanaquil, von dem Lärm angelockt, hinderte ihn daran; sie befahl, das Kind nicht anzufassen, denn es sollte von allein aufwachen. Und in der Tat, als das Kind aufwachte, verschwanden die Flammen. Die Königin war in der Kunst der Deutung von göttlichen Zeichen sehr erfahren. Sie hatte den Sinn des Wunders verstanden: Dieses Kind würde eines Tages »das Licht« der königlichen Familie sein, und sie war fest entschlossen, diesem Servius zur Macht zu verhelfen. Als König Tarquinius ermordet wurde, ließ Tanaquil den Palast abschließen und teilte der Menschenmenge mit, die sich draußen drängte, der König sei nur verwundet und sein Zustand nicht hoffnungslos. Man habe ihn verbunden, und er würde seine gewohnte Tätigkeit bald wieder aufnehmen können. Sie fügte hinzu, daß in der Zwischenzeit Servius das Königsamt verwalten würde. Die beiden spielten dieses Theater einige Tage lang und taten, als ob Tarquinius noch am Leben wäre. Doch unterdessen festigte Servius seine Macht und sicherte sich den Oberbefehl der Soldaten, so daß Servius de facto bereits König war, als sich die Wahrheit nicht länger verheimlichen ließ.

Ich fand diese Geschichte äußerst beunruhigend. Heute weiß ich, daß sie durch eine entsetzliche Ironie in jedem Detail das Drama ankündigte, dessen Anführerin dreißig Jahre später ich selbst sein sollte. Und es war noch dazu Claudius, von dem ich von diesen Geschehnissen erfuhr!

Er erzählte mir auch, daß sich nur wenige Jahre danach ein ganz ähnliches Drama abgespielt habe. Tullia, eine der Töchter von König Servius, hatte ihren Mann getötet und ihren Vater entthront, um Lucius Tarquinius an die Macht zu bringen, den wir den »Hochmütigen« nennen – er war der letzte, der vor der Zeit von Caesar und Augustus über Rom herrschte. So hatte sich der Ehrgeiz einer Frau durchgesetzt – aber um den Preis welcher Verbrechen! Angeblich ließ Tullia nach dem Attentat ihren Wagen über die Leiche ihres ermordeten Vaters rollen. Konnte ich mir, kann man sich überhaupt solch ein abscheuliches Verbrechen vorstellen? War der Ehrgeiz, war der Wille zu herrschen oder einen Mann an die Macht zu bringen, über den man absoluten Einfluß besaß, eine so unwiderstehliche Kraft, daß der oder die von ihm Besessene weder menschliche noch göttliche Gesetze, daß sie gar nichts mehr respektierten? Gab es nicht in der Unterwelt zur Strafe Qualen, denen die Dämonen des Tarquinius die schuldigen Seelen zuführten? Mir kam auch die Maxime wieder in den Sinn, die man Caesar unterstellte, wie auch der Vorwurf, den Tiberius gegen meine Mutter erhoben hatte. Sollte mich eines Tages die gleiche Leidenschaft erfassen?

Bei unserer Rückkehr aus Etrurien schwirrte die Stadt von Gerüchten. Tiberius war seit zwölf Jahren an der Macht und bereits im vorgerückten Alter. Es gab Gemurmel, daß die Last des Reiches für ihn zu schwer sei, daß der Tod seines Sohnes Drusus ihn einer wertvollen Hilfe beraubt hätte. Drusus war ein Vetter meines Vaters. Ich hatte ihn kaum gekannt, obwohl er unsere Tante Livilla geheiratet hatte. Laut meiner Mutter war er ein stolzer Mann gewesen, der sich viel auf die Ehren eingebildet hatte. Aber ich bin mir nicht sicher, daß ihr Urteil gerecht war. Allerdings, was ich einige Jahre später über ihm erfuhr, als die Umstände seines Todes bekannt wurden, hat bestätigt, daß meine Mutter ihm unrecht tat, wahrscheinlich weil zwischen diesem Drusus, Sohn vom Geblüt des Kaisers, und meinem Vater Germanicus, Neffe und nur Adoptivsohn von Tiberius, eine geheime Rivalität herrschte. Beide waren jung. Drusus war bloß einige Monate jünger als Germanicus. Welcher von den beiden würde Kaiser werden? Beide hatten ihre Anhänger. Meine Mutter machte ihm vielleicht unbewußt den Vorwurf, unseren Vater überlebt zu haben. Eines Tages gestand sie mir, daß sie sich fragte, ob Tiberius ihren Mann nicht vergiften hatte lassen, um dem Sohn seines Blutes den Platz zu sichern. Solch ein Verdacht hat sich jedoch nie bestätigt. Obwohl sie ihn mit einigem Zögern erwähnt hatte, ließ diese Vermutung ihr keine Ruhe mehr.

Als Drusus an einer mysteriösen Krankheit starb – er war, wie später bekannt wurde, ermordet worden – hatte Tiberius sich äußerst ungewöhnlich benommen. Er tat so, als ob er keinen großen Schmerz empfände. Er verkürzte sogar die öffentliche Trauerzeit. Gerüchte machten die Runde, daß er seinen Sohn nie richtig geliebt hätte, daß er ihm seine Jugend und Lebenslust vorgeworfen hätte. Tiberius ließ dieser Tratsch unbehelligt, ja, er tat alles, um ihn zu fördern. Er behielt seine Gewohnheiten bei und blieb ruhig und gelassen. Doch was fühlte er in Wirklichkeit? Niemand wußte besser als wir, wie stark er seine wahren Gedanken überspielen konnte. Seine größte Sorge betraf den eigenen Tod und seine Nachfolge, und je mehr dies ihn beschäftigte, desto mehr versuchte er es zu verbergen. Zuweilen benahm er sich deswegen sogar ungerecht. Heute, da ich ähnliche Stunden erlebe, kann ich verstehen, wie einsam er war. War die Doppelzüngigkeit, die man ihm vorwarf, vielleicht ein Schutz vor sich selbst, eine Mauer, um seine Schwäche zu verstecken? Schwäche durfte er seit dem Tag nicht mehr zeigen, als er Augustus' Nachfolger wurde. Von ihm, seiner Rechtsprechung, seiner Kraft waren schließlich so viele Menschen, so viele Völker abhängig! Ob er wollte oder nicht – er mußte bis zum Tode kämpfen und streiten. Das ist das Gesetz, das den Herrschern auferlegt ist. Wer die Macht besitzt, ist wie ein Mensch, der an einem steilen Felsen oder einer Bergwand entlang immer weitergehen muß. Wenn er einen Griff verpaßt, wenn sein Fuß oder seine Hand nicht gut abgesichert ist, ist er verloren. Das verstehe ich heute um so besser, da mein Sohn sich mir zunehmend entzieht und mein Sturz vielleicht naht. Es fällt mir daher nicht schwer, die Ängste von Tiberius zu ahnen, oder besser zu erraten, und zu begreifen, wie die Kraft ihm plötzlich ausging. Es kommt ein Augenblick, wenn man das Gewicht einer Rüstung nicht mehr ertragen kann, wenn man das Bedürfnis spürt, den Harnisch zumindest für eine Weile abzulegen. So erging es auch Tiberius, der sich plötzlich als schrecklich verwundbar entpuppte.

Tiberius reiste oft nach Kampanien. Er war begleitet von einem kleinen Gefolge. Er hielt an jedem Abend in einer eigenen Villa oder der Villa eines Senators an, der sich glücklich schätzte, dem Princeps seine Gastfreundschaft zu bieten. Um ihn herum waren nicht nur Astrologen, von denen er einen oder zwei immer bei sich hatte, sondern auch Männer, die besonders in der griechischen Literatur bewandert waren. Oft ließ er sich am Ende des Abendessens ganze Gesänge von Homer vortragen. Er hatte eine Vorliebe für die *Odyssee*, da Odysseus Eigenschaften besaß, die er besonders schätzte: die Kunst sich zu verstellen, die List, den Eigensinn, das festgesetzte Ziel trotz aller Hindernisse zu erreichen. Und außerdem ist Odysseus, wie er, ein einsamer Mann, der es schafft, nach vielen Prüfungen ohne Gefährten schwimmend ein Ufer zu erreichen, wo niemand auf ihn wartet, denn Penelope, an die er sehr viel denkt, ist sehr weit weg. Tiberius hatte auch seit langem das Band der Ehe gebrochen. Oder besser gesagt, man hatte es ihm zerrissen. Die Scheidung, die Augustus ihm aufzwang und die ihn für immer von seiner ersten Frau Vipsania Agrippina trennte, hatte eine nie verheilte Wunde hinterlassen. Julia hatte ihn so reichlich betrogen und lächerlich gemacht, daß er in Rhodos Zuflucht suchte und als einfacher Privatmann in der Hoffnung lebte, eines Tages nach Rom zurückgerufen zu werden und seinen Rang wiederzugewinnen. Tiberius war wirklich allein. Für ihn gab es nicht einmal die Hoffnung, eine Penelope wiederzusehen. Er war nur noch mit seiner Reue, mit den Gespenstern seiner Vergangenheit und Wünschen beschäftigt, die er nie verwirklichen könnte.

Von den Villen, die die Küstenstraße in Kampanien säumten, liebte er ganz besonders jene, die er in die Felsen bauen lassen hatte und »Die Höhlen« nannte, weil der Hauptanziehungspunkt eine Höhle war, die ein großes *Triclinium* bildete, in das Meereswasser hineinfloß. All das verfiel nach Tiberius' Tod, doch ich habe dieses außergewöhnliche Eßzimmer, wie er es sich gewünscht hatte, noch sehen können. Er hatte Statuen gesammelt, die Szenen aus der *Odyssee* und der *Ilias* darstellten. Eine zeigte Odysseus und seine Gefährten, die einen im Feuer gehärteten Pfahl in die Augen des Zyklopen Polyphem stachen, der nach dem Genuß von zuviel Wein schlief. Eine andere zeigte einen Matrosen des Odysseus, der während der Fahrt durch die Meerenge zwischen Italien und Sizilien von der abscheulichen Scylla gepackt wurde, dem Monstrum, das, halb Frau und halb Schlange, inmitten der Felsen lauerte.

In diesen schrecklichen Bildern erkannte ich die Grausamkeit des Tiberius wieder, der sich stets gern an der Agonie von Gemarterten weidete. Der Anblick des Leidens befriedigte in ihm irgendeine mir rätselhafte Verzweiflung und Niedertracht, als ob das Entsetzen einen zusätzlichen Schutz bildete gegen die Bedrohungen, die er ringsum fühlte; eine zweite Verteidigungslinie, um seinen Wall aus Falschheit und Verschwiegenheit zu verstärken.

Wie dem auch sei, bei meinem Großonkel Tiberius ist man auf Vermutungen angewiesen. Während nun Claudius und ich in Etrurien weilten, wurde dieser Meeressaal der Höhle Schauplatz eines gänzlich unerwarteten Ereignisses, einer Gefahr für Tiberius, die tödlich hätte ausgehen können und die ihm meiner Meinung nach von den Göttern als Vorzeichen geschickt worden war. Als ich die Höhle viele Jahre später besichtigte, gewann ich den starken Eindruck, daß sie von bösen Mächten bewohnt wurde. Die dort herrschende

Dunkelheit, die Tiefe der natürlichen Gänge unter dem Hügel, die riesigen, ungeheuerlichen Statuen – all das schuf eine Atmosphäre, in der ich vor Entsetzen erschauderte und gleichzeitig von einem geheimen Gefühl beschlichen wurde, nämlich mich an einem heiligen Ort zu befinden. Die Götter hätten keinen geeigneteren Ort wählen können, um künftige Unglücke vorzubereiten. Genau das geschah.

Auf einer Fahrt nach Kampanien hatte Tiberius eines Abends in dieser Villa der Höhlen halt gemacht. Er speiste in dem erwähnten Eßsaal, als das Felsgewölbe Risse bekam und inmitten des Festmahls eine Erdmasse herunterfiel. Der ganze Berg stürzte ein und schien den Princeps zu begraben. Auf der Tischliege neben Tiberius ruhte der Befehlshaber der Prätorianergarde, Aelius Seianus, der seit langem zum engeren Kreis des Kaisers gehörte und sein einziger Vertrauter war. Als Seianus begriff, was geschah, und um sie herum die ersten Blöcke herabfielen, sprang er auf, stemmte sich über Tiberius und stützte sich auf Knien, Gesicht und Händen; so schützte er ihn und leitete die Lawine um. Die Soldaten der Garde eilten herbei und befreiten sie so schnell, daß beide gerettet wurden. Die spontane Geste des Seianus hat Tiberius tief bewegt und sein Vertrauen in ihn noch bestärkt. Meines Erachtens war es dieses neue blinde Vertrauen in Seianus, was die Götter mit diesem Unglück bezwecken wollten.

Seianus strebte seit langem danach, sich beim Kaiser eine privilegierte Position zu sichern. Dabei war sein Ziel nichts Geringeres, als die Macht zu übernehmen, indem er alle Mitglieder unserer Familie, eines nach dem andern, beseitigen wollte. Ein wunderbares Werkzeug für die Götter, die darauf brannten, die besten von uns zu stürzen. Welche Verbrechen hatte das römische Volk begangen, um zu verdienen, in die Gewalt von Herrschern wie Gaius zu geraten?

Wäre es nicht besser gewesen, daß mein Vater Tiberius' Nachfolger geworden wäre? Doch schon letzerer ... Augustus hatte kurz vor seinem Tod geseufzt, daß er die Römer bedauerte, »auf Gedeih und Verderb solch langsam mahlenden Kiefern ausgeliefert zu sein«. Was hatte er damit gemeint? War es nur ein Scherz eines alten Mannes gewesen? Oder glaubte er Tiberius einer Schlange ähnlich, die ein Vögelchen Zoll für Zoll verschlang?

Wie dem auch sei: durch den Dienst, den Seianus während dieses dramatischen Abendessens in der Höhle Tiberius erwiesen hatte, fühlte er sich in seinen Absichten bestärkt. Der Tod von Germanicus hatte ihm den Weg geebnet. Für ihn war es ein glücklicher Unfall. Niemand hat ihn je verdächtigt, Komplize des Verbrechens gewesen zu sein. Aber es gab einen anderen möglichen Erben, eben diesen Drusus, der sich bei den Armeen in Germanien ausgezeichnet und der Germanicus' Schwester geheiratet hatte, so daß in ihm die beiden herrschenden Stämme vereinigt waren. Und kurz nach dem Tod des Germanicus hatten Drusus und seine Frau Livilla auch noch Zwillinge bekommen, deren Geburt Tiberius große Freude bereitet hat. Er konnte dem Vergnügen nicht widerstehen, dem Senat darüber offiziell Mitteilung zu machen: »Nie«, so hatte er verkündet, »sind je in einer Adelsfamilie Zwillinge geboren worden. Es zeigt, daß die Götter eine besondere Liebe für unsere Familie hegen, und dafür müssen wir ihnen dankbar sein.«

Das Volk war weniger erfreut. Es sah die Möglichkeit in Gefahr, vielleicht sogar für immer, daß die Macht wieder der Familie des Germanicus zufiele. Diese Hoffnung sollte am Ende doch noch in Erfüllung gehen, aber zu aller Unglück. Hatte ich dazu nicht selbst beigetragen?

Unterdessen setzte Seianus seine Manipulationen fort. Das

Haupthindernis zwischen ihm und dem Reich war Drusus. Um ihn zu eliminieren, dachte er eine abscheuliche List aus. Er wußte, daß Livilla keinen guten Ruf hatte, denn Drusus war ihr zweiter Mann. Der erste, Gaius, ein Enkel des Augustus, war gestorben, doch sie hatte sich rasch getröstet. Sie war im Haus von Livia groß geworden, die sie nach dem Tod ihres Vaters aufgenommen hatte. Livia war bestimmt keine zärtliche Großmutter und hatte Livilla sehr streng erzogen, und deshalb war sie entschlossen, sich schöne Tage zu machen, sobald ihre Ehe, die mit dem Tod von Gaius allzufrüh endete, und ihre Witwenschaft es ihr ermöglichten, der Tyrannei Livias zu entkommen. Sie nahm sich Liebhaber unter den Freunden des Kaiserhauses, darunter auch, wie man später erfuhr, einen berühmten Arzt namens Eudemus. Als Kind war Livilla, wie man mir berichtet hat, ohne Charme gewesen. Im Mädchenalter aber änderte sich das, und so hatte sie bald viele Verehrer, was sie sehr bestätigte.

Seianus nützte das aus, um ihr den Hof zu machen. Er schwor ihr ewige Liebe, verstieß zum Beweis die eigene, übrigens mustergültige Frau und versprach Livilla die Ehe. Livilla, die so dumm wie eitel war, glaubte ihm und gab sich ihm hin. Auf die Weise wurde sie zur Komplizin des Mörders. Eudemus und ein junger Freigelassener namens Lygdus – den Seianus ebenfalls verführt hatte und der sein Liebling geworden war – reichten Drusus das Gift. Eudemus hatte ein langsames Gift gewählt, so daß Drusus zuerst krank und von Kraftlosigkeit befallen wurde und dann starb. Das geschah drei Jahre vor dem Unfall in der Höhle. Seitdem war für Seianus alles so nach Plan verlaufen, daß er keinen Zweifel hatte, daß die Götter auf seiner Seite waren. Aber es gab noch sehr viel zu tun.

Solange Tiberius in Rom weilte, war es äußerst schwierig,

ihm die ersten Verpflichtungen abzunehmen. Anscheinend ließ der Kaiser seinem Prätorianerpräfekten freie Hand, doch konnte sich von einem Tag zum andern alles ändern, falls Tiberius bemerkte, daß er manipuliert wurde. Seianus kannte den Charakter des Princeps gut genug, um ihm nicht mehr Vertrauen zu schenken, als er selbst erwarten konnte. Und so hielt Seianus es am Ende für das beste Mittel zur Wahrung seines Einflusses, Tiberius in Furcht und Schrecken zu versetzen, ihn glauben zu machen, daß alle ihn haßten und einige Senatoren fest entschlossen waren, ihn zu ermorden. Er sorgte dafür, daß alle ruiniert wurden, über die er Indizien in der Hand hatte, welche sie als Gegner verdächtigen konnten. Gleichzeitig räumte er seine persönlichen Feinde aus dem Weg.

Auf diese Weise hatte er Cremutius Cordus angeklagt, zur Strafe für böse Worte, die der alte Geschichtsschreiber gegen ihn ausgesprochen hatte. Nach dem Brand des Theaters in Pompeji hatte Tiberius entschieden, es wiederaufbauen zu lassen und dort eine Statue seines Prätorianerpräfekten aufstellen zu lassen. Cordus, den die Begünstigung des Seianus reizte, hielt solche Ehrung für übertrieben. Er rief, nach solchen Ereignissen sei das Theater wirklich tot! Seianus war verbittert. Zwei seiner Klienten klagten Cordus an, die Taten des Princeps nicht zu achten, in Tiberius' Augen war das ein Kapitalverbrechen. Als Beweis führten die Ankläger die Geschichte der Bürgerkriege an, in der Cordus die Mörder Caesars so sehr lobte, daß er »Cassius zum letzten Römer« erklärte! Das wäre so ernst nicht gewesen und hätte keine vorschriftsmäßige Anklage vor dem Senat verursacht, wenn Seianus solch unvorsichtige Worte nicht hätte nutzen wollen, um den Mann niederzuschlagen, gegen den er persönlichen Gram hegte; und vor allem wollte er ja Tiberius glauben machen, es gäbe eine Partei, die fest entschlossen wäre, die Republik wiedereinzuführen. Er nützte alles, um den Haß der Römer gegen Tiberius und den Haß von Tiberius gegen die Römer heraufzubeschwören.

Diese politische Taktik währte jahrelang. Ich erinnere mich an eine zugleich groteske und tragische Episode, die sich einige Monate vor meiner Hochzeit abspielte.

Nach dem Tod meines Vaters hatten viele seiner vorgeblichen Freunde aufgehört, unser Haus zu besuchen, ganz wie Tiberius es erwartet und gewünscht hatte. Jedoch einige alte Freunde waren uns trotzdem treu geblieben. Zu ihnen zählte auch ein gewisser Titius Sabinus, ein römischer Ritter, ehemals Klient meines Vaters. Er besuchte uns oft und begleitete meine Mutter auf ihren Ausgängen in Rom. Das war eine mutige Haltung, die für ihn nicht ohne Gefahr war, während er andererseits sich als Lohn nur die moralische Befriedigung verdienen konnte, seine Liebe für Germanicus nicht zu verleugnen. Diese Treue, die er nicht zu verbergen versuchte, war allen bekannt. Wenn die ehrlichen Leute ihn dafür um so mehr schätzten, so machte es ihn besonders verwundbar und zum Freiwild für all jene, die Seianus den Hof machen wollten, der, wie man wußte, gegen alles war, was an Germanicus erinnerte, und insbesondere fürchtete, daß Tiberius die Söhne des Germanicus förderte und einen der beiden als seinen Nachfolger designieren würde.

Nun wollte es der Zufall, daß eine Gruppe von Senatoren, die Prätoren gewesen waren und jetzt vergebens auf ein Amt als Konsul warteten, die Idee gehabt hatten, Seianus zu bitten, sie Tiberius zu empfehlen. Das war der einzige Weg, auf diesen Posten zu kommen, den sie so heiß für sich ersehnten. Deshalb bildeten sie eine richtige Verschwörung gegen den unglücklichen Sabinus. Man wollte Sabinus drängen, im Beisein von Zeugen kompromittierende Äußerungen zu machen, die man dem Princeps überbringen könnte. Zu den Verschwörern gehörte auch ein gewisser Latiaris, den eine freundschaftliche Beziehung mit Sabinus verband. Im Laufe eines Gespräches klagte er über das Unglück der Zeit. »Ach«, sagte er, »es ist nicht mehr wie früher. In der guten alten Zeit war das Wort eines ehrlichen Mannes heilig, und man konnte sich darauf verlassen. Wem kann man heute trauen? Schau mal. Ich weiß, daß wenigstens du dem Hause des Germanicus, den du so sehr geliebt hast, noch immer treu bist. Aber bist du nicht der einzige? Wo sind die andern, die morgens als erste kamen, ihn zu grüßen? Die vor seiner Tür warteten, um bei ihm zugelassen zu werden? Das war in seiner Glanzzeit. Er hatte Einfluß. Durch ihn war das Blut von Augustus am Leben, auf dem Palatinus...« Bei diesen Worten konnte Sabinus seinen Kummer nicht mehr unterdrücken, und er begann zu weinen. Latiaris tat ein gleiches, sofern er vor lauter Heuchelei dazu fähig war.

Vom Unglück des Germanicus und den Unsicherheiten um die Nachfolge des Tiberius kam man auf die Ambitionen von Seianus zu sprechen, die allen aufgefallen waren. »Erinnerst du dich an die Bitte, die er im vergangenen Jahr dem Princeps zu stellen wagte?« Sabinus, der sich genau erinnerte, machte seinem Freund gern die Freude, es ihm noch einmal zu erzählen. »Erinnerst du dich, mit welchem Stolz er den Mut besaß, Tiberius zu bitten, ihm zu gestatten, Livilla zu heiraten, da Drusus ja gestorben war! Er, ein einfacher Ritter, die Tochter von Germanicus heiraten! Er wußte, daß er, wenn es ihm bewilligt würde, Nachfolger von Tiberius werden konnte, so wie Agrippa, wenn er länger gelebt hätte, auf Grund seiner Ehe mit Julia auf Augustus hätte folgen können.« Sabinus gab Latiaris recht. Eben diese Bitte des Seianus an Tiberius hätte ihn schon seit langem beunruhigt. Er vermute dahinter die Absicht des einen oder des anderen, oder auch beider, das Geschlecht des Germanicus von der Ausübung der Macht auszuschalten. Glücklicherweise hätte Tiberius jedoch schlagkräftige Argumente geltend gemacht, aber der Kern seiner Antwort sei enthüllt worden – wahrscheinlich vom Princeps selber, der sich nicht festlegen wolle, welche Reaktion die Vorstellung einer solchen Verschwörung in der öffentlichen Meinung auslösen würde. Tiberius hatte die Bitte für diesen Augenblick abgeschlagen, aber hinzugefügt, daß er Seianus auf jeden Fall für seine Treue auszeichnen wolle. Vage Versprechen, die Tiberius zu nichts verpflichteten, Sabinus aber beunruhigten. Und darin unterstützte ihn Latiaris voll und ganz.

Da Sabinus dazu verleitet worden war, in der Gegenwart von Latiaris offen und ohne Mißtrauen zu sprechen, blieb nur noch ein Problem zu lösen. Wie konnte man es bewerkstelligen, daß er seine tiefsten Gedanken mit der gleichen, für ihn gefährlichen Offenheit vor Zeugen verriet? Die Verschwörer verfielen zu guter Letzt auf eine List, die jeder andere als entehrend und kaum eines Sklaven für würdig befunden hätte. Die Zusammenkünfte fanden mal bei Sabinus, mal bei Latiaris statt. Sie beschlossen, im Haus des letzteren ein Versteck einzurichten. Zum Haus gehörte ein erhöhtes Atrium, und nebenan, auf der gleichen Ebene, lag ein kleines elegantes Zimmer mit einer Kassettendecke, die unmittelbar unter dem Ziegeldach eingezogen war. Zwischen der Decke und dem Dach gab es einen leeren Raum, in den man hineinkriechen konnte. Und genau das taten Latiaris' Komplizen. Sie konnten von dort oben sehen und hören, ohne selbst gesehen zu werden. Inzwischen richtete Latiaris es so ein, daß er Sabinus begegnete, und er ihn um einen Besuch bitten konnte, da er ihm wichtige Nachrichten mitzuteilen habe. Sabinus sagte zu. Und so warteten die Komplizen staubbedeckt, aber aufmerksam horchend, ob Sabinus in die Falle gehen würde.

In Wahrheit bestanden die neuen Versprechungen von Latiaris nur aus Klatsch über die Gesundheit des Princeps, aus Perspektiven, die sein baldiges Hinscheiden eröffnen würden, und der Betonung der Notwendigkeit, in diesem Augenblick einzugreifen. Selbstverständlich war davon nichts wahr. Jedoch reichte es völlig aus, um Sabinus zu bewegen, unvorsichtige Worte zu äußern, die seiner Hoffnung Ausdruck verliehen, Tiberius auf dem Scheiterhaufen zu sehen. Die Verschwörer im Hängeboden notierten jedes Wort und setzten am gleichen Abend eine vorschriftsmäßige Anklage auf, die mit der Forderung endete, Sabinus wegen Verrats vor den Senat zu zitieren. Um sicherzugehen, daß ihr Manöver gelang und ihnen die Dankbarkeit des Princeps einbrächte, weil sie einen seiner Feinde entlarvt hatten, schrieben sie zugleich Tiberius einen Brief, in dem sie neben dem Gehörten auch von ihrer Vorgangsweise berichteten. Ohne Zögern bedeckten sie sich mit Schande, um daraus noch Kapital zu schlagen. Waren sie nicht, um dem Kaiser zu dienen, so weit gegangen, dem Mißkredit zu trotzen, welcher der Rolle des Spions anhaftet?

Es war Ende Dezember. Tiberius schwieg einige Zeit, dann nutzte er die Ansprache, die er zur Eröffnung des neuen Jahres herkömmlicherweise an den Kalenden des Januar vor dem Senat halten sollte, um Sabinus in der Öffentlichkeit an den Pranger zu stellen. Er beschuldigte Sabinus (und das entsprach nicht der Wahrheit) des Versuchs, ihn zu ermorden, und schloß mit dem Ersuchen an die Senatoren, ihn streng zu bestrafen. Das geschah unverzüglich. Sabinus wurde während der Sitzung von seiner Bank gerissen, man warf ihm einen Schleier über den Kopf, legte ihm ein Seil um den Hals und schleppte ihn ins Gefängnis, in jenen nahegelegenen dunklen Kerker, den keiner je wieder lebend verlassen hat.

In seiner Verzweiflung schrie er den Namen von Seianus und rief die Bürger zu Zeugen, daß er ein Opfer des blutrünstigen Prätorianerpräfekts sei. Aber sein Schreien ging ins Leere. Als er von der Curia zum Gefängnis abgeführt wurde, flüchteten sie alle. Er wurde ohne Urteil hingerichtet und seine Leiche mehrere Tage lang auf den Stufen der Klagetreppe am Fuße des Kapitols ausgestellt, bevor man sie in den Tiber warf. Das Entsetzen in der Stadt war groß. Es wurde noch verstärkt durch das Verhalten seines Hundes, der ihn ins Gefängnis begleitet hatte, neben der Leiche gewacht hatte, solange sie ausgestellt war, und sich ihr in den Fluß nachwarf.

Ein Hund hatte sich treuer und ehrenhafter als die Männer erwiesen, die Freundschaft nur vorgetäuscht hatten. War ein Hund etwa menschlicher gewesen als diese Verräter? Angst und Schrecken machten sich überall breit. Als man sich bei Beginn des neuen Jahres bemühte, nur Worte zu sagen und Dinge zu tun, die ein gutes Omen sein könnten, dachten viele Menschen an diesen Tag zurück. Welche Schandtaten waren nach so einem hinterhältigen Verbrechen noch zu erwarten?

Ich war kurz vor meinem dreizehnten Geburtstag. Da würde also bald die Zeit meiner Verheiratung nahen. Mit wem? Ich wußte es nicht. Um die Wahrheit zu sagen: der Name meines künftigen Mannes kümmerte mich recht wenig. Ich wünschte mir bloß, daß er schön und stark wäre und den Statuen antiker Helden glich, die ich überall sah, allerdings mit einem weniger strengen, etwas freundlicheren Gesicht. Mir war auch wichtig, daß seine Familie unseres Hauses würdig wäre, daß seine Stellung dem Blut, das in meinen Adern floß, keine Schande bereitete. Es war das Blut, das mir der göttliche Augustus durch seine Tochter Julia sowie Antonius vererbt hatte, aus dessen Ehe mit Octavia meine Großmutter Antonia hervorging, deren Sohn Germanicus war. Nach meinem Gefühl durfte ich dieses Blut weder versiegen noch durch eine unwürdige Verbindung verlorengehen lassen. Das war meine große Sorge. Und so war ich unruhig, weil die Wahl des Ehemanns nicht mir zustand und auch nicht meiner Mutter.

Seit dem Tod meines Vaters war mein Bruder Nero, der älteste Sohn der Familie, der Herr unseres Hauses. Ich hatte schon gesagt, daß er beinahe zehn Jahre älter als ich war. Tiberius hatte den Beginn seiner Karriere gefördert, und so hatte er im Senat bereits eine gewisse Geltung. Würde es jedoch in seiner Macht stehen, den Mann seiner Schwester, meinen zukünftigen Gatten, auszuwählen? Ich begriff, daß Tiberius ihm dies Recht nicht überlassen würde, daß er selbst darüber entscheiden wolle und Nero ohnehin ohne seine Einwilligung nichts zu sagen hätte. Wie aber würde der Princeps sich entscheiden?

Als ich darüber mit meiner Mutter sprach, beruhigte sie mich mit dem Hinweis auf das, was ich dem Ruhm der Meinen verdankte. Sie betonte voller Zuversicht, daß Tiberius sich unserem Hause gewogen gezeigt hätte, solange sein Sohn Drusus lebte, ganz als ob er den Tod des Germanicus sowie die Tragik und Rätselhaftigkeit dieses Todes dadurch wiedergutmachen wollte, daß er seine beiden Söhne Nero und Drusus demonstrativ unter seinen Schutz genommen hatte. Daher war meine Mutter voller Hoffnung. Er hatte ihre Söhne den Senatoren feierlich anempfohlen und die Senatoren inständig gebeten, sie wie Beschützer zu protegieren. Nach dem Tod des anderen Drusus, seines eigenen Sohns, verkündete er, daß das Schicksal der beiden Jünglinge mit dem des ganzen Staates verknüpft sei. »Nun verstehst du«, meinte meine Mutter, »warum ich mich nicht um dich sorge. Ja, unser Haus wird wieder aufleben, und wir werden wieder den ersten gesellschaftlichen Rang einnehmen, wie es uns gebührt.«

Das beruhigte mich. Die Träumereien von meinem zukünftigen Mann wurden weniger politisch. Ich wußte, daß man mich für schön hielt. Meine Statur war groß, und man sagte, ich bewege mich anmutig; eine Meinung, die ich gerne teilte. Und dann dachte ich an die Kinder, die ich einmal haben würde – die wir haben würden. Wem würden sie gleichen? Mir oder dem Vater, dessen Gesicht ich noch nicht kannte? Ich war glücklich. Aber ich hatte nicht mit den Intrigen von Seianus gerechnet, für den unsere Familie ein Hindernis auf dem Weg zur Macht darstellte.

Nero war gerade siebzehn und Drusus fünfzehn Jahre alt. Es erschien ihm dringend notwendig, sie aus dem Weg zu schaffen. Wenn man sie schon nicht verschwinden lassen konnte, weil sonst seine Absichten aufgeflogen wären, so mußte man durch geschickte Manöver Tiberius gegen sie aufbringen. Dazu nutzte Seianus meine Mutter, die jedesmal eine Siegermiene zeigte, wenn der Princeps verlauten ließ, daß er Nero oder Drusus als mögliche Nachfolger in Erwägung zog. Obendrein hatte sie sich so heftig gegen Seianus geäußert, daß der Prätorianerpräfekt dem Princeps mühelos klarmachen konnte, daß sie eine Gefahr für die öffentliche Ruhe darstelle; daß ihr krankhafter Ehrgeiz sie dazu treiben würde, Komplotte zu schmieden und mit ihren ständigen

Intrigen überall Ärger zu stiften, wenn nicht gar das Leben des Kaisers zu bedrohen.

Die alte Livia und ihre Freundinnen, die einen Hof um sie bildeten, empfanden ihrerseits nicht die geringste Sympathie für Agrippina. Sie neideten ihr die Fruchtbarkeit und die Würde, mit der sie ihre Witwenschaft ertrug. Seianus begnügte sich damit, ein paar Worte bei seiner Komplizin Livilla fallenzulassen, die für seine Vorschläge immer empfänglich war, so daß der ganze Klüngel um Livia heimtückische Angriffe gegen Agrippina plante. All diese Frauen fürchteten, daß, wenn Agrippinas Kinder demnach als Erbprinzen auftraten, ihre Mutter die erste Rolle im Staat und am Hof übernehmen und ihnen Einfluß und Rang nehmen würde.

Was aber Tiberius über alles fürchtete, war der Gedanke an den Tod. Die Ungeschicktheit und der Stolz Agrippinas, die Heimtücke des Seianus und die Vorwürfe Livias (die noch immer großen Einfluß auf ihren Sohn ausübte) wurden durch ein unvorhergesehenes Ereignis noch unterstrichen.

Die Bewohner der Provinz Asia hatten vor dem Senat einen kaiserlichen Beamten, den Prokurator Lucilius Capito, Verwalter der kaiserlichen Güter, angeklagt, seine Befugnisse überschritten und sich gewalttätiger Handlungen schuldig gemacht zu haben. Capito wurde verurteilt. Die Provinzbewohner beschlossen, als Dank gegenüber dem Princeps Tiberius, Livia und dem Senat einen Tempel zu errichten. Als die Sache den Senatoren zum Beschluß vorgetragen wurde, kam Nero auf die taktisch unkluge Idee, das Wort zu ergreifen und Danksagungen an Tiberius und die ganze Versammlung zu richten, als ob er allein oder vor allem er vom Orient geehrt worden wäre! Er hob damit die Bande hervor, die zwischen den Städten Asias und Germanicus bestanden. Die

Senatoren täuschten sich nicht. Sie applaudierten Nero, doch ihr Klatschen galt weniger dem jungen Mann, dessen bemerkenswerte Schönheit und dessen würdiges Auftreten an den Verstorbenen erinnerten, und so galt ihr Applaus eher der Erinnerung an seinen Vater. Nach einer solchen Sitzung hielt der Prätorianerpräfekt ein Einschreiten für dringlich. Dazu fand er Gelegenheit durch einen Fehler der Oberpriester anläßlich der Gelübde an den Kalenden des Januar des folgenden Jahres. Eigenmächtig hatten sie die Formeln, mit denen sie, wie die Tradition es verlangt, die Götter um Glück und langes Leben für ihren Kaiser baten, um Gebete für die Söhne des Germanicus, Nero und Drusus, erweitert. Es fiel Seianus nicht schwer, Tiberius zu suggerieren, daß diese Priester es eilig hätten, ihn zu beerdigen, da sie ja schon für seine Nachfolger beteten. Tiberius war außer sich. Er lud die Schuldigen vor und hielt ihnen eine Strafpredigt. Er fragte sie, ob sie ihre Initiative auf Bitten von Agrippina ergriffen hatten, die über ihre Söhne an einer Macht teilhaben wollte, die er noch selber besaß und die abzugeben er keinen Grund sähe. Aber vielleicht hatte Agrippina es nicht bei inständigem Bitten belassen. Hatte sie ihnen etwa gedroht?

Die Oberpriester erklärten völlig aufgelöst, daß sie ganz aus eigenem Antrieb gehandelt hätten; und daß sie, aufgrund der vorausgegangenen Bemerkungen von Tiberius, geglaubt hätten, das Richtige zu tun. Tiberius beruhigte sich wieder und ermahnte sie, daß vorschnelle Ehrerweisungen so jungen Männern, die sich nur allzu gerne Illusionen über die eigene Zukunft machten, zu Kopfe steigen könnten.

Einige Tage später hielt er in gleichem belehrenden Stil eine Rede vor dem Senat. Es war allen klar, daß er von Seianus beeinflußt worden war. Seianus unterließ es auch nicht, das Gerücht verbreiten zu lassen, daß Rom unter einer ernsten Gefahr stehe, der akuten Gefahr eines Bürgerkriegs. Auf der einen Seite stünde Agrippina, die, im Stolz auf ihre Söhne, fest entschlossen sei, sie mit Druck an die Macht zu bringen, mit Unterstützung der Freunde von Germanicus. Und auf der Gegenseite stünden die Männer, die, wie er selbst, dem Princeps treu ergeben seien und hofften, daß er noch viele Jahre leben würde. Man müsse dieser Intrige ein Ende setzen und daher alle erledigen, die Einfluß zugunsten von Agrippina ausüben konnten.

Auf persönliche Erinnerungen kann ich bei diesen Ereignissen nicht zurückgreifen. Diese Ränkespiele und Debatten waren mir selbstverständlich nicht bekannt; selbst meine Mutter konnte nur mit Mühe erahnen, was vor sich ging. Was ich darüber zu erzählen vermag, habe ich nach und nach erfahren. Die Frauen und Männer, die bruchstückhaft davon wußten, und selbst frühere Helfer des Seianus sparten mir gegenüber nicht mit vertraulichen Mitteilungen, aber erst als ich selbst über ein wenig Macht verfügte. Außerdem lagen die Ereignisse schon so lange zurück! Im Gedächtnis der Menschen, die unsere Familie verraten und Seianus gedient hatten, war es nur mehr eine Erinnerung, wegen der niemand mehr erröten mußte. Es kam ihnen vor wie ein gelungener Streich, obgleich es eher ihrer politischen Geschicklichkeit Ehre machte als ihrer Loyalität. Wenn ich mir diese Machenschaften wieder ins Gedächtnis rufe – und ich bin sicher, daß ich nicht einmal alle kenne –, so nur zum besseren Verständnis der Beweggründe, die Tiberius veranlaßten, mir einen Ehemann wie Cn. Domitius Ahenobarbus zu geben.

Domitius war fünfzehn Jahre älter als ich und hatte einen sehr schlechten Ruf. Er war schon einmal vermählt gewesen, mit einem unbedeutenden Mädchen namens Manlia, die er so terrorisiert hatte, daß sie vorzog zu sterben. Er hat mit mir nie darüber gesprochen. Er war ein Vetter ersten Grades meines Vaters. In ihm floß also das Blut von Antonius, doch gehörte er durch seine Großmutter Octavia auch dem Geschlecht des göttlichen Augustus an, wie wir, wie ich! Man gab mir also keinen Mann, um meinen Rang zu beeinträchtigen. Doch was war er für ein merkwürdiger Ehemann! Er hatte den typischen gebieterischen Charakter seiner Familie. Er war unfähig, sich angesichts von Widerspruch zu beherrschen, und legte eine unwahrscheinliche Grausamkeit an den Tag. Germanicus hatte ihn während seiner Mission im Orient als seinen »Freund« mitgenommen. Domitius reiste natürlich mit seinen eigenen Dienern, die er wie ein Tyrann behandelte. Nachdem er eines Abends reichlich getrunken hatte, verlangte er von einem seiner Freigelassenen, der am Nachbartisch aß, den Inhalt eines besonders tiefen Bechers auf einen Zug zu leeren. Der Mann, dem es widerstrebte, sich zu betrinken – und eben deshalb zwang ihn Domitius zu dieser Prüfung –, weigerte sich. Domitius bestand darauf. Sie stritten sich so heftig, daß Domitius sich am Ende auf den Unglücklichen stürzte und ihn umbrachte. Am nächsten Morgen mußte Domitius auf Befehl meines Vaters nach Rom abreisen und war von da an aus dem Freundeskreis des jungen Princeps ausgestoßen.

Von dieser Geschichte war mir allerdings etwas zu Ohren gekommen. Zu der Zeit selbst war ich jedoch erst drei Jahre alt. Als meine Heirat mit Domitius zur Debatte stand, unterrichtete mich meine Mutter deshalb über alle Einzelheiten, die sie noch mit beißenden Kommentaren ausschmückte. »Sogar Alexander«, sagte sie, »hat am Ende eines Festmahls einen Freund getötet. Ich glaube allerdings nicht, daß Domitius sich für einen Alexander hält. Falls er diesem König nacheifern wollte, hätte er sich jedenfalls etwas anderes aussuchen können.« Was sie mir nicht sagte und was ich erst später durch die Indiskretion eines Dieners erfuhr, war folgendes: Als er eines Tages auf der Via Appia die Pferde seines Wagens mit einem kräftigen Peitschenhieb weiter auf Trab brachte, machte ein spielendes Kind nicht Platz, um ihn vorbeizulassen. Das Kind wurde von den Hufen der Pferde zertrampelt und von einem Wagenrad überfahren. Domitius kam davon, indem er dem Vater des Kindes ein wenig Geld gab. Anscheinend hatte er aber nicht das geringste Gefühl von Schuld empfunden.

Seine Gewalttätigkeit und Bösartigkeit traten während eines Streites mit einem römischen Ritter auf dem dichtgedrängten Forum noch einmal zutage. Den Anlaß ihrer Meinungsverschiedenheit habe ich nie erfahren. Ich weiß nur, daß Domitius seinen Gegner schließlich schlug, und zwar so brutal, daß er ihm ein Auge auskratzte. Aus mir unbekannten Gründen hat das Opfer es nicht gewagt, einen so hohen Herrn anzuklagen.

Solch schwere Laster vereinigten sich in ihm mit Geldgier. Um an Geld zu kommen, waren ihm alle Mittel recht, insbesondere aber die etwas zweifelhaften. Während seiner Prätur – zwei Jahre nach unserer Hochzeit – verweigerte er den siegreichen Wagenfahrern die Auszahlung der Preise von Spielen, die er veranstaltet hatte. Das verursachte böses Gerede, so daß Domitius am Ende nachgeben mußte. Mit dieser völlig amoralischen Person sollte ich mich also auf Anordnung von Tiberius vermählen. Warum?

Heute scheint mir das Hauptmotiv zweifellos darin bestanden zu haben, mich dem Willen eines Mannes zu unterwerfen, dessen autoritärer, ungestümer Charakter mich an der politischen Verwirklichung aller Pläne hindern sollte, die ich mir hätte ausdenken können, um unserem Hause und meinem Bruder wieder Macht zu verschaffen. Auf die Weise würde ich auch dem dominierenden Einfluß meiner Mutter entzogen, deren Ehrgeiz Tiberius fürchtete. Wen immer sonst er mir als Mann hätte geben können, wäre ein möglicher Prätendent für das Kaisertum gewesen. Tiberius wußte, daß Domitius wenig an der Macht lag, denn sie hätte ihm unerträgliche Einschränkungen auferlegt. Er zog es vor, sein Leben als großer Herr frei zu leben, unermeßlich reich, und im Senat eine wichtige und gefürchtete Persönlichkeit zu sein. Mehr wollte er nicht, abgesehen von dem Vergnügen, das ihm Liebesabenteuer bereiteten, um derentwillen er echte Gefahren einging.

Indessen setzte Seianus seine Intrigen fort. Er versuchte mit allen Mitteln, Agrippina zu kompromittieren, deren Haltung Tiberius rasend machte. Bei einem Festmahl bewies er eine diabolische Geschicklichkeit. Da er wußte, daß meine Mutter auf den Palatinus eingeladen war, schickte er Leute zu ihr, die ihr unter großer Geheimnistuerei erzählten, Tiberius hätte die Absicht, sie im Laufe dieses Banketts zu vergiften. Sie glaubte ihnen. Sie wollte während des ganzen Abends nichts essen und gab als Grund Unwohlsein an. Zuerst sagte Tiberius nichts. Als schließlich Obst serviert wurde, kam in ihm ein Verdacht auf, und er nahm einen herrlichen Apfel und bot ihn ihr an. Für Agrippina gab es keinen Zweifel, daß der Princeps sie auf diesem Wege vergiften wollte. Wortlos wandte sie sich an einen Diener und übergab ihm den Apfel. Tiberius hütete sich, etwas zu sagen, erklärte jedoch Livia, die dem Mahl beiwohnte, daß sich niemand wundern dürfe, wenn er in den nächsten Tagen gegenüber einer Person Strenge walten ließe, die ihn so demonstrativ beschuldigte, sie vergiften zu wollen.

Infolge dieses Zwischenfalls und anderer ähnlicher Vorkommnisse wurde die Atmosphäre in Rom selbst für den Kaiser eine Belastung. Die vielen von Seianus geschickt gepflegten Sorgen, die Isolation, in der er lebte, während seine Freunde einer nach dem anderen starben oder ihn verrieten – das machte seinen Aufenthalt in der Stadt unerträglich. Auf den Rat von Seianus, der ihn ja nur aus Rom entfernen wollte, reiste Tiberius unter dem Vorwand nach Kampanien, zwei Tempel zu weihen – einen in Capua, den zweiten in Nola, wo Augustus gestorben war. Der erste war Jupiter gewidmet, der zweite dem göttlichen Augustus. Bei der Ankündigung seiner Abreise versprach Tiberius, bald nach Rom zurückzukehren. Doch das war eine leere Versprechung, denn er führte seine Regierungsgeschäfte von da ab von seiner Villa in Capri, wo er hauptsächlich weilte. In Rom vertrat ihn Seianus. Durch dessen Hände lief alles, und viele Menschen hielten den allmächtigen Prätorianerpräfekten für den designierten Nachfolger an der Spitze des Reiches. Diese Situation löste jedoch unter der Bevölkerung tiefes Unbehagen aus. Unter den Notabeln wie im Volk gab es zahlreiche Anhänger unserer Familie, in der durch meine Mutter das Blut des Augustus floß. Man empörte sich. Wie konnte der Kaiser dem göttlichen Augustus Tempel bauen und gleichzeitig den Eindruck entstehen lassen, daß ein Seianus, ein Mann ohne beachtenswerte Vorfahren, sein Erbe antreten würde? Die Vorwürfe, die meine Mutter, wie bereits erwähnt, dem Princeps privat gemacht hatte, wurden jetzt von der Öffentlichkeit laut und deutlich ausgesprochen.

Seianus war informiert. Um so eifriger verfolgte er deshalb sein Ziel. Die Hauptgefahr kam für ihn, wie schon gesagt, von meinem ältesten Bruder. Seianus ließ ihm durch Julia nachspionieren, der Tochter unserer Tante Livilla, die im Auftrag von Seianus sogar ihren Mann Drusus bespitzelt hatte! Nero hatte vor Julia selbstverständlich keine Geheimnisse; sie war ja seine Frau. Sie erzählte alles, was er ihr sagte, ihrer Mutter weiter, die es sofort an Seianus weitergab. Nero war ein spontaner Mensch, der gar nichts verheimlichen konnte, und so äußerte er oft unvorsichtige Worte und enthüllte seine tiefsten Gedanken offener, als angemessen gewesen wäre. Aus solchen Temperamentsausbrüchen zog Seianus Vorteil, indem er sie wiederum an Tiberius weitergab, den er schon sich hörig glaubte. Er hielt die Zeit für gekommen, den Niedergang unsere Familie zu besiegeln. Im Sommer vor meiner Hochzeit mit Domitius wähnte er sich seinem Ziel schon sehr nah.

Damals befahl Tiberius nämlich meiner Mutter, sich in unsere Villa nach Herculaneum zu begeben. Es war ein wunderbares Haus, das meine Mutter und ich sehr mochten. Die Fassade war mit einem Portikus mit Marmorsäulen verziert und überragte die Küste. Drei Terrassen mit beschnittenen Buchsbäumen, die Mensch- und Tiergestalten darstellten, zwischen denen alle Arten von Blumen wuchsen, stiegen stufenförmig bis ans Meer hinab. An beiden Enden der mittleren Terrasse stand ein Pavillon mit einem Weinspalier. Dort verbrachten wir ganze Tage. Manchmal aßen wir dort auch zu Mittag oder zu Abend, begnügten uns allerdings meistens damit, die sinkende Sonne zu beobachten, bis sie dann riesig im purpurnen Meer versank. Auf der Landseite hinter dem Haus standen Gruppen von großen Bäumen, Pappeln, Ulmen, Zypressen und Pinien, die uns von dem Rest der Welt abschirmten.

Das war die Villa, die Tiberius für meine Mutter zum Gefängnis verwandelte. Er ließ sie von Garden umstellen, die Befehl hatten, außer den unentbehrlichen Dienern niemand hineinzulassen und Agrippina am Verlassen zu hindern. Sie war sich völlig klar, welches Schicksal sie erwartete. Als wir uns voneinander verabschiedeten – ich blieb in Rom –, sagte sie mir: »Das ist nur der Anfang. Noch wagt Tiberius es nicht, mich in irgendein trostloses Land zu verbannen. Im Grunde würde er mich gern verschwinden lassen. Du kennst seine Gefühle mir gegenüber. Er hat vor mir Angst. Er weiß, daß ich nie eines von meinen Kindern verraten werde. Ich bin für ihn ein wandelnder Vorwurf, und die Erinnerung an deinen Vater versetzt ihm außerdem Gewissenbisse. Er fürchtet Seianus nicht weniger, aber ihn braucht er, zumindest vorläufig, und so schont er ihn. Aber es wird nicht ewig dauern. Die Zeit naht, wenn er wählen muß. Heute bin ich dran. Morgen wird sein berühmter Präfekt an der Reihe sein. Was wird dann geschehen? Ich weiß es nicht. Wer wird der Nachfolger sein? Dein Bruder Nero oder sein anderes Enkelkind, dieser Tiberius Gemellus? Er hat die Geburt Neros und die der Zwillinge mit großer Freude gefeiert. Aber Gemellus ist heute allein und sein Beiname ein schlechtes Omen, denn bei jeder Nennung erinnert man sich notwendigerweise an den toten Bruder. Tiberius läßt mich heute Rom verlassen, da meine Anwesenheit einen zu großen Druck zugunsten Neros bewirken könnte. Aus Angst vor seiner Mutter schickt er mich nicht ins Exil. Daß Livia mich nicht gerade liebt, weißt du, aber bis zu einem bestimmten Punkt schützt sie mich doch. Sie vergißt nie, daß sie die Urgroßmutter meiner Kinder ist – von Nero, Drusus, aber auch von dir, und natürlich auch Gaius. Sie fühlt sich für unser Überleben verantwortlich. Du kennst sie ja. Sie ist gerade sechsundachtzig Jahre alt geworden, doch sie behandelt Tiberius wie ein Kind. Jetzt weißt du, warum ich in Herculaneum gefangengehalten werde. Ich werde mich, so gut ich eben kann, damit trösten, von unseren Terrassen aus das Meer zu betrachten und die

Trauben der Rebenspaliere zu genießen. Sie werden bald reif sein. Ich werde den Zikaden zuhören und abends den Grillen. Aber bete zu den Göttern, meine Tochter, daß Livia uns möglichst lange erhalten bleibt, und versteh, daß ich sie zum ersten Mal liebe!«

Während meine Mutter nach dem Willen des Princeps Rom verlassen mußte, wurde Gaius, der noch keine sechzehn Jahre alt war und die *toga virilis* noch nicht angezogen hatte, in die Obhut von Livia gegeben, die unvermeidlich die Enkelkinder und Urenkelkinder bei sich aufnahm, deren Eltern sterben mußten. Weil ich mit Domitius verlobt war, wurde mir erlaubt, in unserem Haus auf dem Palatinus zu bleiben, bis zu unserer Hochzeit, die Ende des Jahres stattfinden sollte.

Ich fragte mich insgeheim, wie Gaius sich Livia gegenüber verhalten würde. Ich wußte, was er von ihr hielt, und ich rechnete damit, daß er sich ihr gegenüber arrogant zeigen und einen für uns alle peinlichen Skandal provozieren würde. Zu meiner großen Überraschung erwies er sich als das beste, das aufmerksamste, das zärtlichste Enkelkind, das man sich vorstellen konnte, und Livia schloß ihn ins Herz. Sie konnte gar nicht mehr ohne ihn auskommen! Was ich über das Verhältnis der beiden hörte, beruhigte mich. Solange Livia sich mit Gaius verstünde, durfte man hoffen, daß Tiberius keine allzu harten Maßnahmen gegen Agrippina ergreifen würde.

Gleichzeitig lernte ich durch das Verhalten von Gaius bei seiner Urgroßmutter noch etwas anderes. Ich entdeckte eine Verstellungskunst, die ich in diesem gern arroganten, kapriziösen Jungen nie vermutet hätte. Ich hatte ihn immer für unfähig gehalten, spontanen Versuchungen und Launen zu widerstehen, so unvernünftig sie auch sein mochten. Und nun war er fügsam, respektvoll und einfühlsam geworden!

Aber ich bemerkte noch etwas. Der Wille und die heuchlerische Geschicklichkeit, seine Ziele notfalls auf Umwegen zu erreichen, erinnerten mich an Tiberius. Ich sagte mir, daß er die Eigenschaften eines guten Kaisers besäße. Und wenn Gaius eines Tages...? Aber dieser Vorstellung wollte ich nicht nachgehen. Vor Gaius käme Nero und nach Nero Drusus. Und dann noch Gemellus! Mir ging der Name Seianus durch den Kopf. Die Götter täuschen uns geschickt über unser Schicksal!

Inzwischen wurde meine Hochzeit, ganz nach dem Willen des Tiberius, in der Stadt (Tiberius hatte es ausdrücklich gesagt) vollzogen. Meine Mutter konnte also nicht teilnehmen.

Es wurde eine sehr traditionelle Hochzeit im Hause von Domitius. Man befragte die Seher, die prophezeiten, daß unsere Zukunft hervorragend sein und alles bestens ausgehen würde. Es gab einen bescheidenen, aber lärmenden Zug, der uns zujubelte, dann nahm Domitius mich in seine Arme, um mich über die Schwelle des Hauses zu tragen, das von nun an mein Haus sein würde. Ich war erst dreizehn Jahre alt und fand das lustig, aber ich war nicht imstande, dieses Spiel unbeschwert zu ertragen. Ich hatte irgendwie Angst. Zuerst wegen meiner Mutter, deren Abwesenheit mich schmerzte, und dann, weil ich Domitius aus den bereits genannten, mir bekannten Gründen fürchtete. Was würde bei einem solchen Ehemann aus mir werden? Daß mir ein neuer Lebensabschnitt bevorstand, machte mir keine Angst. Im Gegenteil, ich wünschte ihn mir herbei. Ich war wie alle jungen Römerinnen, die den Augenblick der Eheschließung herbeisehnten, die ihnen die Würde einer »Matrone« verleihen und – wie sie hofften – die Offenbarung eines intimeren Lebens schenken würde, das ihre Phantasie dominierte.

Als wir allein waren, zog Domitius mich an sich und sagte zärtlich zu mir: »Jetzt bist du meine Frau, Agrippina. Du bist so jung! Ich könnte ja fast dein Vater sein. Hast du Angst vor mir?« Ich antwortete, daß dem nicht so sei und daß ich ganz genau wisse, welche Verpflichtungen eine Frau mit der Ehe eingehen würde. An dem Punkt ergriff wieder er das Wort: »Eben daran habe ich gedacht, Agrippina. Aber ich muß dir etwas sagen. Als Tiberius mich fragte, ob ich gern dein Mann sein würde, hat er unsere Heirat ganz offen mit einer Bedingung verknüpft. Er will nicht, daß wir Kinder bekommen. Zumindest so lange nicht, wie er lebt. Du kannst seine Gründe erraten. Das Haus des Germanicus macht ihm schon so genug Sorgen. Wenn später einmal die Macht in der Hand eines andern liegt, werden wir frei sein. Inzwischen können wir, du und ich, uns einfach lieben. Darauf werde ich nicht verzichten, ich versichere es dir! Du bist so schön! Aber du darfst nicht Mutter werden.«

Was konnte ich tun? Meine Neugier war stärker als meine Enttäuschung. Aber war ich wirklich enttäuscht? Der Gedanke ans Kinderkriegen hatte mich bislang gar nicht erfreut. Ich wußte, welche Schmerzen Frauen durchzustehen hatten, um ein kleines Wesen zur Welt zu bringen. Trotz meines jungen Alters gab ich sehr auf meinen Körper und mein Aussehen acht. Ich fühlte mich beruhigt und dachte, daß dadurch mein Körper wahrscheinlich auf Jahre hinaus nicht Gefahr laufen würde, unförmig und häßlich zu werden. Ich dachte an alle Frauen, die an der Schwangerschaft gestorben waren. Ihnen hatte nach den langen Monaten des Wartens kein lächelndes Kindergesicht geleuchtet.

Ich war also, alles in allem, wegen der Bedingung keineswegs verärgert, die der Princeps uns gestellt hatte. Doch ich war mir nicht ganz sicher, wie sich das bewerkstelligen ließe. Domitius hatte mir erklärt, daß wir uns trotzdem lieben könnten. Und ich gab mich ihm hin.

Der Winter ging vorüber. Ich sollte es nicht bereuen, daß mein Liebestreiben mit Domitius vorläufig zur Unfruchtbarkeit verdammt war. Er war der leidenschaftlichste, aber auch der geduldigste Liebhaber überhaupt. Ich entdeckte in mir eine Lust, die nie satt wurde. Aber ich entdeckte auch die absolute, wenngleich flüchtige Macht, die eine Frau über den Mann hat, dem sie sich hingibt. Wenn wir beide, Domitius und ich, erwartet hätten, daß aus unseren Umarmungen und unseren Spielen ein Wesen zum Leben gekommen wäre, das ihnen alles schuldete, so wäre ich mir vielleicht meiner Macht weniger sicher, in jedem Fall aber weniger bewußt gewesen. So wie es war, blieb er mein Gefährte, und uns konnte nichts trennen. Diese Monate waren wohl die glücklichsten meines Lebens. Ich hatte die Drohungen vergessen, die uns bedrückten, aber eher mich als Domitius betrafen, der durch die Heirat mit mir beim Princeps wieder angesehen war.

Im Frühjahr starb Livia, während der Kaiser sich auf Capri befand. Als seine Mutter schon schwer krank war, hatte er die Absicht geäußert, nach Rom zurückzukehren. Er tat nichts dergleichen. Er erschien noch nicht einmal zu ihrer Bestattung, die man seinetwegen so lange hinausgeschoben hatte, bis es unmöglich wurde, noch länger mit dem Verbrennen der bereits halb verwesten Leiche zu warten. Die Senatoren wollten ein prachtvolles Begräbnis, trotz der Abwesenheit von Tiberius (den sie öffentlich dazu beglückwünschten, die Pflichten des Staates seinen Pflichten als Sohn gegenüber der Mutter vorzuziehen!).

In Ermangelung eines näheren Verwandten oder aus irgendeinem anderen, undurchsichtigen Motiv – vielleicht sogar auf Bitten von Gaius selbst, der in allem stets die erste

Rolle zu spielen wünschte – wurde Gaius mit der Grabrede auf Livia von der Rednertribüne im alten Forum betraut. Ich war zugegen, als er das Wort ergriff. Seine Rede hat mir insgeheim großes Vergnügen bereitet. Ich wußte sehr wohl, daß Gaius seine Großmutter haßte – trotz der Komödie, die er ihr seit Monaten vorgespielt hatte. An seinen tiefsten Gefühlen ihr gegenüber hatte sich nichts geändert. Das hinderte ihn nicht daran, ein Loblied auf die Tugenden anzustimmen, die sie zeit ihres Lebens besaß (oder besessen haben soll), die ihre Ehe mit Augustus glücklich gemacht und es ihm erlaubt hatten, sich frei von anderen Sorgen ganz den Staatsgeschäften zu widmen. Gaius rief uns ins Gedächtnis, daß der göttliche Augustus, wie allgemein bekannt, nur von ihr gewebte Tuniken getragen hatte. Gaius erwähnte auch, wie sie die zahlreichen Liebschaften ihres Mannes geduldet hatte – was ich bei einer Grabesrede nicht sehr passend fand; Gaius konnte es aber nicht lassen, mit einer vorgetäuschten Naivität ironische Andeutungen über die heikelsten Themen zu machen. Er erinnerte im folgenden an die Liebe, die sie ihren Söhnen stets bewiesen hatte – was ihm Gelegenheit bot zu einer recht gelungenen Ausführung über Tiberius und zu einigen bewegenden Worten der Klage um den Tod von Drusus. Kurzum, Gaius erwies sich bei seiner Grabrede auf seine Urgroßmutter als ebenso heuchlerisch wie sie selbst. Die Rede kam gut an, möglicherweise wegen ihrer bösartigen Anspielungen wie aufgrund der wirklichen Eloquenz des Redners, der für sein Alter unerwartet ernsthaft war. Es war sein erster öffentlicher Akt. Er trug noch die purpurrandige *toga praetexta* der Kinder, und in dieser Tracht, die als Kleid der Unschuld gilt, rühmte er auf der berühmten Tribüne die Tugenden, an die er selber nicht glaubte.

Bei den Anwesenden hinterließ die Rede den Eindruck, als

ob sie einen jungen Princeps gehört hätten, in dem sie seinen Vater Germanicus wiedererkannten. Gaius zog um zu seiner Großmutter Antonia.

Nach Livias Tod ließ Tiberius seiner Boshaftigkeit freien Lauf. Auf Drängen von Seianus sandte er dem Senat einen extrem harten Brief, in dem er ernstzunehmende Anschuldigungen gegen meine Mutter und meinen Bruder Nero erhob. Mit der üblichen Falschheit nannte er nicht die wirklichen Vorwürfe, die zu geheim waren, um sie öffentlich preiszugeben. Er erfand andere. Nero, so sagte er, sei ein Wüstling, dessen Körper durch Männerliebschaften besudelt wäre. Agrippina aber sei von Ehrgeiz zerfressen und versuche, alle Feinde der legitimen Staatsgewalt um sich zu sammeln.

All das geschah einige Monate nach meiner Hochzeit. Domitius war anwesend, als dieser Brief im Senat vorgelesen wurde. Die Senatoren waren, wie er mir berichtete, zuerst verunsichert und verstanden nicht, was der Princeps wollte. Wünschte er die Ausrottung aller Abkömmlinge von Germanicus? Während der Senat noch zögerte, brach rund um die Curia ein großer Tumult aus. Dort lief eine beachtliche Menschenmenge zusammen, die auf Stangen Bildnisse von Agrippina und Nero schwenkte. Man rief, daß der Brief, über den die Senatoren debattierten, nicht vom Kaiser geschrieben worden sei, sondern ein Machwerk des Seianus wäre, und daß man das Haus des Germanicus retten müsse. Das war auch die heimliche Meinung der meisten Senatoren, die jedoch keiner auszusprechen wagte. Und so löste sich die Versammlung schnell wieder auf, ohne daß eine Entscheidung getroffen worden war.

Am gleichen Abend machte sich Seianus auf den Weg nach Capri. Wenige Tage später kehrte er mit einem neuen Brief des Kaisers zurück, der diesmal offen seine Unzufriedenheit ausdrückte und äußerste Maßnahmen gegen jene Menschen forderte, die er als Staatsfeinde bezeichnete! Agrippina wurde aus ihrer Villa in Herculaneum gezerrt, in einer geschlossenen Sänfte angekettet und von bewaffneten Soldaten bis zu ihrem zugewiesenen Aufenthaltsort auf der Insel Pandateria eskortiert. Diesmal war es Exil. Nero wurde zum Staatsfeind erklärt und auf die Insel Pontia verbannt.

Von meinen beiden älteren Brüdern blieb nur noch Drusus, den ich am wenigsten mochte. Er hatte sich nie mit Nero verstanden, den er immer beneidet hatte; vielleicht weil Agrippina Nero bevorzugte, vielleicht auch ganz einfach nur deshalb, weil er sich unsinnigerweise gedemütigt fühlte, der Jüngere zu sein! Im übrigen fehlte es ihm an Scharfsinn. Da er wußte, daß Seianus Nero zu erledigen versuchte – das war offensichtlich –, machte er dem fürchterlichen Präfekten auf niederträchtige und dumme Weise den Hof, in der Hoffnung, sich damit selbst zu retten. Aber Seianus lag natürlich nicht viel daran, einen möglichen Rivalen zu behalten. Er benutzte die gleiche List, mit der er Nero losgeworden war. Er verführte Drusus' Frau Lepida, die ihm die Geheimnisse ihres Mannes verriet, so daß Drusus, von Seianus denunziert und der Verschwörung beschuldigt, auf Befehl des Kaisers in einem Untergeschoß des Palatin eingesperrt wurde. In diesem Gefängnis sollte er lange bleiben, denn Tiberius ließ ihn leben und behielt ihn als Geisel, solange Seianus lebte, denn insgeheim mißtraute er seinem Präfekten und hegte die Absicht, ihn abzusetzen. Er machte sich allerdings Sorgen, daß die Parteigänger des Seianus bei seiner Beseitigung Schwierigkeiten machen könnten. In diesem Falle sollte Drusus aus dem Verlies geholt und öffentlich gezeigt werden, damit sich die Parteigänger des legitimen Princeps um ihn sammelten. Als kein Protest aufkam, als Seianus abgesetzt, des Verrats beschuldigt und hingerichtet wurde, war Drusus zum Tode verdammt. Man entzog ihm die Nahrung. Er versuchte zu überleben, indem er das trockene Schilf seiner Matratzenfüllung knabberte, doch er kam um. Es war nicht einmal ein Jahr her, daß Nero, von seinen Wächtern terrorisiert, aus Angst vor den angedrohten Qualen, den Hungertod vorgezogen hatte. Zu dieser Zeit lebte Seianus noch.

Der letzte Akt dieses Dramas spielte sich auf den Tag genau zwei Jahre nach dem Tod des Präfekten ab. Die noch immer verbannte Agrippina hatte das Schicksal ihrer beiden älteren Söhne erfahren. Dennoch wollte sie weiterleben. Doch das war ihr nicht gestattet. Auch ihr wurde die Nahrung entzogen, und sie starb fünfzehn Tage vor den Kalenden des Oktober. Seit fünf Jahren hatte ich sie nicht mehr gesehen, aber die Hoffnung auf ein Wiedersehen nie aufgegeben. Mit dem Ende der »Herrschaft« des Seianus hatte ich einen Augenblick lang geglaubt, daß sie wieder zurückkommen dürfte. Aber dann begriff ich, daß Tiberius ihr die Freiheit nicht schenken konnte, ohne sich selbst zu verurteilen und indirekt zuzugeben, daß sie der Verbrechen nicht schuldig war, derer er sie bezichtigt hatte. Als er ihren Tod bekanntgab, behauptete er, daß sie Asinius Gallus zum Liebhaber gehabt hätte, den Tiberius seit drei Jahren unter verschiedenen Vorwänden gefangenhielt; in Wahrheit hatte er Asinius nur nicht verziehen, daß er Vipsania geheiratet hatte, die er, Tiberius, verstoßen hatte, als Augustus ihn zwang, Julia zur Frau zu nehmen. Tiberius war immer noch seiner ersten Liebe Vipsania tief verbunden. Er hatte immer darunter gelitten, daß sie einem anderen gehörte. Das war der wahre Grund für das endlose Sterben, zu dem er Gallus verurteilt hatte. So erfüllte sich das Wort des Augustus, der die Menschen bedauerte, die von diesen »langsamen Kiefern« zermalmt würden.

Drittes Buch

Mein Bruder Gaius

Der Tod meiner Mutter brachte mich fast zur Verzweiflung. Sie war mein ein und alles gewesen: meine Mutter, meine Vertraute – und wie ein Vater. Ihr makelloser Charakter, ihr Scharfsinn, ihr starkes Gefühl für das, was wir unserem Geschlecht schuldig waren, hatten mir durch alle Prüfungen hindurchgeholfen, die unsere Familie getroffen hatten. Ihr verdankte ich den tiefverwurzelten Willen, mein Leben lang der Macht so nahe wie möglich zu bleiben. Und ohne mir dessen ganz bewußt zu sein, erfaßte mich nun eine gewisse Verachtung für Domitius, der sich so leicht – aber um welchen Preis! – mit einem Leben mittelmäßiger Vergnügungen zufriedengab und vergaß, daß er der Enkelsohn des Antonius war. Mit den Jahren wuchs in mir die Angst, nie Leben schenken zu dürfen. Ich wünschte mir glühend, daß Tiberius sterben und mein Mann sich von seinem Versprechen befreit sähe. Aber die Jahre gingen vorüber, und Tiberius war noch immer der Herrscher des Reiches. Auch wenn er weit von Rom entfernt weilte und hartnäckig auf seiner Insel blieb, wo er angeblich einen anstößigen Lebenswandel führte, so lastete doch seine Macht schwer auf uns. Auf den Stufen der Klagetreppe waren fast täglich neue Leichen zur Schau gestellt. Die Prozesse vor dem Senat endeten ausnahmslos mit einem Todesurteil. Unsere Familie traf es hart: Meine Tante Livilla war für schuldig befunden worden, Seianus bei der Ermordung von Drusus geholfen zu haben. Ihr Verbrechen wurde aufgedeckt von Apicata, Seianus' Witwe, die unter der häufigen Untreue ihres Mannes gelitten hatte. Bestraft wurde Livilla nicht von Tiberius, sondern von ihrer eigenen Mutter, Antonia, die sie verhungern ließ. Für Antonia blieb nur noch mein Onkel Claudius, der für sie ein schwacher Trost war. Claudius blieb dem politischen Leben fern und setzte in aller Stille seine wissenschaftlichen Forschungen zur alten Geschichte unserer Stadt fort.

Unsere Großmutter Antonia wohnte seit dem Tod ihres Mannes bei ihrer Schwiegermutter Livia, die sie allen großen römischen Damen als Vorbild empfahl. Es war bekannt, daß Drusus und sie ein vollkommenes Paar gewesen waren. Man hörte immer wieder, daß er sie nie betrogen hatte und daß sie ihrerseits ihm stets treu geblieben war. Sie ertrug ihren Witwenstand mit Würde. Sie war über sechzig Jahre alt, als ich sie kennenlernte – eine große, hagere Frau mit strengem Blick. Ich hatte vor ihr ein bißchen Angst und beneidete sie eigentlich überhaupt nicht wegen ihres untadeligen Rufs. Von ihr war nur eine einzige Schwäche bekannt, nämlich ihre große Liebe für die Fische des Teiches ihrer Villa in Bauli in der Nähe von Neapel. Sie hatte sogar Ohrringe am Hals ihrer Lieblingsmuräne befestigt. Ich zitterte, nicht weil ich das Tier dafür bedauerte, diesen Schmuck tragen zu müssen, sondern weil es gefährlich war, denn Muränen verschlingen alle Tiere und töten sogar Menschen, die in ihre Reichweite kommen. Ich weiß nicht, ob Antonia es hielt wie Vedius Pollio in der Regierungszeit des Augustus, der seinen Muränen die Sklaven überließ, die er zum Tode verurteilt hatte. Ich glaube nicht. Pollios Abscheulichkeiten hatte der göttliche Augustus ein Ende bereitet und einfach das Becken zugeschüttet. Als ich jedoch erfuhr, daß meine Großmutter ihre eigene Tochter, unsere Tante Livilla, kaltblütig verhungern ließ, mußte ich an die Grausamkeit der Muränen denken.

Zu der Zeit war ich in der Blüte meiner Jugend, und so war es mir völlig fern, eine extreme Tugendhaftigkeit zu bewundern. Die Tugenden meiner Großmutter verrieten, wie ihr ganzes Wesen, eine Strenge, die mir keineswegs nachahmenswert erschien. Vor allem wollte ich nicht eines Tages wie sie werden. Sie, die früher einmal so strahlend gewesen war, mißachtete die eigene Schönheit. Als Witwe ließ sie es zu, daß ihr Körper verkam, ganz als ob mit dem Tod von Drusus in ihr alle Weiblichkeit erloschen wäre. Ich dagegen war fest entschlossen, komme, was wolle, meine eigene Weiblichkeit nicht nur einem Mann zu opfern. Meine Beziehung mit Domitius hätte gegebenenfalls ein solches Opfer auch nicht rechtfertigen können. Aber zugleich konnte ich nicht umhin, für Antonia eine bestimmte Zuneigung zu spüren. Ihre Härte hatte für mich etwas Verlockendes. Vielleicht würde ich selber ... aber dann aus anderen Gründen als aus Ergebenheit gegenüber einem geliebten Menschen, und noch weniger aus Pietät gegenüber einem Verstorbenen. Auf alle Fälle war da aber dieser unbeugsame Wille, dem ich mich verwandt fühlte. Stammten wir etwa nicht aus dem gleichen Geschlecht?

Nach Livias Tod wurde Antonia die Herrin des Hauses auf dem Palatinus, wo sie so lange mit ihrer Schwiegertochter gelebt hatte und wo sie, wie schon bemerkt, Gaius und unsere zwei Schwestern Drusilla und Livilla aufgenommen hatte. Es fällt schwer zu glauben, daß Gaius die Disziplin geschätzt hat, die sie um sich herum verlangte. Er wurde immer noch wie ein Kind behandelt. Obwohl er fast zwanzig Jahre alt war, hatte er noch nicht die *toga virilis* erhalten – auf Befehl von Tiberius. Der Kaiser beabsichtigte, den Anfang seiner Laufbahn im öffentlichen Leben so lange wie möglich hinauszuzögern. Deshalb behandelte Antonia ihn wie ein Kind und ließ ihm kaum Freiheiten. Gaius wiederum gab sich, wie gewöhnlich, ihr gegenüber liebenswürdig, schöntuend und sehr folgsam. Die alte Dame war entzückt. Bis auf den Tag, als sie ihn ziemlich unbekleidet mit seiner noch viel unbekleideteren Schwester Drusilla in den Armen überraschte. Es gab keinen Zweifel: Gaius hatte sich seiner Schwester gegenüber benommen wie Jupiter gegenüber Juno. Er hatte sich dem Gott gleichgestellt!

Einige Tage später hat er mir die Szene schamlos geschildert. Sie fand in einem abgelegenen Saal des Hauses des Palatinus statt, wo Antonia selten hinkam. Aber an diesem Tag suchte sie zufällig eine Magd und kam im ungünstigsten Augenblick in das Zimmer. Sie war verblüfft, die beiden in inniger Umarmung zu sehen, und geriet in Wut, zuerst gegen Drusilla, der sie in ihren Beschimpfungen die schlimmsten Strafen androhte. Mit ihrem Enkelsohn war sie weniger streng. Es gelang ihm, sie zu beruhigen und ihr das Versprechen abzunehmen, das Geheimnis für sich zu behalten. Dazu hatte sie sich ohnehin bereits entschlossen. »Meinst du vielleicht«, sagte sie, »daß ich allen erzählen werde, wie meine Enkelkinder sich hier benommen haben? Diese Schande muß verborgen bleiben. Die Götter wissen, daß es in unserer Familie noch ganz andere Dinge gibt! Da sollte wenigstens dies nicht ans Licht kommen!«

So blieb der Inzest zwischen Gaius und Drusilla aus Staatsgründen unaufgedeckt. Wenigstens für den Augenblick. Später sind ihre Amouren allgemein bekannt geworden, und Gaius verpaßte keine Gelegenheit, Drusilla die Zuneigung zu zeigen, die er immer für sie empfunden hatte.

Meiner Meinung nach war diese Leidenschaft eine der ehrlichsten Regungen, die er je hatte. Drusilla war zwölf Jahre alt, als Gaius eine Frau aus ihr machte. Sie befand sich also fast im heiratsfähigen Alter, und außerdem schien ihr das Liebesspiel zu gefallen. Ich habe mich damals gefragt, was eigentlich am Inzest so entsetzlich ist. Wie ich mich erinnerte, hatte Gaius in Ägypten entdeckt, daß dergleichen bei Königen und Göttern vorkam. Diese Entdeckung hatte auf ihn einen ungemein starken Eindruck gemacht. Unsere Familie war die Familie eines Gottes, und es fehlte ihr auch nicht an Königen; denn das war ja bloß ein Titel für einen Fürsten, einen Princeps. Warum also sollte der Inzest uns verboten sein?

Ich gestand mir nicht ein, daß Gaius auch mich anzog und faszinierte. Gewiß, ich war Domitius treu geblieben, und ich wünschte mir von ganzem Herzen, daß er mir ein Kind schenkte. Das durfte ich nicht durch Liebschaften aufs Spiel setzen. Ich erinnerte mich an Worte unserer Großmutter Julia – eine Bemerkung, die in Rom überall zitiert wurde. Sie war die Mutter zahlreicher Kinder, deren eheliche Geburt unbestreitbar war. Wenn sich jemand wegen ihrer zahlreichen Liebhaber überrascht zeigte, antwortete sie, sie »nehme Passagiere nur dann auf, wenn das Schiff schon beladen ist«. Ich hatte die Absicht, das gleiche zu tun. Aber ich mußte noch warten. Zur Zeit war der Bauch des Schiffes leer, Tiberius noch am Leben und Domitius nicht bereit, gegen den Befehl des Kaisers zu verstoßen.

Da mußte ich also mit dem Kinderkriegen warten. Kurz vor meiner Hochzeit hatte ich nicht ohne Mißmut miterlebt, daß Domitius' jüngere Schwester Domitia Lepida ein Kind zur Welt brachte, eine Tochter – jene Valeria Messalina, deren Rivalin ich später werden sollte. Seine andere Schwester heiratete einen brillanten Mann, Crispus, einen ausgezeichneten Redner. Später wurde er mein Mann, den ich aber opfern mußte, da er meiner Ehe mit Claudius im Wege stand.

Domitia war auf geradezu abstoßende Weise geizig. Angeblich hat sie ihre getragenen Schuhe weiterverkauft, statt sie wegzuwerfen oder ihren Mägden zu schenken. Gegen Domitius hatte sie wegen des Anteils am Erbe ihres Vaters einen Prozeß angestrengt. Und sie hatte Crispus geheiratet, weil er ein reicher Mann war und sie auf diese Weise die Dienste eines guten Rechtsanwalts gewann, ohne ihn bezahlen zu müssen. Ich folgte ihrem Beispiel und begann mich für unsere Güter zu interessieren. Seither beschäftige ich mich mit solchen Dingen.

Kurz nach dem Tod unserer Mutter hielt Tiberius die Zeit für gekommen, meine zwei Schwestern, Drusilla und Livilla, zu verheiraten. Er fand für sie ehrenwerte, ruhige Männer ohne Ruhm, die beide nie auch nur den geringsten Einfluß in Staatsangelegenheiten anstreben würden. Dafür bemühte er sich, zwischen Gaius und seinem blutsmäßigen Enkelsohn neutral zu bleiben. Sie waren die einzigen, die ihm von seinen Nachkommen geblieben waren. Er durfte eigentlich nicht länger zögern, einen Nachfolger zu ernennen, doch er wollte es einfach nicht. In seinem Innersten zog er Gaius vor. Wie wir alle war auch er für Gaius' außergewöhnliche Verführungskünste empfänglich. Für Gemellus dagegen sprach nur die Tatsache seiner Geburt. Manchmal fragte er sich aber auch, ob Gemellus nicht in Wirklichkeit der Sohn von Seianus wäre, ein Sprößling der geheimen Liebschaften Livillas. Gaius schloß aus einigen überraschenden Worten, die der Kaiser in einem Gesprächen fallenließ, daß Tiberius sich zumindest Gedanken darüber gemacht hatte. Gaius aber war wirklich der Sohn des Germanicus und nach allgemeiner Meinung dessen Ebenbild.

Viel später berichtete mir Gaius von diesen Ereignissen in jener Zeit, zu der Tiberius ihn oft zu sich rief. So erfuhr ich auch, daß der Kaiser sein Lehrer geworden war und ihn in der Redekunst unterrichtet hatte. Als Bewunderer der alten Rhetoren mied er insbesondere alle Neuerungen, alle Lehnwörter aus dem Griechischen. Rom sei sich selbst genug, erklärte er. Die lateinische Sprache sei unser heiligstes Erbe. Wir müßten ihre Reinheit bewahren. Das hinderte ihn allerdings nicht, Gedichte auf griechisch zu schreiben, Verse in einem äußerst pretiösen Stil. Die Prosa war nach seiner Auffassung die Ausdrucksform, die dem Denken der Römer entsprach, nur sie sei von hinreichender Ernsthaftigkeit und deshalb zur Rechtsprechung und zur Aufklärung der Umstände einer Sache geeignet. Nur die römische Prosarede besitze die Kraft, einer Menge zu zeigen, auf welcher Seite die Vernunft liegt. Die griechische Sprache ist, wie Tiberius ebenfalls behauptete, die Sprache des Vergnügens; sie entspricht den Stunden, wenn der Geist sich entspannt. Ich habe seine Vorliebe für die *Odyssee* schon erwähnt, aber genauso gut kannte er all die anderen Werke der alten Dichter über die Helden der Vorzeit. Ihm waren die obskursten Gestalten vertraut. Er kannte den Namen der Mutter der Königin Hekuba und diskutierte über dergleichen leidenschaftlich gern mit gelehrten Literaten, mit denen er Umgang pflegte.

All das machte Gaius glücklich, und er war der beste Schüler, den man sich wünschen konnte. Nicht nur, daß sich seinem Gedächtnis alles mühelos einprägte, sondern er formte sich auch nach seinem Meister und wurde sein Spiegelbild. Tiberius war entzückt. So daß Gaius in kürzester Zeit ein exzellenter Redner wurde, wie man sie damals gerne hörte. Allerdings war er auf sein Talent auch sehr stolz!

Dieses Talent gedachte er zu nutzen, wenn er selbst einmal Kaiser wäre, denn wie er mir eines Tages bekannte, war es sein teuerster Wunsch, die Macht zu ergreifen. Er lebte nur dafür. Da habe ich erkannt, daß er einer von uns war. Ich war von der gleichen Leidenschaft befallen, die zuvor auch meine Mutter gequält und in den Untergang getrieben hatte.

Gaius blieb sehr häufig bei Tiberius auf Capri. Er hatte das Haus Antonias verlassen, nachdem der Kaiser ihm endlich das Tragen der *toga virilis* erlaubt und ihn zum Pontifex ernannt hatte, so wie früher, in der Zeit des Augustus, Claudius ein Pontifex gewesen war. Er ließ sich jedoch nicht davon abhalten, ab und zu nach Kampanien zu reisen; ihm gefiel vor allem Pompeji, wo er sich ziemlich oft aufhielt. Er war Gast unseres Onkels Claudius, der dort eine Villa besaß. Zu den Ländereien dieser Villa gehörte auch ein großer Obstgarten, wo unter anderem wunderbare Birnbäume mit ungewöhnlich großen Früchten wuchsen. Diese eigentlich erfreuliche Tatsache war wiederum die Ursache eines Dramas. Claudius war mehrfach verheiratet gewesen und hatte aus einer dieser Ehen einen Sohn namens Drusus. Dieser Drusus, den sein Vater mit der Tochter von Seianus verlobt hatte, obwohl er erst drei Jahre alt war, weilte in der Reifezeit der Birnen in der Villa in Pompeji und warf spielend eine Frucht in die Luft, um sie dann mit dem Mund zu fangen. Er ahmte die Fische oder die Hunde nach, denen man etwas zu essen zuwirft, war jedoch nicht so geschickt. Die Birne, die er in die Höhe geworfen hatte, fiel ihm zwar in den Mund, aber bis in den Hals hinunter, den sie verstopfte. Das Kind war allein im Garten gewesen, hatte sich nicht zu helfen gewußt und war erstickt. Gaius hat mir die Geschichte dieses Unfalls häufig erzählt, die ihn offenbar sehr belustigte. Er fügte immer hinzu, daß Drusus ein echter Sohn seines Vaters gewesen sei, trotz seiner Mutter Urgulanilla, die nicht die eheliche Treue für sich beanspruchte. Der Beweis war die Dummheit des Spieles, das er sich ausgedacht und das seinen Tod verursacht hatte.

Die Bewohner Pompejis fühlten sich im übrigen geschmeichelt, daß es dem Lieblingsenkel des Kaisers bei ihnen gefiel. Sie wählten ihn in eines der höchsten Stadtämter. Gaius war über solche Ehre begeistert. Er konnte die entsprechenden Pflichten natürlich nicht ausüben, doch allein der Titel war für ihn ein vortreffliches Omen für seine weitere Karriere.

Um die gleiche Zeit, als Tiberius unseren zwei Schwestern Ehemänner gegeben hatte, verheiratete er Gaius, weil er bemerkte, daß Gaius dazu neigte, überall Liebesabenteuer zu suchen. Er gab ihm ein Mädchen zur Frau, das einer der höchsten Familien Roms angehörte, nämlich dem Clan der Junier. Diese Junia Claudia, die man mit der Koseform Claudilla nannte, war sehr jung, und ich bedauerte sie, weil sie so einen Mann bekam. Aber war ich etwa nicht selber die Frau eines Individuums, das mich, wie ich ganz genau wußte, immer wieder betrog? Außerdem war ich fest entschlossen, es ihm mit gleicher Münze heimzuzahlen, oder, noch besser, ihn mir auf irgendeine Weise vom Hals zu schaffen, wenn er mich erst einmal zur Mutter gemacht hätte. Ich ahnte, daß er das wußte, was eine seltsame Beziehung, eine Spannung zwischen uns verursachte, die gelegentlich eine Art Haßliebe hervorrief.

Ich habe nie so recht gewußt, welche Beziehung Gaius und Claudilla zueinander hatten. Ihre Hochzeit fand in Antium in einer Villa statt, die zu unserem väterlichen Erbe gehörte. Tiberius war anwesend. Für dieses Ereignis hatte er sein Refugium verlassen, was zeigte, wie wichtig es für ihn war. Aber zu dem Entschluß, bis nach Rom weiterzureisen, konnte er sich nicht aufraffen. Auch ich war selbstverständlich dabei. Gaius benahm sich dem Anlaß entsprechend würdig, trotzdem warf er mir, wann immer möglich, Blicke zu, die deutlich verrieten, daß es sich hier für ihn nur um pflichtmäßiges Theater handelte, an dem er sich innerlich nicht beteiligt fühlte. Es würde keine leichte Aufgabe sein, ihn zu bezwingen! Er duldete nichts, was seinem Ehrgeiz oder der Erfüllung seiner vielen Launen hinderlich sein könnte. Zu sehen, wie ernst er an den Riten der Hochzeit teilnahm, die ihn ein ganzes Leben lang an diese junge, unbedeutende Claudilla binden würde, reizte mich zum Lachen. Claudilla selbst war sicherlich völlig arglos. Sie war stolz, unter solch feierlichen Umständen ihr Leben auf immer einem jungen, schönen Mann zu verpflichten, in den sie sichtlich verliebt war.

Tiberius hatte gewünscht, daß die Hochzeit in der traditionellsten Form begangen würde, welche die Ehegatten in einer nahezu unauflöslichen Bindung zusammenfügt: Dem Ritus gemäß teilten die Verlobten einen Fladen aus *far*, ein altes Getreide, das ich absolut ungenießbar finde. Ich esse lieber die Pfannkuchen aus Weizenmehl, in die man gehacktes Schweinefleisch einwickelt. Diese Gewohnheit scheint es aber zu der Zeit noch nicht gegeben zu haben, als unsere Ahnen ein für alle Mal den Ritus der *confarreatio* einführten! Ich bedauere das außerordentlich! Domitius und ich wurden glücklicherweise auf einfachere Weise vermählt, so daß uns der Pfannkuchen aus *far* erspart blieb. Gaius schien sich dran zu ergötzen, während Claudilla ein saures Gesicht zog. Ich folgerte, daß sie zur Verstellung unfähig war, insofern war sie ihrem Mann nicht gewachsen. Sie willigte bereitwillig ein, die Fackel anzuzünden, die man ihr reichte, und die Schale klaren Wassers zu trinken. Beides symbolisierte die elementaren Lebensbedürfnisse.

Meine Gedanken gingen zu meinen zwei älteren Brüdern und zu meiner Mutter, die der Wille des Princeps auf so ungerechte Weise ins Exil geschickt hatte. Der Gedanke nahm mir spürbar die Freude an dieser Hochzeit in unserer Villa in Antium, wo ich selber später einmal...

Während dieser Hochzeit konnte ich mich überhaupt nicht freuen. Wenn ich irgend etwas empfand, so war es eine heimliche Eifersucht beim Anblick von Claudilla, die an jenem Abend Gaius' Frau wurde. Ich muß gleich anfügen, daß diese Ehe trotz aller Riten nicht glücklich war. Nicht, daß Claudilla sich als barsch oder untreu erwiesen hätte. Das lag dem armen Kind völlig fern. Sie gab sich ihrem Mann hin und wurde einige Monate später schwanger. Doch weder sie noch das Kind überlebten. Gaius war frei, eine andere Frau zu heiraten.

Die Witwerschaft bot sich wie eine von den Göttern geschickte Gelegenheit. Der Prätorianerpräfekt, der Seianus ersetzt hatte, ein gewisser Naevius Sertorius Macro, der die Abwesenheit des Tiberius ebenfalls zu selbständigem Handeln nutzte, hatte erkannt, daß die Kräfte des Princeps nachließen, und beschloß, ganz auf Gaius zu setzen und sich ihn damit zu Dank zu verpflichten. Zu diesem Zweck stiftete er eine Beziehung zwischen seiner eigenen Frau Ennia und Gaius an, den er zum Nachfolger von Tiberius machen wollte. Da Gaius Witwer war, zögerte er nicht, Ennia die Ehe zu versprechen, wenn er einmal Kaiser sein würde. Bei unseren langen Gesprächen nach Tiberius' Tod hat Gaius damit geprahlt, ein wie unübertrefflicher Komödiant er gewesen sei. Er versicherte mir, was ich bezweifelte, daß er nie die Absicht gehabt hatte, Ennia zu heiraten, denn sie sei im Bett die abscheulichste, unkooperativste Frau gewesen, die er je kennengelernt hatte. Er betonte, viele angenehmere Gefährtinnen gekannt zu haben, und betrachtete mich dabei unentwegt mit einem offenen Ausdruck von Begierde. Aber das war viel später.

Mein Verhältnis mit Domitius wurde damals zunehmend schwieriger. Er war auf Gaius eifersüchtig, weil er erriet, daß Gaius mich anzog. Er hat mir das nicht offen gestanden, doch er kritisierte mich unter jedem möglichen Vorwand. Er warf mir die »Gefühllosigkeit« vor, mit der ich den Tod meiner Brüder und meiner Mutter hingenommen hatte. Meine kleinsten Handlungen veranlaßten ihn zu sarkastischen Bemerkungen. Meine Kleider fand er stets zu teuer. In seinem Geiz tat ihm jeder Sesterz weh, den ich für mich ausgab, dabei stammte das Geld aus dem Vermögen, das ich aus meiner eigenen Familie besaß. Er hatte genug Scharfsinn, um die Ambitionen zu erahnen, die mich beherrschten. Und er wußte auch, daß ich ihn für seinen Mangel an Ehrgeiz verachtete. Ebenso wußte er, daß ich vor nichts zurückschrecken würde, um meinen Ehrgeiz zu befriedigen. Gewiß sagte er mir das alles nicht ausdrücklich, und manchmal spielte er mir Zärtlichkeit vor. Aber ich ließ mich nicht täuschen. Wenn ich weiterhin so bei ihm lebte, als ob nichts wäre, so nur deshalb, weil ich noch immer die Hoffnung hegte, daß er mir das Kind schenken würde, das ich so heiß ersehnte und das nur von ihm stammen durfte. Aber dafür mußte man das Ende von Tiberius abwarten, egal welchen Nachfolger er wählen würde.

Natürlich wünschte ich mir von ganzem Herzen Gaius als nächsten Princeps. Ich hatte keinen Zweifel, daß mein Einfluß als Schwester des Kaisers am Hofe groß werden, daß ich dort durch meine Schönheit glänzen würde, daß sich vor meiner Tür unzählige Bittsteller drängen würden und daß mein Name bis in die entlegensten Ecken des Reiches berühmt würde. In meinen Träumen ging ich noch weiter: Das Kind, das ich zur Welt brächte, würde, wenn ich das Glück hätte, einen Sohn zu gebären, eines Tages an die Macht kommen oder sie durch mich erlangen. Ich gab mir selbst das Versprechen, dafür zu sorgen!

Heute weiß ich, daß meine damaligen Träume Hirngespinste waren; obwohl es mir gegeben wurde, die meisten zu verwirklichen, bereitet eines mir allergrößte Bitternis: daß mir ihre Realisierung letztendlich nicht alles gebracht hatte, was ich mir erhofft hatte. Heute frage ich mich, ob das wirksamste Mittel der Götter zur Bestrafung der Sterblichen nicht darin besteht, daß sie ihnen ihre innigsten Wünsche erfüllen. Muß ich annehmen, daß der Gegenstand meiner Träume gegen die Ordnung der Schicksalsmächte verstieß, die ein für allemal festgelegte Ordnung, die Tiberius dank der Kunst seines lieben Thrasyllus zu entdecken sich einbildete, den er immer öfter um Rat fragte? Damals weigerte ich mich noch, an die unerbittliche Kraft des Schicksals zu glauben.

Ich war überzeugt, daß es von meinem Willen abhing, ob ich die Frau von Domitius bleiben würde, die gehorsam und in seinem Schatten ein eingeschränktes Dasein fristete, oder ob ich eine der berühmten Königinnen würde, deren Namen in der Legende und der Geschichte in Erinnerung und Verehrung lebendig geblieben sind. Ich dachte an die ägyptische Königin Berenike, die es verdient hatte, daß eine Locke ihres Haars zu einer Konstellation der Gestirne wurde. Ich dachte auch an Ariadne, die Bacchus geliebt hatte und ebenfalls in ihrer Unsterblichkeit bestätigt worden war. Und wenn ich an Ariadne und ihr Diadem dachte, das ich am Himmel funkeln sah, so konnte ich nicht umhin, mich an unseren Vorfahren Antonius zu erinnern, der zu seinen Lebzeiten wie ein neuer Bacchus verehrt worden war und wie der Gott, von einem Triumphzug begleitet, den Orient durchquert hatte. Gewiß mußte er sich vor der Flotte und den Armeen des göttlichen Augustus und meines Großvaters Agrippa beugen. Doch ich war überzeugt, daß seine irdische Niederlage seinem göttlichen Schicksal nicht geschadet hatte.

Daher betete ich zu den Göttern, daß Gaius der Nachfolger von Tiberius würde. Seither weiß ich, daß die Erfüllung eines Wunsches nie den Träumen entspricht.

Im Gegenteil. Die Faszination, die ich für meinen Bruder empfand, hinderte mich daran, seine tiefere Natur zu entdekken, das zu erkennen, was in ihm labil, verwirrt und unberechenbar war. All das zu durchschauen, was bis dahin seine Jugend und seine Fröhlichkeit verschleierten. Viel später erst fand ich heraus, daß er nur fröhlich sein konnte, wenn andere litten. Doch das verstand ich erst viele Jahre später. Damals verfolgte ich noch mit dem größten Interesse den Verlauf der Intrigen, die sich am Hof von Capri abspielten. Als unparteiischer und zynischer Beobachter verriet Domitius mir alles, was er darüber erfuhr. Viel war es nicht. Doch durch ihn hörte ich, daß Gaius sich, wie ich es erwartet hatte, am Hof perfekt verhielt, daß er allmorgendlich die Laune seines Großvaters auskundschaftete und sich entsprechend benahm und je nachdem sein Verhalten anpaßte. Das erinnerte mich an sein Verhalten bei der alten Antonia! Ich erfuhr auch, daß Tiberius darauf keineswegs hereinfiel, daß er die Verstellungskunst, die er selber im höchsten Maße betrieb, in Gaius durchschaute. Er erwähnte es eines Tages in Gegenwart eines Dieners offen, daß er mit Gaius »eine Schlange ernähre, die das römische Volk verschlingen werde«.

Domitius vernachlässigte mich mehr und mehr. Er gab vor, stark beansprucht zu sein, durch die Aufgabe, die ihm der Kaiser stellte, die aber genausogut ein Freigelassener hätte erledigen können, und durch die Ehren, die der Kaiser ihm schenkte – die lächerlich waren. Doch Domitius war auf diese Funktionen äußerst stolz, wofür ich ihn noch mehr verachtete. Was ging mich das an, daß er mit den Ehemännern meiner Schwestern der Kommission angehörte, die die von einem Brand verwüsteten Viertel der Stadt restaurieren sollte? Ich hätte es mehr geschätzt, wenn er Thermen auf der Via Sacra gebaut hätte. Dann würde seine Rolle wenigstens in einer Schrift bezeugt, die seinen Namen an die Nachwelt weitergäbe, und sein Konsulat würde nicht völlig unbemerkt vorbeigehen. Aber das Wegschaffen von Trümmern, der Neubau einiger Häuser, die Aufteilung der Entschädigung unter den Besitzern – nichts von all dem schien mir rühmenswert. Ich hatte wahrscheinlich unrecht, aber ich hatte andere Absichten. Mußte man für so mittelmäßige Aufgaben die Nachfahren der berühmtesten Römer von ehemals ernennen? Ein Domitius errang seinerzeit Siege auf dem Schlachtfeld, annektierte Provinzen, befriedete barbarische Völker. Heutzutage diskutierte er mit Bauunternehmern, überprüfte er Kostenvoranschläge und Rechnungen. Er war von jeder wirklichen Machtausübung weit entfernt.

Ich hatte gegen Domitius auch andere, weniger ungerechte, aber viel persönlichere Beschwerden. Eines Tages erfuhr ich, daß er in einen Prozeß verwickelt war, den man im Namen des Kaisers einer bestimmten Albucilla machte, der Frau eines verschrienen Bürgers, eines früheren Agenten des Seianus. Albucilla war für die Leichtfertigkeit berühmt, mit der sie Liebhaber empfing. Das wäre bedeutungslos gewesen, wenn der Prätorianerpräfekt, der auf Seianus folgte, nicht vorgehabt hätte, den Ehemann dieser Frau empfindlich zu treffen. Laut einem alten Gesetz machte sich ein Ehemann, der seine untreue Frau nicht bestrafte, der Komplizität schuldig. Selbstverständlich war dies Gesetz schon lange nicht mehr angewandt worden. Naevius Macro ließ es wieder in Kraft treten, was noch lachhafter war, weil er selber ja die

Amouren seiner eigenen Frau mit Gaius förderte. Wie dem auch sei, ein Prozeß gegen Ehebruch verlangt, daß man die Komplizen der Frau nennt. Zu ihnen gehörte auch Domitius. War er wirklich Albucillas Liebhaber gewesen? Ein stichhaltiger Beweis gegen ihn wurde nicht geliefert, aber die Sache war durchaus wahrscheinlich. Ich wußte, daß er sich überaus gern auf Abenteuer mit Frauen einließ, also gab es für mich persönlich gar keinen Zweifel. Ich war davon sowieso nicht betroffen. Was mich allerdings betraf, war eine andere Anklage, die während dieses Prozesses zur Sprache kam. Wenn man den Anklägern glauben durfte, hat Domitius mit seiner Schwester Lepida inzestuöse Beziehungen gepflegt. Sofern die Sache stimmte, konnte es nur eine alte Geschichte sein, denn jetzt lebte Lepida brav mit ihrem zweiten Mann zusammen. Aber diese Beschuldigung erinnerte mich allzusehr an den Vorfall zwischen Gaius und Drusilla, um sie leichten Herzens hinzunehmen. Ich nahm wohl an, daß der Inzest in unserer Familie, die königlichem Geschlecht angehörte, erlaubt war. Ich hatte nicht vergessen, was ich in Ägypten zur Zeit meines Vaters gesehen und was mich Chaeremon gelehrt hatte. Der Inzest von Domitius und Lepida war jedoch illegal! Wenigstens wollte ich es mir einreden, denn immerhin war Domitius durch seine Mutter ein Enkelsohn von Antonius, wie Germanicus es auch gewesen war. Aber er wurde nicht, wie mein Vater, durch Adoption in die Familie des Princeps aufgenommen. Das machte den Unterschied zwischen uns aus.

Hinsichtlich der Bedeutung meiner Familie gab es von den Göttern gesandte sichere Indizien. Im Sommer waren zwei Katastrophen über die Stadt gekommen. Der Tiber war während einiger Wochen so stark über die Ufer getreten, daß man sich in Rom nur mit einem Boot fortbewegen konnte. Es wußten alle, daß die Götter auf diese Weise ihren Zorn gegen den regierenden Princeps offenbarten und eine neue Herrschaft ankündigten. Dann kam ein Brand, sicherlich mit der gleichen Bedeutung. Lehren die Philosophen uns nicht, daß das Ende einer Periode des Universums von einer unermeßlichen Feuersbrunst gekennzeichnet ist? Ich bin überzeugt, daß Rom den Göttern so wichtig ist, daß sie für Rom allein Vorzeichen schicken, die denen ähnlich sind, die die ganze Welt betreffen. Wir erhielten außerdem Nachricht von einem weiteren Vorzeichen. Es kam aus Ägypten, wo der Vogel Phönix erschienen war. Wenn die Überschwemmung und der Brand Zeichen dafür waren, daß ein Zyklus zu Ende ging, so deutete das Erscheinen des Vogels auf eine Wiederauferstehung. Daß ich das wußte, verdankte ich einmal mehr Chaeremon. Allerdings war mein Wissen auf diesem Gebiet nicht sehr ausgeprägt. Chaeremon hatte damals nur gesagt, daß dieser Vogel ein göttliches Wesen war, das weit länger lebte als ein Mensch. Es hieß auch, daß er von der Sonne, dem großen Gott der Ägypter, abstammte und daß er, wenn er den Zeitpunkt seines Sterbens nahen fühlte, nach Äthiopien flog, um dort für sich einen Scheiterhaufen mit Weihrauch zusammenzutragen. Dieser Scheiterhaufen wurde von der Sonne angezündet, und der Vogel verbrannte. Aus der Asche sprang ein neuer junger starker Vogel mit einem purpurn und golden funkelnden Gefieder hervor und flog davon, um ein neues Leben zu beginnen. Ich war überzeugt, daß ein gleiches in Rom geschehen würde, daß der alte Princeps sterben und plötzlich ein junger König erscheinen würde. Und ich betete zu den Göttern, daß es Gaius wurde.

In diesem Augenblick verbreitete sich die Nachricht vom Tode des Thrasyllus. Die Sterne hatten ihm mitgeteilt, daß er vor Tiberius sterben sollte. Er hatte das dem Kaiser mitgeteilt, aber noch hinzugefügt, daß der Kaiser erst zehn Jahre nach ihm sterben würde. Doch das war ihm keineswegs durch die Konstellation der Planeten offenbart worden, er hatte es erfunden, um dem Princeps schönzutun und gleichzeitig dafür zu sorgen, daß Tiberius sich nicht selbst das Leben nahm. Denn so war Thrasyllus' Tod ein Todesbote für Tiberius. Je später Thrasyllus sterben würde, desto länger würde also auch das Leben des Tiberius dauern! Ich hatte, als Domitius mich über die Wahrsagung des Astrologen informierte, solche List sofort vermutet. Ich glaubte tatsächlich, daß das Schicksal der beiden miteinander verknüpft war und daß Tiberius Thrasyllus nicht lange überleben würde. Und so kam es auch. Ein Tag nach den Iden des März wurde die Nachricht in der Stadt verkündet: der Kaiser war gestorben. Einzelheiten wurden nicht genannt. Den offiziellen Brief an den Senat hatte Naevius Macro verfaßt. Ich schrieb an Gaius, um zu erfahren, was wirklich geschehen war. Er antwortete mit einem äußerst kurzen Schreiben, in dem er mich bat, mir keine Sorgen zu machen, es wäre alles in Ordnung, und er bereite seine Rückkehr in die Stadt vor. Nicht ein einziges Wort über Tiberius' Tod! Es ist mir auch nie gelungen, ihm über das Thema mehr zu entlocken, was mich immer nachdenklich stimmte. Welches der vielen kursierenden Gerüchte war nun wahr? Daß Tiberius ermordet worden war? Darüber waren sich fast alle einig. Doch hinsichtlich der Mordart und des Täters gingen die Meinungen auseinander. War das hartnäckige Schweigen von Gaius so zu deuten, daß er der Täter war, daß er seinen Großvater mit eigener Hand ermordet hatte? Gewißheit sollte ich in diesem Punkte nie erlangen. Ich möchte es auch heute noch gern bezweifeln, daß er zu dieser Bluttat fähig gewesen wäre. Ich erinnere mich an unser Gespräch wenige Tage nach Tiberius' Tod, als er Gemellus ermorden ließ. Er beharrte darauf, daß es sich da um einen Selbstmord handelte, daß niemand Grund gehabt hätte, die Hand gegen seinen Adoptivbruder zu erheben, und daß Gemellus sich selbst das Schwert in den Leib gestoßen hätte. Was, wie sich herausstellte, nicht ohne Schwierigkeiten abgelaufen war, weil Gemellus unfähig war, sich selbst zu erdolden. Er hatte sich mit zitternder Hand nur verletzt. Man mußte ihm den Gnadenstoß geben. Aus diesen Gründen glaube ich, daß Gaius seinen Großvater nicht selber getötet hat, selbst wenn er jemand anderen damit beauftragt hatte, da er mit einem Vatermord nicht den Zorn der Götter auf sich lenken wollte. Doch habe ich mich oft gefragt, ob die Götter darauf wirklich hereingefallen sind. Ob nicht die Krankheit, die ihn später befiel, ihren Ursprung in der Verwünschung hatte, die der Mord eines Verwandten unvermeidlich nach sich zieht. In anderen Zeiten wäre Gaius in einen Sack genäht und in den Fluß geworfen worden. Statt dessen wurde er zum Kaiser ausgerufen.

Als Tiberius' Tod bekannt wurde, kam Domitius sofort zu mir und sagte: »Ich bin von meinem Versprechen befreit. Tiberius kann mir nicht mehr verbieten, dich zu lieben!« In Wirklichkeit war seit langem keine Rede mehr von Liebe bei uns. Als ich mir jedoch bewußt wurde, daß mein sehnlichster Wunsch nun endlich in Erfüllung gehen könnte, empfand ich sogar fast Liebe für ihn. Meine Bestimmung als Frau sollte sich verwirklichen! Es würde mit diesem Mann geschehen, für den ich allerdings sehr widersprüchliche Gefühle hegte: Groll, weil er nicht nach Höherem strebte, und Verachtung, weil er es nicht zu verhindern gewußt hatte, daß ganz Rom über seine Liebesabenteuer und -mißgeschicke spottete. War also auch ich, wie so viele andere Frauen, eine verschmähte

Gattin? Doch ich war schön und würdig, meine Leidenschaften auszuleben. Domitius war schließlich nicht der einzige Mann, es lag nur an mir, die Lust anderer zu wecken.

Mit solchen Gedanken suchte ich an diesem Abend Domitius auf. Doch ich vergaß Domitius, den untreuen Gatten, den zynischen, brutalen Mann, denn ich fühlte nur noch seine Kraft, die mich beherrschte, mich mitriß und aus mir eben das machte, was ich schließlich schon seit zehn Jahren sein wollte: seine Gattin. Und er fand seinerseits für mich wieder Zärtlichkeiten und eine Erregung, die mich an unsere ersten gemeinsamen Nächte erinnerten. Während dieser wenigen Stunden hatte ich den Eindruck, wir könnten noch einmal von vorne beginnen. Als ich nach Anbruch des Tages in meine vertraute Umgebung und ins helle Frühlingslicht zurückfand, wurde mir klar, daß sich gar nichts geändert hatte, außer möglicherweise etwas in mir, sofern ich in dieser Nacht tatsächlich fruchtbar gewesen war. War es mit meinen einundzwanzig Jahren vielleicht schon zu spät?

Während der nächsten Monate quälte mich eine innere Unruhe: Dann eines Morgens fühlte ich in mir eine seltsame Bewegung, die ich nicht kontrollieren konnte. In meinem Bauch bewegte sich etwas. Da legte sich meine Angst auf einmal. Nun stand fest, daß ich Mutter werden würde. Domitius hatte erfüllt, was die Natur von ihm verlangte. Er durfte aus meinem Leben verschwinden.

Ich verbrachte die ganze Zeit meiner Schwangerschaft mal in Rom, mal in unserer Villa in Antium, wo die Frische des Meeres mir sehr über einen Sommer half, der glühend heiß wurde und bei meinem Zustand sonst kaum zu ertragen gewesen wäre. Als der Herbst kam, hatte ich nicht mehr den Mut, nach Rom zurückzukehren. Mein Sohn wurde am sechzehnten Tag vor den Kalenden des Januar in Antium geboren.

Seine Geburt war sehr schmerzhaft. Wie sein Urgroßvater Agrippa, der, wie man weiß, seinen Namen dieser Lage verdankt, die für die Mutter äußerst schmerzhaft und für das Kind ein böses Omen ist, präsentierte sich der künftige Herr der Welt zuerst mit den Füßen!

Die Wehen dauerten lange und ließen die ganze Nacht über nicht nach. Ich litt arge Schmerzen. Bei der Geburt half mir unser Arzt Xenophon. Wir befanden uns im oberen Zimmer des Eckturms der Villa. Genau in dem Moment, als Xenophon das Kind aus meinem Bauch hervorholte und in seine Hände nahm, fiel der erste Sonnenstrahl auf meinen Sohn. Welche Bedeutung hatte dieses Omen – denn ich zweifelte nicht, daß die Götter uns damit ein wenig von der Zukunft enthüllen wollten, die das Kind erwartete. Ich erinnerte mich dann an Worte Chaeremons während der Reise im Süden des Landes, als er mir die Bilder gezeigt hatte, die in die Wände eines Tempels gehauen waren. Man sah dort den König, der ebenfalls den ersten Sonnenstrahl empfing, was die Bedeutung hatte, daß an bestimmten Daten der König die Kraft wiederfinden soll, die er von seinem Vater, dem Sonnengott, empfangen hatte. So war also mein Sohn im ersten Augenblick seines Lebens zum Herrschen bestimmt worden. Um jedoch völlig sicher zu sein, fragte ich Balbillus, wie er darüber dachte. Balbillus war in der Kunst des Sterndeutens so erfahren, wie es sein Vater Thrasyllus gewesen war; auch war er, wie Chaeremon, in der Religion der Ägypter bewandert. Er weilte damals bei mir in Antium, und ich vermute stark, daß es ihn besonders reizte, als einer der ersten das Horoskop des neugeborenen Kindes zu erstellen.

Bevor Balbillus mir also eine Antwort gab, beobachtete er in der folgenden Nacht lange den Himmel. Anschließend dachte er nach und zeichnete dann mit einem Stab Figuren in den Sand. Schließlich teilte er mir mit, daß mein Sohn gewiß König würde, dafür aber seine Mutter umbringen würde! Das Orakel quält mich seither ständig. Wie schon erwähnt, habe ich Balbillus damals spontan geantwortet: »Möge er mich töten, wenn er nur herrschen wird!« Damals dachte ich wirklich so. Ich sah nur den ersten Teil dieser Weissagung, und kein Opfer, selbst das meines Lebens nicht, schien mir ein zu hoher Preis, meinen Sohn als Kaiser zu sehen. Heute würde ich vielleicht nicht anders wählen, wenn es für mich überhaupt noch eine Wahl gäbe. Meine Liebe für Nero hat darunter gewiß nie gelitten. Aber war ich nicht das Opfer einer Sinnestäuschung gewesen, als ich in meinen Tod einwilligte, um ihm Macht zu sichern, die er anscheinend nicht richtig nützt, gegen mich kehrt und am Ende vielleicht sogar zu seinem eigenen Ruin mißbraucht? Ich kann die Äußerung von damals nicht mehr rückgängig machen. Ich bin durch mein damaliges Gelübde gefangen. Ich habe in einem plötzlichen Impuls mein Schicksal selber besiegelt. Aber war ich denn frei, anders zu handeln? Das frage ich mich immer wieder.

Domitius war in der Stadt geblieben, wo die Saturnalien bald beginnen sollten. Auf die Nachricht, daß er Vater eines Sohnes geworden wäre, antwortete er dem Boten nur: »Es ist unmöglich, daß ich und diese Frau etwas Gutes zur Welt bringen.« Diese Worte waren gewiß kein gutes Omen. Vielleicht weil sie das Schicksal verkündeten, oder weil sie die tiefsten Gefühle dieses feindselig gewordenen Gatten ausdrückten und des Vaters, der auf diese Weise seinen Sohn verleugnete. Ich konnte noch nicht an die Niedertracht dieses Kindes glauben, das von mir geboren war, aber Domitius' Zynismus verbitterte mich.

Würde also ein Sohn, den ich – und dessen war ich mir

völlig sicher – an die Macht bringen und somit für das Schicksal von unzähligen Sterblichen verantwortlich machen würde, als erwachsener Mann unbedingt ein Monster sein müssen? Was berechtigte Domitius zu solcher Deutung? Seine Selbstkenntnis? Das Wissen um die bösen Kräfte in sich? Aber es ist doch allgemein bekannt, daß die Untugenden eines Vaters nicht an die Kinder vererbt werden müssen. Und selbst angenommen, daß einige üble Charakterzüge von Domitius, etwa seine Gewalttätigkeit und seine Raffgier, in seinem Sohn wiederkehrten – könnten diese Kräfte nicht durch eine aufmerksame Erziehung umgelenkt werden? Dafür wollte ich sorgen. Ich hatte die Absicht, eine achtsame Mutter zu sein!

War ich denn selber ein Monster? Welche Vorwürfe konnte mir Domitius machen? Was sah Domitius denn an Abscheulichem in mir? Waren es die schon erwähnten Punkte – meine angebliche Gefühllosigkeit gegenüber dem Unglück meiner Angehörigen oder meine Liebe zum Geld (der seine eigene in nichts nachstand)? Vielleicht dachte er dabei jedoch an die Kraft, die in mir lebte, die er nie würde brechen können. Meinen »Hochmut«, wie er das manchmal nannte, meine Entschlossenheit, für meine Familie den Rang zurückzugewinnen, den sie durch den Tod meines Vaters und später durch die Feindseligkeit des Tiberius verloren hatte? War es monströs, alles daranzusetzen, das Zerstörte wieder aufzubauen?

Ich wünschte mir die Macht nicht wegen der Vergnügungen oder der Vorteile, die sie mit sich bringt; oder etwa wegen der insgeheimen Befriedigung, sich allen anderen Menschen überlegen zu fühlen. Gewiß, es wäre nicht unangenehm, denken zu können, daß die Gesetze für mich keine Geltung hätten. Aber mir ging es vor allem um eines. Ich empfand es als gerecht, daß wir, die Erben des göttlichen Augustus, die Überlebenden des alten Juliergeschlechts, den gesellschaftlichen Status wiedererlangen, den uns die Gottheit zugedacht hatte. Das war für Rom, für das Wohl dieser Stadt wie des ganzen Reiches von großer Bedeutung. Wollte man denn von neuem das Unglück erleben, das vor dem Kommen des Augustus herrschte? War es vorstellbar, daß die Streitigkeiten und Intrigen unter den Führern des Reiches zurückkehrten, die damals die Bürgerkriege verursacht hatten?

Domitius' Kommentar zu Neros Geburt, der mich so tief verletzte, lag der Tod Tiberius' schon neun Monate zurück, und mein Leben war seither durch viele Ereignisse völlig verändert. Tiberius war nicht auf Capri gestorben, sondern auf dem Festland in Campanien, in der kaiserlichen Villa in Misenum, die ihm sehr lieb gewesen war. Auf die Todesnachricht reisten Domitius und ich sofort hin, denn als enge Verwandte des Verstorbenen waren wir dazu verpflichtet. Dort trafen wir Gaius, der seine Trauer perfekt spielte, auch wenn er eine gewisse Freude nicht verheimlichen konnte. Im Grunde war allerdings jedermann froh – nicht nur das Gefolge des Princeps in Misenum, sondern auch Rom und ganz Italien. Im übrigen war man überall glücklich über das Ende der Tyrannei und wollte glaubten, daß die Denunzianten, auf die Tiberius so gern gehört hatte, nun keine Prozesse mehr anstiften könnten, die stets mit der Hinrichtung von Menschen höchsten Ranges und höchster Wertschätzung geendet hatten. Aber jede allzulang währende Herrscherzeit läßt vor allem Ermüdung aufkommen. Die Sonne muß untergehen, damit ein neuer Tag anbricht. Und diese aufgehende Sonne war Gaius! Das wußte er auch. Und so wurde er nun allgemein angesprochen. Vor der Villa in Misenum hatte sich eine große

Menschenmenge versammelt, die verlangte, daß er sich zeigte. Gleichzeitig verfluchte sie Tiberius. Ich habe sogar gehört, wie Menschen schreiend verlangten, daß seine Leiche nicht zur Gewährung der üblichen Ehren nach Rom gebracht, sondern im Theater von Atella verbrannt werden sollte, wo man herkömmliche Farcen spielt, an denen sich die Einheimischen ergötzen. Der Kaiser, den sie vor Stunden noch gefürchtet hatten, war für sie nur noch ein Hofnarr, der ausgespielt hatte und den man schnellstens loswerden sollte.

Solch eine Entehrung von Tiberius wollte Gaius nicht. Wir machten uns im Zug hinter dem Sarg unseres Ahnen auf den Weg nach Rom. Es war eine lange Reise. Vorweg marschierten bewaffnete Soldaten. Auf dem Lande, in Städten und Dörfern drängten sich die Menschen schweigend am Straßenrand, bis der Zug vorbeikam und Gaius erschien. Dann erhob sich sofort ein Freudengeschrei. Der Trauerzug wurde zum Triumphzug. Die Leute streckten dem jungen Helden die Arme entgegen. Die Bauern schenkten ein Lamm oder ein neugeborenes Zicklein, wie wenn er eine Frühlingsgottheit wäre. Sie schwenkten brennende Fackeln ähnlich denen, die in den Mysterien die Ankunft der heilenden Göttinnen verkünden. Die Frauen riefen Gaius mit den zärtlichsten Namen, nannten ihn »mein Stern«, »mein Kleines«, »mein Kind« und streckten die Arme nach ihm aus.

Gaius blieb unbewegt. Man hätte meinen können, er sei eine Gottheit geworden und was man vor sich sähe, sei bloß ihr Abbild. Die Begeisterung des Volkes folgte uns bis nach Rom. Dort kamen bei seinem Einzug vom niedrigsten Bürger bis zu den Senatoren alle zu seiner Begrüßung auf die Straße.

Ich kehrte in mein Haus zurück, das Domitius längst verlassen hatte, und wartete auf die ersten Anzeichen kommender Mutterschaft. Und ich wartete auch auf erfolgversprechende Ideen, wie ich Gaius beeinflussen könnte, die Macht auf wirksamste Weise und nach meinen Vorstellungen auszuüben. Seine ersten Regierungsmaßnahmen fielen auch so aus, wie ich es mir wünschte. Sein Nachruf auf Tiberius war auf dem Niveau wie seine Totenrede für die alte Livia. Als er auf Tiberius' Tugenden zu sprechen kam, log er auf akzeptable Weise. Seine Rede hatte in Wirklichkeit den Zweck, uns alle zu erinnern, daß er selbst der einzig wahre Erbe von Augustus und Germanicus war. Germanicus war allen unvergessen. Sein Name genügte, um die Bürger positiv zu stimmen. Er beschwor eine neue Zeit der Freiheit – ein Wort, das ja so viele Illusionen in sich birgt. Ich habe schon gesagt, daß Gaius, trotzdem er die Literatur verachtete, ein recht geschickter Redner war. Für ihn war Beredsamkeit nicht bloß ein Mittel, seine Ambitionen zu erreichen, sondern fähig sein zu überzeugen, zu empfehlen, seine Wahrheit zu unterstützen, war für ihn die Kunst. Auf diese betrügerische Beredsamkeit verstand sich keiner besser als er. Sie nützte ihm oft mehr als die Schwerter seiner Prätorianer.

Gaius wurde vom Volk wie vom Senat aufgenommen wie das lang verlorene Kind, das heimgekehrt ist. Er wollte sich großzügig, gütig, nicht nachtragend und vor allem als treuer Sproß seiner Familie zeigen. Nach seiner Leichenrede auf Tiberius reiste er sofort ab zu den Inseln, wo seine Mutter und sein Bruder Nero – sie waren auch *meine* Mutter und *mein* Bruder – gestorben waren. Ich kann mich noch genau erinnern. Es war März und das Wetter entsetzlich. Ein Sturm und Gewitter folgte dem andern. Er machte sich trotzdem auf die Reise nach Pandateria und Pontia. Sein Aufbruch von Rom war ein wahres Theater. Die Menge flehte ihn an, daß er sich nicht unnötig in Gefahr bringen solle, doch er antwortete von seinem Wagen aus, es sei seine Pflicht, seine Mutter und seinen Bruder nicht länger in der Verbannung zu lassen: lieber würde er den Tod riskieren als ihre Heimkehr zu verzögern. Die Senatoren richteten feierliche Bittgebete an die Götter, ihn auf seiner Reise zu beschützen. Ich hatte mich zum Abschied zum Caprena-Tor begeben, um ihn von dort aus zu beobachten. Er bemerkte mich, vergaß einen Augenblick lang sein feierliches Gehabe und blinzelte mir mit einem flüchtigen Lächeln zu. Dann nahm er sein Spiel wieder auf. Denn das Ganze war – wie er mir gerade zu verstehen gegeben hatte – für ihn nur eine Komödie, die Pantomime der Macht. Und das Volk von Misenum hatte *Tiberius* im Theater von Atella verbrennen wollen! Nicht er, sondern Gaius war in Wirklichkeit der Hofnarr. Er wollte die Inkarnation von Frömmigkeit und Pietät spielen. Der letzte Akt dieses Stücks fand an dem Tag statt, als er mit der Asche von Mutter und Bruder von den Inseln zurückkehrte und an der Spitze eines Sondertrupps in die Stadt einzog, während – teilweise höchst prominente – Feldherren Roms auf einer Tragbahre die Urnen trugen.

Auch wir anderen Mitglieder seiner Familie bekamen von ihm Auszeichnungen, die in der Herrschaftszeit des Tiberius undenkbar gewesen wären. Jeder bekam sein Teil. Antonia wurde in gleicher Weise wie Livia geehrt. Was uns, seine Schwestern, betraf, so wurden unsere Namen der Formel des Eides hinzugefügt, den die Richter schwören mußten. Wir waren zu offiziellen Persönlichkeiten geworden, unser Schicksal war nun mit dem des Staates verbunden! Ich hätte mich freuen sollen. Doch ich wußte, daß in Wahrheit alles bloß Theater war, ein Spiel nach dem Geschmack von Gaius. Ein spannendes Spiel, dessen Schauspieler nicht nur die Senatoren und die Bürger Roms waren, sondern auch die ganze Welt! Aber ich kannte Gaius zu gut. Ich fürchtete den Augenblick, wenn er dieses Theaters überdrüssig würde. Was würde er sich als nächstes ausdenken? Er täuschte vor, alle Mitglieder seiner Familie rücksichtsvoll zu behandeln, auch hatte er Onkel Claudius aus seiner Bedeutungslosigkeit geholt, um ihn zu seinem Kollegen im Konsulat zu machen. Im Privatleben aber verspottete er ihn, da spielte er ihm mehr oder weniger komische Streiche. Claudius war sehr zerstreut. Wenn wir von Gaius im Palatinus zum Abendessen eingeladen waren, kam er manchmal zu spät. Alle waren schon an ihrem Platz, und so gab es für ihn keinen mehr. Gaius tat, als ob er gar nichts bemerkte. Dann trabte der arme Claudius durch den Saal, ging von Tisch zu Tisch und von Liege zu Liege, bis jemand bereit war, ihm Platz zu machen. Wenn Claudius sich dann, wie üblich, maßlos vollgestopft hatte, übermannte ihn der Schlaf. Er schlief einfach ein und schnarchte. Gaius machte sich einen Spaß draus, mit Datteln oder Olivensteinen nach ihm zu werfen. Claudius versuchte im Schlaf, sich gegen die Geschosse zu wehren. Er bewegte die Hände, wie wenn er Fliegen verscheuchen wollte, schlief aber trotzdem weiter. Erst nach langem Wachrütteln kam er wieder zu sich. Das gab Gaius die Idee zu einem grausamen Scherz. Als Claudius eines Tages wieder bei Tisch eingeschlafen war, ließ Gaius ihm eine Sandale an jede Hand binden und ihn dann aus dem Schlaf schrecken, worauf Claudius sich auf übliche Weise heftig die Augen zu reiben begann. Doch die Sohlen auf bloßer Haut taten so weh, daß er schrie. Alle haben selbstverständlich über den Schabernack gelacht. Nur ich nicht. Meine Sympathie und meine Liebe für meinen Onkel hatten sich seit unserer gemeinsamen Reise in Etrurien nicht geändert, und es tat mir aufrichtig leid, daß er das Opfer der Bubenstreiche von Gaius wurde.

Gaius schien einfach nicht erwachsen zu werden. Er war

schon vierundzwanzig Jahre alt und spielte immer noch Streiche wie ein Bursche! Ich wußte schon, daß seine Popularität, die ständig wuchs, zum großen Teil auf seiner Jugend beruhte, die einen Gegensatz zu Tiberius' Alter bildete. Aber es kann nicht gut sein, wenn die Reife besonders beim Herrscher der Welt zu lange auf sich warten läßt. Es gibt ewig junge Götter und andere, die altern können. Könnte Gaius so sein wie sie? Manchmal zweifelte ich daran.

Seit dem Tod von Junia Claudilla hatte Gaius keine Gattin. Ich hielt ihm vor, daß er so bald wie möglich wieder heiraten sollte, daß die Gesetze den Bürgern die Ehe vorschreiben, und daß er, der erste von allen, ein Beispiel geben sollte. Er antwortete mir, daß er zur Zeit »seine kleine Drusilla« hätte und daß sie ihm genügte. Daß er aber bald eine Gattin finden würde. Auf diese Weise erfuhr ich, daß seine Affären mit seiner Schwester nicht aufgehört hatten. Das war keine Überraschung, denn ihre Intimität war vielen bekannt. Ich habe schon gesagt, was ich über solche Inzeste dachte, die mich nicht schockierten, aber unsere Bürger sahen das anders. Sie hielten solche Beziehungen für den Gipfel der Abscheulichkeit, eine von den Göttern geschickte »Warnung«, um eine Katastrophe anzukündigen. Gelegentlich hatte der Senat Prozesse gegen den einen oder anderen angestrengt, den man eines Inzestes dieser Art beschuldigte. Würde Gaius diesem Allgemeinurteil entkommen?

Es war Ende Sommer, und meine Schwangerschaft war schon deutlich zu sehen. Wie gesagt, verbrachte ich den größten Teil meiner Zeit in der Villa in Antium, so daß ich bei der seltsamen Szene nicht anwesend war, die während der Hochzeit von Livia Orestilla und Piso stattfand. Gaius war zu diesem Fest eingeladen worden. Inmitten des Festessens schrie er plötzlich Piso an, der mit seiner neuen Braut auf der

Liege gegenüber lag: »Drück dich nicht so fest an sie! Weißt du nicht, daß sie meine Braut ist?« Er ließ sie wegbringen, während er unter allgemeinem Tumult den Tisch verließ. Am nächsten Tag veröffentlichte er eine Bekanntmachung, daß er »sich genötigt sah, dem Kaiser eine Braut zu geben, er war dem Beispiel von den Ahnen und Augustus selber gefolgt, der Livia ihrem Mann entführt hatte«.

Gaius hatte offensichtlich gehandelt, ohne zu denken. Ich kannte Orestilla. Sie war eine ziemlich durchschnittliche Frau und hatte, wie ich schon feststellen konnte, ein Spatzengehirn. Sie zog sich ziemlich schlecht an und schmückte sich nicht besser. Mal schwieg sie, mal schwatzte sie vor sich hin. Das einzige, was sie hatte, war der Adel ihrer Familie, aber dieses Verdienstes, das nicht wirklich ihres war, spiegelte sich nicht in ihrem Aussehen oder in ihrem Benehmen wider. Wie konnte mein Bruder sich so plötzlich in sie verlieben? Es gab nur eine Erklärung. Er hatte auf einmal entschieden, den Gott Augustus zu imitieren, und hatte sich auf die erstbeste gestürzt. Ich glaube, ich verstehe, warum er sich auf diese Art eine Gattin genommen hat: Es wurde ihm klar, daß er genau Augustus' Alter erreicht hatte, als er Livia entführt hatte! Wenn Orestilla nur die Eigenschaften – oder, wenn man so will, die Laster – von Livia gehabt hätte! Gaius' Herrschaft hätte vielleicht länger gedauert.

Ich befand mich im Oktober in Antium, als die Nachricht von Gaius' Krankheit mich erreichte. Er war sogar so krank, daß man um sein Leben fürchtete. Man wußte nicht genau, woran er litt. Pallas, ein Freigelassener von Antonia, den ich bei ihr kennengelernt hatte und der für mich eine gewisse Sympathie zu hegen schien, besuchte mich in Antium. Claudius hatte ihn geschickt, und von ihm erfuhr ich die Neuigkeit. Gaius hatte starke Fieberanfälle. Manchmal war er dem

Stumpfsinn völlig hingegeben, dann folgte eine Zeit von Erregung, während der er seltsame Reden hielt. Er sprach mit den Göttern. Er verglich sich mit Jupiter, oder er identifizierte sich sogar mit ihm. Manchmal wendete er sich an die Götter von Ägypten, an Horus, an Re, und bat sie, ihm die Kraft zu geben, zu ihnen zu kommen. Oder er glaubte, daß er sich auf dem Boot der Toten befand. Er sprach Anubis an und forderte ihn heraus. Wenn er wieder zu sich kam, erinnerte er sich an nichts, oder tat so, als ob er sich nicht erinnern könnte.

Pallas seinerseits war nicht sehr beunruhigt. Ohne daß wir uns gegenseitig unsere Vermutungen anvertraut hätten, vermuteten wir, daß dieser Wahn von Gaius nichts anderes als Theater war. Er würde erst damit aufhören, wenn er sein Ziel erreicht hätte, das heißt anscheinend, allen die Gewißheit zu geben, daß er jeden Tag in der Gesellschaft der Gottheiten lebte, daß er von ihnen beherrscht war, daß er ihr Vertrauter war. Inzwischen, sagte mir Pallas, hatten alle Angst. Die Leute drängten sich in Rom zu den Altären und den Tempeln, richteten an die Gottheiten des Heils Gebete und Opfer, daß der Princeps wieder gesund würde. Tag und Nacht war der Palatinus von einer nach Nachrichten begierigen, dichten Menge umringt. Manche äußerten außergewöhnliche Gelübde, allerdings mehr aus Liebedienerei als aus wahrer Hingabe, sagte Pallas. Selbstverständlich hofften diese Leute auf eine Belohnung, und je verrückter das Gelübde war, desto größer würde die Belohnung sein. Zumindest hofften sie das. Ein Mann hatte geschworen, daß er sich töten würde, wenn die Götter dem Princeps zugestehen würden, zu überleben. Ein anderer schwörte, Gladiator zu werden, wenn der beliebte Princeps wieder gesund würde.

Pallas berichtete all das mit Ironie. Er war darauf nicht hereingefallen. Ich spürte in ihm eine Kraft, einen Stolz, die ihn über jede Form von Servilität erhob. Dennoch war er im Haus von Antonius als Sklave geboren. Er gehörte jetzt zu Antonias Haus. Er gab jenen, die ihn gut kannten, zu verstehen, daß er einer berühmten Sippe angehöre, daß er von den alten Königen von Arkadien abstamme. Aber er sagte nie genau wie: Ich war meinerseits ziemlich skeptisch über diesen berühmten Stammbaum. Er schuldete sicherlich nicht hypothetischen Ahnen seinen Adler, sondern seiner Intelligenz, seinem Scharfblick, seinem unbeugsamen Willen, die ihm erlaubten, alle Hindernisse zu überschreiten und der Berater und der Günstling von Claudius zu werden. Für mich war er sogar noch mehr.

Nachdem Pallas mich über die Neuigkeiten im Palatinus informiert hatte, verließ er mich. Als er gegangen war, empfand ich für ihn eine Art Zuneigung, zweifellos zog er mich an. Es war kein Verlangen des Fleisches – außerdem schützte mich mein Zustand davor –, aber die Vorahnung, daß dieser Mann zu gegebenem Zeitpunkt ein Alliierter, ein guter entschlossener treuer Verbündeter für mich sein konnte.

Ich erfuhr nach einigen Tagen, daß Gaius' Krankheit sich gelegt hatte. Ich dachte meinerseits, daß er aufgehört hatte, Theater zu spielen. Angeblich war er nach dieser Krankheit wie verwandelt. Er war nicht mehr der wohlwollende Princeps, der bestrebt war, von allen geliebt zu werden. Er fing damit an, die zwei Männer, die ihr Leben angeboten hatten, um seines zu retten, zu zwingen, ihre Gelübde einzuhalten. Er zwang den, der versprochen hatte, Gladiator zu werden, auf die Arena zu treten, und stellte ihn gegen mehrere Gegner nacheinander auf. Der Mann kämpfte mutig und konnte sich schließlich retten. Das Publikum verlangte sein Heil, und Gaius traute sich nicht gegen den Wunsch der Öffentlichkeit zu entscheiden.

Dem Mann, der sich als Opfer dargeboten hatte, ging es nicht so. Gaius lieferte ihn seinen Sklaven aus, die ihn mit heiligen Kräutern krönten und von der Mauer des Esquilin stürzten. Diese Taten spiegelten jene Boshaftigkeit wider, die ich so gut kannte und die im Alter sich noch verschlimmert hat. Er schien mir weniger und weniger fähig, seinen Impulsen zu widerstehen, unfähig, die Folgen der Taten zu berücksichtigen, die er im Sinn hatte. Bevor ich nach Rom zurückkehrte, hatte er schon Orestilla verstoßen und in der Öffentlichkeit verkündet, daß sie im Bett sehr schlecht war und daß sie ihn furchtbar langweilte. Ich vermutete, daß er in Wirklichkeit immer noch in Drusilla verliebt war und daß daher keine andere Frau ihn befriedigen konnte. Vor seiner berühmten Krankheit hatte er sie an Aemilius Lepidus verheiratet, mit dem er eng befreundet war. Lepidus war etwas jünger als Gaius, und seine Schönheit rechtfertigte den erblichen Beinamen seiner Familie. Gaius und er waren sehr enge Freunde, die sich gegenseitig nichts abschlagen würden.

Am siebten Tag vor den Kalenden des Januar kehrte ich nach Rom zurück in Begleitung der Amme, die meinen Sohn in den Armen trug. Es war der Tag der Reinigung. Die Zeremonie fand in unserem Haus am Palatinus statt. Gaius wollte unbedingt daran teilnehmen. Claudius war ebenfalls anwesend. Als ich Gaius fragte, welchen Namen das Kind haben sollte, antwortete er mit einem maliziösen Lächeln, daß man es »Claudius« nennen sollte. Doch das war völlig absurd; denn Claudius war immer nur der Geschlechtsname gewesen. Deshalb lehnte ich ab und wählte dann auf Claudius' Rat den Namen Nero. »Nero« gab deutlich zu erkennen, daß der Junge zur Familie des Germanicus gehörte. Außerdem weckte der Name die Erinnerung an meinen Bruder, den Tiberius verhungern ließ, und der Name gefällt mir. Ich verstand genug von der sabinischen Sprache, um zu wissen, daß er »der Starke« und »der Schützling der Göttin Nerio« bedeutet, der Gattin des Gottes Mars, die vor allem Schutzpatronin der Jugend ist oder besser war. Nerio ist auch die Göttin der Weisheit: Sie hat, wie mein Onkel mir erklärte, für die Sabiner die gleiche Bedeutung wie Minerva bei den Etruskern und später bei den Römern. Mein Sohn würde schön und stark zugleich und auch weise sein, wie es sich für einen König geziemt.

In solchen Träumen fühlte ich mich am wohlsten.

Gaius hatte sich schon immer sehr gern verkleidet. Als Kind machte es ihm Spaß, sich mal wie ein Barbar, mal wie ein Perser, mal wie ein Ägypter zu kleiden, und in solcher Aufmachung spazierte er dann im ganzen Hause umher. Diesen Spieltrieb hatte er nie abgelegt. Ich war verblüfft, als ich ihn eines Tages in einem mit Perlen und Gold bestickten, riesigen Umhang sah, der ihn völlig verhüllte und am Gehen hinderte; man sah von ihm nur seine mit Goldbändern behangenen Arme. In den folgenden Monaten zog er sich, ich weiß nicht wie viele Kostüme an, wie ein Schauspieler, der in einem Theaterstück mehrere Rollen spielt. Lange Tuniken mit Ärmeln bis zum Handgelenk liebte er ganz besonders; vor allem, wenn sie mit Gold bestickt waren; er sah darin aus wie ein asiatischer Priester. Für seine Kostüme waren ihm Stoffe aus Wolle oder Leinen nicht genug. Er staffierte sich mit griechischen Tuniken und Mänteln aus Seide aus, die einen merkwürdigen Kontrast bildeten zu den Soldatenschuhen, die er mit Vorliebe trug. Ihm mißfielen aber auch die flachen Schuhe der Schauspieler nicht. Meistens trug er nur Sandalen, wie man sie im Gymnasium anhat.

Seinem Prestige haben solche Extravaganzen merkwürdigerweise nicht geschadet. Das Volk war auch nicht über die Grausamkeiten empört, die er immer öfter beging. Mir wurde allmählich bewußt, daß den Machthaber eine Art göttlicher Schutz, eine Aura von Täuschung umgibt, die der Menge die wahre Natur des Tyranns lange verbirgt. Gaius war dafür ein eindeutiges Beispiel. Er konnte machen, was er wollte – man liebte und bewunderte ihn; man war mit allem einverstanden, was er tat oder sagte. Er durfte den Göttern wie den Menschen ungestraft trotzen.

In diesem zweiten Jahr der Herrschaftszeit von Gaius, während des Konsulats von M. Aquila Julianus und P. Nonius Asprenas, lernte ich Annaeus Seneca kennen. Er war damals Volkstribun und hatte als solcher oft Gelegenheit, das Haus des Princeps aufzusuchen. Er war noch keine vierzig Jahre alt. Seine Karriere war allerdings durch einen langen Aufenthalt in Ägypten verzögert worden, wo er einige Jahre nach unserer Reise gelebt hatte. Er hatte dort vergeblich versucht, seine gebrechliche Gesundheit zu kräftigen. Er leidet immer noch an einer seltsamen Krankheit – an Erstikkungsanfällen, die ihm all seine Kräfte rauben –, die er auf recht zynische Weise als Vorbereitung auf den Tod bezeichnet. Obgleich ihn das warme, trockene Klima Ägypten nicht heilte, wirkte es sich dennoch günstig aus. Insgesamt hatte sein Aufenthalt einen großen Einfluß auf ihn. So wie ich, war auch er hingerissen von dem, was er dort sah. Und weil er stets nach neuem Wissen begierig war und Neugier für das ganze Universum empfand, hatte er, genau wie wir, die dortigen Wissenschaftler befragt. Er hatte seine Nachforschungen allerdings mit einer Ernsthaftigkeit und Versessenheit betrieben, die uns völlig abging. Auch hatte er Chaeremon kennengelernt, den er dann mit Freude in Rom wiederfand. Chaeremon war es auch, der ihn ins Haus auf dem Palatin brachte und ihn mir vorstellte. Ich wußte sofort, wer er war. Von ihm wurde seit kurzem viel gesprochen. Er galt als großer Redner, obgleich ältere Leute ihm einen neuen Stil und den Bruch mit der guten Tradition vorwarfen. Mit gefielen die zwei oder drei Reden, die ich von ihm gelesen hatte. Ich fand ihn witzig, und das genügte mir. Ich war froh, ihn kennenzulernen. Vielleicht habe ich damals schon geahnt, welche Rolle er in meinem Leben spielen würde.

Der glühendheiße Sommer hatte gerade begonnen. Ich empfing meine Besucher im Garten unter dem großen Velum, das entlang dem Portikus Schatten schenkte. Ich lag auf einer Liege. Seneca und Chaeremon saßen auf Hockern, ähnlich denen der Richter auf ihrem Podest. Das Ganze vermittelte einen Eindruck von Würde und Ruhe. Wir müssen ausgesehen haben wie Philosophen im Gespräch. Hinter uns blühte schon ein Oleander. Am Himmel verfolgten Schwalbenschwärme Wolken von Mücken. Manchmal flogen einige Möwen vorbei, die den Fluß bis zum Hügel heraufgezogen waren, um nach Essensresten zu suchen.

Diese friedvolle Stimmung wurde gestört, als plötzlich die Tür des kleinen Pavillons am Ende des Peristylums aufgerissen wurde. Ich wandte den Kopf und sah Neros Amme auf uns zustürzen. Sie hatte den Auftrag, während der Siesta bei dem Kind zu bleiben. Ich war furchtbar erschrocken und rannte, ohne auch nur einen Moment nachzudenken, zum Pavillon; Chaeremon und Seneca folgten. Die Amme rief: »Herein, kommt, schnell. Schaut. Hier. Oh! Es ist entsetzlich!« Ich konnte zuerst gar nichts Ungewöhnliches entdekken. Nero schlief mit geballten Fäustchen in seinem Korb im frischen Halbschatten des Raums. »Was ist denn los, Eglogea?« fragte ich. »Bist du verrückt geworden? Laß das Schreien!« Eglogea antwortete nicht. Sie zeigte nur auf eine

Art Band auf dem Kissen, das einen Kreis um den Kopf meines Sohnes bildete. Ich trat näher heran und entdeckte, daß es die vertrocknete, lederne Haut einer Schlange war, wie die man sie im Sommer auf Landstraßen finden konnte. Ich zeigte sie Chaeremon, der nach kurzem Schweigen die Augen schloß und sagte. »Ein besseres Omen könntest du dir gar nicht wünschen, Agrippina. Eine Schlange ist hergekommen, um hier ihr Alter zu verlieren und eine neue Jugend anzufangen. Es ist kein Zufall, wenn sie dazu das Bett deines Sohnes ausgesucht hat. Nero wird herrschen. Er wird auf einen alten Mann folgen. Bewahrt sorgsam etwas von dieser Haut auf. Sie ist ein Beweis für den Willen der Götter.«

Ich vertraute Eglogea die abgestreifte Haut der Schlange an und befahl ihr, sie sorgsam zu meinen Schätzen zu legen. Später habe ich einen Streif in ein Goldarmband fassen lassen, das Nero seitdem am rechten Arm trägt und nie ablegt. Ich bin heute noch davon überzeugt, daß die Schlange, die Nero an diesem Tag besucht hatte, ein »Guter Dämon« war. Diese Gottheiten kommen aus der Erde, und ihre Erscheinung ist stets glückbringend. Chaeremon bestätigte es mir auf der Stelle. Seneca sagte dazu nichts, doch ich konnte in seinen Augen lesen, daß er zögerte, dieser Deutung des Omens zu glauben oder sie völlig abzulehnen. Ich selbst war außer mir vor Freude, die ich allerdings für mich behielt; denn es war nicht angebracht, derartige Gefühle öffentlich zu zeigen. Gaius' Herrschaft hatte gerade erst begonnen. War das etwa der richtige Moment, an ihr Ende zu denken? Im übrigen fand ich alles beunruhigend, was ich von Gaius wußte und seit meiner Rückkehr nach Rom von ihm sah.

Die Opfer seiner Scherze wurden immer zahlreicher. Der Zirkus und insbesondere die Vorstellungen der Gladiatoren boten ihm Gelegenheit zu immer grausameren Späßen. Ich beobachtete von meinem Hügel aus, wie er an einem Tag die Segeltücher entfernen ließ, welche die Zuschauer der Wagenrennen im großen Zirkus vor der Sonne schützten. Die Hitze war erdrückend. Selbst im Schatten wischten sich die Leute die Stirn und fächelten sich mit allen möglichen Gegenständen Luft zu. Auf Befehl von Gaius trafen die Teilnehmer am Wettkampf nicht rechtzeitig ein, und er hatte genau diesen Moment abgewartet, um die aufgespannten Segeltücher fallen zu lassen. Es wurde bereits nach einigen Augenblicken fast unmöglich, auf den Stufen sitzen zu bleiben. Die Wagen starteten noch immer nicht! Einige Zuschauer standen auf und versuchten, den Zirkus zu verlassen. Als sie sich mit großer Mühe zu einer der Ausfahrten durchgeschlagen hatten, standen sie plötzlich vor Soldaten, die sie am Verlassen der Arena hinderten. Die Unglücklichen, die ihren Platz verlassen hatten, den sie sich teuer erobert hatten, mußten nun bei dieser gnadenlosen Hitze stehen. Viele erlitten einen Sonnenstich. Es gab Tote. Und Gaius freute sich nur und erklärte jedem, der es hören wollte, daß die Römer auch nicht mehr wären wie früher und nicht einmal mehr fähig, die Gaben der Götter zu ertragen. Aber dem würde er schon ein Ende bereiten!

Ich vermied es, sofern möglich, in der Öffentlichkeit zu erscheinen. Meist blieb ich ungestört zu Hause auf dem Palatinus, wo einige ausgewählte Freunde sich um mich sammelten. Unter ihnen auch Seneca, dessen Kultur und Geisteshaltung ich zunehmend schätzte. Domitius war fast nie da, denn er war immer nach dem einen oder anderen weiblichen Abenteuer unterwegs, verbrachte seine Tage und Nächte jedoch vor allem mit Trinken. Um sich seinen Vergnügungen hingeben zu können, wohnte er gewöhnlich in seiner Villa in Pyrgi. Im Rom sah man ihn nur selten, was ich nicht bedauerte. Seit dem erwähnten Urteil über Nero und mich war er mir verhaßt. Ich wollte mit ihm nichts mehr zu tun haben. Einmal hatte ich ihn auf dem Forum erblickt, als er auf dem Weg zu einer Sitzung des Senats war, und ich hätte ihn fast nicht erkannt, weil er sich so stark verändert hatte: dickliche Züge, ein aufgedunsenes Gesicht und ein enormer Bauch. Er war offensichtlich krank. Wie lange würde er wohl noch leben? Die Aussicht auf seinen Tod verursachte mir kein Leid, sondern eher das Gegenteil, ein Gefühl der Erlösung. Endlich würde ich frei sein. Ich würde mir einen Ehemann wählen, der mich in meinen ehrgeizigen Plänen unterstützen konnte. Natürlich wäre es mir möglich gewesen, unsere Ehe scheiden zu lassen, selbst wenn die Priester wegen ihrer besonderen Rechtsform bestimmt Schwierigkeiten machen würden. Ich wollte lieber warten. Angesichts seines Zustands würde es sowieso nicht mehr lang dauern.

Seneca amüsierte mich. Ich hatte die Philosophie und die Philosophen nie sonderlich gemocht, aber dieser schien mir anders. Er gab wenig auf lange Reden über Logik und Physik, zwei Wissenschaften, die mir seit eh und je langweilig und unsicher vorkamen. Er gab sich nicht ab mit dem Beweisen von Dingen, die ohnehin klar sind, wie etwa: »Wenn es Sonne gibt, dann deshalb, weil es Tag ist. Wenn es Tag ist, dann deshalb, weil ich alles hell sehe«, und so weiter, bis man am Ende eigentlich gar nicht mehr weiß, worum es geht. Er versuchte auch nicht zu demonstrieren, daß unsere Meinungen über die Götter nur grobe Täuschungen sind, auf die wir am besten verzichten sollten. Er glaubte, daß das Beten wirksam ist, weniger vielleicht, weil es Einfluß auf die Götter hat, sondern weil es unsere Seele und unsere Gedanken reinigt und somit bewirkt, daß unser ganzes Wesen nur ein und derselbe Wille ist.

Er verstand meine Ambitionen. Er hielt sie keineswegs für

schuldhaft. Er besaß genug gesunden Menschenverstand, um zu erkennen, daß von der göttlichen Vorsehung (an die er glaubte) nicht alles so perfekt angeordnet war, als daß die Sterblichen nicht nachhelfen könnten. Er war der Auffassung, daß das Schicksal, wie immer es auch beschaffen sein mag, nur das Ergebnis unserer Anstrengungen ist. Über unsere Seele oder, wie er sich ausdrückte, unser inneres Wesen hat es keine Macht; darüber sind allein wir die Herren. Es ist unser Tun, daß unsere Leidenschaften nicht über unseren Verstand siegen. Alles Weitere – Geld, Gesundheit, Vergnügen, Ruhm – gehört zum Äußerlichen. Laut Seneca sollte man es nicht schätzen, sondern mit Gleichgültigkeit annehmen oder verlieren.

Diesen Punkt seiner Argumentation konnte ich nicht akzeptieren. Er war nicht stichhaltig. War etwa ein Römer aus großer Familie, ein Senator oder ein Ritter, der in einer Provinz die Interessen des Princeps wahrnahm oder irgendwie dem Staate diente, dazu berechtigt, die Ordnung der öffentlichen Verhältnisse oder die korrekten Steuereingänge als unwesentlich zu betrachten? Wie könnte es ohne sie eine Armee und in Rom eine Lebensmittelversorgung geben? Wie die Sicherung der Errungenschaften unserer Vorfahren? Wie sollte der allgemeine Friede gewahrt bleiben?

Darauf antwortete er: Jemand, der mit sich selbst in Frieden lebt, vermag auch am besten der vorrangigen Pflicht des Menschen nachzukommen, der seinem wahren Wesen folgen will: sich in den Dienst der Mitmenschen zu stellen. »Auch wenn du keine Philosophin bist«, sagte er zu mir, »und ich bedauere, daß du keine werden willst, so ist dir doch der Unterschied zwischen dem Menschen und den übrigen Lebewesen bekannt. Im Gegensatz zu einer häufig geäußerten Meinung liegt dieser Unterschied keineswegs in der menschlichen Fähigkeit zum Zusammenleben, zur Gesellschaftsbildung. Das können auch die Bienen und die Ameisen. Denk nur an die Wölfe und alle wilden Tiere, die sich bereitwillig für ihre Herde opfern. In dem Punkt verhalten die Menschen sich durchaus auf vergleichbare Weise. Aber einzig die Menschen können es mit Vernunft tun und eine Folge von Handlungen mit einem bestimmten Ziel in der Zukunft planen. Eben darin sind sie Jupiter ähnlich. Glaubst du nicht auch, daß der Princeps, wer immer er ist, für die ganze Menschheit, oder mindestens für das gesamte Kaiserreich das ist, was Jupiter für alles Existierende ist? Wenn der Princeps diese oder jene Maßnahme beschließt oder mit einem Reskript auf die Bitte eines Statthalters antwortet, so wirkt er mit am Schicksal der Völker. Heißt das aber, daß die Menschen, denen dieses Schicksal auferlegt wird, aufhören zu handeln, zu leben, zu denken?«

Ich konnte die Wahrheit seiner Worte nicht leugnen. Doch das brachte mich keineswegs von meinen ehrgeizigen Plänen ab, sondern bestärkte mich nur noch in meiner Entschlossenheit. Ich gehörte mit meinem ganzen Sein zum Geschlecht der Götter. Ich war eines der Wesen, welche die Geschicke bestimmen. Selbst wenn mein eigenes unter den Göttern bereits entschieden war. Wenn es eintreten wird, muß ich es mehr oder weniger ergeben hinnehmen. Bis dahin aber mußte ich kämpfen, und ich war fest entschlossen, mir keine Anstrengung zu ersparen, vor nichts zurückzuschrecken und notfalls auch zu töten. Zählten das Leben und der Tod nach Senecas Meinung nicht zu den äußeren Gütern? Durch ihn wurde mit klar, daß die Vorteile, die die Macht bringt, nichts sind im Vergleich zu dieser quasigöttlichen, ja, wahrhaft göttlichen Allmacht, die nur ein König besitzt. Und war der Kaiser von Rom nicht noch mehr als ein König?

Auf seinen Besuchen bei uns begegnete Seneca meinen Schwestern – Drusilla, die stets in der Nähe von Gaius weilte, und Livilla, die Tiberius mit Livinius verheiratet hatte. Im Gegensatz zu Drusillas Ehemann Lepidus, dessen Beziehungen mit Gaius ich schon erwähnt habe, war Livinius ein sehr weiser Mensch, der seine Pflichten als Senator oder als Statthalter in den Provinzen, wohin er geschickt wurde, gewissenhaft zu erfüllen suchte. Gaius hatte ihn mit der Regierung von Asia beauftragt. Er verwaltete sein Amt sehr gut und zur Zufriedenheit der Provinzbewohner. Livilla, die ihn zunächst begleitet hatte, sorgte dafür, daß Gaius ihr unter einem passenden Vorwand die Rückkehr nach Rom befahl. Gaius sah es nicht gern oder, besser gesagt, er duldete es nicht, daß seine Schwestern weit von ihm entfernt lebten. Wir waren, das galt auch für mich, weniger seine Schwestern als seine Mätressen, ohne die er nicht auskommen konnte. In dieser Zeit vor der Expedition nach Germanien habe ich es gelegentlich erlebt, daß er mich zum Palatinus bestellte und für die Nacht bei sich behielt. Von uns dreien hatte er jedoch, wie bereits erwähnt, Drusilla am liebsten, die ihn täglich mehr in der Hand hatte, so daß ich selten an der Reihe war. Mir kam das nur recht. Livilla schien da weniger zurückhaltend. Es machte Gaius Spaß, uns an den Abenden mit Lepidus allein zu lassen; während er mit Drusilla schlief, lieferte er uns ihrem Mann aus, manchmal Livilla, manchmal mich, manchmal uns beide zusammen. Ich denke ohne Vergnügen an diese endlosen Nächte zurück, als wir Spielzeug dessen waren, den ich nicht mehr wie einen Bruder betrachten wollte und der mich von da an behandelte wie ein Herr seine Sklavin.

Mit der Dauer seiner Herrschaft dachte er sich immer häufiger Launen und Inszenierungen aus, in denen er Gott wurde. In seinen Wahnvorstellungen spielten fast immer die

Götter Ägyptens eine Rolle. Er kleidete und gebärdete sich wie sie. In dem Palast, den er auf dem Palatinus ausstatten ließ, weihte er einen Saal der Göttin Isis, der Königin, von der ich so oft geträumt hatte. Er ließ Kurtisanen kommen, die er mit den typischen Requisiten der Königin drapierte, bevor er mit ihnen schlief. Er hielt sich zweifellos für Osiris.

Inmitten dieser und anderer noch hinlänglich bekannter Narrheiten starb plötzlich Drusilla, nach nur drei Tagen Krankheit. Ich erinnere mich, es war Ende Juli. Gaius wachte ständig bei ihr. Sie verschied am Abend des dritten Tages. Gaius war total verzweifelt. Er sperrte sich ein und wollte niemand empfangen oder gar sehen. Er weigerte sich, ihrer Bestattung beizuwohnen, statt dessen versteckte er sich an diesem Tag würfelspielend in seiner Villa in Alba! Inkonsequent wie immer, bekundete er mal krasse Zeichen von Trauer, und dann reiste er wieder fröhlich durch Italien und Sizilien und verkündete, daß Drusilla Göttin geworden war.

Es war gewiß nicht das erste Mal, daß ein Vater oder ein Mann sich überreden wollte, daß eine verblichene Tochter oder Gattin über den Tod hinaus lebte, daß sie Göttin geworden war, und ihr Opfer darbrachte. Vielleicht hatten sie recht. Seneca, so skeptisch er hinsichtlich des Schicksals der Seele nach diesem Leben auch sein mag, schließt nicht aus, daß einige zumindest noch eine Zeitlang weiterleben und zu Dämonen werden können. Hatte Drusilla es verdient, zu solchen Seelen zu zählen? Ich habe sie bestimmt gern gehabt, aufgrund ihrer Natürlichkeit und der Sanftmut ihres Wesens (eine in unserer Familie seltene Eigenschaft, wie ich gestehen muß). Mir war auch bekannt, wie sehr sie Gaius verbunden war. Genügten diese Tugenden aber, um zur Gottheit zu werden? Ich beharrte bei meiner Meinung, daß die erste Bedingung dafür die Kraft und der Wille sind, sich selbst treu zu bleiben. Nur das kann die Seele in ihrem Wesen bewahren und die Auflösung des Körpers überwinden. Ich hatte also starke Zweifel, daß unsere Schwester dem allgemeinen Schicksal entronnen war.

Gaius hatte keinerlei Zweifel. Er wollte, daß seine liebe Drusilla wie eine Göttin verehrt wurde, als neue Isis, der er den Namen Panthea verlieh: »Die, deren Gottheit universal ist.« Und weil er Kaiser und allmächtig war, gab es genügend Leute, die ihn darin bestätigten. In diesem Konzert von Lobhudeleien trat ein Mann ganz besonders hervor. Ich war anwesend, als Livius Geminus Gaius besuchte und ihm erzählte, daß er bei einem zufälligen Morgenspaziergang auf der Via Appia mit eigenen Augen beobachtet hätte, wie Drusilla, von geflügelten Wesen getragen, in den Himmel stieg. Dieser Geminus war ein bedeutender Mann, ein Senator, der soeben dem Auftrag erhalten hatte, diese Straße in gutem Zustand zu halten und zu beaufsichtigen. Das verlieh seiner Aussage noch mehr Gewicht. Gaius hörte ihm mit großer Aufmerksamkeit zu, dankte ihm und bat ihn, die Offenbarung im Senat öffentlich zu machen. Das tat Geminus auch, unter Eid, und rief die schlimmsten Verfluchungen auf sich herab, wenn er gelogen hätte. Die Patres applaudierten, und Geminus wurde reichlich belohnt. Er bekam eine Gratifikation von einer Million Sesterzen.

An dieser Sitzung hatte Seneca teilgenommen, der mich anschließend über die wahren Beweggründe des Senats aufklärte. Keiner hat Geminus geglaubt. Die Sache war mehr als suspekt. Die gleiche Geschichte war bereits über Romulus und später über Augustus erzählt worden – Persönlichkeiten, neben denen Drusilla eine schwache Figur abgab. Einige Senatoren hatten Geminus ironisch beglückwünscht und insgeheim die Kühnheit seines Betrugs bewundert. Andere dagegen waren empört und weigerten sich, noch mit ihm zu reden oder ihn auch nur zu begrüßen. Das störte Geminus kaum, dessen bis dahin dünne Vermögenslage dank der Leichtgläubigkeit des Princeps saniert war.

Die Erhebung Drusillas zur Gottheit tröstete Gaius in so hohem Maße, daß er sofort beschloß, sich eine neue Frau zu nehmen. Seine Wahl fiel auf Lollia Paulina, auch nur weil er gehört hatte, daß ihre Großmutter in der Zeit von Augustus eine wahre Schönheit gewesen sei. Ich weiß nicht, ob er sie bis dahin überhaupt persönlich kennengelernt hatte. Ich meinerseits kannte sie gut. Sie war die eitelste, koketteste Frau im ganzen Reich. Sie war in Perlen vernarrt. Sie trug überall Perlen und bestickte damit selbst die einfachsten Tuniken. Außerdem liebte sie Smaragde, vor allem deshalb, weil sie teurer sind als andere Steine. In solcher Aufmachung habe ich sie nach ihrer Heirat mit Gaius gesehen, nicht auf einer offiziellen Feier, sondern bei einer einfachen Verlobungsmahlzeit. Sie betonte ununterbrochen, daß ihr Schmuck vierzig Millionen Sesterzen kostete. Das erregte natürlich den Neid der übrigen anwesenden Damen. Und dann tat sie auch noch so, als ob sie glaubte, daß man ihre Behauptung anzweifelte, und bot an, die Quittungen mit der Unterschrift der Verkäufer holen zu lassen. Solchen Reichtum verdankte sie bekanntermaßen der Erbschaft ihres Großvaters Lollius, den der göttliche Augustus seinem Enkelsohn zur Neuordnung der orientalischen Provinzen als Berater mitgegeben hatte. Lollius wurde schließlich wegen seiner Machenschaften mit den dortigen Königen kritisiert, und die großen Reichtümer, die er sich dadurch verschafft hatte, wären bestimmt konfisziert worden, wenn der Kaiser ihn, wie bereits angedroht, zur Rechenschaft vor den Senat zitiert hätte. Um diesen Prozeß zu umgehen, hat Lollius sich vergiftet, damit seinem Sohn und nach ihm der Enkeltochter die Erbschaft erhalten bleiben konnte.

So war diese ziemlich dumme Lollia. War sie wirklich so schön, wie man behauptete? Ich würde sie mit einer griechischen Statue vergleichen – vollkommene Formen, leere Augen. Im übrigen reizte Gaius ja nicht ihre Schönheit, sondern der Abglanz jener Schönheit, die ihre Großmutter berühmt gemacht hatte! Lollia befand sich zu jener Zeit in Mazedonien, das ihr Mann Memmius Regulus als Regent verwaltete. Gaius schickte den beiden Befehl, sofort nach Rom zurückzukehren. Regulus wurde gezwungen, Lollia zu verstoßen – zu seinem größten Ärger, weil er nun nicht mehr über das Vermögen der Lollia verfügen konnte – und bei der Verlobung die Rolle des Vaters zu übernehmen. Ich nahm an der Feier teil. Lollia war lächerlicher denn je angezogen. Sie verhielt sich ungeheuer geziert, und man spürte, wie glücklich sie war, die höchste gesellschaftliche Stufe zu erreichen! Ich hielt mich bewußt im Schatten, schwor mir aber, daß sie den Augenblick einmal bedauern würde, in dem ich aus dem Schatten hervortreten würde!

Lang hat ihr Glück jedenfalls nicht gedauert. Gaius verstieß sie bereits nach kurzer Zeit und verbot ihr für die Zukunft sexuelle Beziehungen mit Männern. Als Grund der Verstoßung wurde Lollias Unfruchtbarkeit angegeben. Wie ich durch die Indiskretion einer Magd erfuhr, hatte Lollia jedoch keine Kinder, weil sie keine wollte. Sie war zu stolz auf die Vollkommenheit ihres Körpers, um zu riskieren, daß er durch die Geburt eines Kindes verunstaltet werden könnte. Ich freute mich im stillen bei dem Gedanken, welchen Preis sie nun für ihre unerträgliche Eitelkeit zahlen mußte. Solange Gaius Kaiser war, hatte sie nur ihre Smaragde und

Perlen, und die konnte sie auch nur von weitem bewundern lassen. Und Gaius war jung!

Ich selber war das Zölibat leid, das mir die ständigen Abwesenheiten von Domitius aufzwangen, und ebenso die Launen von Gaius. Ich war weit über zwanzig. Würde mich eines Tages jemand um meiner selbst willen lieben? Ich verliebte mich leidenschaftlich in einen jungen Sizilianer aus bescheidenen Verhältnissen, der niemand anderer war als Ofonius Tigellinus, der sich inzwischen die Freundschaft Neros erschlichen hatte. Tigellinus war von einer besonderen Schönheit, wie man sie manchmal bei den neapolitanischen Fischern bewundert, und die gewisse Männer erregt. Diese Schönheit hatte ihm sehr geholfen, in der Welt seinen Weg zu machen. Im übrigen war er absolut korrupt und gab sich jedem hin, der ihn dafür bezahlte. Er hatte sich im Haus des Vinicius eingeschmeichelt, und es hieß, daß Livilla seinem Zauber erlegen war. Sie überließ ihn mir jedoch gern, als sie erfuhr, daß er mir gefiel und daß wir uns liebten. Für mich war es nur ein Kitzel der Sinne; was ihn betrifft, so konnte ich mir nicht vorstellen, daß ihm an unserer Liebschaft etwas wichtiger war als die Zufriedenheit, die Schwester des Kaisers in seinen Armen zu halten.

Neben dieser Beziehung mit Tigellinus akzeptierte ich endlich die Verehrung des Pallas. Tigellinus befriedigte meine fleischliche Lust. Seine bescheidene Herkunft verbot mir, ihn als etwas anderes als das Werkzeug meines Vergnügens zu betrachten. Mit Pallas lagen die Dinge anders, von ihm durfte ich mir andere Dienste erwarten. Wie schon einmal angedeutet, lebte er seit dem Tod von Antonia im Kreise von Claudius, der ihn sehr schätzte. Er wußte über alles Bescheid, was sich in der Stadt tat. Er war vorsichtig und diskret und gab mir respektvoll und mit Zurückhaltung seine Verehrung zu verstehen. Da ich ihn nicht zurückwies, wurde er mein Liebhaber. Ich hielt eine Liebesbeziehung für die sicherste Garantie seiner Ergebenheit, und ich habe es nie bereut.

Das Leben unter Gaius, in dem das Vergnügen durchaus seinen Platz hatte, wurde bald durch den Kaiser selbst aus dem Gleichgewicht gebracht; durch seine schwankenden Launen und seinen Wunsch, sich den Göttern gleichzumachen. Zuerst ließ er eine Brücke durch die Bucht von Neapel bauen und ritt, als Sonnengott verkleidet, im Galopp über sie hinweg. Danach beschloß er plötzlich, zum Krieg gegen die Germanen aufzubrechen. Wahrscheinlich wollte er unserem Vater nacheifern. Doch zweifellos hatte er dabei auch an die Eroberung Britanniens gedacht, eine Provinz, die wir nach Caesars Vorstoß verloren hatten. Er war die Sonne, und deshalb mußte er, wie der Sonnengott, die Länder des Abends erreichen. Durchgeführt wurde von alledem nichts, denn jeder wußte, wie lächerlich Gaius sich benahm. Aber Gaius' Aufbruch nach Gallien hatte für uns, seine beiden Schwestern, tragische Folgen.

Gaius reiste an der Spitze eines seltsamen Zuges, der außer den Kohorten der Garde nichts Kriegerisches an sich hatte. Er glich eher dem Zug seines Ahnen Antonius im Dienste des Diktators Caesar. Da gab es Schauspieler, Tänzer, Gladiatoren und die Wagenführer mit ihren Gespannen, aber auch ehrlose Frauen und das gesamte Zubehör zu seinen liebsten Vergnügungen. Livilla, Lepidus und ich reisten ebenfalls mit. Gaius und sein Hof hatten so schnelle Wagen, daß die Soldaten nur mit Mühe folgen konnten und ihre Etappen sich dadurch verlängerten. Sie murrten heimlich gegen den Princeps, der jedoch keine Rücksicht auf sie nahm. Die Unzufriedenheit nahm stetig zu. Solange wir unterwegs waren, gab es trotzdem keine Unruhen. Als die Armee Moguntiacum erreichte und sich mit dem Heer unter dem Befehl des besonders geschätzten und bei seinen Männern höchst beliebten Lentulus Gaetulicus zusammenschloß, fiel mir auf, daß Gaius von niemand mehr ernst genommen wurde. Was würde geschehen? Mußten wir mit einem offenen Aufstand rechnen? Aber wer würde es wagen, die Initiative zu ergreifen? Gaetulicus hatte Lepidus mehrmals in seinem Zelt empfangen. Was hatten sie zu besprechen? Sie zogen mich nicht ins Vertrauen, aber ich befürchtete das Schlimmste.

Gaius hatte ebenfalls Verdacht geschöpft. Ich wußte trotz seiner Großtuerei, daß er Angst hatte. Die Angst war eine seiner vielen Schwächen. Sie erklärte einen Großteil seiner Grausamkeiten und seine Vorgehensweise gegen einflußreiche Persönlichkeiten. Er lag immer auf der Lauer und hatte ein Heer von Spitzeln um sich; so erfuhr er auch bald, daß Gaetulicus und Lepidus sich ohne sein Wissen zu Gesprächen trafen. Er folgerte, daß sie seine Ermordung vorbereiteten. Gaetulicus würde sich auf seine Soldaten stützen und ihn, Gaius, mit Hilfe von Lepidus in einem Moment der Schutzlosigkeit fassen. Als Gaius sich dieses Verdachts ganz sicher war, überlegte er nicht lange und kümmerte sich auch nicht um das Sammeln von Beweisen. Er ließ die beiden Männer verhaften, sobald die Prätorianer zur Sicherheit sein Quartier umstellt hatten, damit die Soldaten des Gaetulicus nicht intervenieren könnten. Es gab einen Scheinprozeß, von Gaius persönlich geführt, in dem er die Undankbarkeit der zwei Männer anprangerte, die ihm so viele Wohltaten zu verdanken hätten. Danach ließ er sie in seiner Anwesenheit von einem Zenturion der Garde erwürgen. Dann ließ er Livilla und mich holen.

Beim Betreten seines Zeltes sahen wir als erstes die Leichen von Gaetulicus und Lepidus, die vor dem Gericht des Princeps lagen. Meiner Schwester und mir wurde schlecht bei diesem Anblick. Dann brüllte uns Gaius zu:

»Schaut euch eure Komplizen gut an. Ah! Ihr wolltet mich umbringen! Ihr hättet nicht gezögert, wenn ich nicht so schlau gewesen wäre. Nur habt ihr vergessen, daß mir nichts verborgen bleibt. Ich weiß genau, was ihr euch erhofft hattet, meine machthungrigen Schwestern! Ich kenne doch eure Lebensart. Mir ist bekannt, was Lepidus euch beiden bedeutet hat. Allein deshalb verdient ihr eine strenge Bestrafung gemäß den Gesetzen des göttlichen Augustus.«

Nach dieser Rede schickte er uns wieder in unser Zelt, das von Prätorianern bewacht wurde. Während der folgenden Tage konnten wir vor Angst kaum atmen. Wir waren an der Verschwörung, die vielleicht sogar nur eingebildet war, nicht beteiligt gewesen. Uns war jedoch klar, daß unsere Unschuld kein Schutz war. Was hatten wir aber von Gaius zu befürchten?

Zwei Tage nach der Hinrichtung wurden auf Befehl von Gaius die Leichen von Gaetulicus und Lepidus in unserer Anwesenheit auf den Scheiterhaufen gelegt. Gewiß, Lepidus hatte in mir keine große Leidenschaft entfacht, und ich hatte ihm nur deshalb erlaubt mit mir zu schlafen, weil mein Bruder es mir befahl. Aber sein anziehender Körper war mir andererseits auch nie ganz gleichgültig gewesen, und ich sah ihn nun wieder vor mir in seiner Jugend, seinem Frohsinn und seinen Zynismus, wenn er mir von seinen Amouren mit Gaius erzählte. So verbrannte auf dem Scheiterhaufen ein Teil von mir. Bald blieb nur Asche, die ein Soldat sammelte und in zwei Urnen gab.

In der Nacht nach der Beisetzung hatte ich überhaupt nicht geschlafen. Als am frühen Morgen die Trompeten im Lager ertönten und ein Zenturion Livilla und mich abholte, konnten wir uns kaum bewegen. Er weigerte sich, unsere Fragen zu beantworten, und sagte nur, daß er dem Befehl des *Imperators* gehorchte, denn der Princeps riefe uns vor sein Gericht.

Gaius saß bereits, umgeben von Prätorianern, vor dem *Praetorium.* Ich hätte ihn fast nicht wiedererkannt. Das war nicht mehr der Kumpan, der gelegentliche Liebhaber, der Spätentwickler und provozierende Junge, mit dem ich aufgewachsen war, sondern ein neues, fürchterliches Individuum. Er hatte sich in den letzten Monaten schon sehr verändert, aber die Veränderungen, die die Jahre seinem Gesicht aufgedrückt hatten, waren mir noch nie so stark aufgefallen. Der Mann, den ich jetzt im schummrigen Licht des Morgengrauens vor mir sah, war nicht mehr mein Bruder. Sein Gesicht war blasser denn je, seine Augen verschwanden fast in ihren tiefen Höhlen unter der Stirn, welche durch die Glatze (er hatte sich, entgegen seiner sonstigen Gewohnheit, nicht die Mühe gemacht, sie zu kaschieren) riesig und bedrohlich wirkte. Seine Gesichtszüge waren gespannt. Mit seinen zusammengebissenen Zähnen sah er aus wie ein grimassenschneidender Dämon. Der extrem dürre Hals machte ihn vollends abstoßend. Und dennoch war es tatsächlich mein Bruder, dem ich jetzt die Stirn bieten mußte. Ich wußte, daß er einmal mehr Theater spielte, daß er eine Maske aufgesetzt hatte, um Schrecken einzuflößen. Er war nie bereit, ehrlich er selbst zu sein. Selbst unter diesen tragischen Umständen, und gerade ihretwegen, spielte er den Schauspieler. Ich fragte mich, wohin ihn das wohl noch führen würde.

Als er nach einem langen Schweigen endlich zu reden begann, wiederholte er seine früheren Beschuldigungen gegen uns, so als ob sie bewiesen wären, und schloß mit den Worten:

»Ich sollte euch beide hinrichten lassen, wie eure Komplizen. In meiner großen Güte werde ich euch aber nur zur Verbannung verurteilen. Ihr dürft die Insel Pontia nicht verlassen, wohin Wächter euch bringen werden. Ihr reist morgen ab. Du, Agrippina, mußt während der ganzen Reise die Urne in deinen Armen tragen, die die Asche deines lieben Lepidus birgt. Du wirst es gewiß zu schätzen wissen, ihn an deiner Brust zu spüren. Du sollst bis zuletzt in Gesellschaft deines Liebhabers sein!«

Ich bemühte mich vergeblich, uns zu verteidigen und ihm zu beweisen, daß ich von der Verschwörung, selbst wenn es sie gegeben hatte, überhaupt nichts wußte. Er schnitt mir das Wort ab, indem er mir drohte, er hätte nicht nur Inseln, sondern auch Schwerter. Ich hatte keine andere Wahl als zu schweigen.

Diese Rückkehr nach Rom wurde eine entsetzliche Tortur. Die Urne war schwer. Er zwang mich, sie zu tragen – und die Eskorte paßte auf, daß der Befehl ausgeführt wurde –, weil er sich, so verstand ich es wenigstens, auf symbolische Art von dem Trauma befreien wollte, das ihn seit zwanzig Jahren (die Heimkehr der Asche unseres Vaters, der langsame Marsch von Brundisium bis Rom an der Seite unserer Mutter) nicht mehr losließ. Zum Tragen der Urne hatte er mich, und nicht Livilla, ausgewählt, weil ich ihm nach Drusilla am nächsten stand und so die Mutter ersetzte. Endlich kamen wir in Rom an, und man befreite mich von der Urne. Aber weder Livilla noch ich durften unsere Häuser betreten. So wie wir waren, mußten wir ins Exil abreisen. Für meine Schwester und mich begann nun ein elendes Leben bar jedes Vergnügens.

Ich hatte auf dem Weg von den Ufern des Rheins bis nach Rom Zeit gehabt, über das nachzudenken, was uns erwartete. Ich tröstete mich damit, daß ich überhaupt noch am Leben war. Und an dieses Leben mußte ich mich klammern.

Es kam manchmal vor, daß man Menschen in die Verbannung schickte, damit man sie unbemerkt umbringen konnte. Es kam mir jedoch unwahrscheinlich vor, daß Gaius mich ermorden lassen wollte. Wenn Gaius meinen Tod gewollt hätte, wäre meiner öffentlichen Hinrichtung vor den Soldaten nichts im Weg gestanden. Also hatte er entschieden, daß ich leben sollte, und das wollte ich dann auch mit Entschiedenheit tun.

Ich machte mich unverzüglich daran, mein Leben auf dieser Insel zu organisieren, wo Verbannte keine Neugier mehr erregten. Die Überwachung war nicht streng. Der Zenturio, der mit Livillas und meiner Bewachung beauftragt war, hatte einen gutmütigen Charakter und gewährte uns Erleichterungen unter der Bedingung, daß wir keine Fluchtversuche unternahmen. Wir lebten in einer Hütte in Küstennähe, mit zwei Betten und einem Herd, wo wir mit Gestrüpp und aufgesammeltem Strandgut Feuer machen konnten. Wenn das Wasser des nahegelegenen Brunnens auch nicht gut war, so reichte er andererseits wieder zum Wässern von ein paar Pflanzen, die irgendein Unbekannter – ich hoffte, daß es nicht meine Mutter oder mein Bruder Nero gewesen waren – voller Zuversicht an einem geschützten Ort gesät hatte. Livilla blieb depressiv und sehnte den Tod herbei, während ich mich bemühte, uns unser Leben irgendwie erträglich zu machen. Der Wächter kam von Zeit zu Zeit, um uns etwas zu essen zu bringen, militärischen Proviant, meist aus Weizen. In einer Ecke der Hütte entdeckte ich eine alte Mühle, mit der man ein mit Kleie vermischtes Mehl herstellen konnte. Daraus machte ich Fladen, die ich auf flachen Steinen über unserem Feuer garte.

Ich hatte einen Beutel mit ein paar Münzen unter meiner Tunika verstecken können. Sie erlaubten es mir, die Dienste eines leicht verrückten Mädchens zu kaufen, das durch die Felder irrte. Durch sie beschaffte ich Tongeschirr und gelegentlich ein bißchen Nahrung. Langsam wurde das Leben erträglich. Man mußte es eben nehmen, wie es war, statt immer nur zu jammern wie Livilla, die an die frühere Zeit daheim in Rom zurückdachte. Das Nichtstun war das Schlimmste. Damit kam die Langeweile und schließlich die Verzweiflung. Für dieses Problem überlegte ich mir zwei Lösungen.

Ich hatte einen kleinen Garten entdeckt, den ich bepflanzen wollte, so gut es eben ging. Das irre Mädchen besorgte mir einige Sprößlinge von Kräutern und Samen. So konnte ich nach einigen Monaten Gurken ernten, die uns während der Sommerhitze erfrischten. Ich erinnerte mich an Verse Vergils, die Eutychus mir verraten hatte. In diesen schildert Vergil das Glück eines alten Mannes, der in Tarent, auf einem nahezu unfruchtbaren Boden, »seinen Tisch mit Speisen deckte, die er nicht gekauft hatte«. Auch hatte ich die Worte Senecas nicht vergessen, die mich auf die Möglichkeiten aufmerksam machten, die wir in uns selber finden können, wenn unsere Welt zusammenbricht.

Dank des Wohlwollens unseres Wächters konnte ich mir bald ein weiteres Vergnügen gönnen: im Meer zu schwimmen. Er bat mich, nicht über eine bestimmte Grenze hinauszuschwimmen. Ich schwamm also jeden Tag ausgiebig und spürte, wie es mir guttat.

Meine größte Sorge galt dem Schicksal meines Sohnes Nero. Als ich auf Anweisung von Gaius nach Germanien reisen mußte, hatte ich ihn in Rom zurückgelassen. In die Obhut von Domitius konnte ich ihn nicht geben, denn er war inzwischen dauernd krank und verließ seine Villa in Pyrgi nicht mehr. Ich hatte mich deshalb an seine Schwester Lepida gewandt, die Nero gern bei sich aufgenommen hatte. Ich war mir nur nicht sicher, daß sie ihn richtig erziehen würde. Doch ich hatte keine andere Wahl. Die Trennung von Nero schmerzte mich sehr. Würde er mich noch erkennen, wenn ich ihn eines Tages wiedersehen würde? Wie lange hatte ich auf dieses Kind warten müssen – und nun wurde es mir weggenommen! Aber ich verbot mir das Grübeln und verdeutlichte mir immer wieder, daß ich auch seinetwegen weiterkämpfte.

Von Zeit zu Zeit sah ich Fischer. Manche warfen vom Ufer Angeln aus, andere zogen ein Netz hinter ihren Booten her. Mir kam die Idee, daß ich über sie mit der übrigen Welt kommunizieren könnte. Die Sache war bestimmt nicht ohne Risiko. Doch wenn man vorsichtig vorgehen würde, wäre es möglich. Als ich eines Tages fast außerhalb des Blickwinkels meines Wächters schwamm, der hinter einem Felsen im Schatten döste, konnte ich ein Boot erreichen und den Fischer ansprechen. Da ich auf so eine Gelegenheit gewartet hatte, trug ich vorsichtshalber eine Goldmünze bei mir, die mir helfen sollte, den Fischer von meinem Plan zu überzeugen. Anscheinend wußten die wenigen Inselbewohner, aber auch die Siedler an der Festlandküste von unserer Existenz. So war der Mann gar nicht überrascht, mich auftauchen zu sehen, und erklärte sich zum angebotenen Preis bereit, von mir eine Mitteilung entgegenzunehmen, die er nach Rom weiterleiten würde. Am gleichen Abend schrieb ich einen Brief an Pallas. Am nächsten Tag kam der Fischer wieder, so daß ich ihm den Brief geben konnte. Einige Zeit später bekam ich auf dem gleichen Weg eine Antwort von Pallas.

Dank dieser List erhielt ich allmählich Nachrichten aus Rom. Als erstes ließ Pallas mich wissen, daß Gaius wieder verheiratet war. Er hatte Milonia Caesonia geheiratet. Das verblüffte mich wirklich. Wie hatte diese Frau, die viel älter als Gaius und eindeutig häßlich war und bereits drei Kinder hatte, es nur geschafft, daß mein Bruder sich in sie verliebte? Es war nicht zu fassen. Wie Pallas mir schrieb, war der Princeps verrückt nach ihr. Ich wußte, daß sie sich kurz nach Drusillas Tod bei Gaius eingeschmeichelt hatte. Als Caesonia dann nur dreißig Tage nach der Hochzeit ein Mädchen zur Welt brachte, wußte jedermann den Grund für seine Heirat. Gaius gab ihm den Namen Drusilla. (Welche Ehrerbietung gegenüber dem Gedächtnis der Toten!) Daß sie seine Tochter war, bewies sie später auch durch ihre Bosheit.

Durch Pallas' Briefe erfuhr ich weiter, daß mein Onkel Claudius gerade seine dritte Ehe geschlossen hatte, diesmal – und das war eine große Überraschung für mich – mit Valeria Messalina. Claudius war fünfzig und Messalina fünfzehn Jahre alt, also noch zehn Jahre jünger als ich. Sie gehörte zu unserem Geschlecht und stammte, wie wir, vom göttlichen Augustus und von Antonius ab. Daß sie unserer Familie würdig war, stand außer Zweifel! Meine Besorgnis hatte einen anderen Grund. Ich hatte Messalina immer beobachtet, als sie im Hause ihrer Mutter, meiner Schwägerin Lepida, aufwuchs. Sie war eine Tochter aus Lepidas erster Ehe. Eigentlich hätte ich sie lieben sollen, doch es war mir unmöglich. Sie hatte etwas an sich, das mir Angst machte. Als junges Mädchen hatte sie einen gewissen Charme, den Charme der Jugend, und ein volles, rundes Gesicht, das aber ihre fleischige Habichtnase auch nicht schöner machte. Sie war oft arrogant und kannte keine Disziplin, denn ihre Mutter hatte sich nie um sie gekümmert und die Erziehung den Ammen, den Freigelassenen und Sklaven überlassen. Das Ergebnis war ein Kind, das immer nur tat, was es wollte, und nur seinen Launen und seinen Instinkten folgte.

Durch einen Brief von Pallas erfuhr ich, daß Lepida bei Nero leider das gleiche tat wie schon bei ihrer Tochter – sich nämlich kaum um ihn kümmerte und ihn Dienern überließ. Seine Erzieher, wenn man sie so bezeichnen kann, waren ein Friseur und ein Tänzer: seltsame Lehrer für einen Jungen, den ich einmal zum Herrscher über die Welt zu machen hoffte! Ich tröstete mich mit dem Gedanken, daß meine Verbannung ja wohl nicht ewig dauern würde. Es würde schon noch Zeit bleiben, sich darum zu kümmern. Was Messalina betraf, so war es dafür schon zu spät. Was würde aus dieser Ehe mit Claudius herauskommen? Was für eine Gefährtin könnte diese willensstarke, disziplinlose und meines Erachtens ganz von ihren Sinnen beherrschte junge Frau für meinen Onkel sein? Und warum hatte er sie geheiratet?

Er hatte bislang kein großes Glück mit seinen Gemahlinnen gehabt. In sehr jungen Jahren eine Verlobung, die bald gebrochen worden war, dann die Frau, die am Hochzeitstag starb, und schließlich die unglaubliche Urgulanilla, von der er sich wegen ihres liederlichen Lebenswandels getrennt hatte. Wenn ich glauben darf, was man sich von ihr erzählte und was mein Onkel mir während unserer denkwürdigen Reise in Etrurien anvertraute, so war sie gewalttätig. Sie wurde sogar verdächtigt, im Zorn einmal einen Mann umgebracht zu haben. Ich habe sie nie persönlich kennengelernt. Die Scheidung war in den letzten Jahren der Herrschaft des göttlichen Augustus vollzogen worden. Seitdem war Claudius ohne Gattin. Seine Stellung und Geringschätzung am Hof auf dem Palatinus ließen ihn kaum als wünschenswerten Schwiegersohn erscheinen. Ich vermutete, daß Messalina sich entschlossen hatte, seine Frau zu werden, ohne jemanden um Rat zu fragen. Tatsache ist, daß ihr Vater kurz nach ihrer Geburt gestorben war und niemand sich um sie kümmerte. Daß

Messalina Claudius jemals geliebt hat, glaube ich nicht. Was hatte sie in ihm gesehen? Höchstwahrscheinlich einen Mann, den sie stark beeinflussen konnte; einen älteren Mann mit einem Ruf als großer Frauenliebhaber, dessen Sinne leicht zu befriedigen sein würden, so daß sie in Abenteuern anderswo ihr Vergnügen suchen könnte. Die Hintergedanken Messalinas waren ziemlich klar. Sie waren die Kalkulation einer jungen Frau, die nichts zu verlieren hatte. Warum Claudius dabei mitspielte, war mir weniger klar. Vielleicht verführte ihn Messalinas Jugend, aber auch die Schmeicheleien, mit denen sie ihn umwarb. Mir war aufgefallen, daß Claudius auch im Alter eine gewisse Naivität nie ablegte. Er neigte dazu, alles glauben zu wollen, was man ihm sagte, und hatte nie den Verdacht, daß man ihm gegenüber heucheln könnte. Wenn Messalina ihm sagte, daß sie in ihn verliebt war, so genügte ihm das. Er war bereit, sie zu lieben und sie zu heiraten. Und sein ungebrochenes Bedürfnis nach Zärtlichkeit, das ich ja selbst hinreichend kennengelernt hatte, war kühlem Überlegen bestimmt nicht förderlich gewesen. Auf die Nachricht von dieser Heirat sagte ich mir, daß ich ihn damals gewiß hätte verführen können, und ich bedauerte fast, es nicht getan zu haben. Aber zu der Zeit beschäftigten mich andere Ambitionen, und ich konnte mir nicht vorstellen, daß er eines Tages . . .

Claudius hatte sicherlich auch noch aus einem anderen Grund in die Ehe mit Messalina eingewilligt. Urgulanilla hatte ihm zwei Kinder geschenkt, die aber beide gestorben waren. Durfte er nicht hoffen, daß er mit Messalina wieder Vater werden konnte? Ich konnte diese Hoffnung verstehen. Hatte ich nicht selbst auch den Tag herbeigesehnt, an dem ich ein Kind haben würde?

Vorbei war die Zeit, als Gaius nach außen so tat, als ob er

seinen Onkel verehrte, und ihn nur in der Intimität des Palastes lächerlich machte. Jetzt zeigte er seine Verachtung für Claudius ganz offen. Als Livilla und ich in die Verbannung geschickt wurden, hatte der Senat dem Kaiser eine Delegation gesandt, um ihn zu beglückwünschen, daß er der Verschwörung von Gaetulicus und Lepidus entkommen war, und der kaiserlichen Familie seine Verehrung zu bekunden. Die Leitung der Delegation war Claudius übertragen worden. Darüber hatte Gaius sich empört, wie Pallas mir schrieb. Bei der Ankunft der Delegation stürzte er sich mit solcher Wut auf Claudius, daß der Unglückliche in den Fluß fiel, an dessen Rand sie beide standen! Es bereitete große Mühe, meinen Onkel wieder ans Ufer zu ziehen.

Ich erfuhr auch, daß Gaius noch immer gegen alle grollte, die er für Komplizen der Verschwörung hielt (oder zu halten vorgab). Pallas teilte mir ein wenig spöttisch und (wie ich mir denken konnte) befriedigt mit, daß auch Tigellinus in die Verbannung geschickt worden war. Ich muß gestehen, das berührte mich überhaupt nicht. Der junge Sizilianer würde an einer entlegenen Küste zur Lebensweise zurückfinden, die er in seiner Kindheit gekannt hatte. Er war kein Mann, der sich vor Verzweiflung geschlagen gab.

Ich teilte Livilla alle eintreffenden Neuigkeiten mit, doch sie zeigte wenig Interesse. Jeder Augenblick im Exil war ihr eine Qual. Sie konnte sich nicht vorstellen, daß sie eines Tages wieder ihr früheres Leben leben würde. Und dabei war sie kaum zwanzig!

Doch ich gab die Hoffnung nicht auf. Was Pallas mir über das Verhalten von Gaius schrieb, ließ mich darauf schließen, daß er wahnsinnig geworden sein mußte. Er benahm sich so unvernünftig, daß es dafür keine andere Erklärung gab. Und das gab mir Grund zur Hoffnung. Es war undenkbar, daß

Rom sich lange einem verrückten Princeps auf Gnade oder Ungnade unterordnete. Auf Dauer würde man so etwas nie hinnehmen. Und wenn seine Herrschaft enden würde – so oder so –, hätte auch unsere Tortur ein Ende.

Ich träumte manchmal nachts, daß wir nach Rom zurückkehrten, dort mit Freudentaumel willkommen geheißen und wieder in unseren Rang und unsere Ehren eingesetzt würden. Gewiß, man durfte damit rechnen, daß Gaius die Macht verlor – aber was dann? Gäbe es jemand, der sie übernähme? Oder käme es erneut zu einem Bürgerkrieg? Wenn Rom sich unter den Senatoren einen neuen Herrscher auswählte, wäre es mit der Stellung unserer Familie vorbei. Wenn Germanicus noch am Leben wäre, so hätte er unter allgemeinem Zuruf das Erbe angetreten. Ich verfluchte Tiberius, dem es prächtig gelungen war, ein Mitglied unserer Familie nach dem andern zu vernichten und nur den Unwürdigsten am Leben zu lassen.

Mittlerweile machte Gaius sich in Gallien lächerlich. Er kämpfte gegen den Ozean und gab vor, das Meer und die ganze Erde zu beherrschen. Er glaubte tatsächlich, ein Gott geworden zu sein. Mir ist seither berichtet worden, daß er Jupiter direkt angesprochen und herausgefordert hat. Er wollte zwischen dem Palatinus und dem Jupitertempel auf dem Capitol eine Brücke bauen lassen. Auf diese Weise, hat er Jupiter zugerufen, werden wir beide, du und ich, Nachbarn. Ich kann all diese Extravaganzen natürlich nicht persönlich bezeugen. Ich habe erst später von ihnen gehört. Jedoch wußte ich, daß die Römer ihrer langsam überdrüssig wurden. Die einfachen Bürger beobachteten voller Unruhe, daß der Princeps mit Agrippa aus Palästina und Antiochos aus Kommagene höchst vertraulich verkehrte, zwei Könige aus dem Orient. Bestand da nicht Gefahr, daß er Lektionen in Tyrannenherrschaft bekam? Die Senatoren waren noch mehr beunruhigt. Gaius forderte von ihnen unter allen möglichen Vorwänden immer mehr Geld. Wenn es um die Einführung neuer und die Erhöhung bestehender Steuern ging, so zeigte er eine äußerst fruchtbare Phantasie. Obendrein verfolgte er alle einflußreichen Persönlichkeiten juristisch, daß diese seinen Tod nicht nur heimlich wünschten und von den Göttern erflehten, sondern auch bereit waren zu handeln. Vor Ende des vierten Jahres seiner Herrschaft war es soweit. Zwei Offiziere der Garde, die Soldatentribune Chaerea und Sabinus, beschlossen, ihn zu töten. Und während der palatinischen Spiele, am siebten Tag vor den Kalenden des Februar, setzten sie ihren Plan in die Tat um.

Ich wurde unverzüglich durch einen Brief von Pallas benachrichtigt, den mir der Fischer überbrachte. Er war ein guter Freund geworden und fand diesen Handel gewinnbringender als das Fischen selbst. Die Nachricht vom Tod des Gaius nahm ich mit gemischten Gefühlen auf. Sie stimmte mich nicht nur froh, selbst wenn er für mich und Livilla die Rückkehr nach Rom bedeutete. Darüber hinaus enthielt der Brief aber eine völlig überraschende und unvorhersehbare Mitteilung. Eine bessere Nachricht hätte ich mir gar nicht erhoffen können: Auf Gaius folgte Claudius, also auf den Neffen folgte der Onkel. Die Prätorianer hatten es so gewollt, und der Senat war nicht dagegen gewesen. Claudius würde also Kaiser werden. Er war es bereits. Die Soldaten hatten ihm den rituellen Eid geschworen. Im Senat hatte es eine kurze Diskussion darüber gegeben, ob man die Republik wiedereinführen sollte, doch keiner wollte das wirklich. Claudius war der Bruder von Germanicus; und das war ein gutes Omen. Schon der Name versprach, daß das neue Prinzipat mit der Freiheit verbunden war.

Livilla wollte es zuerst gar nicht glauben, als ich ihr die

Nachricht überbrachte. Sie wandte ein, Pallas wolle mir mit der Hoffnung auf eine baldige Freiheit nur schöntun. Als ich ihr zu verstehen gab, daß dies keineswegs der Fall wäre, erklärte sie, sowieso alle Lust am Leben verloren zu haben, sie sei dem Unglück ausgeliefert, und falls man mich nach Rom zurückriefe, solle ich ohne sie abreisen. Sie wolle wie unsere Mutter und unser Bruder auf dieser Insel sterben. Ihre Klagen fanden kein Ende. Ich ließ sie erst mal mit ihrem Gejammer allein, so daß ich mir über meine eigene Situation klarwerden konnte. Claudius war Kaiser. Zu seinem Haus gehörte auch Pallas, in dem ich einen Freund gefunden hatte. Und ich erinnerte mich an die Freundschaft mit Claudius in meiner Mädchenzeit, als er wußte, wie gern ich ihm zuhörte.

Was die Wege der Vorsehung angeht, so fand ich einen Beweis dafür, daß unsere Familie von den Göttern zur Herrschaft über Rom auserwählt war. Tiberius hatte geglaubt, daß er uns vernichten konnte. Die Götter hatten den Weg gefunden, seine Bosheit zunichte zu machen. Sie hatten den Mann zum höchsten Rang erhoben, den alle am wenigsten für würdig empfanden. Und ich konnte von dieser Vorherbestimmung nur profitieren. So folgte ich einige Tage später voll großer Hoffnungen den abkommandierten Soldaten, die uns nach Rom zurückholten.

Viertes Buch

Mein Onkel Claudius

Claudius hatte keine Zeit verloren, um uns aus dem Exil zu befreien. Es war eine seiner ersten Taten gewesen. Wie vor ihm schon Gaius, hatte er gleich zu Beginn seiner Herrschaft seiner Familie huldigen wollen. Gleichzeitig mit der Beendigung unserer Qual führte er festliche Spiele zu Ehren seines Vaters Drusus und seiner Mutter ein. Er rief Livia zur Gottheit aus und begründete Wagenrennen zur Erinnerung an sie, was eine Rückbesinnung auf die ältesten Sitten Roms bedeutete. Er wollte die Prädestination unserer Familie deutlicher machen denn je. Mir gefiel das sehr, denn es bestätigte mich in meinen Hoffnungen. Zum Zeichen unserer Dankbarkeit begaben wir uns zum Palast, noch bevor wir in das eigene Haus heimkehrten, Livilla zu ihrem Mann, und ich in das nunmehr leere Haus auf dem Palatinus. Claudius empfing uns mit größter Freundlichkeit, insbesondere mich, weil ich schon immer sein Liebling gewesen war. Er zeigte sich aber auch gegenüber Livilla sehr entgegenkommend und teilte ihr mit, daß er sehr glücklich sei, sie »seinem verehrten Freund Vicinius« zurückzugeben. Er fügte noch hinzu, stotternd, und das verriet seine Aufregung, daß die Götter ihn zu seinem jetzigen Rang berufen hätten, um das Übel wiedergutzumachen, welches Gaius verursacht hatte. Er wollte die Erinnerung an den Wahnsinn und die Ungerechtigkeiten des Gaius vergessen machen.

Ich entdeckte eine neuartige Würde an meinem Onkel. Das war nicht mehr der arme Claudius, der stets damit rechnete, zur Zielscheibe von Späßen zu werden, und sich nie traute, so zu sein, wie er tatsächlich war. Hier stand wirklich der Kaiser vor mir, der Erste unter den Bürgern Roms und Führer aller Bewohner des Reiches zugleich. Er war sich dessen bewußt, und das verlieh ihm eine Ruhe, eine Ausgeglichenheit, wie ich sie bei ihm vorher nie gekannt hatte. Natürlich war ich über diesen Wandel erfreut, aber auch ein wenig traurig, da er sich dadurch von mir entfernte. Doch ich schwor mir dennoch, alles zu tun, um die alte, liebe Vertrautheit zwischen uns wiederherzustellen.

Livilla begab sich zu Vinicius, der sie schon erwartete. Er hatte ebenfalls Grund, Claudius dankbar zu sein, weil er unter der Gruppe der Senatoren gewesen war, die Gaius an dem Tage begleiteten, als er bei der Rückkehr vom Theater in einem Gang des Palasts ermordet wurde. Man hätte ihn also durchaus für einen Komplizen – vielleicht war er es ja auch – der Mörder halten können, die Claudius hinrichten ließ. Vinicius wurde in Ruhe gelassen und das, obwohl einige seiner Freunde versucht hatten, ihn während der zwei oder drei Tage der Ungewißheit zum Kaiser zu proklamieren, bevor der Senat Claudius designierte. Vicinius hatte das normale Leben des großen Herrn und Senators, dessen Meinung unter den Patres zählte, still und ruhig wieder aufgenommen. Und er nahm Livilla ohne große Worte, aber mit sichtlicher Zufriedenheit wieder bei sich auf, wie wenn sie nach einer langen Reise zu ihm zurückgekehrt wäre.

Auf der Heimreise fragte sich Livilla, wie ihr Mann sie aufnehmen würde, nachdem Gaius sie des Ehebruchs für schuldig befunden und deshalb verbannt hatte? Sie rechnete mit einer wilden Szene und hielt sogar eine Scheidung möglich. Vielleicht hat es sie ein wenig verwirrt, als nichts dergleichen geschah. Das hatte ich ihr vorausgesagt, aber vielleicht fand sie ein perverses Vergnügen daran, sich ihren Ängsten zu überlassen. Aber Vinicius war ein ruhiger, weiser Mann. Er hatte es schon in der Vergangenheit bewiesen, denn er hatte von den Beziehungen seiner Frau mit Gaius und Lepidus gewußt und es wie ein unvermeidliches Übel akzeptiert. Er hielt sich in seinem Leben an den Rat des Dichters Naso an die Ehemänner: vor ihren Frauen oder Mätressen keine Eifersucht zu zeigen, Anstand zu wahren und das Unvermeidliche stets mit Gleichmut hinzunehmen.

Er hatte sich immer von Intrigen ferngehalten. Was meinen eigenen Mann angeht, so war er mit sich selber und seinen Vergnügungen viel zu beschäftigt, um meine Abenteuer mit Pallas und Tigellinus zu beachten, die mir sehr bescheiden vorkamen. Ich hatte im Sommer vor unserer Rückkehr von seinem Tod erfahren. In seiner Villa in Pyrgi war er an Wassersucht gestorben. Sehr bewegt hatte die Nachricht mich nicht. Er hatte mir seit langem nichts mehr bedeutet. Im Grunde hatte er seit Neros Geburt für mich nicht mehr existiert, wenn nicht schon von dem Augenblick an, als ich wußte, daß ich schwanger war. Domitius trank zuviel. Für das öffentliche Leben hatte er kein Interesse, und meine Ambitionen waren ihm völlig fremd. Er betrachtete alles voller Ironie, was ihn nicht unmittelbar betraf.

Ich war also allein in diesem Rom, das endlich vom Wahnsinn des Gaius befreit war. In unserm Haus auf dem Palatinus fand ich nur noch eine alte Magd vor, die vielleicht aus Treue geblieben war, doch wahrscheinlich eher in Ermangelung eines anderen Arbeitsplatzes. Sie berichtete mir, was während meiner Abwesenheit geschehen war. Gaius hatte all mein Hab und Gut nach und nach konfisziert. Selbstverständlich zuerst meine Juwelen, die sie sich untereinander aufteilten. Den Schatzmeistern des Princeps überreichten sie nur die Stücke, die sie nicht verstecken konnten. Meiner Freundin Acerronia, auf die ich mich stets verlassen konnte und immer verlassen werde, war es glücklicherweise gelungen, einen Teil zu retten. Doch beim Anblick des verwüsteten Hauses wurde ich vor Verzweiflung wütend. Mit diesem Haus verbanden sich meine schönsten Erinnerungen, die Erinnerungen an meine Kindheit und meine Mutter.

Nach dem ersten Moment der Niedergeschlagenheit kämpfte ich gegen das Gefühl, mir am liebsten selbst das Leben zu nehmen. Ich bemühte mich, vernünftig zu sein. Die Nachricht von meiner Heimkehr hatte sich herumgesprochen, woraufhin mehrere unserer Freigelassenen zurückkamen, um mir beim Wiederaufbau zu helfen. Claudius ließ mir eine beträchtliche Geldsumme auszahlen. Bald warfen auch unsere Ländereien wieder Geld ab. Ich konnte das Haus rasch wieder möblieren und die zerrissenen Holzverkleidungen und die beschmutzten oder zerschnittenen Fresken ersetzen lassen.

Die Renovierung bereitete mir außergewöhnlich viel Freude. Ich beschloß, das Haus modern einzurichten, denn ganze Wände füllende Bilder, wie es meine Eltern bevorzugt hatten, waren inzwischen nicht mehr beliebt. Bei den Händlern des Argiletum und der Suburra entdeckte ich Objekte aus Ägypten, welche die verlorenen ersetzten und die lange Reise meiner Kindheitstage von neuem ins Gedächtnis riefen – Sphinx-Statuen, Bilder von Anubis und natürlich meiner lieben Isis. Es gelang mir, die frühere Einrichtung teilweise wiederherzustellen. Es gab mir das Gefühl, daß ich die Zeit zurückdrehen und die entsetzliche Wunde heilen könnte, die Gaius verursacht hatte.

Unter den Einkäufen, die ich, weil es mich meinen Schmerz vergessen ließ, bald mit einer wahren Besessenheit tätigte, sollte ich die zahlreichen Seidenstoffe erwähnen, Importe syrischer Händler. Diese Stoffe hatten besonders auffallende, kräftige Farben. Es gab da auch Wandteppiche aus unserer Provinz in Asia; ich kaufte viele, um die Liegen der Tafel und die Betten zu schmücken.

Während der ersten Monate empfing ich auch viele Besucher – Freunde, die ich mit Freude wiedersah. Seneca schaute am häufigsten vorbei. Ich merkte jedoch amüsiert, daß er genausooft Livilla besuchte, und seine Besuche schienen meiner Schwester keineswegs zu mißfallen. Ich habe nie erfahren, wie weit ihre Intimität ging, um die Wahrheit zu sagen. Es kümmerte mich wenig. Seneca war für mich ein Freund, und ich hatte kein Recht, sein Benehmen zu kritisieren oder auch nur anzunehmen, daß es Grund zu Verdächtigungen geben könnte. Sein Privatleben behielt er für sich. Unsere Gespräche berührten fast nur sehr allgemeine Themen. Die Erfahrung der Herrschaft von Gaius ließ ihn oft tiefsinnig über die Ausübung der Macht und ihre Auswirkungen auf die Psyche eines Princeps zu sinnieren. Und das war ein Thema, mit dem ich mich selbst stark beschäftigte.

Ich fragte mich oft, warum Gaius uns, meine Schwester und mich, mit solcher Härte behandelt hatte. Keine von uns hatte sich eines Verbrechens, eines Fehlers schuldig gemacht. Ich hatte sogar Zweifel, daß es das angebliche Komplott von Gaetulicus und Lepidus tatsächlich gegeben hat. Tatsache waren nur die Verrücktheit und die Grausamkeit meines Bruders. Wie konnte er, dessen liebenswürdiges, fröhliches Wesen als Kind und Junge ich erlebt hatte, solch ungeheuerliche Taten begangen haben? Er hatte ja sogar die für die öffentlichen Spiele ausgesuchten Raubtiere mit Menschenfleisch füttern lassen. Und bei jeder Hinrichtung hatte er dem Henker empfohlen, langsam zu machen, damit die Marter sich in die Länge zog. Das entsprach so gar nicht der Zärtlichkeit, die er in seiner Kindheit oft gezeigt hatte.

Genauso unverständlich war seine Beziehung zu uns, seinen engsten Angehörigen. Nach dem Tod unserer Mutter und unserer Brüder trieb er Großmutter zur Verzweiflung. Er behandelte sie äußerst unhöflich, weigerte sich, mit ihr zu sprechen, malträtierte sie und tat so, als sei er davon überzeugt, daß sie ihm nach dem Leben trachtete. Daran zerbrach die arme Frau und starb vor Kummer. Es gab sogar Leute, die schworen, er hätte sie vergiftet. Aber das mag ich nicht glauben. Auf jeden Fall hat er ihr aber die ihrer Stellung angemessenen Trauerehren vorenthalten. Und als dann irgendwo am anderen Ufer des Tiber ihr Scheiterhaufen brannte, beobachtete er vom Turm des Palastes aus den aufsteigenden Rauch, während er unablässig mit seinen Vertrauten scherzte.

Daß er seinen Bruder Gemellus hinrichten ließ, habe ich wiederum sehr wohl verstanden. Das war eine politisch notwendige Maßnahme. Macht kann nicht geteilt werden. Die Sicherheit des Staates stand auf dem Spiel. Aber warum hatte er Junius Silanus, Claudillas Vater, unter dem lächerlichen Vorwand ermorden lassen, daß Silanus die Macht an sich reißen wollte? Silanus hatte Gaius nach dem Tod der eigenen Tochter stets wie einen Sohn behandelt. Er hatte ihm gute Ratschläge gegeben, vielleicht zu gute, denn *das* reizte meinen Bruder so sehr, daß er ihn am Ende beseitigte.

So ein widersprüchliches Verhalten konnte ich nicht verstehen. Ich konnte einfach nicht glauben, daß die Krankheit, die ihn zu Beginn seiner Regierungszeit befallen hatte, eine so tiefgreifende Veränderung seines Verstandes bewirkt haben konnte. Mir fiel aber die Kontinuität auf, die von seinen kindlichen Schelmereien bis zu seinen Grausamkeiten als

Tyrann reichte – der Drang, alle Regeln zu brechen, die von andern akzeptiert wurden, der Drang zur Selbstverherrlichung, zur Herausforderung des gesamten Universums, kurzum, sich zu verhalten wie ein Gott. Ich wußte ferner, daß Gaius in seinem Innersten bis zuletzt nie seine Angst losgeworden ist. Je mehr er sich seiner Macht bewußt war, desto mehr fürchtete er die Gefahren, die sie für ihn mit sich brachte. Die Mißachtung der Mitmenschen und diese krankhafte, dominierende Angst haben meinen Bruder so geprägt, daß er ein einzigartiges Beispiel dafür geworden ist, was absolute Macht in einem Staat an Leiden verursachen kann.

Das Verhalten von Gaius war eines der Lieblingsthemen meiner Gespräche mit Seneca. Seneca hatte erraten, welcher Ehrgeiz mich beherrschte, und ohne daß er es mir offen zusagte, ahnte ich, daß er bereit war, mich darin zu unterstützen. Er machte sich keine Illusionen über das menschliche Wesen. Es zeigte sich ihm im Schauspiel der Städte und Völker, an der Verblendung der Vernunft durch die Leidenschaften, am Beharren auf falschen Wertbegriffen, an der Herrschaft der Gewalt. Und er folgerte: Wenn man sich über die vielen Verbrechen vor Zorn ereiferte, so würde man bald in einen Zustand permanenter Wut geraten, der an Wahnsinn grenzt. So überzeugte er mich von der Idee der Monarchie; aber es gibt nur einen Weg, damit sie nicht zur Tyrannei ausartet: Der Monarch muß einen weisen Charakter haben! Darin befände sich der Punkt des Gleichgewichts, im Herzen und in der Vernunft des Princeps. Ich ließ mich gern von seinen Worten überzeugen, die meine eigenen Überlegungen zum Verhalten von Gaius wunderbar ergänzten. Endlich bekam ich eine Bestätigung für meine Vermutung, daß die Quelle für die grausamen Abscheulichkeiten seiner Herrschaft an seinen Leidenschaften und an seelischen Störungen lag. Ich schwor mir, gut aufzupassen, daß Nero nie das Opfer der Illusionen wurde, die den Verstand meines Bruders getäuscht hatten.

Ich dachte, daß Nero, wenn er einmal alt genug wäre, um Seneca zuzuhören, von solchen Ratschlägen profitieren könnte, daß sie ihm auf seinem Wege zur Macht eigentlich helfen müßten, dann aber vor allem nützlich wären, um an der Macht zu bleiben. Das ist nämlich, wie das Beispiel Gaius' zeigt, das Allerschwierigste. Wie aber sollte Nero der Schüler Senecas werden? Darüber hatte ich keine genauen Vorstellungen. Nero sollte natürlich kein Gelehrter werden. Aber ich lernte verstehen, daß Weisheit nicht unbedingt über den Weg des Schwätzens vermittelt wird, wie es bei den Griechen üblich ist. Davon hielt Seneca nichts. Das war einer der Gründe, weshalb ich ihn so hoch schätzte.

Die Verwirklichung dieses noch vagen Traums verschob ich also auf später. Ich hatte mich um Dringlicheres zu kümmern. Fürs erste hatte Rom ja einen Kaiser, nämlich meinen Onkel Claudius. Würde er ein »guter« Kaiser? Oder würde er die Fehler meines Bruders wiederholen? Wenn man zuerst seine Leidenschaften bezwingen müßte, um ein guter Kaiser werden zu können, dann hatte ich bei Claudius meine Zweifel. Er stand offensichtlich völlig unter dem Einfluß seiner neuen Frau, und von Valeria Messalina erwartete ich mir nichts Gutes. Sie hatte ihn in der Hand. Er war leidenschaftlich in sie verliebt; und solche Versklavung der Sinne ließ sich auch durchaus mit ehrenhaften Motiven rechtfertigen – sofern er sich, was ich nicht annahm, darüber Gedanken machte. Messalina hatte ihm zwei Kinder geschenkt und somit seiner Kinderlosigkeit ein Ende bereitet. Als seine Tochter Octavia zur Welt kam, herrschte Gaius noch. Knapp ein Jahr später wurde Britannicus geboren – der noch den

Beinamen Germanicus trug! Die Geburt fiel auf den zwanzigsten Tag der Regierungszeit von Claudius. Die Götter – und Messalina – schmeichelten ihm!

Es war mir klar, daß Messalina alles dransetzen würde, um ihren Zauber auf ihn nicht zu verlieren, und deshalb Livilla und mich aus seiner Umgebung zu entfernen trachtete. Wir waren beide zwar älter als sie, aber jung genug, um einen Mann wie Claudius nicht gleichgültig zu lassen. Wenn wir unseren Onkel besuchten, und das war oft, sorgte Messalina dafür, daß sie stets anwesend war. So wurde mir die Gefahr bald bewußt. Livilla war umsichtig. Sie war über Messalinas Taktik verärgert und schaffte es, ganz mit ihm allein Gespräche zu führen. Da kannte Messalinas Eifersucht keine Grenzen mehr. Hatte Livilla vielleicht vor, sie, die Mutter von Octavia und dem kleinen Germanicus, zu entthronen? Sie war um ihrer eigenen Sicherheit willen gezwungen, eine gehaßte Rivalin niederzuschlagen, welche sie nie hofierte und ihr keine der Huldigungen darbrachte, die ihr gebührten. Einige Monate lang verlor sie darüber kein Wort, legte jedoch die Falle, in der Livilla sich schließlich verfing.

Ich war vorsichtiger. Natürlich konnte ich nicht ohne Gemahl bleiben, aber es schien mir äußerst schwierig, Messalina auszustechen, die damals ihre Glanzzeit als junge Mutter erlebte. Der Gedanke, Claudius zu heiraten, war mir gekommen, sicher. Er war der Bruder meines Vaters, und nach römischem Recht wäre solche Ehe ein Inzest. Das schreckte mich allerdings überhaupt nicht ab. Ein Kaiser durfte alte Gesetze ändern und neue erlassen. Aber noch war der Augenblick dafür nicht gekommen – falls er je kommen würde –, und so mußte ich jemand anderen finden.

Der Mann, den ich mir aussuchen würde, mußte einige präzise Voraussetzungen erfüllen. Er sollte einer großen Familie angehören, die so eng wie möglich mit unserer verschwägert war. Er sollte auch nicht zu alt sein; das war aber nicht so wichtig. Er sollte vor allem ein angemessener Kaiser sein, wenn der Augenblick kommen würde, um Claudius nachzufolgen. Nach vielen Überlegungen erschien mir Sulpicius Galba der beste Kandidat. Er hatte einen hervorragenden Ruf, und seine Herkunft war tadellos. Durch die Familie väterlicherseits war er mit Jupiter verbunden und mütterlicherseits mit der Kreterin Pasiphae, die von der Sonne abstammte und zu deren entfernten Cousinen die Zauberin Medea zählte. Diese Verflechtungen waren jedoch nicht ausschlaggebend. Es genügte mir, daß er zu einer alten römischen Familie gehörte, die sich in der Zeit der Republik häufig ausgezeichnet hatte. Ich meinerseits brachte ihm das Prestige der Julier. Außerdem war er in seiner Jugend ein Vertrauter von Augustus und Livia gewesen, die ihn sehr lieb hatte und mit ihm verwandt war.

Das war aber keineswegs alles. Galba erschien von den Göttern dazu bestimmt, eines Tages über Rom zu herrschen, denn man erzählte über ihn seltsame Geschichten.

Als sein Großvater eines Tages ein Opfer brachte, um das schlechte Omen eines Blitzschlags abzuwenden, der einen seiner Bäume getroffen hatte, hatte ein Adler ihm die Eingeweide der Opfergabe aus den Händen gerissen und sie auf eine mit Früchten überladene Eiche getragen. Man fragte die Seher, die eine unerwartete Antwort gaben: Die Götter verkündeten durch dies Wunder, daß die Familie der Sulpicier eines Tages die Macht innehaben würde.

Ein anderes Mal – Galba war erst ein Kind und spielte im Hause von Livia – ging Augustus an ihm vorbei, kniff ihm in die Wange und sagte ihm: »Du, mein Kleiner, wirst auch einen Bissen unserer Macht kosten.« Es war eine spontane

Eingebung, da Augustus keinen Grund hatte, so etwas zu Galba zu sagen. Aber wir wissen, daß die Gottheiten den Sterblichen gern manchmal Worte in den Mund legen, die für die Zukunft bedeutend sein können. Die Schicksalsmächte hatten sich ein drittes Mal offenbart, als Tiberius in den Sternen zu lesen glaubte, daß Galba Kaiser werden sollte. Das hatte ihn sichtlich beunruhigt, bis der gute Thrasyllus ihn beschwichtigt hatte. Das würde erst in einigen Jahrzehnten geschehen, worauf mein Großvater antwortete: »Dann soll er leben, da es mich nicht direkt betrifft.« Aber es gab noch Erstaunlicheres. Im Alter von zwanzig Jahren träumte Galba, daß die Göttin Fortuna ihm sagte, sie stehe vor seiner Tür, und wenn er sie nicht sofort ins Haus lasse, würde sie in die Macht des ersten Passanten fallen. Verdutzt stand er auf, öffnete die Tür zur Straße und entdeckte direkt auf dem Boden eine Bronzestatue, größer als eine Elle, die die Göttin darstellte. Er nahm sie mit hinein und brachte sie baldmöglichst in die Villa in Tusculum, die seiner Familie gehörte und wo er gern den Sommer verbrachte. Er stellte sie in die Hauskapelle, sprach Gebete zu ihr und brachte ihr jeden Monat Opfergaben dar.

Wo könnte ich einen Gatten finden, der noch offensichtlicher zum Herrschen prädestiniert war? Ich beschloß also, mich von ihm heiraten zu lassen. Unglücklicherweise war er schon mit einer gewissen Lepida aus der Familie der Aemilier verheiratet, die ihm zwei Kinder geschenkt hatte. Das war ein Hindernis, aber vielleicht nicht unüberwindlich. Diese Lepida war von schwacher Gesundheit. In der Hoffnung, daß sie mir nicht lange im Wege stehen würde, begann ich, Galba Avancen zu machen. Das gefiel der Mutter von Lepida ganz und gar nicht, so daß sie auf einem Empfang eine Auseinandersetzung provozierte. Die alte Dame wetterte gegen mich los, verlor die Selbstbeherrschung und schlug mir ins Gesicht. Ich hatte allerdings selbst nicht mit Unverschämtheiten gespart. Lepida verstarb kurz danach; ihre beiden Kinder ebenfalls. So war Galba Witwer und der Weg frei. Aber ich hatte meine Meinung geändert. Galba zeigte seinerseits keinen großen Gefallen an dem Gedanken, wieder zu heiraten. Wenn ich es mir genau überlegte, fand ich ihn nicht sehr anziehend. Gewiß schätzte ich ihn sehr, doch ich befürchtete, daß er mich schnell langweilen würde! Im übrigen sagte ich mir, daß nichts unsicherer ist als ein Omen. Und letztendlich hat die Weissagung des Thrasyllus mich entmutigt, die Tiberius versichert hatte, daß Galba erst im hohen Alter herrschen würde. Nun, er war bloß zehn Jahre älter als ich – sollte ich so lange warten, um an die Macht zu kommen? Ich ließ also diese Idee fallen und zog den Mann meiner Schwägerin Domitia die Ältere, Passienus Crispus, näher in Betracht. Er hatte damals seine Interessen gegen Domitius geschickt verteidigt und gesiegt. Warum er? Er war sehr reich und, wie bereits erwähnt, ein Mann von Geist. Außerdem war er ein Freund von Seneca, der ihn sehr schätzte. Schnell war er davon überzeugt, sich von seiner Frau zu trennen, die ich im übrigen haßte (und die es mir heimzahlte). Sie hatte es abgelehnt, ihm in die Provinz Asia zu folgen, deren Regierung Claudius ihm kurz nach seiner Thronbesteigung anvertraut hatte, worüber Crispus höchst verärgert war. Er verzieh ihr nicht, daß sie ihm ihre Ländereien in der Nähe von Ravenna vorzog, wo sie stets den Herbst verbrachte. Bei seiner Rückkehr weigerte er sich daher, mit ihr zu leben, und sie ließen sich scheiden. In diesem Jahr wurde er zum zweiten Mal Konsul.

Meine Heirat mit Crispus war keineswegs allein auf meine Liebe zu ihm zurückzuführen. Ich hatte inzwischen hinreichend die Erfahrung gemacht, daß eine Ehe aus Liebe, selbst wenn sie am Anfang ihre Reize hat, für eine Frau, die in der Gesellschaft ihren Platz bewahren will, ziemlich rasch ein Hindernis werden kann. Das um so mehr, wenn sie, wie in meinem Fall, den Wunsch hegte, die Macht an sich zu binden. Es gab noch andere Gründe außer Zuneigung, die für Crispus sprachen. Zuerst sein Reichtum, weil ich mich großzügig zeigen mußte, um Unterstützung zu gewinnen. Ein prunkvolles Leben zu führen war förderlich, da die Römer dazu neigen, Persönlichkeiten zu bewundern und zu achten, die reicher sind als der Durchschnitt. Sie glauben, daß solche Menschen von den Göttern bevorzugt werden und daher Hochachtung verdienen. Es war undenkbar, daß ein armer Mann über die Reichen herrschen würde. Also, Crispus war reich, sehr reich, und wenn ich sein Vermögen teilte, würde für mich alles viel einfacher sein.

Aber das war keineswegs alles, was ich von ihm erwarten durfte. Er war in Rom eine große Persönlichkeit. Dank seiner Rednerkunst – sie schien in seiner Familie erblich zu sein – genoß er hohes Prestige. Außerdem war er von einem Großneffen des Geschichtsschreibers Sallust adoptiert worden, der mit Caesar befreundet gewesen war. Auf diese Weise hatte er Zugang zu Staatsgeheimnissen gehabt, deren Kenntnis sich als äußerst nützlich erweisen könnte. Und sein Adoptivvater war es auch gewesen, der dem göttlichen Augustus und später Tiberius als geheimer Berater gedient hatte, in Angelegenheiten, die die Öffentlichkeit nie erfahren durfte. Das alles waren Eigenschaften und Fähigkeiten, die mir vielleicht einmal nützen könnten.

Mich hatte das kurze Gedicht belustigt, das Seneca Crispus in der Verbannung gewidmet hatte und in dem er auf dieses verborgene Talent seines Freundes anspielte: »Crispus, du, der du nie die Macht innegehabt hast, außer wenn du einen Gefallen tun wolltest...« Der wahre Crispus war sicherlich nicht der Konsul oder der Prokonsul der Provinzen, sondern der Mann, dem immer noch das von seinem Adoptivvater organisierte, im ganzen Reich wirkende Geheimdienstnetz zur Verfügung stand. Ich hatte vor, es mir zunutze zu machen. Außerdem war es immer noch möglich, Crispus zu verlassen, wenn ich in naher Zukunft eine bessere Partie finden sollte.

Meine Pläne für die Zukunft beschäftigten mich so sehr, daß ich kaum Zeit hatte, mich um meinen Sohn zu kümmern. Er wohnte noch einige Monate länger bei seiner Tante Lepida. Obwohl mir das nicht behagte, konnte ich nichts dagegen tun, solange mein Haus nicht völlig reorganisiert war. Ein weiterer Grund war, daß Lepida Nero liebgewonnen hatte, und ich verstand, daß sie ihn so lang wie möglich in ihrem Hause zu halten wünschte, selbst wenn sie sich nur wenig um seine Erziehung kümmerte. Außerdem hatte Lepida seit der Heirat ihrer Tochter mit Claudius und vor allem seit Claudius' Machtübernahme einen gewissen Einfluß am Palatinus. Das nahm ich jedenfalls an. Es lag deshalb nicht in meinem Interesse, sie zu verärgern. Andererseits überlegte ich, daß zwischen Lepida und Claudius Messalina stand, die mich haßte und in Livilla und mir eine mögliche Rivalin fürchtete. Ich zweifelte nicht daran, daß Messalina meinen Sohn nicht mochte, schon gar nicht, seit sie selbst dem Kaiser einen Sohn geschenkt hatte. Alles in allem kam ich zu dem Schluß, daß ich Nero, trotz Lepidas Einspruch, zu mir zurückholen sollte. Und sobald ich wieder einigermaßen Ordnung in unser Haus gebracht, einige der verstreuten Diener wiedergefunden und neue Sklaven gekauft hatte, nahm ich ihn zurück zu mir. Damals war er erst fünf Jahre alt.

Lepida litt, wider mein Erwarten, unter der Trennung von Nero dann gar nicht besonders. Sie war mit anderen Veränderungen in ihrem Leben beschäftigt. Sie hatte soeben ihren zweiten Mann verloren, der sich weniger durch Geist und Gaben als durch seine adelige Abstammung ausgezeichnet hatte. Sein Hauptverdienst bestand darin, der Nachkomme des Diktators Sulla zu sein; von Energie, Ehrgeiz und Intelligenz seines berühmten Vorfahren war ihm allerdings nicht viel geblieben. Als Lepida ihn verlor, wollte Claudius sie nicht, wie vorher meine Mutter, im Zölibat alt werden lassen, sondern beschloß, ihr einen dritten Gatten zu geben. Er rief Appius Silanus aus Spanien zurück, wo dieser eine Provinz regiert hatte. Er war auch ein Julier; seine Familie hatte mit uns in jüngster Vergangenheit verwandtschaftliche Bande geknüpft. Silanus hütete sich davor, die Hochzeit abzulehnen. War es nicht eine Ehre, der Schwiegervater des Kaisers zu werden? Claudius war von ihm dermaßen bezaubert, daß er ihn in seinen engsten Freundeskreis aufnahm. Er konnte gar nicht mehr ohne ihn sein. Ein gefährlicher Freundeskreis, wie Silanus schon bald erfahren sollte.

Seit Messalina Mutter eines Sohnes geworden war, herrschte sie an Claudius' Hof als Gebieterin. Sie hatte die wichtigsten Freigelassenen für sich gewonnen, die in ihren verschiedenen Funktionen innerhalb der kaiserlichen Verwaltung in einem steten Kontakt mit dem Princeps standen. Das war ihr ohne große Probleme gelungen, weil diese Männer wußten, wie leidenschaftlich Claudius seine Frau liebte. Daher lag es in ihrem eigenen Interesse, Messalina in allen Wünschen zu Diensten zu sein und bei ihren Intrigen zu fördern. Die meisten kannte ich. Sie waren im Haus von Antonia und Gaius Sklaven gewesen; es war Gaius gewesen, der sie freigelassen hatte. Sie waren allerdings allesamt hochgebildete Männer. Einer, Polybius, war sogar ein Dichter! Pallas habe ich bereits erwähnt; ebenso die wichtigen Dienste, die er mir geleistet hat, und unsere persönliche Beziehung. Die Bekanntschaft mit den anderen war nicht minder nützlich. Callistus hatte Gaius zuerst mit größter Hingabe gedient, angesichts des zunehmenden Wahnsinns meines Bruders dann jedoch die Verschwörung ins Leben gerufen, die dem Wahnsinn ein Ende setzte. Er war Chaereas Komplize gewesen; doch bis zu welchem Punkt, das hat niemand je erfahren. Geschickt hat er es verstanden, dem Schicksal der übrigen Verschwörer zu entkommen. Es gab ferner Narcissus, den Leiter des Amtes *ab epistulis.* Als Chef der kaiserlichen Korrespondenz übte er natürlich einen fast unbegrenzten Einfluß aus, weil Claudius oft Briefe aus den entferntesten Provinzen lange Zeit nicht zur Kenntnis nahm und dann Narcissus beauftragte, in seinem Namen zu antworten. Polybius schließlich diente Claudius als Sekretär und Mitarbeiter bei seinen Lieblingsstudien. Damit war er gut beschäftigt, da mein Onkel seine Recherchen nie aufgegeben hatte. Er verfolgte gleichzeitig die Geschichte der Etrusker, Überlegungen über das Schreiben und die Grammatik. Er war ein fleißiger Sammler aller möglichen Dokumente aus Italien und den römischen Provinzen, alte Inschriften, die Polybius da oder dort kopieren lassen sollte, wenn ein seltsames Wort mit einem vergessenen Sinn die Neugier eines seiner Informanten geweckt hatte. Polybius schmeichelte Claudius' Eigenheiten. Von ihm kam auch der Vorschlag, das eingeführte Alphabet um zwei lächerliche, ganz unnötige Buchstaben zu erweitern. Claudius machte ihren Gebrauch zur Pflicht, aber sie sind inzwischen schon wieder fast vergessen.

Das waren die vier wichtigsten Persönlichkeiten des Reiches, und alle vier Messalina völlig ergeben, die fest entschlossen war, ihren Einfluß zu nutzen, um einen Teil der Macht sich selbst zu sichern. Aber was wollte sie eigentlich? Das habe ich mich oft gefragt. Zuerst, denke ich mir, wie die meisten Frauen, ihrem Mann überlegen sein, alle Geschäfte übernehmen, für die sie ein persönliches Interesse hatte. Das konnte ich verstehen, weil ich diesen Wunsch selbst hegte und weil dies, meines Wissens, eine Eigenart der römischen Frauen war. Sie haben sich nie damit abgefunden, nur unwichtige Komparsen zu sein, die auf das Umfeld des häuslichen Lebens beschränkt sind. Schon zur Zeit der Republik schalteten sie sich mit Ratschlägen und Intrigen in die Führung des Staates ein. Sie beherrschten ihre Gatten oder ihre Liebhaber und überwanden deren Widerstand durch Hartnäckigkeit, wenn sie sich trauten, ihre Meinung öffentlich zu verkünden. Bis zum Verdruß hatte ich mir die Worte des alten Zensors anhören müssen, dieses unerträglichen Kleinbürgers aus einem Dorf in Latium, daß »die Römer der Welt befahlen, und die Römer unten dem Befehl ihrer Frauen standen«; und ich war fest entschlossen, das durch eigenes Handeln für unsere Epoche von neuem zu bestätigen. Ich fand es deshalb an sich weder überraschend noch tadelnswert, daß Messalina den gleichen Ehrgeiz besaß. Aber welche Unterschiede zwischen uns beiden! Doch ich hatte das Schicksal auf meiner Seite. Unsere Familie war von den Göttern dazu auserkoren, die Herrscher zu stellen. War die völlig unerwartete Machtübernahme von Claudius etwa kein Beweis dafür? Sie war Rom gegen die vorherrschende Meinung aufgezwungen worden! Nun gehörte Messalina aber nur zur Hälfte zu unserer Familie. Sie hatte einen Valerius zum Vater, der zweifellos adelig, aber dennoch eine zweitklassige Persönlichkeit war. Ich gehörte dagegen durch meinen Vater *und* meine Mutter zum Blut des göttlichen Augustus. Messalina konnte nur auf seine Schwester Octavia zurückgreifen. Dafür war meine Großmutter väterlicherseits die Tochter dieser Octavia, aber meine andere Großmutter war niemand anderes als Julia, das einzige Kind des göttlichen Augustus. Das gab mir das unbestreitbare Recht, mich so direkt an der Machtausübung zu beteiligen, wie es mir als Frau zusteht.

Aber es gab noch andere Vorzüge. Messalina war gerade sechzehn. Ich war zehn Jahre älter und um viele Lebenserfahrungen reicher. Ich kannte die Versuchungen, die die Macht mit sich bringt, weil ich sie bei Gaius entdeckt hatte. Seneca hatte mich mehrmals über die vorrangige Notwendigkeit der Selbstbeherrschung bei einem Princeps aufgeklärt. Würde Messalina das verstehen? Selbst wenn sie die Macht nicht unmittelbar ausüben würde, würde sie sie aus nächster Nähe lenken und für sich nutzen. Und wir stellten nur allzubald fest, daß es dieser doch noch sehr jungen Frau völlig an Bildung und Maß fehlte. Sie folgte immer nur ihren eigenen Interessen, die so vulgär waren wie die Regungen des Herzens ordinärster Mädchen. Sie war eitel, nach Ehrerbietungen gierig und zugleich eifersüchtig auf alle Frauen, die als schön galten. Und sie benutzte ihren Einfluß, um diese zu ruinieren.

Ihr erstes Opfer war Livilla, die immer noch unvergleichlich hübsch war und sogar nach unserem gemeinsamen Exil an Glanz und Sanftmut dazugewonnen hatte. Das hatte Claudius entdeckt und lud sie daher oft zu sich ein. Sie unterhielten sich lange unter vier Augen. Ich habe meine Schwester manchmal wegen dieses Tête-à-tête mit Claudius geneckt, worauf sie lachte und schwor, daß zwischen ihnen beiden nichts Tadelnswertes geschehe, sondern daß sie sich einfach gern mit ihm unterhielte und ihn wegen seines vielseitigen Wissens bewunderte. Ganz haben mich ihre Erklärungen dann doch nicht überzeugt. Ich ahnte, daß sie auch auf seinen Rang ansprach. Die Vertraulichkeit mit Claudius schmeichelte ihr. Aber ich vertraute ihr, daß die Beziehung der beiden nicht über das Freundschaftliche hinausging, zumindest bis zu diesem Zeitpunkt. Der Meinung war Messalina offenbar nicht. Wie ich durch Pallas erfuhr, beunruhigte sie diese Zweisamkeit immer mehr. Zunächst ließ sie nur beleidigende Äußerungen über Livilla fallen, dann bemängelte sie Livillas Verhalten. Livilla brachte ihr nicht die Huldigungen entgegen, die ihr nach eigener Meinung zustanden. Messalina beschloß, sich zu rächen und zugleich die Beziehung zwischen Claudius und dieser ihr so gefährlichen Rivalin zu beenden. Zu diesem Zweck beauftragte sie ergebene Männer mit dem Sammeln von Beweisen für die eheliche Untreue Livillas. Und zwar, daß sie einen Liebhaber hätte, der niemand anderer war als Seneca, und daß ihr Benehmen unter die Gesetze fiel, die Augustus gegen Ehebruch erlassen hatte. Dann zeigte sie Livilla bei Claudius an, der sich überzeugen ließ und zustimmte, daß vor dem Senat Anklage erhoben wurde. Wie angesichts der Gefügigkeit der Patres zu erwarten, verurteilten sie Livilla und Seneca zum Exil. Messalina war in ihren Bemühungen, den Princeps in dieser Angelegenheit zu überzeugen, sehr von Narcissus unterstützt worden. Claudius ließ sich dennoch nicht leicht dazu überreden, Seneca aus Rom fortzujagen. Das zeigte sich darin, daß er das Exil in Verbannung umwandelte. Somit durfte der verurteilte Seneca seinen Wohnsitz selbst wählen, und er blieb im Besitz seiner Güter. Crispus und ich sahen unseren Freund nach Korsika abreisen. Wir waren sehr betrübt, aus verschiedensten Gründen, die nicht nur mit der tiefen Zuneigung, die wir für ihn empfanden, zu tun hatten.

Claudius war erst seit wenigen Monaten an der Macht, und

man konnte bereits deutlich erkennen, daß sich gegen ihn eine Opposition bildete, die ihm eines Tages gefährlich werden könnte. Es gab viele Senatoren, die glaubten, daß der Princeps langsam den Verstand verlieren würde. Sie hielten ihn für einen launenhaften, total unvernünftigen, seinen Leidenschaften erlegenen Mann, bei dem man mit dem Schlimmsten rechnen mußte. Im großen und ganzen teilte Crispus diese Meinung. Er drückte sich oft so aus, daß er von Claudius lieber nur Wohltaten empfinge als geachtet werde, daß ihm aber dagegen von Augustus ein schlichtes Zeichen des Wohlwollens lieber gewesen wäre. Ähnlich erging es den wichtigsten Persönlichkeiten Roms, darunter auch Seneca, der eloquenteste von allen, der nach Beredsamkeit und Begabung in die erste Reihe gehörte, wenngleich er der Herkunft nach nicht zum Hochadel zählte. Das hatte Narcissus, wie ich auch diesmal durch meinen Freund Pallas wußte, gut erkannt, und genau deshalb hatte er ihn vom Hofe entfernen wollen. Die Abwesenheit dieses geachteten Mannes machte es ihm möglich, alle um sich zu sammeln, die den Wunsch hegten, Claudius die Macht zu entreißen.

Livilla wurde wieder einmal ins Exil geschickt. Ich wußte aus eigener Erfahrung, wie tief diese neuerliche Prüfung sie treffen würde. Ich fürchtete sehr, sie nie wiederzusehen, selbst wenn sie je zurückgerufen werden sollte, was aber sehr unwahrscheinlich war. Solange Messalina die Gattin von Claudius sein würde, würde Livillas Exil dauern. Livillas Mann hatte sich in den kurzen Prozeß gegen meine Schwester nicht eingeschaltet. Wie schon erwähnt, war er ein stiller Mann, der nur um seine Ruhe und den Fortgang seiner Karriere bemüht war. Er hütete sich, etwas zu sagen oder zu tun, das dem Princeps mißfallen könnte, und blieb so in seiner Gunst. Zwei Jahre später, als Messalina Livilla im Exil ermorden ließ, begleitete Vicinius Claudius auf dieser lächerlichen Expedition nach Britannien. Später wurde er für seine Gleichgültigkeit und seinen Egoismus bestraft. Gewiß, heute freut mich das, aber damals konnte ich ihm leider nur sagen, was ich von ihm hielt, als er Livilla so feige im Stich gelassen hatte. Ich suchte ihn also auf, um ihm schwere Vorhaltungen zu machen. Er antwortete ruhig, daß man die vom Princeps gebilligten Entscheidungen des Senats nicht in Frage stellen sollte. Alles andere wäre ein Majestätsverbrechen und zöge die staatlichen Gesetze in Zweifel. Als ich ihn daraufhin fragte, ob er diese Entscheidung denn als gerecht empfände, gestand er etwas widerwillig, daß er persönlich volles Vertrauen in Livilla und ihre eheliche Treue habe, daß seine Meinung in dieser Sache jedoch ohne Belang sei. Falls er dieses Urteil anfechte und selbst unter Anklage geriete, würde er, statt seiner Frau zu helfen, nur selbst die Strafe des Exils riskieren. Ich nahm ihm das Versprechen ab, daß er alles tun würde, um ihr zu helfen und ihr alles zuzuschicken, was uns in Pontia gefehlt hatte, und vor allem um sie zu trösten, daß sie wenigstens für uns nicht ausgestoßen war. Vicinius versprach es, was mich aber nicht beruhigte. Wie konnte einer, der so offensichtlich nur an sich selbst dachte, die Gefahr eines Prozesses auf sich nehmen, um das Schicksal der Verbannten zu mildern?

In dem sicheren Gefühl der Herrschaft über ihren Mann, fing Messalina auf dem Palatin ein freies Leben an. Ihr Vergnügen bestand darin, Männer zu verführen. Das begann mit den Freigelassenen des Princeps, die ihr aber sehr bald nicht mehr genügten. Während Claudius, der Wein und Schlaf genoß, nach dem Abendessen stets einschlummerte, täuschte Messalina ihren Schlaf nur vor. In Wahrheit ging sie, in einem großen Umhang und mit einer hochblonden Perücke verkleidet, in Begleitung einer Dienerin auf Abenteuersuche durch die Straßen. Sie frequentierte die Tavernen und die verrufenen römischen Stadtviertel zwischen dem Forum und der Suburra. Man berichtete mir sogar – für die Wahrheit kann ich mich aber nicht verbürgen –, daß sie zu dem Zweck eine Art Hütte gemietet hatte, wie eine professionelle Kurtisane. Dort gab sie sich der Plebs auf dem Steinlager hin, das in solchen Behausungen üblich ist. Nur ein dünner Vorhang aus grobem Tuch trennte die Kaiserin von der Menge in den Straßen. Den Männern gegenüber nannte sie sich Lycisca und verhielt sich wie eine läufige Hündin. Claudius wußte von all dem selbstverständlich nichts, und niemand hatte den Mut, es ihm zu sagen. Man hätte das eigene Leben riskiert.

Mit solch groben Ausschweifungen suchte Messalina ihre unersättliche Fleischeslust zu befriedigen. Ihr Verhalten verriet nicht gerade eine noble Seele. Was Pallas mir berichtete, bestätigte mich in der Annahme, daß sie dumm war. Wie konnte sie nur übersehen, daß solch ausschweifendes Leben eines Tages zu ihrem Ruin führen mußte?

Seit Livilla und Seneca nicht mehr in Rom weilten, blieb ich meist zu Hause. Ich sah Nero groß werden, seine Intelligenz erwachen, die Zeichen seiner Sensibilität. Aber es verging kein Tag, an dem ich nicht um sein Leben bangte. Ich wußte, daß Messalina ihn als möglichen Rivalen ihres Sohnes fürchtete, und ich hielt sie für fähig, Mörder zu kaufen, um ihn zu töten. Ich war sicherlich nicht die einzige, die so dachte.

In Rom war ein Gerücht im Umlauf, daß die Kaiserin zwei Männer beauftragt hatte, Nero umzubringen, daß es ihnen während seines Mittagsschläfchens gelungen war, in sein Zimmer einzudringen, dann aber auf seinem Kopfkissen plötzlich eine riesige Schlange erschienen war, die die Männer in die Flucht schlug. Ich wußte sehr wohl, daß daran nichts wahr war. Die Schlange ging mit Sicherheit auf die Schlange zurück, die sich in Neros Kinderbett gehäutet hatte, aber die hatte ja nie wen bedroht! Ich begann mich über diese Mär zu belustigen, bis ich auf einmal begriff, daß dieses Märchen eine Botschaft war, die mir die Götter schickten. Ich erinnerte mich an Herkules' Kindheit, an die zwei Schlangen, die die eifersüchtige Stiefmutter geschickt hatte, und an den Jungen, der die Schlange mit seinen kleinen Händen erwürgte. So hatte das Leben des Herkules auf Erden angefangen, und am Ende wurde er ein Gott. Das Zeichen schien mir deutlich. So wie Herkules würde Nero König werden. Wie er würde er zur Gottheit erhoben werden.

Als ich Crispus das alles erzählte und in meine hoffnungsvollen Erwartungen einweihte, lachte er mich aus. Ich konnte mich überzeugen, daß Seneca über ihn die Wahrheit gesagt hatte: Crispus war sehr geschickt darin, Illusionen, in denen wir uns wiegen, zu entlarven. Ich erinnere mich noch genau an seine Worte, »daß ich vor dem, das mir schmeicheln könnte, die Tür nicht verschließe, sondern nur zuziehe. So benimmt sich ein Mann gegenüber einer Mätresse. Er hat vor ihr die Tür zugemacht, aber sie tut ihm einen großen Gefallen, wenn sie die Tür aufschiebt, und noch einen größeren, wenn sie sie einschlägt«. Ich mußte ihm recht geben. Ich deutete diese Legende als Omen, weil sie meinen mütterlichen Ehrgeiz befriedigte. Ich habe mich allerdings gehütet, ihm zu sagen, daß mein Traum von Neros Machtstellung nicht bloß mütterlichen Wünschen entsprang, sondern eigenen Interessen, daß ich eigene Träume hatte, die geheim bleiben mußten. Crispus hätte solchen Ehrgeiz nie verstehen können, der, wie mehrmals erwähnt, für mich so etwas wie eine heilige Pflicht war. Für ihn wäre das nur eine vulgäre

Illusion gewesen, die weitverbreitete Neigung zur Herrschsucht, der man nicht erliegen sollte.

Crispus war trotz seiner Intelligenz und seines immensen Wissens ein einfacher Mensch. Er hatte zurückgefunden zu seiner Natürlichkeit, die die Natürlichkeit eines echten Philosophen war. Manchmal war er allerdings etwas merkwürdig. Es gab in der Nähe seiner Villa in Tusculum einen heiligen Buchenhain, dessen schöne Bäume Crispus ganz besonders liebte. Er hatte die Gewohnheit, sich in ihren Schatten auszuruhen und Trankopfer von Wein darzubringen. Es kam sogar vor, daß er sie umarmte und küßte. Die Dienerschaft witzelte darüber. War Crispus vielleicht ein wenig verrückt? Ich muß gestehen, daß ich mir die Frage auch gestellt habe, als ich solche Liebesbeweise erstmals miterlebte. Aber dann versuchte ich das seltsame Verhalten zu verstehen. Ein Baum ist ein weibliches Wesen, das eine fast unbegrenzte Kraft in sich trägt, selber zu leben und Leben zu geben. Seine Blätter und Früchte sind wie Kinder, die er zur Welt bringt, sie um sich verstreut und ihrem Schicksal überläßt. Jeder Baum ähnelt den Müttern, wie man sie in unseren Dörfern trifft, umringt von Buben und Mädchen, die sich um sie drängen. Crispus liebte das Leben um seiner selbst willen. Vielleicht hatte er sich ein Kind von mir gewünscht. Gesagt hat er es mir nie. Er wußte meine Antwort schon. Deshalb habe ich mich manchmal gefragt, ob dieses Theater, diese Liebe für einen Baum eigentlich nicht den Zweck hatte, mir zu verstehen zu geben, daß ich meine Pflicht, meine natürliche Bestimmung als Frau, verletzte. Sollte ich die Großzügigkeit, die lebensspendende Kraft der Buche nacheifern? Dazu hatte ich nun allerdings keine Lust. Ich war keine Dorfmutter. Mich trieben andere Kräfte. Nero sollte mein einziges Kind bleiben. Ich würde ihm und keinem anderen zur Machtergreifung verhelfen.

Vielleicht weil sie es leid war, neue Liebhaber zu suchen, hatte Messalina sich in einem Nebengebäude des Palastes schließlich einen Platz eingerichtet, wo sie empfangen konnte, wen sie wollte. Ich habe dieses Liebesnest später einmal besichtigen können. Dieses Haus hatte einen Innenhof mit Arkaden. Von dort gingen die Räume ab, ohne Fenster.

In jeder Zelle stand ein Bett mit kostbaren Decken und weichen Kissen. Messalina war offenbar die Steinliegen satt, auf denen sie sich bis dahin getummelt hatte.

Als ich die Herrin des Kaiserpalastes wurde, habe ich diesen Pavillon mit seiner unsittlichen Vergangenheit niederreißen lassen, trotzdem es mir leid tat, da das Haus selbst Charme hatte. Von den allzu aufschlußreichen Zellen einmal abgesehen, gab es im Hof einen schön angelegten Garten der Art, wie man ihn in Kampanien hat. Dort standen zwei Bäume, noch jung, aber schon kräftig, eine Platane und eine Pinie. Wenn man ihnen Zeit zu wachsen gelassen hätte, hätte ihr Schatten diesen winzigen Garten einmal zu einer Zuflucht des Friedens und der Stille gemacht, die Messalina unbewußt gesucht und in ihrem kurzen Leben kaum gekannt hatte. Als ich den Pavillon besichtigte, war Crispus bereits tot. Ich mußte jedoch an ihn denken, weil er gerade dort vielleicht das Sinnbild des philosophischen Glückes gefunden hätte, das Glück, das ihm der Wald in Tusculum schenkte, diesen harmonischen Einklang mit der Welt, den weder Begierde noch Unordnung zu stören vermochten. Ich war völlig überrascht, daß diese junge Frau, die in erster Linie Sklavin ihrer Sinne und Leidenschaften, aber auch einer unersättlichen Gier nach immer mehr Reichtum war, solch einen Pavillon überhaupt hatte einrichten können.

Mir war klar, daß Messalina sich keine Fragen über die Motive ihres Verhaltens stellte, wenn sie sich in ihren Pavillon zurückzog und ihre Orgien veranstaltete – man darf es getrost so nennen. Seneca lehrte mich, unsere Laster als Neigungen zu begreifen, die unserer Natur zuwiderlaufen. »Alle Laster«, hatte er mir gesagt, »befinden sich im Kriegszustand gegen die Natur. Alle wollen sich gegen die natürliche Ordnung auflehnen. Das Vergnügen nährt sich aus der Anarchie.« Gewiß, Seneca hatte mir das gesagt, bevor er von Messalinas Exzessen wußte. Von denen haben wir erst erfahren, als Seneca auf die Insel Korsika verbannt worden war. Diese Aussage hat mich tief beeindruckt: daß manchmal ein Bedürfnis in uns aufsteigt, im Widerspruch zur geltenden Norm zu handeln, und uns allmählich nicht nur unseren Mitmenschen, sondern sogar unserem eigenen Wesen entfremdet. Solches Bedürfnis kannte ich aus eigener Erfahrung, und ich war mir keineswegs sicher, daß ich mich davon völlig befreit hatte. Ich wußte aber auch, daß, wenn *ich* solchem Bedürfnis erlag, es nicht durch Verblendung, sondern ganz bewußt geschah.

Der ewigen Suche und der ordinären Liebhaber müde geworden, warf Messalina, entweder aus Mangel an Phantasie oder aus wahrer Zuneigung, ein Auge auf Silanus, ihren Stiefvater, den ihre Mutter eben erst geheiratet hatte. Aber Silanus wies ihre Avancen zurück. Zuerst wurde Messalina wütend, dann bekam sie es mit der Angst zu tun. Sie befürchtete, daß Silanus sie bei Claudius verraten würde. Sie fragte Narcissus um Rat, der ihr beipflichtete. Die beiden beschlossen, daß Silanus sterben müßte, wofür Narcissus sorgen sollte. Er trat eines Tages bei Morgengrauen ganz außer Atem in Claudius' Zimmer ein und erzählte ihm: er hätte gerade einen Traum gehabt, und in diesem Traum hätte Silanus den Kaiser ermordet. Er gab sich sehr aufgeregt und nannte alle möglichen Details, so daß der arme Claudius sich schon tot sah.

An diesem Punkt kam Messalina herein und berichtete von der gleichen Erscheinung. Kein Zweifel: es handelte sich um ein Vorzeichen der Götter. Noch am gleichen Tag wurde über Silanus das Todesurteil ausgesprochen. Er ließ sich sofort die Pulsadern aufschneiden. Bevor er starb, hatte er noch Lepida von den Verführungsversuchen Messalinas erzählt.

Lepida kümmerte weder der Tod ihres Gatten noch das anvertraute Geheimnis. Sie hatte nie etwas für diesen Mann empfunden, den der Princeps ihr aufgedrängt hatte. Durch seinen Tod wieder ungebunden, konnte sie sich Vergnügungen hingeben, die denen ihrer Tochter mehr oder weniger glichen. Allerdings muß ich einräumen, daß Lepida etwas zurückhaltender war. Sie war mit zwei oder drei Liebhabern zufrieden, die dem eigenen Haushalt angehörten. Einer davon war Paris, der später als Tanzkünstler berühmt wurde.

Ich erinnere mich an eine äußerst merkwürdige Geschichte, die beweist, daß Lepida genauso geldgierig war wie ihre Tochter. Sie hatte Paris freigelassen, der ihr bis dahin als Sklave gedient hatte. Aber sie hatte es nicht umsonst oder aus Liebe zu ihm getan, denn für seine Freiheit verlangte sie zehntausend Sesterzen von ihm. Solange er ihr Liebhaber war, kam dieses Geschäft nie zur Sprache. Als jedoch die Liebe der beiden nachließ, behauptete Paris, in Wirklichkeit ein Freigeborener zu sein, so daß Lepida sich strafbar gemacht hatte, ihm für seine Freilassung Geld abzuverlangen. Lepida weigerte sich dennoch, ihm das Geld zurückzuzahlen. Der Fall wurde vor Nero gebracht, der den Mimen von der Zeit bei Lepida her gut kannte, schätzte und mochte. Er gab Paris recht. Während ich dies schreibe, wird in ganz Rom über diese Geschichte auf eine Art gesprochen, die weder Paris noch Lepida Ehre macht.

In der Zeit, über die ich hier schreibe – da wurde Lepida

noch von Paris geliebt –, reiste Claudius nach Britannien, wo er naiverweise glaubte den Eindruck erwecken zu können, daß er den Sieg errungen hatte.

In dieser Zeit verfügte Messalina hemmungslos über den Palast. Der oben erwähnte Pavillon war bereits gebaut. Sie rief dort Damen aus der Aristokratie mit ihren Männern zusammen – Senatoren und bedeutende Ritter. Zunächst begnügte sie sich damit, einige wenige kommen zu lassen, dann wurden es immer mehr. Unter den Arkaden wurden Tische aufgestellt. Alle Anwesenden wurden zu so reichlichem Trinken aufgefordert, daß sich in der allgemeinen Trunkenheit Männer und Frauen bald den Begierden hingaben, die der Wein in ihnen weckte. So erfüllten die kleinen Zimmer ihren Zweck.

Messalina hatte die Absicht, die führenden Damen Roms in Prostituierte zu verwandeln, was ihr auch gelang. Ich fragte mich, ob sie sich durch die Anwesenheit der Ehemänner eine Art perverser Befriedigung versprach? Messalina vernichtete hier den Bestandteil wechselseitigen Respekts, ohne den unsere Gesellschaft nur zugrunde gehen kann. Wie konnten diese Männer und Frauen sich nach einer solchen Nacht überhaupt wieder in die Augen sehen? Aber ich merkte, daß Messalina, bei all ihrer Dummheit, doch noch einen Funken von Verstand hatte. Trotz Claudius' Abwesenheit von Rom stellten ihre Orgien ein Risiko dar. Jemand könnte auf die Idee kommen, dem Princeps nach seiner Rückkehr alles zu erzählen. Der Skandal wäre so groß, daß Claudius gezwungen wäre, die Schuldigen zu bestrafen, also keine andere Wahl hätte, als sie zu verbannen oder sogar hinzurichten. Das käme einer Dezimierung des Senats und der ersten Dekurien von Rittern gleich. Würde er so etwas riskieren? Die Ehemänner wurden durch ihre Anwesenheit zu Komplizen. Das heißt, Messalina ergänzte das perverse Vergnügen einer kollektiven Orgie durch eine Art von Versicherung zur eigenen Straffreiheit.

Als ich Messalina zu verstehen suchte, rief ich mir ins Gedächtnis, daß mein Bruder in vielem gar nicht anders gehandelt hatte. In ihm hatte ich den gleichen Trieb entdeckt, andere an Straftaten zu beteiligen und zu quälen. So zum Beispiel, als er uns zur Prostitution mit Lepidus verleitet hatte, oder als er mich verurteilte, die Urne mit der Asche meines ehemaligen Liebhabers zu tragen. Mir fiel auch wieder ein, daß er Senatoren gezwungen hatte, in ihrer Toga neben seinem Wagen herzurennen, oder ihm beim Essen zu bedienen. Gaius und Messalina waren Vetter und Kusine, beide zeigten den gleichen Hang zu zerstören. Beide hatten Antonius als Ahnen, der dieser Eigenschaft ebenfalls unterlegen war. War es nur die Lust am Vergnügen, die ihn dazu getrieben hatte, bei Lebzeiten seine Gottebenbürtigkeit zu behaupten und schließlich gegen sein eigenes Land zu kämpfen? Seltsame Späße, die ihn viele Qualen gekostet hatten. Nein – war das, was Antonius zu befriedigen versuchte, nicht genau die Lust am Frevel, die ich in Gaius und Messalina wiederfand?

Ich sagte mir ferner, daß nicht nur das Blut des Augustus, des göttlichen Augustus, sondern auch Antonius' Blut in meinen Adern floß. Würde ich nicht den gleichen Versuchungen unterliegen wie er? Der Gedanke machte mir angst; und um gegen diese Angst anzukämpfen, suchte ich Gewißheit in den Gefühlen, die mich beschäftigten. So entdeckte ich, daß mein Bruder und meine Cousine sich in einem stark von mir unterschieden. Sie liebten nichts so sehr als zu zerstören und sich selbst und ihre Mitmenschen zu entwürdigen. Mich dagegen trieb ein Drang aufzubauen und Kräfte in mir zu fördern, die, davon war ich fest überzeugt, zum Guten tendierten.

Nicht umsonst war Seneca mein Lehrer gewesen. Ich glaubte fest daran, daß die Größe des römischen Reiches im Sinne der Weltordnung war und daß es sich lohnte, das Meine dazu beizutragen, auch wenn es noch so große Mühe erforderte. Aber war es dennoch möglich, daß solches Bemühen mich ins Unglück stürzte und mich zu einem Leben voller Ängste und Qualen verurteilte? Auch diese Zweifel half mir die Erinnerung an Seneca zu beseitigen. Er hatte mich gelehrt, daß man auf der Suche nach heiterer Gelassenheit nur in Übereinstimmung mit unserem tiefsten Wesen handeln sollte. Nun lag es nicht in meiner Natur, im stillen nachzudenken. Ich würde keine Ruhe finden, solange ich nicht direkt an der Erfüllung dieser Aufgabe beteiligt war. Und ich war überzeugt, daß ich mich für diese Aufgabe besser eignete als alle anderen, und ganz bestimmt besser als dieser unglückselige Claudius, den seine Frau und seine Freigelassenen an der Nase herumführten.

Messalina hatte um ihn herum ein Netz von heimlichen Einverständnissen gewoben, das ihm den Blick für die Wirklichkeit verhüllte. Ihre Hauptkomplizen waren die Männer, von denen ich gesprochen habe. Aber sie benützte auch noch andere Gehilfen, Dienerinnen, die auf alle Feinheiten der körperlichen Liebe gedrillt waren und deren Dienste Claudius sehr schätzte. Er war auf diesem Gebiet sicherlich nicht so anspruchsvoll wie sein Onkel Tiberius, aber ihm gefielen die Künste dieser Mädchen recht gut. Ich kann mir denken, daß Messalina ihn gerne mit solchen Mädchen allein ließ, nicht nur, weil das eine Garantie für ihre Freiheit bedeutete, sondern auch, weil sie ihn dadurch verachten konnte. Diese Zufriedenheit erstickte in ihr die Eifersucht.

Im übrigen hätten sich beinahe all ihre Vorsichtsmaßnahmen als unzureichend entpuppt, denn ein paar ehrliche Leute waren in Claudius' Freundeskreis geblieben, darunter der Prätorianerpräfekt Justus, ein alter Soldat, der noch unter Augustus gedient hatte und der über das Benehmen der Kaiserin empört war. Er wollte Claudius die Augen öffnen. Messalina kam in Bedrängnis, doch sie konnte es verhindern, daß er Zutritt zu Claudius fand, und für einige Liebkosungen bekam sie seine Absetzung.

Meine Erinnerung an diese Zeit beschäftigt sich fast nur mit Messalina und ihren Intrigen. Der Grund dafür war vielleicht das Leben, das Crispus und ich führten: ein vernünftiges Leben in Zurückgezogenheit, das gut zum Charakter meines Mannes paßte, aber weniger zu meinem. Er war im Schatten seiner Buchen auf seinem Landsitz in Tusculum glücklich. Er lauerte darauf, daß sich die ersten Knospen öffneten und die Blätter entfalteten. Vielleicht richtete er aufmunternde Worte an sie, allerdings nie in meiner Gegenwart. Er wußte ganz genau, daß ich davon nicht begeistert wäre. In meiner Kindheit und Jugend war ich vom Zauber unseres Gartens auf dem Palatinus fasziniert gewesen, inzwischen beschäftigten mich wesentlich wichtigere Dinge. Crispus hatte sich immer lieber im Schatten gehalten, selbst wenn er offizielle Aufgaben hatte. Es fiel ihm gar nicht schwer, Geschäften aus dem Wege zu gehen, und er fand die Heiterkeit des Lebens unter der Buche, die, wie ich mir sagte, der Buche des Hirten bei Vergil ähnelt. Unser Verhältnis zueinander blieb jedoch so gut und intim wie in den ersten Tagen unserer Ehe. Doch ich sagte mir ständig, daß mein Leben so nicht immer weitergehen dürfte, daß Crispus für mich nur eine vorübergehende Zuflucht war, bis die Umstände für meine ehrgeizigen Vorstellungen wieder günstiger würden. Doch solange Messalina auf dem Palatinus das Sagen hatte, war Vorsicht geboten.

Darin bestätigte mich noch die Nachricht von Livillas Tod. Sie war in ihrem Exil ermordet worden. Alle waren fest davon überzeugt, daß es auf Messalinas Anweisung geschehen war, denn Claudius hätte keinen Grund gehabt, eine Nichte hinzurichten, die er früher geliebt hatte und die kein Verbrechen begangen hatte. Ich sagte mir bitter, daß Livilla, die nie zu kämpfen versucht hatte, die immer bereit gewesen war, die Schläge des Schicksals passiv hinzunehmen, Messalinas Eifersucht erweckt hatte, während ich ... Ich hütete mich nun um so mehr, unserer abscheulichen Cousine einen Vorwand zu liefern.

Claudius hatte plötzlich die Eroberung Britanniens beschlossen und machte viel Lärm um seine Expedition. Er ließ sogar Elefanten einschiffen, die jedoch nie über Gallien hinauskamen. Er selbst war sechs Monate lang abwesend, von denen er aber nur sechzehn Tage auf der Insel verbrachte! Aber das genügte dem Senat, um ihm den Triumph und viele andere Ehren zuzuerkennen, die er mit Messalina teilte. Sie bekam das, was Tiberius seiner Mutter lange verweigert hatte. Sie wurde eine zweite Livia, doch ohne deren Tugenden und deren Geschicklichkeit. Messalinas Geschick war anderer Art. Ihr einziges Ziel bestand darin, sich immer neue Liebhaber zu beschaffen, und in diesem Punkt kannte ihre Kühnheit keine Grenzen. Sie riskierte dafür alles.

Nun hatte sie sich in Mnester verguckt, den ich gut kannte. Er war ein schöner Mann und ein talentierter Schauspieler. Er war einer der Günstlinge, wenn nicht sogar der Liebling von Gaius gewesen. Mnester verweigerte sich trotz aller Bemühungen Messalinas. Um ihn, und sei es gegen seinen Willen, doch zu erobern, hatte sie sich eine ungewöhnliche

List ausgedacht. Um die Erinnerung an Gaius auszulöschen, hatte der Senat befohlen, alle Bronzemünzen mit seinem Kopfbildnis einzuschmelzen. Messalina hatte sich die daraus entstandene Metallmasse zukommen lassen und sie zu Statuen von Mnester gießen lassen – eine außerordentliche Ehre, und sie hoffte, daß dieser aus Dankbarkeit nun bereit wäre, sie zu erhören. Aber da hatte sie sich getäuscht. Er wies sie weiterhin hartnäckig ab. Daraufhin griff sie zu ihrem letzten Mittel. Sie sprach mit Claudius, der aus Britannien zurückgekommen war, und beklagte sich bei ihm, sicherlich nicht über Mnesters Abweisung, sondern ganz allgemein wegen seines unverschämten Benehmens ihr gegenüber. Sie bat ihren Mann, dem Schauspieler zu befehlen, das zu tun, »um das sie ihn bitten würde«. Sie hatte den Augenblick geschickt gewählt, da Claudius am Ende eines Abendessens nicht mehr in der Lage war, Fragen zu stellen. Er tat arglos, was sie verlangte, und wies Mnester an, sich der Kaiserin zur Verfügung zu stellen. Auf diese Weise bekam sie endlich das, was sie sich so leidenschaftlich ersehnte.

Die zahlreichen Ausschweifungen blieben nicht einmal von den kleinen Leuten unbemerkt, die sich allmählich über Claudius lustig machten. Aber er tat, als ob er nichts davon wüßte, oder vielleicht verstand er nicht, weil er meist in seine eigenen Gedanken vertieft war. Ich bin nie wieder jemand begegnet, der so zerstreut war wie er. Man könnte meinen, daß er in seinen Gedanken stets ganz woanders war und deshalb so merkwürdige Äußerungen machte, über die man lachte. Ich habe zum Beispiel selbst gehört, wie er am Ende eines Prozesses gefragt wurde, für welche Seite er sich entschieden habe, und erwiderte: »Ich bin für den, der die Wahrheit sagt.« Darüber hinaus wollte er dann nichts mehr sagen.

Über ihn gingen noch viele andere Geschichten um, in

denen er nicht immer eine gute Figur machte, aber auch nicht immer schlecht wegkam. Man rühmte seine Gerechtigkeit, die Geduld, mit der er den Anwälten zuhörte, seinen offensichtlichen guten Willen. Man bedauerte ihn, weil er auf der Treppe des Tribunals beim Heruntersteigen jedesmal stolperte und man ihn stützen mußte. Beim Volk hatte er im allgemeinen einen guten Ruf. Das tat mir gut, denn ich hatte ihn immer noch gern. Um so mehr tat es mir leid, daß ich ihn nicht besuchen und so wie früher lange, interessante Gespräche mit ihm führen konnte. Aber auf Anweisung der im Palast allmächtigen Messalina blieb ich fern und führte, ganz gegen meinen Geschmack, ein zurückgezogenes Leben. Crispus und ich weilten oft in unserer Villa in Tusculum im Schatten der Buchen. Es gab dort eine Art Heiligtum um einen Steinaltar mit Reliefs von Flötenspielern, Kronen und Bukranionen. Crispus hatte Tusculum besonders gern. Er hatte Rosensträucher pflanzen lassen, die über ein Holzgitterwerk kletterten und in der Blütezeit einen lieblichen Duft ausströmten. Selbst wenn es unter der brennenden Sonne im Garten drückend heiß war, gab es kühlen Schatten unter den Buchen. Dort lagen wir plaudernd auf Ruhematten. Wir sprachen über die Ereignisse in Rom. Eines Tages bemerkte ich, daß die Stadt nie zuvor eine solche Fülle von Spektakeln und öffentlichen Spielen erlebt hatte. Ich fragte Crispus, was er darüber dachte.

»Dein Onkel«, antwortete er, »ist alt und erfahren genug, um zu wissen, daß es in einer Stadt wie unserer, wo alles vom Princeps abhängt, noch einen höchsten Richter gibt, der in letzter Instanz alles entscheidet, selbst wenn er offensichtlich kein Wort mitzureden hat. Diese oberste Instanz ist das kleine Volk von Rom. Daher muß man ihm gefällig sein. Du weißt genausogut wie ich, daß es sich nicht durch Vernunft leiten läßt. Es hört nur auf vage Ideen, Worte ohne genauen Inhalt, die spontane, oft absurde Begeisterungen wecken.

Erinnerst du dich an Platos Erzählung über das Pferdegespann, das den Antrieb unserer Seele darstellt? Die Menschen sind selten imstande, sich vom fügsamen, geduldigen, ruhigen Pferd führen zu lassen. Die meisten werden vom anderen getrieben, das nur Gewalt und Unruhe ist, nie auf das Wort oder die Peitsche hört. Der Princeps ist der Kutscher, der dieses seltsame Gespann führen soll und so handeln muß, daß die zwei Tiere den Wagen ziehen, wohin er will. Er muß auf zweierlei Weise handeln. Dem ersten wird er sanft und gut zureden; dem zweiten wird er schmeicheln, es mit Süßigkeiten beruhigen, sich ausdenken, wie er es erfreuen kann. Er wird sich hüten, es zu verärgern. Und genau das tut Claudius. Ich bewundere seine Politik. Erinnerst du dich daran, wie unter Gaius zu einem bestimmten Zeitpunkt durch Ungeschick oder Sorglosigkeit alle Kornspeicher der Stadt leer waren, so daß es nur mehr für kurze Zeit Brot gab? Was haben wir damit für einen Aufruhr riskiert! Claudius hat die Lektion nicht vergessen. Er hat, wie auch du weißt, alles getan, damit das Volk in Zukunft nie wieder Hunger leiden muß. Aber es genügte nicht, das störrische Pferd zu sättigen. Man sollte es nie untätig halten und keine Langeweile aufkommen lassen, sondern seine harmlosen Leidenschaften pflegen. Solange die römische Plebs sich für die Leistungen der Gladiatoren und der Pferde begeistert oder die Tiere aus fernen Landen bewundert, die in der Arena beim Kampf sterben, wird bei uns Ruhe herrschen.«

»Hältst du Claudius wirklich für einen so guten Politiker?« wollte ich wissen. »Glaubst du, daß er Platos Worte bedacht hat? Er ist ein ziemlich unphilosophischer Mensch, und in dem Punkt kann ich ihn gut verstehen. Ich bewundere deine

Kenntnisse der Werke Platos, aber ich bin überzeugt, daß Claudius andere Gründe dafür hat, so viele Spiele zu veranstalten.«

»Ich glaube natürlich keineswegs«, sagte Crispus, »daß ein Dialog Platos ihn gelehrt hat, mit welcher Umsicht das Volk geführt werden muß. Ich kann dir sogar sagen, daß Plato hinsichtlich der Politik Unsinn redet und daß es Wahnsinn wäre zu versuchen, seine Ideen in die Praxis umzusetzen. Man darf durchaus vermuten, daß Claudius alles von allein entdeckt hat und aus den Fehlern deines Bruders Gaius gelernt hat.«

»Du vergißt etwas, mein Gatte! Du übersiehst seine Leidenschaft für die Geschichte unseres Volkes, für die Riten, die in Vergessenheit geraten könnten, oder die verlorengegangenen Traditionen. Ich weiß, aufgrund unserer zahlreichen Gespräche, bevor dieses verdammte Luder von Messalina mich aus seiner Nähe entfernte – er ist fest davon überzeugt, daß der Fortbestand Roms es erfordert, nichts in Vergessenheit geraten zu lassen. Jede Nachlässigkeit in diesen Dingen bringt unsere Stadt in Gefahr. Nur so kann unser Bund mit den Göttern bewahrt werden, die uns zu dem gemacht haben, was wir sind. Nun, du weißt so gut wie ich, daß die Götter bei den Spielen anwesend sind. Es ist nicht ohne Grund, daß der Zug der Teilnehmer ihre Bilder in die große Loge des Zirkus trägt, daß sie dort auf Liegen gebettet werden und daß die Tänzer ihnen zu Ehren mimen, singen und tanzen. Was würde aus uns werden, wenn wir die Feste nicht mehr feiern würden, die auch die Feste der Götter sind?«

Crispus war nicht ganz überzeugt, daß dies der Grund war und daß mein Onkel, falls es wirklich seine Absicht war, recht tat, so zu handeln. Ich habe den Verdacht, daß er so denkt wie die Epikuräer, deren Lebensart er nacheifert – daß die menschlichen Angelegenheiten die Götter überhaupt nicht interessieren. Doch würde er es nie zugeben, aber anders läßt sich sein Benehmen nicht erklären. Der kleine Altar neben uns war für ihn sicherlich nur etwas Schönes, das ihm gefiel, ohne daß er glaubte, durch ihn die Götter erreichen zu können. Als die Dunkelheit hereinbrach, die Luft milder wurde und Crispus eindöste, dachte ich darüber nach, was ich eigentlich von den Göttern erwartete. Ich glaube daran, daß sie sich um uns kümmern, dessen bin ich mir sicher. Aber ich glaube auch, daß wir von ihnen nicht alles erwarten dürfen. Wir dürfen nicht verlangen, daß sie uns in unserer Faulheit bestärken. Wir müssen ihnen helfen, unser eigenes und das Leben unserer Stadt zu führen. Sie erwarten von uns, den Römern, daß wir ihnen in ihrer schweren Aufgabe beistehen, die darin besteht, das Universum zu regieren. Und die zu ihrer Ehre eingeführten Spiele sind Mittel, die sie uns schenken, damit es uns gelingt. Für mich waren die Spiele immer ein Spiegel des Lebens. Wie in der wirklichen Welt sieht man Kämpfe, die für einige mit dem Sieg, für andere mit dem Tod enden. Und dann gibt es die aufregende Entdeckung des Ruhmes. Dieser Ruhm, der mit den siegreichen Pferden verbunden ist, wird sogar von den Tieren empfunden. Man kann beobachten, daß sie den Jubel der Menge genießen. Ich wunderte mich über diese unwiderstehliche Kraft, die gleichzeitig Tausende von Männern und Frauen belebt, deren Blicke sich auf den Wagen des Siegers richten, der zum letzten Mal die Runde fährt.

Diese Gedanken, unter den Buchen von Tusculum, bekräftigten mich in meinem Ehrgeiz, eines Tages Führerin dieser Masse von Menschen zu werden, die mit all ihren Unterschieden eins wurden in diesem Sieg, der in ihrem Namen und für sie von vier Pferden gewonnen worden war, die im

Unterschied zu den Pferden Platos gemeinsam gestartet waren und sich gemeinsam angestrengt hatten, um als erste den Kreidestrich zu erreichen, der das Ende des Rennens markierte. Ich konnte Claudius nur loben, daß er dem Volk wieder Gelegenheit bot, den Rausch des Ruhms zu erleben.

Der Himmel war dunkel geworden. Es war Zeit, sich ins Haus zu begeben. Ich hatte Mühe, den schlafenden Crispus zu wecken. Als er mich endlich erkannte, dankte er mir mit einem Lächeln und meinte, daß er nie zuvor einen schöneren Nachmittag erlebt hätte.

Nach meinen Überlegungen in Tusculum und dem »guten Nachmittag« mit Crispus entschloß ich mich zum regelmäßigen Besuch der Spiele, die mein Onkel veranstaltete. Und so befand ich mich im nächsten Juli unter dem vierten Konsulat von Claudius und dem dritten von L. Vitellius während der Spiele zur Feier des Sieges von Caesar im Zirkus. Die Sonne stach herunter. Es waren Segeltücher aufgespannt worden, doch sie genügten nicht, um die Hitze zu lindern. Ich fühlte mich nicht sehr wohl, um so weniger als ich, um in der Menge unbemerkt zu bleiben, die *palla* nicht vom Kopf nehmen durfte, die mein Gesicht verbarg. Ich hatte nur eine Dienerin bei mir. Sie saß neben mir. Wir wirkten wie anonyme Zuschauerinnen. Absichtlich saßen wir gegenüber der kaiserlichen Tribüne, über der die Gottheiten auf ihren heiligen Liegen installiert waren. Auf der Tribüne befanden sich Claudius, Messalina und eine dritte Person, ein junger, gutaussehender Mann. Ich wußte nicht, wer er war. Dagegen erkannte ich in der zweiten Reihe, stehend, Polypius und Narcissus.

Ich bemerkte zuerst die stattliche Gestalt meines Onkels. Ich hatte ihn seit Monaten nicht gesehen. Sein Haar war ein wenig weißer geworden, was ihn noch würdevoller machte. Obwohl er saß, fiel mir seine Größe auf. Sein Kopf hob sich auffällig über die andern. Er schaute mit unbewegtem Gesicht ins Leere. Die Sorgenfalten auf seiner Stirn vermittelten den Eindruck einer inneren Bitterkeit. War er wirklich unglücklich? Wegen Messalina? Wegen der Last des Regierens? Ich fühlte einen Anflug von Zärtlichkeit, fast von Mitleid für diesen Mann, der so viele Demütigungen durchgemacht hatte und nun an der Schwelle des Alters nicht voraussehen konnte, wann er endlich mal er selbst sein dürfte! War das alles, was einem die Macht brachte, diesen Überdruß, den ich an seinem Gesicht erriet? Vielleicht. Diese scheinbare Gleichgültigkeit, die man als innere Heiterkeit auslegen konnte, obwohl ich wußte, was sich dahinter versteckte, war der Preis, den er für das vergangene Glück zahlen mußte. Ich bezweifelte jedoch, daß er es sich je gewünscht hätte. Er hatte nie etwas getan, um *Imperator* zu werden. Er war das Spielzeug der Götter gewesen. Ich konnte mir vorstellen, wie die Götter auf ihrem Olymp saßen und das Schauspiel eines Sterblichen genossen, der mit seinem Schicksal ringt. Ich erinnerte mich an ähnliche Äußerungen von Seneca. Er hatte von Cato gesprochen, der mutig gekämpft und den Tod akzeptiert, ja, ihn sogar herausgefordert hatte. In Gedanken war ich oft bei ihm, der in der Einsamkeit einer unzivilisierten, fast unbewohnten Insel verkümmerte. Würde Seneca für immer in der Verbannung bleiben müssen? Warum rief Claudius ihn eigentlich nicht zurück? Was hatte er verbrochen, um eine so lange Bestrafung zu verdienen? Ich wurde zornig auf Claudius, obwohl er mir eben noch leid getan hatte. Die Götter sind manchmal grausam. War er es aber nicht auch?

Dann richtete sich mein Blick auf Messalina, die mir den besten, den hervorragendsten Mann, den ich je kannte, entfremdet hatte. Dort stand sie und bot sich offen zur Schau wie eine Prostituierte vor ihrer Zelle. Sie hatte immer noch dieses kindliche Aussehen wie vor zehn Jahren, als sie Claudius heiratete. Ihr zweifelhafter Lebenswandel schien keine Spuren zu hinterlassen. Ihre trügerische Unschuldsmiene war unverändert! Aber ihr Äußeres zeigte nichts von solcher Unschuld. Messalina war wie gewöhnlich höchst mondän oder, besser gesagt, sehr »anziehend« gekleidet. Sie trug eine leichte, durchsichtige Seidentunika, die ihren Busen kaum verbarg und wenn sie, statt in dieser Loge zu sitzen, gestanden hätte, auch ihren übrigen Körper nicht verhüllt hätte. Die Hitze war ihr ein Vorwand für diese Art von Kleiderwahl. Auf ihren Schultern trug sie eine *palla*, ebenfalls aus Seide, die schwerelos schien. *Palla* und Tunika hatten leuchtende Farben; erstere war rosarot, die zweite bestand aus breiten Streifen in Gold und Purpur. Ihre Frisur krönte ein Diadem aus Perlen, das ihr, für einen wohlwollenden Betrachter, die Allüre der Göttin Diana verlieh, deren maskuline Energie und Keuschheit ihr allerdings fehlten. Den Hals schmückte eine dreireihige Perlenkette, deren erstklassige Qualität deutlich erkennbar war. An jedem Finger (und sie bedauerte mit Sicherheit, nur zwei Hände zu haben!) steckte ein Ring, jeder mit einem Edelstein verziert.

In diesem Aufzug, der nicht einmal einer Göttin zustünde, drehte sie ihren Kopf ständig nach rechts und nach links, um sicher zu sein, daß alle sie sahen. Manchmal warf sie einen raschen Blick über die Schulter nach hinten, zu der unbekannten dritten Person, und ich fragte mich, wer der Mann wohl sein könnte.

Ich spürte auf einmal, wie der Mann rechts neben mir, ein Ritter offensichtlich, da er einen goldenen Ring am Finger trug, sich enger als schicklich an mich drückte. Ich nutzte es, um mit ihm ein Gespräch anzuknüpfen, wich aber leicht zurück, um ihm zu verstehen zu geben, daß er sich mäßigen sollte. Ein Anlaß zu reden bot sich von selbst, weil der Einzug der Wagen auf sich warten ließ. »Weißt du«, fragte ich, »warum wir so lange in dieser Hitze herumsitzen, ohne etwas zu sehen zu bekommen? Halten die Pferde ein Nickerchen?«

»Die Pferde haben damit nichts zu tun. Man muß der Augusta Zeit lassen, sich zu zeigen. Das Vergnügen darf ihr der Princeps nicht verweigern, weil er ihr doch vermutlich ein andres vorenthält ... Mit Rennbeginn gelten alle Blicke nur noch den Pferden, dann ist für sie Schluß.«

»Und du glaubst, das Schauspiel, das *sie* uns bietet, ist es wert, daß wir warten müssen?«

»Ah, Frau, wenn du an ihrer Stelle wärst, würdest du nicht so reden. Dann würdest du finden, daß die Zeit, in der man dich bewundert, nie lang genug ist. Aber gibt es in der Welt auch nur eine Frau, die eine andere bewundert? Ich weiß nicht einmal, ob es eine gibt, die zugibt, daß sie sich selbst bewundert! Die Frauen erfinden Makel, nur damit man ihnen erklärt, daß sie vollendete Schönheiten sind. Nun, du, wenn ich es wagen würde, würde ich dir erklären ...«

»Laß sein, Unbekannter. Ich habe nicht das Recht, dir zuzuhören. Sag mir lieber, wenn du's weißt, wer dieser junge Mann ist, der hinter der Augusta steht. Sie kann es nicht lassen, ihn immer wieder anzuschauen.«

»Ah! Gefällt er dir? Nicht wahr, er sieht gut aus? Er heißt Silius. Ich bin erstaunt, daß du ihn nicht kennst. Du hast den Anschein, eine vornehme Dame zu sein, und er und sein Vater haben in Rom genug von sich reden gemacht. Er ist designierter Konsul, und es heißt, daß die Augusta nur für ihn Augen hat.«

In dem Moment begann das Rennen. Das ersparte mir eine

Antwort. Das also war C. Silius, der Sohn eines der treuesten Freunde meines Vaters, dessen Karriere aber lange vor der Verurteilung seines Vaters unter Tiberius behindert worden war. Sein erstes Amt hatte er während des Prinzipats meines Bruders ausgeübt, als ich im Exil war. Ich hatte nie Gelegenheit gehabt, ihn kennenzulernen. Ich hatte natürlich von ihm gehört, aber bei dem zurückgezogenen Leben, das Crispus und ich führten, war eine Begegnung nicht möglich gewesen. Jetzt konnte ich feststellen, daß sein Ruf, »der schönste Römer« zu sein, gerechtfertigt war. Natürlich hatte Messalina ein Auge auf ihn geworfen. Und selbstverständlich war es ihr zu verdanken, daß er für das kommende Jahr als Konsul designiert worden war. Würde sie bekommen, was sie von ihm erwartete? Wenn er sich weigerte, konnte ich ihn nur bedauern. Messalina duldete keine Abweisung.

Während der sieben Wagenrunden blieb ich still, mein Nachbar ebenfalls. Wir nahmen unser Gespräch am Ende des ersten Rennens wieder auf. Jetzt zeigte mein Nachbar sich allerdings diskreter. Er fing damit an, den siegenden Wagen, einen Grünen, zu preisen. Es waren seine Favoriten. Er zählte die Siege der Grünen, der »Lauche«, wie er sagte, während des Prinzipats von Gaius auf. Ich erinnerte mich an die Zeit, als wir, Livilla, Drusilla und ich, zusammen mit meinem Bruder oben in der offiziellen Tribüne allen Rennen beiwohnten, und daß sie manchmal recht lang dauerten. Aber für meinen enthusiastischen Nachbarn war kein Rennen zu lang, dies Schauspiel schien ihn nie zu ermüden. Er erzählte alle möglichen Geschichten zum Ruhm der Pferde und ihres klugen, treuen Wesens. Er war unerschöpflich. Ich hörte ihm nur mit einem halben Ohr zu und war froh, daß ich sein Interesse auf die Pferde gelenkt hatte.

Die Hitze wurde immer unerträglicher. Es war Nachmittag

geworden und die Sonne glühender denn je, so daß ich schließlich die Palla auf meinem Kopf nicht mehr ertragen konnte und sie, ohne viel nachzudenken, über meine Schultern zurückwarf. Mein Nachbar hielt plötzlich mitten im Reden inne, als ob ihn der Schlag getroffen hätte, und schaute mich verblüfft an. Dann beugte er sich zu mir und murmelte: »Irre ich mich oder bist du die Tochter des Germanicus, unter dem ich damals in Germanien gedient habe? Ja, du bist es. Entschuldige meine Frechheit vorhin, aber, wie du weißt, im Zirkus ... Es war nur eine Huldigung deiner Schönheit. Aber was machst du hier? Man sieht dich in diesen Zeiten nicht oft in der Stadt.«

»Ja, ich bin es«, sagte ich. »Ich wollte nicht erkannt werden, aber ich sehe, daß du ein gutes Gedächtnis hast und meinem Vater die Treue wahrst. Das macht dich für mich zu einem Freund. Aber hüte dich, meinen Namen auszusprechen.«

»Ja. Ich verstehe.« (Und er warf einen raschen Blick herüber zur kaiserlichen Loge.) »Ich weiß, was du befürchtest. Du hast sicherlich recht. Ich bin glücklich, daß ich dich getroffen habe, um dir zu sagen, was ich denke.« Er senkte seine Stimme, schaute sich um und fuhr dann fort:

»Weißt du, wir sind viele, Senatoren, ja, Senatoren, Ritter, auch viele einfache Bürger, die es immer noch bedauern, daß dein Vater nicht Kaiser geworden ist. Er war ein wahrer Römer, mutig vor dem Feind, gut und verständnisvoll zu den Soldaten und so klug! Er war in allem begabt. Seine Gedichte kennst du bestimmt besser als ich. Da wir aber hier bei den Wettrennen sind – erinnerst du dich an das Gedicht, das er in Erinnerung an das Pferd von Augustus verfaßt hat? Warum mußte er ... Aber ich sage am besten nichts. Wir müssen uns mit dem begnügen, was uns die Götter schicken. Wir hatten seinen Sohn, deinen Bruder.« Er warf mir einen Blick von der Seite zu, schwieg einen Moment und sprach dann weiter:

»Von ihm muß ich dir nichts erzählen. Du weißt über ihn viel mehr als ich. Nun ist er tot, und man hat ihn nicht zu einem Gott erhoben. Man hat damit wahrscheinlich recht gehabt. Ich stelle das nicht in Frage. Heute ist dein Onkel an der Reihe. Er ist kein schlechter Kaiser, ganz bestimmt nicht. Ich begreife ihn nur nicht immer. Er ist dem Volk gegenüber großzügig und verteilt zu vielen Gelegenheiten viel Geld, er geizt auch nicht mit Spielen. Er führt nicht nur alle früheren Spiele weiter, sondern denkt sich neue aus und erweckt alte, vergessene wieder zum Leben. Das gefällt den Leuten, und ihm selbst ganz besonders, wie ich vermute. Es ist doch bekannt, wie sehr er alte Traditionen liebt, und so kommen alle auf ihre Kosten. Man lächelt gelegentlich, aber man weiß das zu schätzen. Man schätzt es genausosehr, daß er Rom endlich ausreichend mit frischem Wasser versorgt. Aber andererseits... Was hat er sich eigentlich dabei gedacht, all diese Wilden in den Ländern jenseits der Alpen zu römischen Bürgern zu machen? Die sehen wirklich komisch aus, wenn sie in ihren sogenannten Hosen und mit ihren riesigen Kapuzen nach Rom kommen? Das sollen Bürger sein? Daß er in einer ihrer Städte geboren wurde, ist doch kein Grund, daß sie Römer sind... Und jetzt werden einige von ihnen Senatoren! Sie werden gemeinsam mit den Nachkommen unserer ruhmreichen Ahnen in der Curia sitzen! Ich glaube schon, daß er seine Gründe für solche Entscheidungen hat, aber ich muß bekennen, daß ich es nicht verstehe.

Gewiß, er ist ein guter Mensch, etwas zu familiär, und ich finde es nicht ganz richtig, wie er mit den Zuschauern im Theater redet, daß er den Gladiatoren erlaubt, sich ihm zu nahen und mit ihm ein Gespräch anzuknüpfen, als ob das

Leute wären, mit denen man verkehren kann. Außerdem ist das gefährlich. Die Kerle sind bewaffnet. Er nicht. Das könnte für sie eine Versuchung sein, meinst du nicht auch? Ich weiß schon, daß es Wachen gibt, aber immerhin . . .«

Der Mann hörte nicht auf zu reden. Er erzählte mir noch vieles mehr, was ich aber sofort vergaß. Er war so gesprächig, daß ich seinem Gerede wenig Aufmerksamkeit schenkte. Ich erinnere mich nur, daß er Messalina nicht mit ihrem Namen erwähnte, sondern sie immer die Augusta nannte. (Das war bloße Schmeichelei, wie sie im Kreise der Kaiserin von vielen praktiziert wurde; denn sie hatte diesen Titel nie erhalten.) Doch er schien sie nicht sehr zu schätzen. Ich hielt mich zurück, ihn näher nach seiner Meinung zu fragen. Seine Vorstellung von Claudius schien mir ziemlich zutreffend: eine Mischung von Gutem und Schlechtem. Unterschwellig spürte ich bei diesem römischen Ritter von allem den Vorwurf mangelnder Zurückhaltung. Eine übertriebene, uneinsichtige Vertraulichkeit mit allen. In dem Punkt war ich in etwa seiner Meinung. Im Princeps lebt ein göttlicher Funke, den er erkennen und am Leben halten muß. Wenn ihm das gelingt, werden das Volk und der Senat ihm die Ehre der Erhebung zur Gottheit gewähren, dafür muß er jedoch sein Leben lang beweisen, daß er die ihm von den Göttern zugewiesene Aufgabe auch erfüllt hat. Ließ sich das von Claudius behaupten? Ich war mir da gar nicht sicher. Aber war ihm überhaupt bewußt, was man von ihm verlangte?

Wie dem auch sei, mir wurde klar, daß mein Onkel sich mehr denn je im Mittelpunkt von Intrigen befand, bei denen es nicht nur um die fleischlichen Begierden Messalinas ging. Spielten da nicht auch politische Ambitionen mit? Ich beschloß das zu klären und mich noch einmal an Pallas zu wenden. Ich war mir immerhin sicher, daß er mich nicht verraten würde.

Ich ließ ihm also eine Botschaft zukommen, mich nach Anbruch der Dunkelheit zu Hause zu besuchen. Er ließ auch nicht auf sich warten und erschien am gleichen Abend vor der kleinen Tür am Ende unseres Gartens.

Es war, nach der Hitze des Tages, ein wunderschöner, milder Abend. Noch war die Sonne nicht ganz untergegangen. Die Grillen zirpten. Von Zeit zu Zeit war der Schrei einer Eule zu hören. Ich weiß, daß das Unglück bringt, wenn sie sich auf dem Dach eines Hauses niederläßt. So sagt eine alte Volksweisheit jedenfalls, an die ich aber nicht glaube. Auf dem Lande habe ich oft Eulen auf dem Dach eines Hauses bemerkt, ohne daß die Bewohner dann ein besonderes Mißgeschick ereilt hätte. Eulen interessieren sich meines Erachtens weniger für Zukunftsvoraussagen als für ihre Mahlzeit ein paar Mäuse zu fangen. Ganz anders sieht es dagegen mit dem Uhu aus. Er ist mit Sicherheit ein Trauervogel. Im übrigen hält er sich in der Regel von menschlichen Behausungen fern, denn er bevorzugt einsame Gegenden und unerreichbare Plätze. Sein Schrei ist nicht sanft und klangvoll wie der der Eule, sondern ein langgezogenes Stöhnen ähnlich dem Klagen der Trauernden, wenn eine Leiche auf dem Scheiterhaufen verbrannt wird. Das hat sicherlich seinen Grund.

Als die Tür aufging und Pallas mit einem kleinen Sklaven eintrat, wurde er glücklicherweise nicht von einem Uhu begrüßt, sondern von einer Eule, einer braven Eule, die wahrscheinlich im Schlaf gestört worden war. Sie flog aufgeschreckt durch den Garten und setzte sich ans andere Ende des Wäldchens. Ich lag auf meiner Lieblingsliege unter der Arkade. Die Magd hatte mir die Lampe noch nicht gebracht. Ich liebe das letzte Licht der Dämmerung, und weil mich keine Lampe blendete, erkannte ich die Gestalt meines Freundes, der dem Weg längs dem Brunnenkanal folgte.

Crispus war, wie gewöhnlich, unter einem vagen Vorwand verreist. Glaubte Pallas etwa an ein Stelldichein? Das war eine Idee, die mir gar nicht mißfiel. Ich hatte den Eindruck, daß vielleicht... bei dem Eifer, mit dem er auf mich zukam, und den zärtlichen Worten, mit denen er mich begrüßte. Ich tat, als ob ich nicht verstanden hätte, erwiderte den Gruß, deutete mit der Hand auf einen Sitz neben mir und begann zu reden:

»Wundere dich nicht, mein Lieber, daß ich dich heute abend hergebeten habe. Ich muß zunächst für dein rasches Kommen danken. Ich brauche deine Hilfe, und ich weiß, daß du sie mir noch nie versagt hast. Ich bin dir dafür sehr verbunden. Du weißt, daß mein Leben heutzutage ganz anders ist als früher. Ich fühle mich bedroht, selbst die Zurückgezogenheit, die ich mir auferlege, kann mich vor einer Intrige nicht schützen. Du weißt schon, woher der Schlag kommen könnte. Wenn ich ihn abwehren will – oder ihn mindestens abzuwehren versuche –, muß ich darüber auf dem laufenden sein, was am Hofe los ist. Ist Messalina mit ihrem Leben zufrieden? Oder glaubst du, daß sie neue Intrigen schmiedet, denen auch ich zum Opfer falle? Während der letzten Spiele zur Erinnerung an den Sieg Caesars habe ich die Wagenrennen besucht, und durch einen Zufall...« Pallas unterbrach mich: »Gibt es für meine liebe Agrippina Zufälle?« meinte er lächelnd. »Das glaube ich nicht; oder du hast dich sehr verändert.« Ich lachte. »Nun ja, ich habe dem Zufall ein wenig nachgeholfen, aber das ist nicht so wichtig. Ich saß unmittelbar vor der kaiserlichen Loge und bemerkte in der zweiten Reihe hinter der Augusta einen Mann, dessen Name wohl C. Silius lautet...«

»Aha, du hast also Silius gesehen. Er versteckt sich nicht.

Meiner Meinung nach nicht genug, aber das ist seine Sache. Du weißt, daß sein Name auf der Liste der künftigen Konsuln steht. Und das nur dank der Augusta. Es ist ein offenes Geheimnis, außer natürlich für den Princeps, daß sie in ihn verliebt ist. Deshalb fördert sie seine Karriere. Er gehört einer alten Familie an. Sein Vater hat Schwierigkeiten gehabt, weißt du das?« Das war mir durchaus bekannt. Sie entstanden in der Zeit des Tiberius und hatten ein böses Ende genommen: ein Prozeß, danach Freitod. Dank Messalina würde die Familie also ihre alte Geltung zurückgewinnen. Daß der Mann, den Messalina zu ihrem Liebhaber – zu einem von ihren Liebhabern – zu machen hoffte, Konsul werden sollte, bestärkte mich in meinem Verdacht. Hier ging es der Augusta wahrscheinlich nicht um eine bloße Liebesgeschichte, sondern um etwas Ernsteres.

»Und das stimmt dich nachdenklich«, sagte Pallas. »Es beunruhigt mich nicht weniger als dich. Daß eine junge Frau gern Männer verführt und Liebhaber erobert, kann man verstehen und dulden, solang es eine private Angelegenheit bleibt. Es ist jedoch unvermeidlich, daß sie eines Tages mehr will, daß sie an die Stelle des Ehemannes, dessen Gesellschaft nicht mehr erwünscht ist, einen jüngeren Mann setzen möchte, den sie liebt. Dann ist es allerdings keine Privatsache mehr, sondern eine Staatsaffäre, und ich fürchte ...«

Er schwieg. Seine Befürchtungen deckten sich mit meinen. Eine Weile schwiegen wir. Die Eule begann von ihrer Zypresse her wieder zu schreien. Zwischen den Ästen wurde der Mond sichtbar, ein strahlender, weißer Mond, der den Garten erhellte und sich im Wasser des Brunnens spiegelte. Es war alles so ruhig; trotzdem spürte ich so etwas wie eine Bedrohung. War es – trotz aller meiner Einredungen, daß die Eule nichts Verhängnisvolles an sich hatte – der Ruf dieses

Vogels? Ganz nahe glänzte das Laub des Oleanders. Kein Lüftchen regte sich, nichts konnte das Zittern erklären, das durch meinen Körper lief. Auch Pallas wirkte plötzlich beunruhigt. Er drehte sich um, um einen Blick nach hinten zu werfen, als ob er Angst hätte vor etwas Feindlichem, das sich hinter der Buchsbaumhecke der Arkade entlang im Schatten versteckte. Doch wir waren allein. Nachdem er sich davon überzeugt hatte, seufzte er einmal und berichtete mir daraufhin:

»Entschuldige, Agrippina. Aber wenn es um sie geht, bin ich nie ruhig. Sie bezahlt Leute, die sie über alles informieren. Ich habe vor meinem Kommen hierher alle erdenklichen Vorsichtsmaßnahmen getroffen Wenn jemand mich zu Hause sucht, werden meine Diener sagen, daß ich schlafe und auf keinen Fall gestört werden darf. Sie sind mir ergeben, trotzdem ist es eine Gefahr. Die Augusta hat von Tag zu Tag mehr Macht über den Princeps. Sie macht mit ihm, was ihr paßt. Und selbst Männer, die man für vernünftig gehalten hat, schrecken vor nichts zurück, um ihr zu schmeicheln. Vitellius trägt immer den Hausschuh bei sich, den sie ihm geschenkt hat. Er nimmt und küßt ihn jedesmal, wenn sie oder Claudius ihn sehen können. Sie lacht darüber, aber sie fühlt sich geschmeichelt. Und Claudius ebenfalls. Er hält es anscheinend für eine Ehrerbietung ihm selber gegenüber und ist glücklich, eine Frau zu haben, die solche Zuneigung und Verehrung weckt. Daraufhin steckt der ernste Zensor Vitellius den Hausschuh in eine Falte seiner Tunika, und bei nächster Gelegenheit geht das Theater von neuem los.«

Beim Gedanken an einen Vitellius, der mit hingerissener Miene Messalinas Hausschuh küßt, mußte ich laut lachen. Ich kannte den Mann, er war eigentlich ein exzellenter General mit gesundem Menschenverstand. Wenn er sich so verhielt, mußte er dafür Gründe haben. Wahrscheinlich war er der Ansicht, daß die Augusta nach Claudius' Tod bei der Designation des Nachfolgers mitmischen und sicherlich alles tun würde, damit die Macht eines Tages auf ihren Sohn Britannicus überginge. Er war aber erst sechs Jahre alt! Mit Silius als Nachfolger von Claudius wäre der Übergang gesichert, bis Britannicus zum Regieren alt genug war. So ähnlich mußte Messalinas Plan aussehen, und das durfte ich auf keinen Fall zulassen. Er war meinem eigenen viel zu ähnlich. Claudius' Nachfolger sollte Nero sein und niemand anders.

Während ich nachdachte, sagte Pallas kein Wort. Er hatte meine Gedanken erraten und hütete sich, mich zu stören. Sein Schweigen war eine Art Zustimmung. Er hatte mir alles nur mitgeteilt, um mich vor den Intrigen der Augusta zu schützen. Vitellius' merkwürdiges Verhalten bestätigte, was ich geahnt hatte, seit ich den Namen des Mannes kannte, der in der kaiserlichen Loge gestanden hatte. Alles deutete darauf hin, daß Messalina vorbereitete, nach Claudius' Tod ihre Macht zu behalten – und daß sie zu einem günstigen Zeitpunkt selbst für den Tod des Claudius sorgen würde. Ich ahnte, wie das Drama sich abspielen würde. Wenn Claudius erst einmal aus dem Weg wäre, würde man Silius den Soldaten präsentieren und ihm zujubeln lassen, dem Volk und den Prätorianern würde man Britannicus zeigen, das würde die Zögernden mitziehen. Die Anhänger des Germanicus würden in diesem Kind den Neffen ihres Helden sehen und sich so Claudius' Sohn anschließen. Danach würde *ich* für niemand mehr existieren. Es wäre nur eine Frage der Zeit, bis ein Zenturion der Wache mich und wahrscheinlich auch Nero erdrosselte. Damit wäre Messalinas Triumph vollkommen.

Nach diesen erschreckenden Erkenntnissen wandte ich mich Pallas zu. Ich reichte ihm wortlos die Hand und nahm ihn beim Arm. Schweigend gingen wir zusammen um den Teich. Der Mond stand hoch am Himmel. Die Eule war weggeflogen. Als wir das Gartentor erreichten, verabschiedete sich Pallas mit den Worten: »Kopf hoch. Ich werde dich nicht in Stich lassen.«

Von diesem denkwürdigen Abend an gab ich mir die größte Mühe, an möglichst viele Informationen über die Vorgänge im Palast heranzukommen. Es war leichter, als ich gedacht hatte. Zum Personal gehörten auch ehemalige Sklaven Antonias sowie andere, die mich von früher kannten und mir immer noch wohlgesonnen waren. Durch sie war ich bald über viele Geheimnisse auf dem laufenden. Zuerst hatte ich Skrupel, derartige Methoden zu benutzen, doch dann sagte ich mir, daß man Messalina nur mit ihren eigenen Mitteln bekämpfen konnte und daß es für mich, und mehr noch für Nero, eine Frage von Leben und Tod war.

Auf diese Weise erfuhr ich unter anderem, daß der Tod von Vicinius, dem ehemaligen Mann Livillas, auf Messalina zurückging. Sie hatte ihn vergiften lassen. Im Gefolge des Princeps war die Geschichte allgemein bekannt. Man nahm an, daß die Herrscherin sich in Vicinius verliebt hatte, daß er sich geweigert hatte, ihr Liebhaber zu werden, und daß sie ihn daraufhin hatte töten lassen, teils aus Verdruß, teils aus Furcht, daß er sie bei Claudius denunzieren und dem Kaiser auch enthüllen würde, welche Rolle sie bei der Verbannung und später bei der Exekution Livillas gespielt hatte. Für diese Erklärung sprach zumindest auf den ersten Blick einiges. Aber wenn Vicinius tatsächlich die Absicht gehabt hätte, Messalina durch ein Enthüllen von weit zurückliegenden Ereignissen anzugreifen – warum erst jetzt? Mir kam der Verdacht, daß die Augusta meinen unglückseligen Schwager aus ganz anderen Gründen beseitigt haben könnte. War es nicht so, daß sie alle Personen aus dem Weg räumen wollte, die zu meiner Familie gehörten, bevor sie Silius zum Handeln drängte? Vicinius war der Schwiegersohn von Germanicus gewesen und hätte ihren Ambitionen mit diesem Titel ein Hindernis werden können. Er war jedoch, ich wiederhole es, ein ruhiger, zurückhaltender Mann, allem Anschein nach ohne jeden Sinn für Intrigen und zufrieden mit seinem Schicksal. Weiter sagte ich mir: wenn Messalina ihn fürchtete, der doch ganz offensichtlich harmlos war, dann würde sie nie mich verschonen, die offenkundige Motive hatte, sich ihr in den Weg zu stellen. Sie wußte, daß es nicht leicht sein würde, mich zum Verzicht auf meine gesellschaftliche Position zu bewegen. Wenn sie darum kämpfte, ihren Sohn zum Princeps zu machen, mußte sie genau wissen, daß ich auch für meinen Sohn kämpfen würde. Ich war mehr denn je entschlossen, nicht zu weichen.

Bald hatte ich einen neuen Beweis für die Absichten, die die Augusta verfolgte. Messalina hatte nämlich durchgesetzt, daß Valerius Asiaticus verurteilt und hingerichtet wurde. Das stand allerdings in keinerlei Zusammenhang mit unserer Familie. Angeblich wollte sie sich der wirklich wunderschönen Gärten des Asiaticus bemächtigen. Das schien durchaus plausibel: bei einer Verurteilung des Asiaticus – ganz gleich unter welchen Vorwänden – wurde der Fiskus seiner Güter habhaft, und der Fiskus war sie! Doch Messalina mußte subtilere und vor allem ernstere Beweggründe vorweisen. Es fehlte ihr nicht an Gärten, die kaiserlichen Besitztümer waren so beachtlich, daß auch die gierigste Frau sich damit zufriedengeben konnte. Es gab die Gärten des Mäcenas, der Domitia und andere mehr. Warum hätte sie plötzlich noch diesen alten Park haben wollen? Er zählte zu den ältesten Parks der

Stadt, dessen Bäume zur Hälfte abgestorben waren. Es mußte also andere Motive geben, und es war nicht schwer, sie sich zu erschließen. Asiaticus war einer der reichsten Männer Roms. Er war außerordentlich populär, schon wegen seines Äußeren. Er war groß, von beachtlicher Stärke und ein vollendeter Athlet. Er trainierte jeden Tag, was Seneca verachtete; Seneca empfand es als eine menschenunwürdige Beschäftigung, die Muskeln zu bilden, um so stark und schwer zu werden wie ein Rind. Bei solchem körperlichen Training würde außerdem der Geist träge.

Ob die Denkfähigkeiten des Asiaticus dadurch beeinträchtigt worden sind, weiß ich nicht. Er hatte jedenfalls Karriere gemacht. Doch um welchen Preis! Als offizieller Freund von Gaius hatte er, ohne mit der Wimper zu zucken, die übelsten Beleidigungen hingenommen. So hatte mein Bruder ihn zum Beispiel während eines Banketts dafür kritisiert, daß seine Frau im Bett nicht gut sei. Und dieser sonst so aufbrausende Mensch hatte nicht protestiert, sondern sich auch noch verneigt. Er verkehrte weiterhin am Hof, obwohl er, wie jedermann wußte, Gaius haßte. Ohne direkt an der Ermordung von Gaius beteiligt gewesen zu sein, hatte er öffentlich erklärt, daß er es aber gerne getan hätte. Auf diese Weise wurde er beliebt, und sein Reichtum und seine Beliebtheit machten ihn zu einem höchst präsentablen Anwärter auf das Reich, wenn Claudius einmal tot wäre. Ich war überzeugt, daß er darauf hinauswollte und daß Messalina das auch geahnt hatte. Er war eine Gefahr für Britannicus und für sie selbst.

Aus dem Grund hatte sie Britannicus' Erzieher Sosibius beauftragt, Claudius diese Gefahr klarzumachen, die Asiaticus für ihn selbst und seinen Sohn bedeuten konnte. Asiaticus, geboren in Gallien, war in den Provinzen weithin bekannt und hochgeschätzt. Laut Sosibius soll er gerade seinen

Aufbruch in die Heimat vorbereitet haben, wo er ohne Schwierigkeiten die Legionen von Germanien gegen den Kaiser aufwiegeln konnte. Er genoß bei den Soldaten hohes Ansehen. Seine Tapferkeit hatte er bei der Expedition in Britannien bewiesen. Claudius bekam Angst und ließ, ohne weiter nachzudenken, Asiaticus verhaften.

Der Prozeß wurde gleich im Zimmer des Princeps erledigt. Weil Pallas zugegen war, erfuhr ich auch Details. Die Hauptrolle übernahm Vitellius – mit der üblichen Heuchelei. Er war ein alter Freund von Asiaticus und begann seine Verteidigung mit tränenerstickter Stimme. Alle glaubten, daß er mit der Bitte um Begnadigung schließen würde. Aber er begnügte sich mit dem Plädoyer, daß der Princeps dem Angeklagten aufgrund seiner zahlreichen Verdienste die Wahl der Todesart überlassen sollte! Und so hat Claudius' Urteilsspruch dann auch gelautet. Asiaticus ist unvergeßlich geblieben für die ruhige Gelassenheit seiner letzten Tage, als er sein Leben führte wie eh und je, und für die bedächtige Wahl der Stelle seines Scheiterhaufens, damit seine geliebten alten Bäume durch die Hitze keinen Schaden nähmen. Als der Abend kam, ließ er sich die Pulsadern aufschlitzen. Die Augusta konnte beruhigt sein.

Ich dagegen kaum. Messalina bekam vom Princeps alles, was sie wollte. Oft konsultierte sie ihn nicht einmal, so auch, als sie Poppea Sabina Angst einjagte, die Mnester ihr vorzog. Messalina selbst hat ihr mit Gefängnis gedroht. Sabina beging Selbstmord. Claudius hatte von all diesen Dingen nichts gewußt. Es mußte zu einem Komplott kommen. Ich sah, wie es sich entwickelte.

Als Claudius die Jahrhundertspiele abhalten ließ – eine Idee, auf die er durch seine Forschungen über die römischen Altertümer gekommen war –, gab es ein trojanisches Karussell. Die Jungen der vornehmsten Familien stellten sich zu Pferde zur Schau. An ihrer Spitze Nero und Britannicus. Nero machte eine gute Figur, und das wußte er auch. Er war stolz darauf und ich auch. Britannicus dagegen konnte sich nur mit Mühe auf seinem Reittier halten. Er war ja wirklich noch sehr klein! Doch seine Mutter hatte offenbar auf seiner Teilnahme an dieser Darbietung bestanden, welche den Plebejern die Akteure des kommenden Jahrhunderts vorstellen sollte, die noch kaum dem Kindesalter entwachsen waren. Während die Reihen der Reiter in der Arena ihre Kreise zogen, die Trompeten ihre abscheuliche, jämmerliche Musik erschallen ließen und die Waffen der Prätorianer vor der kaiserlichen Loge und an den Eingängen des Zirkus die Sonnenstrahlen reflektierten, fragte ich mich, was die Zukunft bringen würde. Würde sie ihrem oder meinem Sohn gehören?

Heute kenne ich die Antwort der Götter. Nero herrscht. Britannicus ist tot, aber ich wünschte, er wäre noch am Leben. Dann hätte ich eine Waffe gegen meinen Sohn. Dieser Gedanke macht mir angst. Brauche ich eine Waffe gegen ihn, den ich an die Macht gebracht habe? Welch seltsame Wendung des Schicksals! Ich sollte glücklich sein, selig, und bin es ganz und gar nicht. Ist es wirklich so, daß ich die Macht für Nero gewünscht habe und nicht doch für mich selbst? Sollte er nicht bloß ein Instrument sein, das ich nach Belieben benutzen würde? Im fernen Britannien soll es Königinnen geben, die alle Vorrechte der Könige teilen. Warum ist das nicht auch so in Rom? Muß es denn so sein, daß eine Frau nur mächtig werden kann, wenn sie einen Mann dazu bringen kann, ihr zu gehorchen?

Während dieser Spiele begünstigte das Volk ganz offensichtlich Nero. Ihm jubelte man zu. Ich wußte, daß es dem

Volk gefiel, in ihm sein Idol Germanicus wiederzuerkennen. Die äußere Ähnlichkeit war dafür nicht der einzige Grund. Alle spürten instinktiv, wie gefährdet dieser Jüngling war. Man fürchtete Messalina. Man hatte Angst um ihn und auch um mich. Daß die Augusta mich haßte, war bekannt, ebenso, daß sie Livillas Tod auf dem Gewissen hatte. Ich könnte das nächste Opfer sein, auch ohne Einwilligung von Claudius. Der Princeps wußte vieles nicht, was in seinem Namen geschah. Gaius war grausam gewesen, gewiß; doch er hatte aus freiem, aus eigenem Willen gehandelt. Claudius war nicht weniger grausam, aber zu großen Teilen aus Feigheit.

Die Ambitionen Messalinas waren kein Geheimnis. Man wußte von ihrer Absicht, sich ihres lästig gewordenen Gatten zu entledigen. Sie machte gar kein Hehl aus ihrer Liebe zum schönen Silius, der, um freier zu sein, seine Frau Junia Silana verstoßen hatte. Damals bedauerte ich sie. Wie unrecht ich hatte! Sie hat mir die Freundschaft schlecht gelohnt. Trotzdem, damals war sie das Opfer der Intrigen Messalinas, und ich durfte mit ihr als Verbündeter rechnen. Ich irrte mich, weil ich nicht bedachte, daß für Ehre und Treue im Umfeld der Macht kaum Platz bleibt. Seneca hätte mich bestimmt daran erinnert, wenn er in Rom gewesen wäre. Sein Rat fehlte mir damals sehr.

Unter Begleitung zahlreicher Diener begab sich Messalina inzwischen täglich zum Haus des Silius. Sie richtete es sogar neu ein. Das beweist, wie sehr sie ihn bereits als ihren Gatten betrachtete. Sie hatte vom Palast Gegenstände und selbst Möbel, die sie besonders gerne mochte, hintransportieren lassen. Vom Wohnsitz der Julier hatte sie die wertvollsten Stücke aus dem vergangenen Jahrhundert mitgenommen – etwa eine große Isis-Statue, die einmal den Ptolomäern gehört hatte, sowie zum Kult der Göttin gehörende Urnen aus

Stein, die zur Zeit Cleopatras Nilwasser enthalten hatten und deshalb als heilig galten. Messalina hatte sich auch anderer Möbelstücke aus dem Orient bemächtigt, teils aus Habsucht, teils um zu signalisieren, daß inzwischen sie Herrin des Reiches sei. Doch wie schon das alte Sprichwort sagt: wen Jupiter loswerden will, dem raubt er den Verstand. Messalina ging wirklich ohne Vernunft vor. Wenn sie nur ein wenig gesunden Menschenverstand bewahrt hätte, hätte sie das, was nun eintrat, längst vorhersehen müssen. Als die Freigelassenen des Princeps begriffen, was sich da anbahnte, gerieten sie in helle Aufregung. Der Ranghöchste, Polybius, wagte es, Claudius endlich zu informieren, was da vor sich ging. Doch er tat es so ungeschickt, daß der Kaiser ihn auslachte und nichts Besseres zu tun hatte, als Messalina alles zu erzählen. Sie wehrte den Schlag äußerst geschickt ab und erklärte ihrem Mann unter Vortäuschung von großer Verlegenheit, daß Polybius schon lange gegen ihn intrigierte und regelmäßig mit den Feinden des Princeps korrespondierte. Sie zeigte ihm ein langes, briefähnliches Schreiben von Seneca aus dem Exil, das unglaubliche Schmeicheleien enthielt, in denen er den Freigelassenen nicht nur auf eine Stufe mit Claudius stellte, sondern auch noch mit den größten Helden von einst, den Scipiones, den Pompejern, dem göttlichen Augustus. Sie argumentierte, daß Seneca sich von Polybius zweifellos Hilfe bei der Vorbereitung eines Komplotts gegen den Kaiser erhoffe. Das sei doch für Seneca wohl die einzige Möglichkeit, seine Rückberufung zu erreichen. Claudius glaubte ihr wie gewöhnlich und ließ den Freigelassenen exekutieren.

Da begriffen Pallas, Callistus und Narcissus, daß sie keine Zeit mehr verlieren durften. Sie fürchteten insbesondere eine Machtergreifung des Silius. Pallas erzählte mir, daß sie sich eines Abends in einem Haus abseits der Via Appia versammelt und einen Plan ausgearbeitet hatten. Sie hatten zunächst überlegt, ob es nicht das beste wäre, Messalina einzuschüchtern, sie zum Bruch mit Silius zu bewegen, um ihr als Gegenleistung zu versprechen, die ganze Sache geheimzuhalten. Doch nach einigem Nachdenken fanden sie diese Methode wenig erfolgsversprechend. Sie kannten Messalinas Härte und vor allem ihre Unnachgiebigkeit, wenn sie es einmal auf einen Mann abgesehen hatte. Deshalb beschlossen sie, nicht mit der Augusta zu reden, sondern direkt den Princeps anzugehen.

Um noch mehr Gewalt über Claudius zu bekommen, besorgte Messalina ihm inzwischen junge Frauen, die vorgaben, ihn zu lieben. Sie hatte nicht vergessen, daß Livia so etwas für Augustus getan hatte. Daran nahm sie sich ein Beispiel. Warum also nicht die eine oder andere dieser Frauen beauftragen, die ja bloß vulgäre Prostituierte waren, den Princeps zu warnen und ihm zu enthüllen, was ohne sein Wissen in seinem eigenen Haus vor sich ging?

Es war Ende August. Claudius war nach Ostia aufgebrochen, um an einer Reihe von Festen teilzunehmen, die zu Ehren des Gottes Vulcanus gefeiert wurden. Es war mal wieder außergewöhnlich heiß. Diesen Augenblick wählte Messalina, um ihre Hochzeit mit Silius zu feiern. Sie versteckte sich keineswegs, im Gegenteil, sie feierte diese absurde Zeremonie mit größtmöglichem Pomp und Aufsehen. Den Lärm konnte ich sogar noch in meiner Abgeschiedenheit hören. Es gab den üblichen Zug der Flötenspieler, deren Musik bis zu mir herüberdrang, als die Prozession, die beim Haus der Messalina und des Claudius begonnen hatte, den Palatinus hinabstieg und über die Siegesstraße und durch das Forum das Haus des Silius erreichte. Es war das verrückteste Abenteuer, das man sich vorstellen kann.

Kurz nach Beginn der Zeremonie eilte ein Bote nach Ostia und meldete, daß Messalina beabsichtigte, Silius den Riten gemäß zu heiraten, und den Princeps somit nicht mehr als ihren Gatten anerkannte. Narcissus verständigte daraufhin sofort Calpurnia, eine der Prostituierten, die, wie vereinbart, die Nachricht Claudius überbrachte, der sich zunächst weigerte, ihr zu glauben. Calpurnia holte darauf Cleopatra herbei, ein anderes Mädchen, das dem Princeps versicherte, daß auch sie davon gehört hätte. Man ließ Narcissus kommen, der sich Claudius zu Füßen warf und ihn um Vergebung bat, daß er das skandalöse Verhalten Messalinas so lange vor ihm verborgen hatte. Der Princeps war stark betroffen. Claudius hob vor lauter Verzweiflung die Arme zum Himmel und wußte wie gewöhnlich nicht, was er denken sollte. Schließlich ließ er die Palastoffiziere rufen. Alle bestätigten ihm den Ernst der Lage: in Rom ist ein Umsturz im Gange, denn Silius hat seine zahlreichen Parteigänger um sich geschart, als würde er jeden Moment die Macht ergreifen. »Ich bin also nicht mehr Kaiser?« fragte Claudius. Man antwortete ihm, noch sei er Kaiser, er müsse sich aber beeilen, um seine Position zu halten. Ein Wagen stand schon bereit, und in Windeseile war man auf den Weg in die Stadt. Narcissus übernahm das Kommando. Unter Mißachtung des Hofzeremoniells nahm er im Wagen des Princeps Platz und überredete Claudius dazu, ihm für diesen Tag alle militärischen Vollmachten und den Oberbefehl über die Garde anzuvertrauen. So wurde, weil der Princeps Angst hatte, ein Freigelassener Herr der Welt!

Rund um Messalina ging das Fest seinen Gang. Sie hatte beschlossen, diese Hochzeit als Hochzeit der Ariadne und des Dionysos zu feiern. Sie war Ariadne, Silius Dionysos. Um sie herum als Bacchantinnen verkleidete Frauen und als Silenen verkleidete Männer. Inmitten dieses Taumels platzten Boten, die verkündeten, daß Claudius alles wisse und unterwegs sei, um dem Spektakel hier ein Ende zu bereiten und Rache zu nehmen. Sofort brach Panik aus, und die Menschenmenge zerstreute sich in alle Himmelsrichtungen. Messalina begab sich zunächst in die Gärten des Asiaticus, Silius aufs Forum. Die übrigen flohen so schnell und so weit wie möglich, doch viele wurden von den Prätorianern des Narcissus eingeholt, festgenommen und in Ketten gelegt. Messalina durchquerte eilends zu Fuß die Stadt in Richtung Ostia. Außerhalb Roms ließ sie sich auf einem Karren für ein paar Heller zum Hafen fahren. Von allen verlassen, war sie immer noch überzeugt davon, den Kaiser in ihrer Macht zu haben.

Auf offenem Feld holten sie jedoch die Truppen ein. Messalina warf sich vor die Pferde des Princeps und schrie, Claudius müsse sie anhören, immerhin sei sie Mutter von Octavia und Britannicus. Narcissus ließ sie jedoch nicht ausreden, sondern gab den Pferden den Befehl loszugaloppieren, und so blieb die Augusta mit ihrem tränenverschmutzten Gewand und durcheinandergebrachtem Haar auf der Straße allein zurück. Claudius hatte während der ganzen Szene kein Wort gesagt, hin und her gerissen zwischen der Zuneigung zur Kaiserin und seiner Angst, im Reich nichts mehr zu gelten. Am Ende hat jedoch die Angst überhandgenommen. Als Narcissus ihn ins Haus des Silius führte und Claudius die aus dem kaiserlichen Wohnsitz entwendeten Gegenstände sah, geriet er in Wut. Ohne zu warten, zog ihn Narcissus weiter auf das Campus der Prätorianer, und mehr mit seinem Einverständnis als auf Claudius' Geheiß nahmen die Tribunen des Prätoriums alle Leute fest, die Narcissus ihnen nannte. Alle Komplizen der Kaiserin – all jene, die sie geliebt oder um Mithilfe ersucht hatte, wie jene, bei denen man annehmen durfte, daß sie den Tod von Claudius gewünscht hatten. Alle wurden hingerichtet, vorab Silius, der, wie man mir sagte, seinen Tod würdig auf sich nahm. Er war dieses Risiko eingegangen, weil er sich Messalina nicht widersetzt hatte. Er wäre allerdings auch das gleiche Risiko eingegangen, wenn er sich ihr widersetzt hätte. Allerdings hätte er es mit Sicherheit mehr verdient gehabt zu regieren als Claudius!

Was soll ich zu Messalina noch sagen? Nach ihrem vergeblichen Umstimmungsversuch war sie in die Stadt zurückgekehrt. Sie hatte die Hoffnung immer noch nicht aufgegeben und bemühte sich tatkräftig um ihre Verteidigung. Vielleicht wäre es ihr sogar gelungen, ihre Haut zu retten, wenn Narcissus nicht, ohne Claudius auch nur zu konsultieren, den Soldaten Befehl gegeben hätte, Messalina zu töten. Der Princeps hatte sich unterdessen nach einem endlosen Abendmahl von seinem Schrecken erholt. Und erklärte, die »unglückselige Augusta« am nächsten Morgen anhören zu wollen, damit sie ihre Verteidigung vorbringe . . .

Die Soldaten aber suchten Messalina in den Gärten des Asiaticus und fanden sie dort in Begleitung ihrer Mutter, die ihr riet, nicht auf die Henker zu warten. Denn sie wußte nur zu gut, daß es keine Hoffnung mehr gab. Messalina hatte ein- oder zweimal selbst versucht, sich einen Dolch in die Kehle zu stoßen, doch ihre Hand hatte so gezittert, daß ein Tribun des Prätoriums ihr den Todesstoß versetzte. Messalinas Machtergreifung war fehlgeschlagen.

Mein Wissen über diese Dinge verdanke ich natürlich Pallas, der alles beobachtet hatte – mittelbar oder unmittelbar, und mit gemischten Gefühlen. Auch er hatte Angst gehabt. Er hatte Narcissus nicht hindern können; doch das, was Narcissus tat, war der einzig mögliche Ausweg. Er empfand ein wenig Mitleid mit dieser jungen Frau – sie war erst dreiundzwanzig Jahre alt –, die guten Rat gebraucht hätte, mehr noch aber das strenge Wort eines Gatten. Doch sie hatte die Machtgier so weit getrieben, daß es nur ein Heilmittel für sie selbst und die Welt gab – ihren Tod.

Der Weg war nun frei für mich. Der Augenblick zu handeln war gekommen.

Fünftes Buch

Mein Mann Claudius

Messalina war tot und meine Sicherheit gewährleistet. Ich mußte mich nicht mehr verstecken. Nun würde es mir möglich sein, Claudius zu erobern und seine Frau zu werden. Grundvoraussetzung dafür war aber, daß ich mich Crispus' als Ehemann entledigen mußte. Ich hegte ihm gegenüber keine feindseligen Gefühle, denn er störte mich nicht und hatte keine Ambitionen. Während der Herbsttage, als sich das Netz um Messalina zugezogen hatte, war er zur Überwachung der Weinlese in seiner geliebten Villa in Tusculum geblieben. Es war seine liebste Jahreszeit. Ich zog es jedoch vor, in Rom zu bleiben. Diesmal mußte ich eine Ausnahme machen und reiste auch nach Tusculum. Ich fühlte mich befangen. Was ich ihm zu sagen hatte, war nicht gerade angenehm, was ich verschweigen mußte, noch weniger. Als wir nach dem Abendmahl im sommerlichen Eßzimmer im Freien allein saßen, schnitt ich das Thema an, das mich bewegte. Mein Plan war sehr einfach: entweder das Band unserer Ehe brechen oder, falls Crispus damit nicht einverstanden wäre, einen Weg zu finden, um seinem Leben ein Ende zu machen. Aber dann gab es immer noch ein Problem. Bis jetzt hatte Crispus äußerst großzügig für Neros und mein Wohlbefinden gesorgt. Wir selbst besaßen nicht viel, denn unsere Besitztümer waren seit der Zeit meines Vaters durch allzu viele mißliche Ereignisse stark gemindert. Deshalb war es absolut notwendig, daß uns ein Teil des unermeßlichen Vermögens von Crispus erhalten bliebe.

Und so fing ich an, ihm klarzumachen, daß es mir sehr an Geld mangelte. Ich fügte hinzu, daß Nero bald Ämter bekleiden sollte, was viel Geld erfordere, denn man müßte dem Volk Spiele liefern, Bankette anbieten, und solche Ausgaben würden wir nie bestreiten können. Wir müßten also Geld aufnehmen, doch was hätten wir schon an Sicherheiten zu bieten?

»Mach dir keine Sorgen, Agrippina«, antwortete Crispus. »Dafür habe ich schon gesorgt. Du bist meine Erbin. Dir wird niemand einen Kredit verweigern, und dein Sohn wird imstande sein, die glanzvollsten Spiele zu veranstalten, die man je in Rom gesehen hat.«

Ich sagte ihm aufrichtigen Dank. Aber die Lösung, die er mir anbot, brachte ein unvorhergesehenes Problem mit sich: Wie könnte ich ihm unter solchen Umständen erklären, daß ich mich von ihm trennen wollte? Mein Plan würde nur gelingen, wenn Crispus umkäme. Würde ich ihn töten müssen? Wie könnte ich so etwas rechtfertigen? Was hatte er mir getan? Er war stets ein hervorragender und äußerst diskreter Ehemann gewesen. Einen entgegenkommenderen Menschen konnte man sich gar nicht vorstellen. Sollte ich ihn meinem Ehrgeiz opfern? Oder auf all meine Hoffnungen verzichten, um ihn zu retten? Aber war der Auftrag, den die Götter mir anvertraut hatten, nicht heilige Pflicht? Ich sah in Gedanken das Gesicht meines Vaters vor mir, er schien mir zu sagen: »Verlaß mich nicht, meine Tochter. So mühsam der Weg auch erscheinen mag, geh ihn bis zum Ende. Es ist die Pflicht unseres Geschlechts, die Welt zu beherrschen!«

Diese Vision verschwand so plötzlich wie sie mir erschienen war: Mich packte eine seltsame Angst. Crispus hatte mich die ganze Zeit beobachtet, als ob er so meine Gedanken lesen könnte. Davon war ich fest überzeugt, als ich ihn sagen hörte:

»Ich glaube, ich weiß, was du denkst, Agrippina. Und du mußt wissen, daß ich weder auf dich noch auf andere zornig bin. Fortuna hat es so eingerichtet, daß du jetzt alles verwirklichen kannst, was du dir seit eh und je gewünscht hast – das habe ich bei unseren Gesprächen über das eine oder andere Thema sehr wohl verstanden. Weniger durch deine Worte als durch das, was du nicht gesagt hast. Ich bin das letzte Hindernis zwischen dir und der Macht. Aber ich werde es nicht mehr lange sein. Weil mein Tod naht, habe ich dich als meine Erbin eingesetzt. Ich werde nichts tun, um ihn hinauszuzögern. Im Gegenteil, ich will ihn lieber beschleunigen. Du kennst mein Leben, ich habe als Römer meine Pflicht erfüllt, ich habe alle Freuden des Fleisches und des Geistes voll ausgekostet. Der göttliche Epikur sei mein Zeuge. Ich habe Freundschaft gekannt. Da fällt mir ein – vergiß nicht, Seneca zurückzurufen, sobald es dir möglich ist. Er langweilt sich auf seiner Insel. Er hat mir jedoch wunderschöne Verse geschickt! Was mich betrifft, so werde ich meinem Leben ein Ende setzen, sobald die Sonne das ferne Land der Äthiopier erreicht. Weißt du, ich bin der satte, zufriedene Gast, der sich zurückzieht. Ich überlasse dich deinem Schicksal. Möge es so friedlich sein wie meins!«

Crispus' Worte halfen mir aus der Verlegenheit, doch sie waren wie Dolchstöße in meinem Leib. Ich empfand für ihn plötzlich ein wahres Gefühl der Liebe, dessen ich mich gar nicht fähig gehalten hätte. Ich widersprach, aber offensichtlich ohne Überzeugung. Ich betonte, daß ich mir noch ein langes Leben an seiner Seite wünschte, daß er mir da Dinge unterstelle, die ich nie im Traum gedacht hätte. Darauf gab er keine Antwort. Er sah mich nur lange wortlos an und sagte schließlich:

»Wenn ich tot bin, ist es an dir, meine Grabstätte zu errichten. Ich wünsche sie mir an der Via Appia auf einem Gelände, das du weitab der Strecke kaufen wirst. Es soll aber gut sichtbar sein. Achte nicht auf den Preis«, fügte er lächelnd hinzu. »Die Form des Denkmals ist nicht so wichtig. Ich möchte nur, daß meine Statue aufrecht auf einer Quadriga steht. Vier schöne Pferde, so wie sie mir gefallen, du weißt schon. Sie sind nicht dazu da, meine Seele zur Insel der Gerechten zu bringen, sondern um den Triumph zu bezeugen, den ich über die Versuchungen und die Laster davongetragen habe, die auf uns Menschen lauern. Du siehst, ich triumphiere sogar über die dumme Leidenschaft, die wir für das Leben hegen. Wenn mein Tod Rom dienen kann, ist er mir willkommen.«

Nach einer Pause fuhr er fort: »Weißt du, ich glaube nicht, daß die Götter sich in unsere Angelegenheiten einmischen. Aber absolut sicher ist das nicht; und falls sie es doch tun, so möchte ich ihrem Willen jedenfalls nicht zuwiderhandeln. Also ziehe ich mich zurück, meine liebe Agrippina, und wünsche, daß auch du eines Tages den Frieden kennenlernst, dem ich von heute an entgegensehe.«

Man hatte auf Anweisung von Crispus eine Suite für mich vorbereitet, in die ich mich zurückzog. Ich verließ die Villa am Tag darauf. Mir wurde gesagt, daß er noch schliefe und nicht geweckt werden wollte, und so bin ich abgereist, ohne mich von ihm zu verabschieden. Ich sah ihn nie mehr wieder. In der Grabinschrift, von der er gesprochen hatte, durfte ich schreiben, daß wir nach dem gewöhnlichen Ritus »in Eintracht und ohne Streit« gelebt hatten.

Vier Tage später traf ein Freigelassener des Crispus mit der Nachricht aus Tusculum ein, daß sein Meister nach meiner Abreise jede Nahrung verweigert hatte und am gleichen

Morgen verschieden war. Ich mußte nicht einmal nach Tusculum zurückkehren. Die Bestattung hatte schon stattgefunden. Ich beauftragte einen Unternehmer mit dem Kauf des nötigen Grundstücks an der Via Appia und dem Bau des Denkmals, das Crispus gewünscht hatte. Es steht heute noch. Die Pferde sind wunderschön.

Ohne Probleme wurde mir das Vermögen von Crispus übertragen. Es war noch beträchtlicher als erhofft. In Rom blieb die Nachricht nicht lange geheim. Domitia, die mir nie verzieh, daß ich ihr Crispus weggenommen hatte, bekam einen furchtbaren Wutanfall, als sie das Ausmaß des Vermögens erfuhr, das Crispus mir vererbt hatte, und schwor Rache. Aber gegen Domitia konnte ich mich leicht wehren!

Inzwischen erhielt ich Antwort von Seneca, den ich über Crispus' Tod verständigt hatte. Es war ein ziemlich kurzer Brief, in dem er mit großem Kummer schrieb, nun hätte er »den besten Teil seiner selbst« verloren. Er würde nie wieder so einen Freund finden. Mit Crispus hätte er gern den Rest seines Lebens verbracht. Ich ahnte, daß er sich mehr denn je danach sehnte, nach Rom zurückzukehren, und ich nahm mir fest vor, ihm diesen Wunsch zu erfüllen, sobald ich Claudius geheiratet hätte.

Diese Heirat sollte meine nächste Etappe sein. Claudius konnte nicht ohne Gattin bleiben. Ein einsames Leben würde er nie ertragen. Er hatte viele Konkubinen, aber die gelegentlichen Freuden, die sie ihm schenkten, befriedigten ihn nicht. Er trat in der Öffentlichkeit gern mit einer Frau an seiner Seite auf. Sie sollte schön sein und repräsentieren können. Letztendlich brauchte er eine Frau, mit der er die Sorgen der Macht teilen konnte, eine Beraterin, auch wenn er schließlich den Ratschlägen anderer folgte. Dieser Charakterzug meines Onkels war mir vertraut. Ich wußte, daß er zugleich scheu, dickköpfig und intuitiv sein konnte. Ich wußte auch von seiner Zerstreutheit, und daß er mit Vorliebe Unangenehmes verdrängte – sogar äußerst wichtige Dinge. Man erzählte sich, daß er aus irgendeinem Grunde einmal den Befehl zur Hinrichtung einer bedeutenden Persönlichkeit gegeben hatte und dem diensttuenden Zenturion auf die Vollzugsmeldung erklärte: »Aber wovon redest du? Ich habe keinen Befehl gegeben.« Dann hatte er hinzugefügt: »Im übrigen hast du recht getan. Du hast mir aus freien Stücken geholfen. Ich werde dich dafür belohnen.«

Eine Frau an seiner Seite könnte ihm, wenn nötig, wieder zu einem Sinn für die Realität verhelfen.

Aus all diesen Gründen brauchte Claudius eine Gattin an seiner Seite. Für Messalina mußte Ersatz gefunden werden. Darüber waren sich alle Mitglieder des kaiserlichen Hauses einig. Doch wer könnte das sein? Es mußte eine schöne, adelige, noch junge Frau sein, bei der möglichst keine Neigung erkennbar sein dürfte, die Exzesse der verstorbenen Augusta zu wiederholen. Von den drei Günstlingen des Princeps, die nach Polybius' Tod noch blieben, hatte jeder eine eigene Kandidatin. Callistus tendierte zu Lollia Paulina, Narcissus plädierte für Aelia Paetina, Pallas focht selbstverständlich für mich; alle mit mehr oder weniger ehrlichen Argumenten. Jeder erhoffte sich Dankbarkeit von seiner Kandidatin, wenn sie gewählt würde. Aelia Paulina war bereits einmal mit Claudius verheiratet gewesen. Sie hatten sich damals aus nichtigen Gründen getrennt und waren sich nach ihrer Scheidung wieder näher gekommen. Warum sollte Claudius nicht von neuem eine Ehe schließen, die immerhin nicht unglücklich gewesen war? So sprach Narcissus; und fügte hinzu, daß dieser Ehe eine Tochter entsprungen war, Antonia, die auf diese Weise eine echte Familie wiederfinden würde.

Callistus setzte sich für Lollia ein. Er pries ihre Schönheit und erinnerte daran, daß sie schon als Frau von Gaius geherrscht hatte. Sie war zwar verstoßen worden, weil sie unfruchtbar war, doch das, so behauptete Callistus, würde nun aber für sie sprechen, denn so könnte sie dem Princeps auch keine Kinder schenken, die Octavia und Britannicus möglicherweise in der Thronfolge gefährlich werden könnten. Auf diese Weise würde im kaiserlichen Hause Friede einkehren. Es schien zunächst so, als ob diese Lollia sich durchsetzte. Sie sehnte sich leidenschaftlich danach, die Position wieder einzunehmen, die sie einige Monate lang an der Seite von Gaius innegehabt hatte. Sie hat auch, wie ich erfuhr, die Seher befragt, ob Claudius sie heiraten würde. Diese Information habe ich allerdings später gegen sie verwendet.

Pallas war geschickter als die beiden anderen. Er wußte, daß mein Onkel und ich seit langem eine tiefe, starke Zuneigung füreinander hegten. Er sorgte dafür, daß ich mit Claudius Gespräche führen konnte, so daß wir unsere alte Intimität wieder fanden. Mehr noch, so wurde ich für ihn bald mehr als eine Nichte, fast schon eine Gemahlin. In der Öffentlichkeit rühmte Pallas meine Herkunft, indem er Germanicus in Erinnerung rief. Er rechnete es mir als Verdienst an, dem Princeps einen schon erwachsenen Sohn zu bringen, dessen Vater dem erlauchtesten römischen Adel angehörte und der durch seinen Kampf für die Freiheit berühmt geworden war. Überdies, so führte Pallas an, war mein Ehemann gerade gestorben, und ich war, falls ich einen anderen Mann als den Kaiser heiraten würde, jung genug, um Kinder in die Welt zu setzen, die eine Art »unreinen« Adel in das kaiserliche Haus bringen könnten. Man könnte mich ja nicht zwingen, Witwe zu bleiben.

Es stand natürlich nicht Freigelassenen zu, darüber zu

entscheiden. Das war einzig und allein Claudius' Sache. Aber die Diskussion wurde in der Öffentlichkeit ausgetragen. Meine Heirat wurde eine Staatsaffäre, zu der jeder eine Meinung hatte. Im allgemeinen wurde der Vorzug mir gegeben. Für Lollia und Paetina sprachen sich nur wenige Menschen aus, denn sie waren eben keine Töchter des Germanicus. Sein Prestige kam ihnen nicht zugute. Wider alles Erwarten wirkte sich sogar die Tatsache, daß Gaius mein Bruder war, zusätzlich zu meinen Gunsten aus. Seine Torheiten und seine Grausamkeit waren vergessen. Man erinnerte sich an seine Jugend, seine Fröhlichkeit, die ersten Monate seiner Herrschaft, als er beliebt gewesen war. Unter seinen Wutausbrüchen und seiner Tyrannei hatte ja im Grunde nur sein engster Umkreis gelitten. Daß er mich zum Exil verurteilt hatte, wurde mir auch zu meinem Vorteil angerechnet. Einerseits tat ich den Leuten leid; andererseits bewunderten sie mich, weil ich mein Schicksal mit Würde ertragen hatte. Und ich war so genau das Gegenteil von Messalina! Meine jugendlichen Fehltritte wurden voller Nachsicht erwähnt. Man machte Gaius für sie verantwortlich, aber ich hatte, so hieß es, nie einen Skandal verursacht, ich war höchstens das unschuldige Opfer der unvermeidlichen Intrigen um die Macht. Kurzum, ich war die Frau, die der Senat und das Volk sich als Claudius' Frau wünschten.

Es gab da jedoch ein Hindernis: Claudius war der Bruder meines Vaters, und deshalb wäre unsere Ehe ein Inzest, der von den Gottheiten als unrein angesehen ist. Dies bedeutete, daß sie für den ganzen Staat eine Bedrohung wäre. Ich überlegte, wie man dieses Problem lösen könnte, als mir unvorhergesehenerweise ein Verbündeter zu Hilfe kam: Vitellius, der damalige Zensor und infolgedessen in moralischen Fragen eine anerkannte Instanz. Kurz vor den Saturnalien suchte er mich unerwartet auf, um mir ohne weiteres mitzuteilen, daß er bereit sei, mir zu helfen, wenn ich es wünschte. Messalinas Pantoffel trug er nicht mehr bei sich: von der Leidenschaft, die er für sie empfunden hatte, schien er kuriert. Als wir allein waren, sagte er mir:

»Denk nicht, Agrippina, daß ich Messalina vermisse. Sie war zu gefährlich geworden. Du bist ihr, den Göttern sei Dank, gar nicht ähnlich, und ich würde mich freuen, dir zu dienen. Das römische Volk wünscht dich als Kaiserin. Du weißt es selbst. Die Gründe muß ich dir nicht erklären. Du kennst sie so gut wie ich. Dir ist aber auch bekannt, welch ein Vorurteil gegen diese Ehe spricht. Wir müssen daher eine Situation schaffen, die deinen Ehebund mit Claudius unvermeidlich macht und die sich so selbstverständlich aufdrängt, daß sie das alte Vorurteil überwindet. Es gibt einen Weg, um das zu erreichen: Stell dir vor, daß der Princeps seine Tochter deinem Sohn zur Frau gibt. Auf die Weise wäret ihr miteinander schon verbunden, und nichts könnte verhindern, daß ihr es auch offiziell werdet.«

Ich antwortete, daß ich seinen Plan recht geschickt fände, daß aber ein großes Hindernis im Wege stünde: Octavia war bereits mit Silanus verlobt, und es gab keinen guten Grund, die Verlobung zu lösen. Claudius hatte den Verlobten sehr gerne und ihm besondere Ehrungen erwiesen. Wie könnte der Princeps seine Meinung ändern?

»Mach dir keine Sorge. Ich habe eine unwiderstehliche Waffe gegen Silanus. Laß mir freie Hand, und ich verspreche dir Erfolg.«

Er informierte mich über keine Details, doch sein Plan kam mir bald zu Ohren. Vitellius hat Silanus einige Tage später im Senat einer inzestuösen Beziehung mit seiner Schwester Julia Calvina beschuldigt. War es die Wahrheit? Vielleicht. Aber darum kümmerte ich mich nicht. Ich haßte Calvina. Es hieß, sie sei schön! Sie war vor allem süchtig nach Lob und Huldigungen. Wenn ihr Bruder Octavia heiraten würde, wäre es mit meinem Einfluß vorbei. Claudius würde ihren Avancen kaum widerstehen können. Deshalb war mir der Vorwurf von Vitellius gegen sie höchst willkommen, ganz gleich, ob es den Tatsachen entsprach oder nicht.

Als Vitellius Claudius darüber berichtete, hörte der Kaiser sehr aufmerksam zu. Offenbar widerstrebte ihm der Gedanke, seine Tochter einem Mann zur Frau zu geben, der eine solche Beziehung mit der eigenen Schwester gehabt hatte. Er ließ sich überzeugen und Silanus bereits am nächsten Tag mitteilen, daß die Verlobung gelöst worden war. Vitellius strich in seiner Eigenschaft als Zensor den jungen Mann von der Liste der Senatoren. Silanus legte sein Amt als Prätor nieder und zog sich vom öffentlichen Leben zurück. War er wirklich schuldig? Eigentlich war ich davon nicht überzeugt. Es war einfach nur so, daß Vitellius mir und dem Schicksal zu Hilfe kam. Und wenn es um die Macht ging, zählte Silanus' Schicksal wenig. Ich hatte Seneca die ganze Geschichte geschrieben. Er antwortete mit einem überaus witzigen Epigramm. Ich habe es wiedergefunden und kann der Versuchung nicht widerstehen, es zu zitieren:

»Du bist schön, reich, edel, entzückend, das muß ich anerkennen, wenn du willst! Du bist bestimmt nicht keusch; das hat dich bestimmt überrascht. Du bestreitest es. Die Sache ist vor die Richter gekommen, und sie bestreitet es von neuem. Sag lieber: ›Ja, aber nur einmal! Ja, aber ich war noch ein Kind, als ich dabei überrascht wurde. Und mit wem? Mit meinem Bruder!‹ Es war dein Bruder. Das macht nichts, Jupiter hat das gleiche gemacht. Aber das, was Jupiter nicht gemacht hat, das macht ihr!«

Der kurze Brief kursierte in Rom und löste große Heiterkeit aus. Für mich war vor allem wichtig, daß Nero Octavia heiraten würde, damit für meine Heirat mit Claudius der Weg frei wäre. Und wieder einmal war es Vitellius, der die Entscheidung durchsetzte. Sobald er die Bindung zwischen Silanus und Octavia gelöst hatte, fragte er Claudius feierlich, der im Forum Gericht hielt, ob er bereit wäre zu tun, was das Volk und der Senat von ihm verlangten. Von seiten eines Zensors war solche Frage legitim – ein eigenartig archaisches Vorgehen, das Claudius eben deshalb bezauberte, so daß er darauf ohne Zögern erklärte, vor dem Gesetz sei ein Bürger wie jeder andere und dem Zensor schulde er Gehorsam. Man hätte meinen können, in den besten Zeiten der Freiheit zu leben! Auf diese Antwort hin trat der Zensor in die Curia ein, wo der Senat eine Sitzung abhielt, und bat um die Erlaubnis zu reden. Sie wurde ihm erteilt. Also erklärte er kurz und nüchtern, daß der Princeps nicht ohne Gattin sein dürfe. Das Interesse des Staates verlange, daß er so bald wie möglich wieder heirate. Als die Senatoren dieser Argumentation einhellig zustimmten, schlug er daraufhin mich als die denkbar beste Partie vor. Er hielt eine kurze Lobrede auf mich, bevor er schließlich auf den heiklen Punkt zu sprechen kam. Gewiß, sagte er, ich sei väterlicherweise eine Nichte von Claudius; eine solche Ehe, wenngleich ungewöhnlich, verstoße jedoch nicht gegen die Natur. Sie verstoße bloß gegen das Brauchtum, aber es gebe nirgends ein Gesetz dagegen. Außerdem sei diese römische Sitte fast allen anderen Völkern unbekannt und sei durch nichts zu rechtfertigen.

Der Senat erhob sich geschlossen, jubelte Vitellius zu und schickte nach Claudius, der auf den Ausgang dieser Komödie wartete. Eine Menge hatte sich schon vor der Curia versammelt. Man huldigte dem Kaiser. Es gab laute Bittrufe an ihn, dem Befehl des Senats zu gehorchen. Er erklärte sich dazu voll und ganz bereit. Ein an Ort und Stelle erlassenes Senatsdekret machte die Ehe zwischen einem Onkel und der Tochter seines Bruders legal. Claudius entschied daraufhin, daß unsere Heirat unverzüglich nach Ende der Feiern zum Jahresbeginn vollzogen werden sollte.

Mittlerweile nahm das Verfahren gegen Silanus und seine Schwester ihren Lauf. Claudius, der die Vollstreckung eines Urteils oder eines Gesetzes stets bis zum Schluß verfolgte, erließ gegen Calvina vorschriftsmäßig ein Urteil. Sie wurde aus Italien verbannt.

Claudius, dem nichts soviel Spaß machte als längst vergessene Riten wiederzubeleben, ließ im Hain Dianas in Nemi, im Tempel der Keuschheitsgöttin, Sühneopfer bringen, welche den durch den Inzest dem ganzen römischen Volk drohenden Fluch abwenden sollten. Er hatte diesen Brauch in einer mehrere hundert Jahre alten Sammlung entdeckt, die nur noch er entziffern konnte. Ich war, auch ohne Opfergaben, fest davon überzeugt, daß die Götter unsere Tat billigten, und daher ohne Angst vor Strafe.

Unsere Hochzeit wurde vier Tage nach der Kalenden des Januar mit großem Aufwand und, wie bei Claudius zu erwarten, in traditioneller Form vorgenommen. Er holte mich in meinem Haus auf dem Palatinus ab, als ob ich eine junge Verlobte wäre, und führte mich zum ehelichen Haushalt im Palast. Es war kein langer Weg. Zu beiden Seiten hatten sich zahlreiche Männer und Frauen eingefunden, die dem Princeps und mir zujubelten. »Io Hymen. Io Hymen«, schrien sie. Man wünschte uns ein langes Leben und viele Kinder. Den letzten Punkt war ich allerdings fest entschlossen nicht zu erfüllen. Und ich wußte, daß Claudius da kaum anders empfand. Ich hatte Nero, er Britannicus und Octavia.

Inzwischen hatten wir den Palast erreicht, wo die Seher auf uns warteten. Ich hörte ihren Vorhersagen, eine wundervoller als die andere, allerdings nur mit halbem Ohr zu. Sie hatten uns wirklich nichts Überraschendes mitzuteilen. Ich ließ mich zum Träumen hinreißen. Ich dachte an Messalina, die nur fünf Monate zuvor das gleiche Ritual befolgt hatte. Es war ihre letzte Tat gewesen, bevor sie Silius und das eigene Leben verloren hatte. Im Gegensatz zu ihr stand ich vor einer Zukunft, an die ich mit unerschütterlichem Willen schon immer geglaubt hatte.

In meiner Gedankenverlorenheit hätte ich fast vergessen, die rituellen Worte zu sprechen, mein Eheversprechen, daß ich, als sein *alter ego*, immer und überall an Claudius' Seite sein würde. Von meinem Mann zur Ordnung gerufen, sprach ich sie endlich nach, aber überzeugt davon, daß meine Gehorsamkeit Grenzen haben würde, und daß ich dafür sorgen würde, daß er sich mir uneingeschränkt fügte!

Der Abendstern glänzte, als ich von einem Freigelassenen über der Schwelle des Palastes getragen wurde. Claudius hatte darum gebeten, daß ihm dieser Teil des Rituals von jemand anderem abgenommen wurde. Er hätte es gern getan, befürchtete jedoch, unter der Last meines Gewichts zu stolpern! Auf diese Weise betrat ich also zum ersten Mal das Haus meines Mannes. War das ein Vorzeichen? Versprachen die Götter mir damit, daß ich eines Tages allein herrschen würde?

Daran dachte ich, als Mädchen und Jungen im Chor den Hochzeitsgesang anstimmten. Ja gewiß, möge der kleine Dämon der Hochzeit, den sie anriefen, uns durch seine Anwesenheit ehren! Möge er nur rasch kommen, damit diese Zeremonie endlich ein Ende findet! Mir wurde unwohl. Ich erinnerte mich an den Tag, als auf eben diesem Hügel, der

Geburtsstätte Roms, gar nicht weit von unserem jetzigen Aufenthaltsort, Domitius mich in seine Arme genommen hatte. Hatte ich mir damals, als Domitius mich zum ersten Mal an seine Brust drückte, ehrlich gewünscht, daß die Zeit stillstehen möge? Gewiß, ich hegte für Claudius eine aufrichtige Zuneigung, aber ich spürte nichts von der Erregung, mit der eine Jungfrau die erste gemeinsame Nacht mit dem Ehemann herbeisehnt. Wir waren einander schon seit mehreren Monaten kein Geheimnis mehr, für uns gab es nichts zu entdecken, wir waren schon wie ein altes Ehepaar. Was ich in diesem Augenblick erlebte, das war nicht der Anfang einer Ehe, sondern der Beginn einer Herrschaft, doch das mußte ich verbergen. Mir war vom Senat und vom römischen Volk eine bestimmte Rolle zugewiesen – dem *Imperator* bei den ihm anvertrauten Aufgaben zu helfen. Vitellius hatte sie in seiner Rede an den Senat genau umrissen. Mein Reich war das Haus des Princeps. Ich sollte ihm die häuslichen Sorgen abnehmen. Weiter reichte meine Domäne nicht. Es war fast, als ob man von mir verlangt hätte, Wolle zu spinnen! Der Gedanke empörte mich! Wie war es Messalina ergangen? Hatte sie etwa eines schönen Tages Lust verspürt, eine Spindel zu drehen?

Nach der Trauungszeremonie mußte ich das Festessen über mich ergehen lassen. Es war reichlich und üppig, ganz nach Claudius' Geschmack. Ich erinnerte mich an seinen Bericht über sein erstes Auftreten in der Öffentlichkeit. Er hatte sich seither kaum verändert. Delikatessen wurden gereicht, viele Fische in Saucen, deren starker Geruch den Speisesaal erfüllte. Es ist Sitte, daß man den Ehegatten bei Hochzeitsessen sehr scharfe Gerichte anbietet. Aber ich schätze sie leider gar nicht. An diesem Abend hatten die Köche mit Pfeffer und Zimt nicht gespart. Sie hatten sie sogar vermischt. Es gab wie üblich Stücke vom Wild auf Laubbetten mit Gebäck und unglaubliche Mengen von Austern und Seeigeln, die mit einem Gemisch aus Wein und Honig serviert wurden. Die Austern kamen aus dem Lucrino-See. Ich liebe Austern. Sie sind ein endloses Gesprächsthema zwischen mir und Seneca, der sie verabscheut und stets tausend gute Gründe findet, um keine essen zu müssen.

Ich erinnerte mich an diese alten Diskussionen, während mein Blick auf Claudius fiel, der eine riesige Menge Muscheln verschlang und große Schalen von Wein mit Honig leerte. Er dachte nur ans Essen und würde nur zu bald in einen geistigen Dämmerzustand versinken, aus dem er erst am Morgen wieder auftauchen würde.

Selbstverständlich nahmen an diesem Essen auch die Kinder teil. Der kleine Britannicus saß neben Octavia, die sich sehr um ihn kümmerte und aufpaßte, daß er nicht zuviel aß. Von Zeit zu Zeit warf sie einen Blick auf Nero, der, stolz schon elf Jahre alt zu sein, sehr arrogant wirkte. Welche Aufgabe wartete auf diese drei? Ich hatte kurz vor dem Abendessen erfahren, daß Silanus Selbstmord begangen hatte. Wußte Octavia es schon? Es schien nicht so. Dafür wußte sie, daß ihre Verlobung gelöst war. Und sie ahnte sicherlich, daß Nero an die Stelle von Silanus rücken würde. Das erklärte ihre verstohlenen Blicke zu Nero.

Silanus' Freitod gab mir zu denken. Offenbar konnte er den Zusammenbruch seiner Hoffnungen und die Schande durch seine Verurteilung nicht ertragen. Nach diesem Prozeß hätte er nie Claudius' Nachfolger werden können, auch seine Laufbahn als Senator war dadurch gestoppt worden – hätte ich an seiner Stelle nach solcher Enttäuschung den Mut gehabt weiterzuleben? Ich denke doch. Ich hatte während unserer Verbannung nie die Hoffnung verloren, obwohl damals die Zukunft für meine Schwester und mich alles andere als rosig aussah. Danach hatte ich es geschafft, mich vor Messalinas Intrigen zu schützen. Verdankte ich es meiner politischen Geschicklichkeit, meiner inneren Stärke oder einem unbeugsamen Willen? Vielleicht auch besonderem göttlichen Schutz, weil die Götter mich zu ihrem Werkzeug auserwählt hatten? Mir wurde bewußt, wie sehr Claudius' Erbfolge umkämpft war. Ich erinnerte mich auch daran, wie überraschend er selbst, nach Gaius' Tod, zum Kaiser gemacht wurde. Niemand konnte vorhersehen, daß dieser bereits alte, von allen verachtete Mann, der weder bei den Quiriten noch bei den Soldaten Ansehen genoß, eines Tages Herrscher von Rom werden und über so viele Jahre bleiben würde. Daß ihm unter anderem die Eroberung Britanniens gelänge, an welcher der göttliche Caesar gescheitert war, und er den Frieden im Kaiserreich stiften würde. War das alles ein Werk des Zufalls? Es gab keine Regeln, kein Gesetz über die Wahl eines Kaisers. In dieser Hinsicht war Rom jedesmal wie eine gestürmte Stadt, wo die Gesetze außer Kraft gesetzt sind. Claudius hatte nie etwas getan, um sich als zukünftiger Kaiser zu profilieren. Er hatte sich, vor Angst zitternd, hinter dem Vorhang versteckt, als die Prätorianer im Palast nach den Mördern ihres *Imperators* suchten. Dann hatten sie ihn entdeckt, ihn erkannt und ihm zugejubelt. Nein, das war kein Zufall gewesen, daß sich ausgerechnet der Bruder des Germanicus und niemand sonst in diesem Moment an diesem Ort aufhielt. Und deshalb würde ein Nachkomme Julias, das heißt ein Nachkomme des göttlichen Augustus zum dritten Mal an die Macht kommen. Nein, der Zufall hatte dabei keine Rolle gespielt. Es war kein Glücksspiel gewesen. Und wenn doch, dann hatte ich eine Chance, und Nero auch, weil wir aus dem gleichen Geschlecht stammten wie Tiberius, Gaius und Claudius. Ich fühlte mich gefordert, alle Kraft in mir für das Ziel einzusetzen, das mir die göttliche Vorsehung gesetzt hatte.

Als Gattin des Princeps konnte ich meinen Sohn wieder fest zu mir holen. Ich ließ mich also eines sonnigen Aprilmorgens zu Lepida fahren. Ich legte Wert darauf, daß die Sache äußerst diskret verlief. Mich erstaunte das tiefe Blau des so friedlich erscheinenden Himmels. In einer *palla* aus Wolle eingehüllt saß ich in einer Sänfte und dachte über diese Unbeweglichkeit, über dieses Bild von Heiterkeit nach, das innerhalb eines Augenblicks in ein Tosen der Gewalt umschlagen konnte. Nero, mein Sohn! Du, den ich bald wieder an meiner Seite haben werde, was hast du während meiner Anwesenheit hinter deinem guten Benehmen und deiner Gelassenheit, deiner Stirn verborgen? Welche Chancen haben wir, du und ich, für eine harmonische Beziehung?

Nero! Ich durfte endlich leben, ohne um ihn zittern zu müssen. Gewiß hatte er zu Beginn der Herrschaftszeit von Claudius bei mir gelebt, aber nur für kurze Zeit. Denn ich hatte nur zu bald das Schlimmste befürchtet, als nämlich Messalina sich nach und nach immer gewalttätiger und entschlossener zeigte, alle zu beseitigen, die sie als Feinde betrachtete. Ich hielt es für ratsam, nicht ihre Eifersucht herauszufordern. Nero war damals noch nicht vier Jahre alt. Er war ein lustiges, launenhaftes Kind, das mir aber große Zuneigung entgegenbrachte. Er liebte es, geliebt zu werden. Da ich ihn so sehr liebte, bekam ich es besonders mit der Angst zu tun, als das Gerücht herumging, daß Messalina bezahlte Mörder auf ihn angesetzt hatte. Ich fand es um seiner Sicherheit willen notwendig, ihn aus meiner Nähe zu entfernen, und fragte Lepida, ob sie ihn wieder in ihre Obhut nehmen konnte. Sie erklärte sich voller Begeisterung dazu bereit, denn sie hatte ihn vorher nur mit Bedauern ziehen lassen und war glücklich, ihn wieder bei sich zu haben. Ich begriff, daß sie auf mich eifersüchtig war und daher sehr an ihm hing, obwohl sie sich eigentlich nicht um seine Erziehung gekümmert hatte. Da ich von dieser Unaufmerksamkeit wußte, hatte ich zuerst lange gezögert, doch die Angst um unsere Sicherheit war größer, und so wurde Nero wieder bei Lepida untergebracht. Lepida war, wie schon bemerkt, mit ihrer Tochter Messalina zerstritten und hatte jeglichen Kontakt abgebrochen. Wenn Messalina Nero nie zu Gesicht bekommen würde, wäre er bald vergessen (sie hatte schließlich noch andere Sorgen) und wir hätten Ruhe. Jetzt, nach Messalinas Tod, konnte Nero zu mir zurückkommen und wie Britannicus und Octavia im Palast leben. So konnte ich ihn nicht nur immer um mich haben, sondern auch meine weiteren Pläne verwirklichen. Es war erforderlich, daß er endlich als Mitglied der kaiserlichen Familie in Erscheinung träte und so Britannicus in den Schatten stellen konnte. Ich mußte dafür sorgen, daß Claudius sich an ihn gewöhnte, ja, daß zwischen den beiden auch eine gewisse Sympathie aufkäme. Das schien mir nicht weiter schwierig, denn ich wußte ja aus eigener Erfahrung, wie reizend und betörend mein Sohn sein konnte.

Seine Erziehung war, wie gesagt, bisher eher Glückssache gewesen. Seine Lehrer waren, bei Lepida wie bei mir, nicht sorgsam ausgesucht worden, sondern Zufall. Das Lesen hatte ich ihm beigebracht. Im Hause Lepidas verbrachte er die meiste Zeit in den Stallungen. Er liebte Pferde und hatte trotz seines jungen Alters bereits gelernt, ein Viergespann zu lenken – eine schwierige Kunst. Trotzdem meisterte er sie vortrefflich. Er übte in den Gärten, die Lepida im Vatikan besaß, wo Gaius sich zum persönlichen Vergnügen einen richtigen Zirkus hatte bauen lassen. Dort, auf der Terrasse, fand Nero

Spaß daran, sein Gespann auf Galopp zu bringen und mit fester Hand zu führen. Als ich ihn dort zufällig einmal beobachtet hatte, als seine blonden Haare im Wind flatterten, da glaubte ich einen Gott im Sonnenwagen vor mir zu sehen. Gaius hatte der Sonne ähnlich werden wollen – ohne rechten Erfolg. Aber Nero gelang es, ohne daß er es wollte. Wie ein Wunder und eine Verheißung kam mir das vor.

Aber noch war er bloß ein kleiner Junge, und ich befürchtete, daß es lange dauern würde, bis er die Kraft besäße, ein so schweres Gespann wie das des Reiches zu lenken. Ich mußte an Phaeton denken, der in seiner Unerfahrenheit vom Himmel herabgestürzt war. Nero mußte unbedingt vorbereitet werden auf die Rolle, die ich ihm zugedacht hatte. Sofern unsere Anstrengungen nicht vergeblich wären (aber warum sollten sie?), würde der Tag kommen, an dem er zum Herrn der Welt würde. Das Universum würde sich vor ihm verneigen.

Inzwischen näherte meine Sänfte sich den Carenen. Wir hatten den Hang des Berges Oppius zu ersteigen begonnen, und so unmittelbar vor dem Wiedersehen bekam ich auf einmal Angst. Und wenn er mich nicht liebte ... wenn er mich nicht akzeptieren würde?

Als ich bei Lepida ankam, ließ man mich in die Säulenhalle eintreten. Der Kontrast zwischen dem Getöse der erwachenden Stadt und dieser Insel des Friedens war so vollkommen, daß ich in dieser Stille, wo nur das Gepiepse der Vögel und das Plätschern des Brunnens zu hören waren, meine innere Ruhe sofort wiederfand. Ich ließ mir einen Sitz in die Sonne vorrücken und bat, Nero zu holen. Während des Wartens drangen die Klänge einer Lyra an mein Ohr; ich war entzückt. Es war eine lange Modulation, die zwischendurch immer wieder von Gesang begleitet war. Die Harmonie war vollkommen, die Stimme rein, klar und mächtig. Diese Stimme eines Jungen bewegte mich, wie ein Lächeln es getan hätte. Mein Sohn war also nicht nur ein ausgezeichneter Wagenlenker, er sang und spielte auch die Lyra mit Talent! Ich sah darin ein Omen. Seit der Geburt des göttlichen Augustus – möglicherweise sogar noch früher, wenn man den Geschichten über die Liebschaften von Atia und dem Gott glaubt – ist Apollo, der göttliche Lyraspieler, der Patron und Beschützer unserer Familie. Und ihm war nun Nero ähnlich. Versprachen ihm die Gottheiten damit nicht das Reich der Welt? Und damit der Welt Harmonie und Frieden?

Ich wartete gespannt auf Nero. Er versteckte sich im Schatten der Säulen und lauerte seinerseits auf mich. Instinktiv spürte ich seine stumme, kaum wahrnehmbare Anwesenheit. Sind wir beide nicht immer wie zwei Raubtiere gewesen, die sich unentwegt gegenseitig belauerten? Er tat so, als ob er eben gerade hereinkäme, und trat auf mich zu:

»Ich grüße dich, Mutter!« sagte er und sah mir direkt in die Augen, um meine Gefühle, meine Stimmung zu erraten.

»Ich habe mich danach gesehnt, dich wiederzusehen, mein Kind!«

»Wirklich?«

Ich kann den Ausdruck seines Gesichts noch heute vor mir sehen.

»Du wirst allmählich verstehen, daß du der Grund all meines Tuns bist.«

»Ich merke trotzdem, Mutter, daß du den Hof und die hohen Kreise Roms bevorzugst. Es stimmt ja, daß deine Aktivitäten im Palatinus dir wenig Zeit für Zweitrangiges lassen . . . Übrigens – wenn ich auch in deinen Augen immer noch ein Kind bin, so bin ich doch selbst sehr beschäftigt.«

Solche Arroganz und Kälte irritierten mich. Ich schnitt

ihm das Wort ab. »Mein Sohn, du solltest wissen, daß ich alles, was ich tat, für uns, für dich und mich, für uns beide getan habe. Doch jetzt ist die Zeit gekommen, daß du deinen Platz an der Seite deiner Mutter einnimmst...«

»Aber in all diesen Jahren hat meine Tante Lepida auf mich aufgepaßt, mir zugehört, meine Wünsche erfüllt. Wäre es da gerecht...«

»Ich bin deine Mutter, ich allein!«

»Dann wäre meine Tante in deinen Augen in Wirklichkeit nur eine Amme gewesen?« fügte er mit traurigem Blick hinzu, der die Eifersucht, die ich mir schon hatte anmerken lassen, nur noch steigerte.

»Ich habe grausame Zeiten erlebt, Nero, in denen Lepida bereit war, mir zu helfen. Bei ihr warst du sicher, du meine Hoffnung, meine einzige Sorge... Trotzdem könnte deine Tante mich in keiner Weise verdrängen.«

»Darf ich sie wiedersehen, wann es mir gefällt, Mutter?«

»Sie darf uns besuchen, wenn deine neuen Beschäftigungen es dir erlauben, Nero. Du wirst mehr zu tun haben als bisher. Du darfst weiterhin deine Gespanne trainieren, dich in deiner Gesangskunst üben, die Lyra spielen in einem kleinen Zimmer, das ich für dich mit Wandgemälden dekorieren ließ – sie stellen Schauspieler dar und, schau, wie gut sich das trifft, dazu auch Orpheus, wie er mit seiner Lyra wilde Tiere beschwört. Ich habe deine Fortschritte in dieser Kunst vorhin bemerkt. Du hast eine große Begabung. Das freut mich. Es zeigt, daß du in deinem Innersten für das Schöne empfänglich bist.«

Ich sehe Nero noch vor mir: Er blickte mir tief in die Augen, erst überrascht, dann begeistert, und warf sich in meine Arme. In dem Moment machte mich der Überschwang, mit dem er sich einer spontanen Reaktion hingab und der für mich später einer seiner beunruhigendsten Charakterzüge werden sollte – in dem Moment machte er mich glücklich. Endlich kam mein Kind wieder zu mir, mein Sohn, den ich für die höchsten Ehren Roms vorbereiten wollte. Meine Eifersucht verschwand. Ich verstand, daß ihn Zweifel plagten und er sich von der Echtheit meiner Liebe überzeugen wollte. Nero drückte sich an meine Brust, bedeckte mich mit Küssen und wiegte mich mit liebevollen, zarten Worten: »Mutter, ach, wie sehr hast du mir gefehlt! Mein Singen heut morgen galt dir... Diese Worte habe ich für dich erfunden... Mutter, ich bin bereit, dir zu folgen. Auf diesen Augenblick habe ich seit langem gewartet! Du wirst sehen: ich bin kein Kind mehr, ich werde dir nicht zur Last fallen! Ich will dich stützen! Ich werde an deiner Seite sein und alle Menschen fernhalten, die sich dir in böser Absicht nähern.«

Er löste sich plötzlich aus meinen Armen und begann zu tanzen und umherzuwirbeln. »Niemand wird es wagen, dir zu nahe zu kommen, außer um vor der Kaiserin einen Kniefall zu machen! Du wirst sehen, niemand wird dich mehr lieben als ich...« Und genauso plötzlich beruhigte er sich wieder. Er kam auf mich zu, mit ernstem, besorgtem Gesicht, und flüsterte:

»Du hast mir gesagt, Mutter, daß ich dein Sohn bin, dein einziges Kind, das du über alles liebst. Und ich liebe dich: erzähl mir, Mutter, vom Palatin, wohin ich dir folgen werde.«

Seine Worte bewegten mich, aber diese Bitte überraschte mich im ersten Moment. Ich machte mir schließlich klar, daß sein neues Interesse schließlich in meinem Sinne wäre. Doch mein waches Gespür für Heuchelei warnte mich ständig: vergiß nie, daß Nero sich perfekt auf die Kunst der Schmeichelei versteht und ein exzellenter, intelligenter Schauspieler ist! Aber warum sollte er berechnend sein? Wo hörte die Wahrheit auf und fing die Schwärmerei an?

Ich verließ das Haus des Oppius, ohne daß Lepida sich gezeigt hatte, und überlegte auf dem Heimweg zum Palatin, wie ich vorgehen müßte, um meinen Traum zu verwirklichen. Nero Claudius aufzwingen – das dürfte nicht schwierig sein, das würde ich mit Hilfe von Pallas bewerkstelligen, der mir ergebener war denn je. Aber von wem sollte ich Nero für seine Aufgabe erziehen lassen? Schön und jung wie Gaius war er schon, aber ich wollte ihn außerdem umsichtig wie Tiberius und weise wie den göttlichen Augustus. Darin bestand meine Aufgabe. Auf Ähnlichkeit mit Claudius legte ich bei ihm keinen Wert. Außer vielleicht in dem Punkt der leichten Beeinflußbarkeit, dank derer ich ihn dominieren könnte.

Ich vergaß jedoch nicht, daß ein römischer Kaiser zuallererst ein Redner sein mußte, ganz wie in alten Zeiten, ein Mann, der Menschen mitzureißen versteht, der sich allein durch die Kraft seiner Worte Gehorsam verschaffen und die Patres in der Curia wie das Volk im Forum zu überzeugen vermag. Der Ruf der großen Redner aus den vergangenen Jahrhunderten der Freiheit beherrschte das öffentliche Leben nach wie vor. Diese Erinnerung erlosch nie. Es diesen großen Bürgern Roms gleichzutun, würde einem Princeps Kraft verleihen. Gelänge ihm das nicht, so liefe er Gefahr, nicht beachtet und vergessen zu werden.

Aber der römische Kaiser mußte nicht nur redegewandt sein. Er besaß auch die militärische Macht dieses *Imperiums*, die er in Rom beweisen mußte, die ihn dann aber zum absoluten Herrn der Stadt wie der übrigen Welt machte. Wie Germanicus und Tiberius vor ihm, mußte er imstande sein, unsere Armee zum Sieg zu führen, persönlich auf dem Schlachtfeld zu kämpfen und mit eigener Hand den Feind zu schlagen. Nero war immer noch sehr jung – er war gerade zwölf Jahre alt. Aber man mußte so rasch wie möglich einen Soldaten aus ihm machen.

Welchem Sterblichen war es gegeben, ein Redner, das heißt ein hervorragender, in der Sprache gewandter, intelligenter Mann, und zugleich ein unbesiegbarer Held zu sein? Nero nahm diese Herausforderung an. Wenigstens nahm ich sie für ihn an. Und ich kannte zwei Männer, die uns helfen konnten.

Einer – und in meinen Augen der wichtigste – war Seneca, der Freund aus der Herrschaftszeit Gaius'. Er war damals so sehr der am meisten bewunderte Redner, daß Gaius auf ihn eifersüchtig wurde und eines Tages, als er ihm zuhörte, beschloß, ihn ins Exil zu schicken oder hinrichten zu lassen. Ich konnte ihn gerade noch davon abbringen.

Am wichtigsten war mir also zuallererst die Rückkehr Senecas aus dem Exil. Claudius stimmte ohne Schwierigkeiten zu. Er erinnerte sich an ihn als einen netten Freund und wußte nicht einmal mehr genau, warum er überhaupt verbannt worden war. »Ach ja«, sagte er, als ich ihn darauf ansprach, »er war zu galant gegenüber deiner Schwester, der armen Livilla. Ich habe sehr um sie getrauert. Hatte sie nicht Selbstmord begangen? Aber das alles ist heute schließlich kaum mehr von Bedeutung. Wie ich höre, bildet Seneca sich etwas auf Philosophie ein. Da hätte er seine Lebensweisheit in die Praxis umsetzen sollen. Die Liebe ist ein natürliches Verlangen, das weiß ich wohl, und du auch, Agrippina. Bei Cicero habe ich gelesen, daß der Weise verliebt sein darf, aber Vorsicht – er sollte nur ein Freund des geliebten Wesens werden. Das gefällt mir recht gut, doch doch. Aber völlig befriedigend ist es meiner Meinung nach trotzdem nicht. Bei der Liebe gibt es keineswegs nur Freundschaft, nicht wahr? Die beiden Sachen muß man voneinander trennen. Seneca hätte es tun müssen. Es hat ihm kein Glück gebracht. Immerhin, ich habe versucht, seine Strafe abzumildern, da kann ich ihn durchaus nach Rom zurückrufen, wenn es dir Freude macht. Vor seiner Abreise hatte er mir einen hübschen Dialog über den Zorn in drei Büchern geschickt. Ich muß gestehen, das hat mich ein wenig gekränkt. Er muß doch gewußt haben, daß ich jähzornig bin. Es ist in Rom allgemein bekannt. Nun ja, ich habe ihm vergeben. Wenngleich mir auch nicht gefallen hat, was er Polybius schrieb, um sich zu verteidigen. Da hatte er sich den falschen Anwalt ausgesucht. Der arme Seneca, er hatte kein Glück! Aber ich überlasse ihn dir. Du hast ja gesagt, daß seine Anwesenheit dir Freude bereitet. Aber gib acht, Agrippina, du solltest dich auf den Unterschied zwischen Liebe und Freundschaft besser verstehen als er.«

Ich dankte Claudius und schrieb Seneca eine Mitteilung, daß man ihm die Rückkehr nach Rom erlauben würde, was Claudius ihm sogleich durch seine Leute bestätigen ließ.

Nero würde also Senecas Schüler sein. Seneca würde ihn die Rhetorik lehren, nicht nur die Kunst zu reden, sondern auch, und vielleicht noch mehr, die Kunst zu denken, das Gewicht von Argumenten einzuschätzen und Ideen nach ihrer Kraft, wenn auch nicht immer nach ihrer Wahrheit zu beurteilen. Ich würde allerdings dafür sorgen müssen, daß Seneca keinen Mann der Theorie aus Nero machte. Andererseits wußte ich ja, daß Seneca selber kein theoretischer Mensch war, und ich vertraute ihm. Man mußte nur das Frühjahr abwarten, damit er sich für seine Rückkehr nach Rom ohne Risiko einschiffen könnte.

Als zweiten Lehrer für Nero hatte ich an Afranius Burrus gedacht. Dieser Ritter, seit mehreren Jahren Prokurator des kaiserlichen Hauses, sollte ihn das Kriegshandwerk lehren. Er kam aus Gallien, und zwar aus jenem Teil, der schon seit langem römisch ist. Für Claudius würde diese Herkunft ein zusätzliches Argument zu seinen Gunsten bedeuten, weil der Princeps prinzipiell allen Menschen wohlgesonnen war, die, wie er selbst, jenseits der Alpen geboren waren. Burrus hatte im Auftrag die Chäronea von Thracia verwaltet und im Krieg der Thraker gegen uns mit Erfolg eingegriffen, so daß er plötzlich berühmt wurde. Allerdings konnte er seinen rechten Arm nach einer schweren Verwundung nie mehr voll gebrauchen, und so kalkulierte ich damit, daß er nach seinen vielen Dienstjahren in einer abgelegenen Ecke des Orients gern zu einem angenehmeren Leben nach Rom zurückkehren würde. Auf meine briefliche Anfrage antwortete er, daß mir zu dienen sein teuerster Wunsch wäre – offensichtlich hielt er mich für eine neue Messalina. Ich erwiderte darauf, daß es uns darum ginge, meinen Sohn in die Kriegskunst einzuführen. Nachdem er die Provinz seinem Nachfolger übergeben und eine Reihe von Streitfällen geschlichtet hatte, traf er einige Monate später in Rom ein. Den Titel des Prokurators, Besoldung inbegriffen, hatte ihm Claudius gelassen.

Nachdem ich für Nero vorerst alle Vorkehrungen getroffen hatte, kümmerte ich mich um Dinge, die mich selbst betrafen. Das erste, und eins der wichtigsten, war die Anlage des Vermögens, das ich und Nero besaßen. Crispus' Besitztümer hatte ich ja inzwischen geerbt. Es zählte zu den bedeutendsten in Rom. Würde es bei meinen Vorhaben jedoch ausreichen? Nein, meine Feinde können sagen, was sie wollen, ich habe Geld nie um seiner selbst willen geliebt. Aber die Eroberung der Macht ist eine kostspielige Sache. Man muß sich Unterstützung oder Gefälligkeiten erkaufen. Man muß das Volk kaufen, unter den Prätoren Gratifikationen verteilen, immer zahlreichere und prachtvollere Spiele liefern. Welches Privatvermögen könnte da genügen? Meines war ohnehin schon beinahe kaiserlich.

Ich setzte alles daran, es zu mehren. Meine Leute befaßten sich teils mit Geldverleih, teils mit dem Einholen von Außenständen. Es gab Schiffseigentümer, die für mich fuhren, die Weizen in Ägypten zum besten Kurs kauften und in Italien wiederverkauften, wenn er hier knapp wurde. Ich fand tausend Wege, um mich bei alten Menschen ohne Angehörige einzuschmeicheln, die sich meist dankbar zeigten und mich in ihr Testament einsetzten. Dazu muß ich erklären, daß ich nie etwas unternommen habe, um ihren Tod zu beschleunigen. Wir hatten Zeit, Nero und ich! Wenn ich um diese Zeit einige Leute hinrichten ließ, dann aus schwerwiegenderen Gründen. Lollia Paulina, die Callistus Claudius vergeblich als Frau angepriesen hatte, gab sich nicht geschlagen und ließ sich von Astrologen und Sehern beraten, um einen Weg zu finden, doch noch ans Ziel zu gelangen. Um mich aus dem Felde zu schlagen, würde sie vermutlich auch nicht davor zurückschrecken, so wie einstmals Plancina in Syrien die Magie zu verwenden, um mich zu verhexen. Vielleicht würde sie sogar Gift gebrauchen. In Anbetracht dieser Gefahr beschloß ich, nicht abzuwarten, sondern zum Angriff überzugehen. Das war gar nicht schwer. Ich beschuldigte sie verbotener religiöser Praktiken, wobei ich durchblicken ließ, daß diese Praktiken eine Gefahr für das Leben des Princeps darstellten. Dem Senat wurde die Beschuldigung von einem Mann vorgetragen, den Vitellius mir empfohlen hatte. Claudius hat selbst das Wort ergriffen und gefolgert, daß Paulina staatsgefährlich war. Sie wurde aus Italien verbannt. Von ihrem enormen Vermögen ließ man ihr nur fünf Millionen Sesterzen – meiner Meinung nach noch viel zuviel. Mit Billigung von Claudius, der mir im übrigen alle Wünsche erfüllte, ließ ich einen Tribun des Prätoriums zu ihr entsenden, der sie erdrosselte.

Als dieser Tribun mir dann ihren mit vertrocknetem Blut verklebten Schädel überreichte, erkannte ich sie nicht wieder. Mit dem Gesicht der Lollia, die auf ihre Schönheit so stolz und stets perfekt geschminkt gewesen war, hatte dieser Kopf so wenig gemein, daß ich glaubte, man hätte mich betrogen und, um Lollia zu retten, eine andere Frau umgebracht. Es gab jedoch meines Wissens ein Zeichen, anhand dessen ich mich vergewissern konnte. Ich bat darum, den Kopf in meine Hände zu legen. Anschließend habe ich den vom Todeskampf verzerrten Mund geöffnet, meine Finger zwischen die Lippen geschoben und die Zähne untersucht. Ich wußte genau, daß Lollia zwei Zähne, der eine rechts, der andere auf der linken Seite entfernt worden waren – und tatsächlich, ich fand die beiden Lücken. Es war Paulina.

Ich konnte mich auch einer anderen potentiellen Rivalin entledigen, allerdings ohne sie umbringen zu lassen: einer gewissen Calpurnia, deren Schönheit Claudius eines Tages in meiner Anwesenheit gerühmt hatte. Ich setzte durch, daß auch sie in die Verbannung geschickt wurde. An Beschuldigungen hatte es mir nicht gemangelt. Calpurnia führte nämlich ein ziemlich wildes Leben. Sie würde bestimmt keinen Moment zögern, falls der Princeps ihr sein Interesse zu verstehen gäbe. Vorläufig war mir Claudius gänzlich ergeben, doch ich kannte ihn nur zu gut, und mir lag deshalb sehr daran, jede Versuchung von ihm fernzuhalten. Deshalb mußte Calpurnia aus Rom verschwinden. Sie reiste in eine entlegene Provinz, wo sie heute ein ruhiges Leben führt.

Der Frühling war bereits fast vorbei, als Seneca nach Rom zurückkehrte und im Palatinus erschien, um sich beim Kaiser zu bedanken. Er wurde im Audienzsaal empfangen. Claudius stand majestätisch auf einer Tribüne, neben ihm Narcissus und Pallas. Ich stand ein wenig abseits, wo ich alles überblikken konnte. Seneca erschien und ging auf den Princeps zu. Nur mit Mühe konnte ich ihn wiedererkennen. Ich hatte ihn als einen jungen Mann in den besten Jahren gekannt. Seither waren fast zehn jahre vergangen. Sein Haar war weiß geworden, zwei tiefe Falten auf seinem Gesicht betonten seine Backenknochen. Einst war er glatt rasiert, nun trug er einen kurzen, schlecht geschnittenen Bart. Für meinen Geschmack sah er jetzt allzusehr nach Philosoph aus.

Er verbeugte sich vor dem Princeps.

»Ich bin glücklich, dich wieder unter uns zu sehen«, sagte Claudius. »Deine Aufsätze haben mir immer gefallen. Sie zeugen von gesundem Menschenverstand, und du kannst dich gut ausdrücken. Wir, die wir von den Göttern beauftragt sind, die Menschen zu führen, brauchen Menschen wie dich. Du weist den Weg der Vernunft. Glücklich sein wollen wir alle, aber es kommt selten vor, daß wir den rechten Weg zum Glück wählen. Ihr Philosophen seid dazu da, um uns auf unsere Fehler aufmerksam zu machen. Ich habe die Briefe gerne gelesen, mit denen du deine Mutter über dein Exil trösten wolltest – du siehst, ich habe dich aus der Ferne verfolgt –, aber ich bin nicht ganz deiner Meinung. Daß du deine Mutter tröstest, ist richtig und lobenswert, da muß ich dir ein Kompliment machen. Aber zu behaupten, die Verbannung sei keine Strafe und für einen Weisen sei es gleichgültig, ob er hier oder dort in der Welt wohnt – damit bin ich keineswegs einverstanden. Das hast du nur geschrieben, um deine Mutter zu beruhigen. Du weißt selbst, daß es nicht ganz der Wahrheit entspricht. Nicht wahr, du hast dich auf deiner Insel gelangweilt? Du hast Rom vermißt. Nun gut, nütze deine Chance und mißbrauche sie nicht.«

Die Audienz war beendet. Seneca zog sich zurück. Durch ein Briefchen, das ihm meine liebe Acerronia überreicht hatte, wußte er, daß ich ihn in meinen Privatgemächern erwartete. Ich hatte den Eindruck, daß er gerne freiwillig kam. Zu Beginn unserer Unterhaltung gab er sich ein wenig förmlich. Offenbar genierten ihn meine neuen Lebensumstände. Er blieb stehen, während ich auf einem Ruhebett Platz nahm. Ich bat ihn, sich zu mir zu setzen. »Zwischen uns hat sich nichts geändert, seit du die arme Livilla und mich besucht hast. Nur daß Messalina uns nicht mehr nachspionieren kann. Zwar habe ich ihren Platz eingenommen, aber du kannst sicher sein: ich trete nicht in ihre Fußstapfen. Ich möchte, daß wir Freunde sind wie einst. Außerdem muß ich dir gleich noch etwas sagen: ich brauche dich. Aber eins vorweg: Wenn du dich schon nicht rasieren lassen willst, möchte ich wenigstens, daß du dir deinen Bart kämmen läßt.«

Seneca schaute mich erstaunt an. »Meinen Bart?« fragte er. Dann begann er zu lachen. »Na ja, er ist ein wenig struppig. Du hast recht. Ich hatte ihn für meine Audienz beim Princeps bewußt vernachlässigt. Schließlich hat er mich ja von Rom fortgeschickt. Da mußte ich doch wie ein Bittsteller aussehen. Wenn ich mich zu fröhlich gezeigt hätte, wäre er gewiß entrüstet gewesen! Aber sei versichert, daß ich von heute abend an, beim Bad und vor dem Abendessen, zu dem mich Lucillus erwartet, dies philosophische Gehabe ablegen werde, das dir so zuwider ist. Du sagst, daß du mich brauchst. Das höre ich gern. Womit kann ich dir dienen?«

»Ich möchte, daß du Neros Erzieher wirst. Es wird dich bestimmt nicht überraschen zu hören, daß ich plane, ihn vom

Princeps adoptieren zu lassen. Wenn man herrscht, sind zwei Söhne besser als einer. Auf diese Weise ist man besser vor Schicksalsschlägen geschützt.« Ich hielt einen Moment inne und sah ihm offen ins Gesicht. Er hielt meinem Blick stand, und ich erkannte einen Funken von Belustigung in seinen Augen, als er mir mit ernster Stimme antwortete:

»Du hast recht, Agrippina. Zwei Söhne. Genau. Es kann ja soviel passieren! Aber welche Rolle spiele ich in all dem?«

»Hör zu. In dem Fall, daß das Schicksal . . . Ich meine, wäre es nicht wünschenswert, daß Nero der Aufgabe auch gewachsen wäre, falls er in die Lage versetzt werden sollte, die Macht ergreifen zu müssen? Keiner weiß so gut wie du, was ein Princeps können muß. Ich brauche dir seine Pflichten nicht aufzuzählen. Du glaubst doch wohl nicht, daß Rom zur alten freiheitlichen Verfassung zurückkehren wird?«

»Nein, mit Sicherheit nicht – wenn du damit meinst, daß die souveräne Macht den jährlich gewählten Magistraten gehören würde und in den Provinzen Verwaltern, die nur den Patres verantwortlich wären, also letztendlich ihnen selbst und ihren Freunden. Die Republik ist tot. Wir sollten nicht versuchen, sie zu neuem Leben zu erwecken. Ich weiß, daß du nicht viel von Philosophie hältst. Da irrst du, Agrippina. Wenn sie nicht mißbraucht wird, kann sie uns eine gute Ratgeberin sein. Sie vermittelt uns jedenfalls ein Verständnis davon, wie die Natur von jeher alles geregelt hat. Das Universum ist wunderbar wohlgeordnet. Wie kann man nur glauben, daß die Bahn der Sterne bloß das Ergebnis zufälliger Bewegungen ist? Wenn es so wäre, würden die Himmelskörper gegeneinanderstoßen und sich wechselseitig vernichten. Statt dessen verläuft am Himmel wie auf Erden alles auf harmonische Weise. Nichts geschieht ohne einen Grund, den wir oft sogar erkennen können. Denk nur an die Gezeiten des

Ozeans, die ganz allmählich zustande kommen, je nachdem ob der Mond das Wasser anzieht oder abstößt. Glaubst du nicht, daß solche Ordnung von einer Intelligenz bewirkt wird, die über alles herrscht? Während nun die Dinge dieser höheren Intelligenz ganz von selbst gehorchen, weigern sich die Menschen meistens. Menschen sind Leidenschaften unterworfen, die sich so plötzlich wie Stürme entwickeln können, die die Ordnung des Himmels zerstören. Sie bringen sich nicht nur selber in Not, sondern auch ihre Umwelt. Aber die Stürme am Himmel ziehen schnell vorbei, die höheren Regionen, wo die Götter wohnen, werden von ihnen nicht erschüttert. Für die menschlichen Leidenschaften gilt ähnliches leider nicht, sie können viel Unglück verursachen. Unsere irdische Welt gehorcht ungern der Vernunft. Und deshalb ist es notwendig, daß sich der weise, vorausblickende Wille eines Königs durchsetzt. Der göttliche Augustus hatte das verstanden. Er selbst war gerecht und gut. Seitdem ist unglücklicherweise ... Aber ich merke, daß du meiner Meinung bist. Du möchtest Rom den bestmöglichen Princeps geben, und dazu glaubst du meine Hilfe zu benötigen. Ich werde sie dir nicht verweigern, und da du mir deinen Sohn anvertrauen willst, werde ich mich bemühen, ihn zu lehren, was er eines Tages vielleicht brauchen wird. Manchmal denke ich sogar, daß es für die ganze Welt von Vorteil sein könnte, wenn zwei Brüder zusammen an die Macht berufen würden. Der eine würde die Toga tragen, der andere den Kriegsmantel. Sie müßten sich nur miteinander gut verstehen. Hältst du so etwas für möglich, Agrippina?«

Nun mußte ich lächeln. Daß Britannicus und Nero sich das Reich teilen und Seite an Seite regieren könnten, war für mich ein völlig neuartiger Gedanke, ich war allerdings nicht davon überzeugt, daß Seneca es ernst meinte. Er wollte bei mir nur den Eindruck erwecken, daß er meine wahren Wünsche und Pläne nicht verstand. Darauf fiel ich selbstverständlich nicht herein; ich tat aber so, als ob ich mich täuschen ließe. Mit unserem stillschweigenden Einverständnis haben wir an dem Tage unsere Komplizenschaft besiegelt.

Daß ich Seneca zum Lehrer des jungen Nero bestellt hatte, war bald allgemein bekannt und gutgeheißen. Weil Seneca durch Claudius hatte leiden müssen, hielt man ihn für besonders geeignet, meinen Sohn zu Mäßigung und zu Milde zu erziehen. Die Patres waren froh, daß einer der Ihren wieder in ihre Mitte zurückgekehrt war und seine ursprüngliche Geltung wiedergefunden hatte. Seine philosophische Ader garantierte, daß er ein ehrlicher und aufrichtiger Mensch war. Die allgemein positive Beurteilung Senecas trug dazu bei, mir einen guten Ruf zu verschaffen, und es bildete sich eine Partei mit dem Ziel, Nero als Erben von Claudius zu unterstützen. Als ich daher dem designierten Konsul vorschlug, beim Senat einen Antrag einzubringen, die Patres möchten Claudius ersuchen, Octavia mit Nero zu verloben, ließ er sich nicht lange bitten. Der Antrag wurde angenommen.

Seneca hatte, weil er sich im Exil nicht darum kümmern konnte, fast sein gesamtes Vermögen verloren. Ich betrachtete es als meine Pflicht, ihn ausreichend zu entlohnen, damit er seiner Stellung gemäß leben könnte. Ich wußte nur zu gut, daß Armut und Prestige in Rom unvereinbar waren. Seneca bekam also wieder große Ländereien in den Provinzen, die ihm ein beachtliches Einkommen sicherten. Das warf man ihm allerdings später oft vor, doch zu Unrecht, denn trotz dieses Vermögens lebte er äußerst einfach. Als ich ihn einmal fragte, warum er aus seinem Besitz keinen größeren persönlichen Nutzen ziehe, erwiderte er mir, daß der größte, primäre Reichtum darin bestehe, keiner Reichtümer zu bedürfen. »Und vergiß nicht: Das Geld ist ein schlechter Herr, aber ein guter Diener!«

Unterdessen verlief alles nach Plan. Claudius tat immer genau das, was ich mir wünschte, und Pallas an seiner Seite erklärte ihm ständig, daß es nötiger sei denn je, Britannicus einen Führer und einen Halt zur Seite zu geben. Aus diesem Grunde sei es ratsam, daß der Princeps Nero adoptierte. Das war eigentlich ein fadenscheiniges Argument, denn der Altersunterschied zwischen den beiden Jungen betrug bloß drei Jahre, und Claudius war immer noch bei guter Gesundheit und durchaus fähig, die Staatsgeschäfte allein zu führen.

»Fürchtest du nicht«, fragte ich eines Tages Pallas, »daß der Princeps begreifen könnte, daß du ihm das nur mit dem einen Ziel rätst, nämlich ihn dahin zu bringen, daß er seinem eigenen Sohn die Rechte entzieht, die ihm von Geburt aus zustehen?«

»Hab keine Sorge, Agrippina. Ich hebe ihm gegenüber hervor, daß er mit einer Adoption Neros nur dem Beispiel des göttlichen Augustus folgen würde. So etwas schmeichelt ihm. Ich erwähne auch Tiberius, der deinen Vater adoptierte, obwohl Vipsania ihm einen Sohn geschenkt hatte. Doch an einem Vergleich mit Tiberius liegt ihm nichts. Trotzdem ist es ein Präzedenzfall, und du weißt doch, wie empfänglich er für juristische Argumente ist! Er wirkte verunsichert, und ich gebe die Hoffnung nicht auf, ihn umzustimmen. Du könntest mir aber helfen. Bestehe darauf, daß er dir ab jetzt den Titel Augusta verleiht, daß er ihn dir offiziell zuerkennt. Das müßte das Prestige deines Sohnes steigern. Je mehr man von dir spricht, desto einfacher wird es sein, Nero in den Vordergrund zu rücken.«

Ich befolgte Pallas' Rat. Es war wichtig, daß ich so deutlich wie nur möglich als Mitinhaber der Macht in Erscheinung trat. Es kam mir die Idee, Claudius zu bitten, in der Gegend, wo ich geboren bin, eine Kolonie zu gründen und nach mir zu benennen. Dort gibt es einen Altar, um den sich die Ubier – so heißt der Stamm, der dort lebt – versammeln, um neben ihren Heiligen auch den Göttern Roms zu opfern. So würde mein Name bestimmt mit dem der Schutzgottheiten ihrer Stadt verbunden sein. Inzwischen bewilligte der Senat mir das Recht, während der Feste im *Carpentum* Platz zu nehmen. Das stellte mich den Vestalinnen gleich. Ich versäumte keine Gelegenheit, dieses Recht in Anspruch zu nehmen. Das *Carpentum* ist allerdings nur ein unbequemer Karren, wie sie in der alten Zeit hergestellt wurden. Eine Plane schützt vor der Sonne. Jeder geht aus dem Weg, wenn dieser Wagen vorfährt, und verbeugt sich. Sollte man darüber lachen? Sicherlich war das bloß »Dorfreligion«, um Senecas Ausdruck zu gebrauchen. Aber Seneca hat selber erkannt, daß solch falscher religiöser Pomp nicht ohne Macht ist. Mein Karren brachte mir durch sein bloßes Erscheinen mehr Ehrerbietung, als ein Philosoph als vernünftig empfunden hätte. Aber gibt es denn ein Volk, das aus vernünftigen Menschen besteht?

Da Pallas immer mehr drängte, entschloß sich Claudius schließlich, Nero zu adoptieren. Nach all den Schwierigkeiten, die er, typisch Jurist, machte, tat er es nur widerwillig. »Du willst, daß ich Nero adoptiere, Agrippina, und Pallas empfiehlt mir das gleiche. Aber eines hast du nicht bedacht. Dein lieber Nero ist mit meiner Tochter verlobt. Und du wünschst dir, daß er seine zukünftige Schwester heiratet? Was würde der Senat dazu sagen? Und was wird das Volk sagen? Unsere Hochzeit hat schon allseits Entrüstung hervorgerufen. Glaubst du nicht, daß ein zusätzlicher Inzest in unserer Familie den Römern Angst einjagen könnte?«

Ich wies ihn darauf hin, daß es ein Mittel gebe, den göttlichen Zorn zu besänftigen. »Du weißt doch so gut, was den Göttern gefällt und was sie mißbilligen, und du verstehst dich auf die Kunst der Vorzeichen. Könntest du dir da nicht eine Zeremonie, eine Opferung oder was immer du willst, einfallen lassen, um das Volk zu beruhigen? Du solltest auf die Hilfe, die Nero dir bedeuten kann, nicht verzichten. Sieh doch, an allen unseren Grenzen sind die Barbaren unruhig geworden. Die Völker entledigen sich der Könige, die wir ihnen gegeben haben, und nehmen sich andere. In Britannien wird unsere Kolonie angegriffen. Die Nachrichten aus Armenien sind nicht besser. Wirst du die Legionen selber anführen? Aber welche? Du kannst nicht gleichzeitig überall sein. Traust du dir genug Kraft zu, um einen Feldzug zu befehligen? Wir haben jetzt Winter. In den Gebirgen und an den Küsten des Ozeans muß es sehr kalt sein! Nero hat bereits das Alter erreicht, um zu tun, was dein Alter dir nicht mehr erlaubt. Adoptiere ihn, dann wird alles einfach. Du brauchst dein Leben nicht mehr auf einem Schlachtfeld zu riskieren, und du bleibst bei mir. Denk daran, daß deine Anwesenheit in Rom mir viel bedeutet. Aber an mich denkst du ja nie, Claudius!«

Ich vergoß einige Tränen, zur Unterstützung meiner Argumente. Ich weiß nicht, ob mein Kummer oder der Gedanke an sein Wohlbehagen die Oberhand gewonnen hat, aber der Princeps gab mir zum Schluß unseres Gespräches recht. Was den Inzest zwischen Nero und seiner Tochter betraf, so gab es da in der Tat einen ganz einfachen Weg, um ihn aus dem Wege zu räumen: man brauchte die Verlobte nur von einer anderen Familie adoptieren lassen, und die Götter konnten nichts mehr dagegen einwenden! Und die Römer auch nicht. Somit bestand kein Hindernis mehr gegen Neros Adoption, die fünf Tage vor den Kalenden des März vollzogen wurde.

Wenn nun die Skrupel der Menschen beschwichtigt waren – traf das auch für die Götter zu? Ich war davon nicht vollständig überzeugt. An diesem Tag schien der ganze Himmel in Brand geraten zu sein. Er war wie in blutrote Farbe getaucht. Fast den ganzen Tag lang sah der Himmel bedrohlich aus.

Was mochte das bedeuten? Claudius wirkte unruhig, und ich befürchtete schon, daß er die Adoption absagen würde. Ich wies ihn noch einmal darauf hin, daß die Götter seiner Tat zustimmten, daß dieser Himmel nur eine neue Morgenröte für das Reich bedeutete. Lange redete ich auf ihn ein. Er hörte mir zu und schüttelte den Kopf. Aber am Ende war er doch überzeugt. Ich meinerseits war es immer noch nicht ganz. Wollten die Götter uns zu verstehen geben, daß Neros Herrschaft einer Feuersbrunst gleichen wird, dem Weltenbrand, von dem die Philosophen sprechen? Wenn ich an diesen endlosen Tag zurückdenke, fühle ich mich heute noch unsicher. Müssen wir mit der Erfüllung dieses Omens rechnen?

Es war nun allerdings seit Jahresbeginn nicht das einzige Wunder gewesen. Am schrecklichsten war das Erscheinen von Raben, von so vielen Raben, daß sie den Tag verdunkelt hatten. Sie waren über der Stadt am Himmel gekreist und hatten sich schließlich auf dem Capitol und auf Jupiters Tempel niedergelassen. Ihre Anwesenheit ist ohne Zweifel ein böses Zeichen. Claudius unterließ es nicht, mich gebührend hinzuweisen. Ich erwiderte, daß diese Vögel von Jupiter geschickt seien. Der Gott verkünde uns, daß die Aufstände gegen das Reich bald siegreich niedergeschlagen werden könnten.

Claudius antwortete mir: »Vielleicht hast du recht, Agrippina, und ich wünsche mir, daß es so kommt, wie du sagst, aber die Vorzeichen sind immer mehrdeutig. Die Götter haben ihre Freude daran, uns zu verunsichern. Würden wir die Zukunft kennen, so würden wir entweder verzweifeln oder nichts mehr tun. Es tut uns gut zu glauben, daß wir das Schicksal beeinflussen können. Vielleicht können wir es ja tatsächlich? Und selbst wenn ein Vorzeichen schlecht ist, können wir nie genau wissen, was es uns nun bedeutet. Ich will gern glauben, daß diese Raben mit Neros Schicksal nichts zu tun haben. Aber etwas anderes macht mir Sorgen: Das Getreide in den Staatsspeichern hat sich nicht gut gehalten. Eine große Menge mußte vernichtet werden. Es wird aber noch lange Monate dauern, bis die Flotte uns Korn aus Alexandria bringt. Vielleicht wollten die Raben uns das sagen: Sie sind gierig auf Korn.«

Ich muß gestehen, daß Claudius mir mit dieser schlichten Deutung einen Gefallen tat. Der Alptraum eines nahen Weltenendes, eines großen Gemetzels auf dem Boden Roms, all das war Unsinn. So finster, wie ich es einen Moment lang befürchtet hatte, würde Neros Herrschaft nicht sein! Ich ließ mich deshalb auch von dem Erdbeben in Italien, das sogar Rom berührte, nicht sonderlich aus der Fassung bringen. Häuser wurden zerstört, im panischen Gedränge Menschen zerdrückt. Seneca bestätigte mich darin, daß diese Phänomene nicht göttlichen Ursprungs sind. Er erklärte mir, daß es die Unwissenheit ist, die uns Grauen einflößt, daß sich für diese Erdbewegungen jedoch natürliche Ursachen finden ließen. Er erläuterte mir sämtliche Erklärungen, eine nach der andern, die Wissenschaftler bis dahin aufgestellt hatten.

Ich ließ mich überzeugen, und Seneca hatte auch zweifellos recht, weil sich nämlich keinerlei ernsthafte Katastrophe ereignete. Ganz im Gegenteil: Der Frühling begann zeitig und war so mild und warm, daß der Weizen aus Ägypten Italien viel früher als sonst erreichte, ohne daß die Schiffe Stürmen trotzen mußten, und so blieb die Hungersnot aus.

Doch mit den Erdbeben war es noch nicht vorbei. Volk und Senat hatten lautstark verlangt, daß Nero die Toga tragen sollte, auch wenn er noch nicht fünfzehn war. Claudius willigte ein. Die Zeremonie fand mit großem Prunk statt, und an diesem Tage und in der darauffolgenden Nacht erbebte wieder die Erde. Doch keiner machte sich deshalb Sorgen. Die Senatoren baten den Princeps um außerordentliche Ehren für Nero. Meine Freunde unter den Patres wurden besonders eindringlich, so daß Claudius nachgab. Ich selbst achtete darauf, daß Nero bei den Soldaten wie beim Volk beliebt wurde. Es gab Geldgeschenke, aber ich erwartete davon, daß sie sich auszahlen würden, wenn Nero und ich an die Macht kämen: Für mich war das eine Investition.

Mein Plan entwickelte sich Schritt für Schritt. Im Zirkus wurden Spiele veranstaltet, und selbstverständlich nahmen Nero und Britannicus am Umzug teil, Nero mit Toga, Britannicus mit Prätexta. Der Unterschied war augenfällig . . . Nero war schon ein Mann, bald ein Magistrat, sein Adoptivbruder noch ein Kind. Ich hatte mir diesen Kontrast erhofft, und wunschgemäß jubelte die Menge Nero zu, während der Name von Britannicus überhaupt nicht fiel. Das kränkte ihn, wie ich dann erfuhr, sehr.

Die beiden Jungen hatten sich auch vorher schon schlecht verstanden. Man sah sie selten zusammen. Sie gingen sich aus dem Weg, konnten jedoch, da beide im Palast wohnten, ein Zusammentreffen nicht immer vermeiden. Kurz nach den Feierlichkeiten für das Tragen der Toga bat Nero mich eines Tages um eine Unterredung. Sobald er mich sah, lief er auf mich zu. »Mutter«, sagte er, »ich rufe dich um Hilfe an. Soeben ist etwas Ernstes geschehen. Du mußt es wissen. Du mußt mich schützen!« Auf meine Aufforderung hin berichtete er, daß er sich bei seinem Heimweg von den Gärten der

Lepida – dort übte er sich oft im Lenken der Quadriga – auf dem Marsfeld plötzlich seinem Bruder gegenübersah. Er hatte ihn höflich bei seinem Namen gegrüßt, worauf Britannicus seinen Gruß ganz ironisch erwiderte und ihn statt Nero – Domitius nannte. »Ich erzähle dir das, weil Britannicus mich absichtlich beleidigen wollte, und das kann ich nicht hinnehmen. Ich bin vom Princeps offiziell adoptiert worden. Ich gehöre nicht mehr zu den Domitiern. Ich bin ein Claudius so wie er und mehr als er, weil ich dazu erwählt worden bin, und er wurde von ... von ... du weißt schon, zur Welt gebracht! Und dann bin ich nicht nur der Sohn des Princeps, so wie er, nein, besser als er, sondern bald werde ich außerdem der Schwiegersohn des Princeps sein, und er hat überhaupt kein Recht, das zu vergessen!«

Nero war richtig wütend. Ich übrigens auch. Hatte Britannicus etwa vor, meine Pläne zu zerstören? Um das zu verhindern, mußte ich sofort die nötigen Vorsichtsmaßnahmen treffen. Ich beruhigte Nero, so gut ich konnte, ohne ihm jedoch etwas von meinen Absichten mitzuteilen, und ließ mich baldmöglichst beim Princeps melden. Dieser Zwischenfall gab mir Gelegenheit, Britannicus und seinen Vater zu entzweien, ihn als widerspenstigen, respektlosen Sohn darzustellen. Selbst wenn Claudius nichts gegen ihn unternehmen sollte, würde er ihm gegenüber voreingenommen sein. Das war der erste Schritt.

Claudius hörte mich geduldig an – nach meinem Geschmack ein wenig zu geduldig. Die Frechheit des Britannicus schien ihn keineswegs zu empören. Ich hatte den Verdacht, daß das, was ich ihm da zu berichten hatte, ihm sogar Vergnügen bereitete. Er hat es nicht ausdrücklich zugegeben, nur konnte er ein Lächeln nicht unterdrücken. Das verschwand jedoch rasch, als ich ihm klarmachte, welch eine

Gefahr für den Staat Britannicus' Benehmen darstellte. Er wirkte verärgert und seufzte, als ob ich ihn damit nur belaste, widersprach mir aber nicht. »Und was soll ich deiner Meinung nach tun?« fragte er schließlich.

»Ich möchte folgendes, ich meine, du solltest folgendes tun – nämlich deinen Sohn zu einem angemessenen Verständnis seiner Pflichten veranlassen, zunächst gegenüber dir selbst, und zweitens gegenüber Nero. Ich glaube, daß seine Pädagogen ihm gefährliche Ideen in den Kopf gesetzt haben. Man muß sie entlassen und seine Umgebung auswechseln, damit er nicht mehr ständig hört, daß du ihn durch deine Adoption Neros geschädigt hast, daß mein Sohn ihm weggenommen hat, was ihm gehörte. Wirf diese schlechten Berater hinaus.« Er gab nach, ohne zu diskutieren – wie üblich, wenn ich ihn um etwas bat.

»Na gut«, sagte er, »mach, was du willst. Du hast sicherlich recht. Die Gefahr, welche die Zwietracht der beiden für den Staat bedeutet, ist einfach zu groß. Meine Söhne müssen sich um jeden Preis vertragen. Britannicus soll andere Erzieher und andere Kameraden bekommen.«

Ich hatte freie Hand. Ich verlor keine Zeit, als ersten Sosibius loszuwerden, der früher mit Leib und Seele Messalina verfallen gewesen war und seit mehreren Jahren Britannicus als Erzieher diente und bei ihm die Erinnerung an Messalina wachhielt, um Rache zu üben. Er wußte, daß seine Zukunft ganz von der seines Schülers abhing! Ich ließ ihn wegen eines Komplottes gegen Nero anklagen. Die Ankläger machten ihre Sache sehr geschickt. Man glaubte ihnen. Sosibius wurde verurteilt und hingerichtet. Claudius schritt nicht ein.

Ich ersetzte ihn durch Männer, denen ich voll vertraute. Sie erhielten den Auftrag, Britannicus zu isolieren, ihn soviel wie möglich im Palast festzuhalten, ihm das Ausgehen zu verbieten und ihn insbesondere daran zu hindern, seinen Vater zu sehen. Ich kannte Claudius gut: Die Menschen, die er nicht sah, waren bei ihm schnell vergessen. Ich gab den neuen Pädagogen Anweisung, falls Claudius um Neuigkeiten über Britannicus bitten würde, zu erwidern, daß er krank sei, daß er gelegentlich unter epileptischen Anfällen leide, die sich völlig unerwartet einstellten und sein Leben in Gefahr bringen könnten, wenn er nicht ständig unter Aufsicht bliebe. Sie sollten ihm durch die Blume zu verstehen geben, daß er nicht mehr im Vollbesitz seiner geistigen Fähigkeiten sei und im Interesse des Princeps möglichst wenig in der Öffentlichkeit auftreten sollte. Ich setzte ganz bewußt die gleiche Taktik ein, die Livia mit Erfolg benützt hatte, um Claudius selbst im Schatten zu halten.

Nero war also gerächt. Er hatte die Beleidigung nicht vergessen. Was mich betraf, so war ich überzeugt, daß der so gedemütigte und weiterhin zum Kind degradierte Britannicus große Mühe haben würde, Nero die Macht streitig zu machen, falls er es überhaupt je versuchen sollte. Ich wußte aber, daß es eine Partei gab, die der Erinnerung Messalinas und ihrem Nachkommen treu war. Ihr Hauptvertreter im Senat war ein Mann, den ich haßte, Suillius Rufus, der einst als Quästor dem Befehl meines Vaters unterstanden hatte und unter Tiberius wegen Veruntreuung ins Exil geschickt worden war. Gaius hatte ihn zurückgerufen, und so wurde er Messalinas Werkzeug, als sie Valerius Asiaticus niederschlug. Rufus war ein abscheulicher Mensch, doch Claudius mochte ihn, weil er ein guter Redner war und stets einen Vorwand fand, Anklage zu erheben gegen jeden, der dem Princeps mißfiel. Er war allen verhaßt, ihn schützte nur die Gunst von Claudius. Ich war mir ziemlich sicher, daß er im richtigen Augenblick alles dransetzen würde, damit Britannicus seine Spitzenstellung zurückgewinnen würde.

Außer ihm waren mir die beiden Prätorianerpräfekten feindlich gesonnen, Kreaturen Messalinas, die nach ihrem Tod im Amt geblieben waren. Bei Unruhen würden sie Suillius oder Britannicus sogar die Unterstützung der Kohorten der Garde gewähren. Sie standen Claudius nicht weniger feindlich gegenüber als mir, weil sie ihm nie verziehen hatten, daß er ihre Gönnerin ermordet hatte. Es war mir unbegreiflich, warum der Princeps die beiden nicht entlassen hatte. Möglicherweise lag es an seiner wachsenden Apathie. Er vernachlässigte seine Pflichten immer mehr und ließ gleichzeitig alle Vorsicht außer acht. Ich mußte wieder einmal eingreifen.

Mir schienen hier alle Voraussetzungen für eine Verschwörung gegeben, der Claudius, Nero und ich als erste zum Opfer fallen würden. Nutznießer wäre wahrscheinlich Britannicus, ihn würden die Verschwörer an die Macht bringen – sofern dann nicht eine andere Person hervortreten würde, um sich selbst als Kaiser proklamieren zu lassen. Claudius war bei vielen Senatoren verhaßt, weil er viele von ihnen hatte hinrichten lassen.

Es lag in seinem und meinem Sinne, die beiden Gardepräfekten abzulösen, um einen Staatsstreich zu verhindern. Als er mir eines Tages endlich zuhörte – ohne die Sache, wie üblich, auf einen späteren Zeitpunkt zu verschieben –, hatte ich keine große Mühe, ihm klarzumachen, daß die Führung der Prätorianer durch zwei Präfekten eine schlechte Lösung war und der Disziplin nicht guttat. Es brauchte eigentlich bloß einen. Claudius wollte wissen, wen ich für diesen Posten nominieren wollte und nannte dann, im gleichen Atemzug wie ich selbst, Afranius Burrus. Und so wurde Burrus, wie ich es mir gewünscht hatte, das Prätorium anvertraut. Er hatte seit seiner Rückkehr nach Rom nicht nur Neros Erziehung übernommen, sondern auch meine persönliche Sicherheit. Seine Ernennung zum Gardepräfekten war für mich eine große Beruhigung. Ich hatte natürlich auch daran gedacht, daß die Prätorianer ein wichtiges Wörtchen mitzureden hatten, wenn ein neuer Kaiser gefunden werden mußte. Wenn ich da also mit Burrus rechnen konnte, durfte ich mit großem Optimismus in die Zukunft blicken.

Trotzdem lief im Hause des Princeps noch nicht alles nach meinen Wünschen. Pallas war zwar immer noch mein Verbündeter und sein Einfluß über Claudius größer denn je, aber ich mußte mich mehr und mehr vor Narcissus hüten, dessen Feindseligkeit mir gegenüber ich nicht so recht verstand. Er hatte die gewünschte Verurteilung Messalinas erreicht, und er hatte die Vollstreckung des Urteils überwacht. Genau deshalb könnte er alles verlieren, wenn Britannicus Kaiser würde. Was hatte er von mir denn zu befürchten? Daß ich ihm bei der Suche nach einer neuen Frau für Claudius seine Parteinahme für Aelia Paetina übelnahm? Aber das gehörte doch längst der Vergangenheit an, und ich hatte darauf geachtet, ihn nie daran zu erinnern. Was wollte er also? Narcissus war mir ein Rätsel.

Claudius genoß es, Krieg zu spielen. Es war für ihn ein Schauspiel, das er sich überaus gern gönnte. In Britannien hatte er davon nicht genug zu sehen bekommen, weil seine Feldherren fast die ganze Arbeit für ihn gemacht hatten. Es gefiel ihm, sich für öffentliche Auftritte den Kriegsmantel umzuhängen und, da ihm ein richtiges Schlachtfeld fehlte, zuzusehen, wie Männer in der Arena kämpften und starben. Seine Leidenschaft für solche Spiele hatte mich zunächst überrascht und tief betrübt. Wie konnte er, der früher ein so guter, verständnisvoller Mensch war, nur so grausam geworden sein? Er war immer der erste, der den Tod eines am Boden liegenden Gladiators forderte, selbst wenn der nur gestolpert war.

Dann wurde mir klar, daß er in Wirklichkeit Angst hatte, Angst vor allem, vor sich selbst wie vor den andern. Seltsamerweise beruhigte es ihn, andere sterben zu sehen. Als ob das für diesen Moment ihn selbst vor solchem Schicksal bewahrte. Ich hatte es aufgegeben, die vielen Kämpfe in der Arena zu zählen, denen ich an seiner Seite beiwohnen mußte. Vielen Spielen, die er in der Zeit Messalinas veranstaltet hatte, war ich ausgewichen. So hatte ich es etwa versäumt, die Britannierinnen nach Sitte ihres Landes auf ihren Streitwagen kämpfen zu sehen – darüber war damals viel gesprochen worden. Meine seltsamste Erinnerung an diese Vergnügungen von Claudius betrifft das große Projekt, das er am Fuciner See realisieren ließ, ein großes Bauvorhaben, dessen halber Mißerfolg eine Zeitlang die Position Narcissus' am Hof kompromittierte und Claudius lächerlich machte.

Es war das erste Mal, daß ich den Fuciner See sah. Er füllt einen großen Kessel in den Bergen bei den Marsen inmitten eines wüsten Landes, wohin ich mich nie gewagt hatte. Der göttliche Caesar hatte ihn trockenlegen wollen, um Land für Ackerbau zu gewinnen. Dann starb Caesar, und die Baustelle wurde verlassen. Claudius kam auf die Idee, das Vorhaben wiederaufzunehmen. Ich weiß nicht warum. Er hatte eine Schwäche für große Projekte dieser Art, auch wenn sie ohne eindeutigen Nutzen sind. Außerdem hatte er Angst zu sterben und vergessen zu werden. Also hatte er Narcissus beauftragt, eine Überlaufvorrichtung bauen zu lassen, durch die das Wasser des Sees in den Lirisfluß und dann weiter ins

Meer abfließen sollte. Dafür stellte er ihm beträchtliche Summen zur Verfügung. Als Narcissus Claudius Jahre danach die Vollendung des Werkes mitteilte, beschloß Claudius, die Einweihung zu einem unvergeßlichen Festakt zu machen. Der See wurde durch einen Lattenzaun eingesäumt, der durch einen Erdwall gestützt wurde: Man stellte rundum Sitzreihen für das Publikum auf und legte an strategisch günstigen Stellen eine Art Terrasse an, wo Soldaten sich postieren sollten. Es waren sogar Schießstände für Wurfmaschinen und Katapulte vorgesehen. Auf Flößen waren Truppen und sogar Reiterschwadronen aufgestellt. All das wurde eingerahmt von zwei Kriegsflotten, die Gladiatoren und zum Tode verurteilte Kriminelle stellten – die einen repräsentierten eine rhodische, die andern eine sizilianische Armee. Die beiden Flotten sollten eine Schlacht bis zum bitteren Ende schlagen. Auf diesen Schiffen – je zwölf pro Flotte – befanden sich insgesamt neunzehntausend Männer.

Claudius und ich präsidierten im Schatten eines großen *Velum*. Ich hatte Nero mitgebracht. Britannicus war auf meine Anweisung in Rom geblieben. Ich wollte ein klares Zeichen setzen dafür, daß nur zwei Persönlichkeiten das Recht hatten, neben dem Princeps zu sitzen: Nero und ich.

Claudius trug einen Feldherrnmantel von einer seltenen Purpurfarbe, ich einen golddurchwirkten Seidenumhang und Nero eine schlichte weiße Toga.

Auf einer künstlichen kleinen Insel mitten im See schwenkte eine Silberstatue des Gottes Triton ein Horn, das mit einem ferngesteuerten Mechanismus zum Klingen gebracht wurde – das Signal zum Beginn des Kampfes.

Es gab jedoch einen ersten Zwischenfall. Bevor die Kämpfer sich einschifften, begannen sie, wie es der Brauch ist, an der kaiserlichen Tribüne vorbeizumarschieren und die rituelle Formel zu sprechen: »Caesar, wir, die sterben werden, wir grüßen dich.« Woraufhin Claudius, der wie üblich in Gedanken vertieft war, antwortete, ohne nachzudenken: »Vielleicht nicht!« Daraufhin brachen die Männer in Freudengeschrei aus, dankten dem Princeps und verhielten sich ganz so, als ob er sie mit diesen einfachen Worten begnadigt hätte. Sie weigerten sich, an Bord ihrer Schiffe zu gehen. Die Prätorianer hinderten sie daran, zu fliehen, und drängten sie ans Ufer zurück. Ein allgemeines Durcheinander. Claudius stieg von seiner Tribüne herab, um den Soldaten zu Hilfe zu kommen, verhedderte sich jedoch in seinem langen Mantel, stolperte und mußte gestützt werden. Er war wütend und stieß furchterregende Drohungen aus für den Fall, daß nicht sofort alle wieder zu ihren Plätzen zurückkehrten. Ich beobachtete ihn von meinem Podest aus, wie er schreiend herumhampelte. Es dauerte recht lang, bis die Rebellen endlich überwältigt waren und der Kampf anfangen konnte.

Davon will ich hier nichts berichten, außer daß er erbittert geführt worden ist und bald hier und da Leichen auf dem Wasser des Sees trieben. Claudius war begeistert.

Als am Ende eine der beiden Flotten als Sieger hervorging, war bereits die Abenddämmerung angebrochen. Der zweite Teil des Schauspiels, nämlich die Eröffnung des Kanals, mußte auf den nächsten Tag verschoben werden. Claudius war zugegen, als man den Staudamm niederriß, der das Wasser auf einem normalen Niveau gehalten hatte. Er hatte am Rand des Überlaufs eine Plattform einrichten lassen und rechnete damit, das Ereignis mit einem großen Bankett zu feiern, zu dem er die Hauptmagistrate und Notabeln der Gegend eingeladen hatte. Claudius konnte sich keine Feier ohne Bankett vorstellen. Sein Hauptinteresse war Essen und Trinken, und er nutzte jede Gelegenheit, um seinen unersättlichen Appetit zu befriedigen. An diesem Tag mußte er darauf allerdings verzichten. Als der Damm mit Mühe niedergerissen wurde, brach das Wasser mit solcher Gewalt hervor, daß es die Plattform, wo der Bankett-Tisch aufgestellt war, erschütterte, einen Stützpfahl mitriß und mit der Strömung forttrieb. Es hätte nicht viel gefehlt, und der Kaiser und ich wären ebenfalls von der tosenden Flut weggetragen worden. Claudius war sehr verärgert, und er wurde noch ärgerlicher, als man merkte, daß das Niveau des Wassers viel höher war als erwartet. Der See leerte sich nicht. Man hatte den Kanal nicht tief genug gegraben. Claudius mußte es als Tatsache hinnehmen. Entweder hatte sich Narcissus in seinen Berechnungen geirrt – ihm stand aber ein militärischer Ingenieur zur Verfügung, und der irrt nie –, oder – und das war viel wahrscheinlicher – er hatte das Wasser des Sees nicht umgeleitet, sondern das bereitgestellte Geld unterschlagen. Das war jedenfalls die Erklärung, die ich vorschlug.

Es kam zu einer heftigen Auseinandersetzung zwischen dem Princeps und seinem Freigelassenen. Auf die Vorwürfe erwiderte Narcissus, daß ein durch Gestrüpp verdeckter Felsvorsprung präzise Nivellierungen unmöglich gemacht habe. Das klang gar nicht unplausibel, denn die Arbeiter mußten am Kopf des Überlaufs tatsächlich eine Schwelle einsetzen, damit ein stufenweiser Abfluß des Seewassers möglich wurde. So berichtete mir jedenfalls Claudius. Ich selbst konnte der Rechtfertigung des Narcissus nicht ganz folgen!

Was ich dagegen sehr wohl und voller Unruhe verstand, das waren die Ergebenheitsbeteuerungen, mit denen Narcissus sein Plädoyer unterstrich. Ich hatte den Eindruck, daß Claudius sie mit Freuden vernommen hatte. Da er den Argumenten seines Freigelassenen Glauben schenkte, ersparte er sich weitere Fragen über die Ausführung des Projekts. Was mich anging, beunruhigte mich die Gunst, derer sich Narcissus beim Princeps nun erfreute. Narcissus hatte gegenüber Claudius auch gar nicht verheimlicht, daß er mich nicht mochte, und mich beschuldigt, immer meine Autorität durchsetzen zu wollen. Von da an betrachtete ich Narcissus als meinen ärgsten Gegner.

Je mehr ich die Verwirklichung meines Plans vorantrieb, auf desto größere Feindseligkeit stieß ich. Bei Narcissus hatte ich das erwartet. Bei Lepida überraschte es mich. Als ich Nero nach Hause zurückgeholt hatte, schien Lepida es wohlwollend zu akzeptieren.

»Du verläßt mich«, hatte sie zu meinem Sohn gesagt. »Auf dich warten große Ehren, und du wirst die Tante bald vergessen, bei der du deine ersten Jugendjahre verbracht hast. Ich werde dich nie vergessen. Wirst du mich gelegentlich besuchen?«

Nero versprach es. Er hatte diese Tante lieb, die ihn jedoch sich selbst und der niedrigsten Dienerschaft überlassen hatte. Ich hatte gemeint, daß diese Zuneigung die trennende Entfernung nicht überdauern und er Lepida schnell vergessen würde. Zu meinem größten Mißfallen brachte sie sich aber vor Zeit zu Zeit bei Nero in Erinnerung: Sie schickte ihm Geschenke, lud ihn auf Besuch zu sich ein, erwies ihm Gefälligkeiten. Das machte mich rasend, weil ich genau wußte, daß sie Nero mit solchen Avancen keineswegs nur schmeicheln wollte – es ging ihr vielmehr darum, den Platz in seinem Herzen einzunehmen, der mir zustand. Ich mußte oft streng mit ihm sein, ihn zwingen, weniger Zeit mit seinen Pferden oder seiner Lyra zu verbringen und sich mehr dem Unterricht Senecas oder den Übungen im Marsfeld unter der Leitung von Burrus zu widmen, die er gar nicht mochte. Er entzog sich ihnen unter dem Vorwand, seine Tante besuchen zu müssen. Auf die Weise entkam er meiner Autorität, was für mich unangenehm und besorgniserrend war. Nero war gerade siebzehn geworden, und obwohl er die Insignien des Mannesalters erhalten hatte, wirkte er noch immer unsicher und stets bereit, sich ablenken zu lassen. Er war noch nicht reif für die Macht, und ausgerechnet jetzt deutete einiges darauf hin, daß ich bald meinen Plan vollends in die Realität umsetzen könnte.

Ich spürte, daß sich Claudius mir nach und nach entfremdete. Es gab zwischen uns keinerlei Intimität mehr. Er trank sehr viel, und wenn er betrunken war, konnte er seine innersten Gedanken nicht verbergen. In Zusammenhang mit Messalina hatte er so mehrmals geäußert, daß das Schicksal ihm skandalöse Frauen gegeben hätte, aber auch verlangte, daß er ihr Verhalten nicht ungestraft durchgehen lasse. Möglicherweise hat er da nicht nur auf Messalina angespielt, sondern ebenso auf Urgulanilla, die ihn auch oft hintergangen hatte. Rechnete er mich ebenfalls zu diesen skandalösen Frauen? Ich war unsicher. Unmöglich wäre es jedenfalls nicht! Daher war Vorsicht geboten!

Ich ahnte, daß Claudius es im tiefsten Inneren bedauerte, Nero adoptiert zu haben. Privat überschüttete er Britannicus mit Zärtlichkeiten. Er nahm ihn oft in die Arme und sagte ihm: »Wachse, mein Kind, wachse! Und wenn du groß bist, werde ich dich nicht verlassen, du wirst schon sehen!« Eines Tages erklärte er, sein Sohn erreiche bald das Alter, um die Toga virilis zu tragen. Es wurde nur zu deutlich, daß sich für Messalinas Sohn eine Partei bildete, die mir meinen Plan zunichte machen könnte. Zwei Persönlichkeiten standen im Zentrum dieser Fraktion: Lepida und Narcissus. Die erste vergaß nicht, daß Britannicus ihr Enkelkind war, es war selbstverständlich, daß sie ihn zum Nachfolger von Claudius wünschte. Der andere haßte mich. Er hatte zwar Messalinas Untergang besiegelt, denn ohne ihn hätte Claudius ihr bestimmt wieder verziehen. Darüber war Narcissus sich auch im klaren, und so konnte er Britannicus als Nachfolger von Claudius eigentlich nur fürchten. Aber noch stärker war sein Haß auf mich. Er glaubte, daß ich, um die Macht Nero zu sichern, auch vor einem Verbrechen nicht zurückschrecken würde. Nun war er Claudius ganz ergeben. Narcissus war bereit, sein Leben für ihn zu opfern, und rechnete sich außerdem aus, daß ihm nichts geschehen könnte, solange Claudius am Leben wäre. Der Augenblick der Gefahr käme erst mit der Herrschaft eines Nachfolgers. Außerdem war er sich bewußt, daß ich ihm am gefährlichsten werden könnte.

Mir blieb nur die Möglichkeit, meine Feinde zu entzweien, um sie separat zu erledigen, so wie der berühmte Horaz gegen die drei Curatier vorgegangen war. Zuerst war Lepida an der Reihe. Abgesehen davon, daß sie mir angst machte, war ich zutiefst verbittert über ihre Einschmeichlungsversuche bei Nero. Ein mir gewogener Senator übernahm es, gegen sie vor den Patres eine regelrechte Anklage zu erheben. Auf meinen Hinweis wurde sie beschuldigt, Magie gegen mich angewandt zu haben. Der Princeps war zu dieser Zeit über die Magier, Astrologen und Zauberer aller Art irritiert, kurzum, über alle, die vorgaben, die Zukunft (also auch seine) zu kennen und beeinflussen zu können. Deshalb nahm er die Anklage gegen Lepida sehr ernst. Und das um so mehr, weil man Messalinas Mutter auch noch vorwarf, die Verwaltung ihrer riesigen Ländereien in Kalabrien zu vernachlässigen: Die mit der Pflege der großen Herden beauftragten Sklaven hatten durch ihre Plünderungen und Gewalttätigkeiten gegen die Einheimischen ernste Unruhen ausgelöst. Lepida wurde also auch in diesem Punkt angeklagt und trotz aller Bemühungen

Narcissus', sie zu retten, zum Tode verurteilt. Ich hätte mich freuen sollen, als ich feststellte, daß Nero nicht für sie Partei ergriff, empfand aber nur Unbehagen: War mein Sohn imstande, die Frau zu verraten, bei der er gelebt und die er geliebt hatte?

Danach blieb Narcissus mein Hauptfeind. Gegen ihn konnte ich jedoch nicht mit den gleichen Mitteln vorgehen. Trotz des Mißerfolgs bei der Trockenlegung des Fuciner Sees hatte er Claudius' Vertrauen nicht verloren. Als Dank wachte er Tag und Nacht über den Princeps, nahm er Abend für Abend am Nachtmahl teil und sorgte dafür, daß jeder Diener von jedem Gericht und von jeder Schale kosten mußte, bevor sie Claudius gereicht wurden. Ich war erbost über seine ständige Anwesenheit und noch mehr über die Verdächtigung, die darin bekundet wurde. Er befürchtete also – oder gab vor zu befürchten –, daß ich den Kaiser vergiften könnte. Er war also überzeugt davon, daß sich meine Macht im Palast verlieren würde, daß ich das bemerkt hatte, und so, um dem Schicksal Messalinas zu entkommen, nur mehr der Weg des Verbrechens blieb. Aber war denn nicht er der Mann gewesen, der Messalina vernichtet hatte? Er konnte unter irgendeinem Vorwand versuchen, Claudius zu bewegen, auch mich ermorden zu lassen. Er mußte nur auf die richtige Laune des Kaisers warten. Und beim Abendessen nach meiner Hinrichtung würde er, wie er es auch im Falle Messalinas getan hatte, sich dann erkundigen: »Aber wo ist die Kaiserin?« Und anschließend weitertrinken.

Aber mein Schicksal war ja nicht als einziges in Gefahr. Natürlich Neros auch! Es ging vor allem um sein Leben. Ich hatte das Recht und die Pflicht, es zu verteidigen. Und die einzige Lösung war die, genau das zu tun, was Narcissus fürchtete. Der Freigelassene selbst befand sich außerhalb meiner Reichweite. Er konnte sich hervorragend schützen, und ich hatte nichts in der Hand, um einen seiner Diener zu korrumpieren. Selbst wenn er verschwinden würde, würde ich deshalb nicht sicherer sein, und Nero auch nicht. Claudius würde allzuleicht verstehen, wer dahinterstand: Er würde seinen Freigelassenen rächen, Nero entfernen oder, noch schlimmer, Britannicus als seinen einzigen Erben einsetzen. Es war wenig wahrscheinlich, daß er mich dann am Leben ließe. Also mußte Claudius sterben.

Bei diesen Überlegungen kamen mir Erinnerungen, die ich nie vergessen konnte. Da war zuallererst die Reise nach Faesulae, auf der ich sozusagen meinen Onkel entdeckt hatte: sein Wohlwollen mir gegenüber, seine Liebenswürdigkeit und seinen Wissensdurst, was die Geschichte der Völker betraf. Ich wußte, daß er seine Recherchen und Studien nie aufgegeben hatte, daß er zwanzig Bücher über die Geschichte des etruskischen Volkes und acht Bücher zur Geschichte der Punier geschrieben hatte. Ich wußte auch, daß sie in Alexandria alljährlich öffentlich vorgelesen wurden. Auf solche Ehre war Claudius ungemein stolz, das bewunderte ich an ihm. Das war also der Mann, den ich zu töten beabsichtigte! Aber unsere Reise in Etrurien lag über fünfundzwanzig Jahre zurück, und außerdem mußte ich mir eingestehen, daß dieser hervorragende Onkel von damals nicht mehr der Mann war, den ich heute kannte. Durch seine Unmäßigkeit beim Essen und beim Trinken war er dickleibig geworden. Außerdem war er durch den ständigen Genuß von Alkohol immer so mitgenommen, daß er erst ab Mittag ansprechbar war. Hatte Rom einen ständig betrunkenen *Imperator* verdient? War er imstande, der Revolten Herr zu werden, die sich an unseren Grenzen erhoben? Wenn er ein Urteil fällte oder eine Sache entschied, die irgendeine Stadt in den Provinzen betraf, dann kommentierte er sie mit gelehrten Überlegungen, die ein Lächeln provozierten. Als er die Bewohner der Insel Kos von Steuern befreien wollte, konnte er sich nicht zurückhalten, die Namen und die Biographie aller auf dieser Insel geborenen berühmten Ärzte ins Gedächtnis zu rufen.

Aber es gab ernstere Dinge. Obwohl Senatoren mit der Verwaltung bestimmter Provinzen beauftragt waren, beschloß Claudius, daß seine eigenen Agenten, die kaiserlichen Prokuratoren, die gleiche Vollmacht wie er haben würden. Das erzürnte viele Patres, die ohnehin schon über die Tyrannei des Princeps aufgebracht waren. Dagegen erschien ihnen Nero der sicherste Garant der Freiheit. Sein Prestige war in den letzten Jahren stark gestiegen. Seine Jugend sprach für ihn, so wie einst für Gaius. Aber er hatte bereits gewichtigere Beweise von den Qualitäten gegeben, die einen guten Princeps ausmachen. Als Claudius' Schwiegersohn – die Hochzeit mit Octavia war endlich vollzogen worden – hatte er sich für verschiedene öffentliche Belange eingesetzt und seine Aufträge jedesmal glänzend ausgeführt. So hatte er für Städte, die von irgendeiner Katastrophe heimgesucht worden waren, eine Minderung der Lasten oder aber bedeutende Subventionen erwirkt. Ein Domitius, von den Claudiern adoptiert, gehörte zur römischen Hocharistokratie. Er machte eine andere Figur als die Prokuratoren des Princeps. In ihm lebten die antiken Traditionen der römischen Aristokratie weiter, welche das römische Reich geschaffen hatte. Bei einer Wahl zwischen Claudius, Kaiser im Niedergang, den die großartige Vergangenheit Roms nicht kümmerte, der Rom behandelte, als ob sie sein persönliches Eigentum wäre, und Nero war kaum ein Zögern möglich. Diese Einstellung wurde von vielen Römern geteilt. Ich spürte es. Ich merkte es am Jubel, der ihm entgegengebracht wurde, wenn er in der Öffentlichkeit erschien. Und zu seinen Gunsten sprach, wie schon erwähnt, auch die Erinnerung an die großzügigen Geschenke, die ich in seinem Namen gemacht hatte. Der Senat und ein großer Teil der Plebs waren auf seiner Seite. Ich begann allmählich zu glauben, daß Claudius' Tod alles in allem für den römischen Staat eine Wohltat sein würde. Wenn er doch nur verschwände! Es wäre der letzte, aber auch der größte Dienst, den er unserer Stadt leisten würde.

Als Seneca mich eines Tages besuchte, um Neros Fortschritte in der Redekunst zu besprechen, kam unser Gespräch auf die Politik. Allerdings nicht zufällig. Ich hatte die Unterredung in diese Richtung gesteuert, und Seneca, der das verstanden hatte, ließ sich gern darauf ein. Wir saßen in einem abgelegenen Pavillon des Palastes, so daß wir offen oder jedenfalls ohne großen Zwang miteinander reden konnten. Seneca war weit davon entfernt, alle politischen Maßnahmen von Claudius zu begrüßen: Er sprach mit Bitterkeit von den fünfunddreißig Senatoren, die Claudius verurteilt und hingerichtet hatte, von den zweihunderteinundzwanzig Rittern, denen das gleiche Schicksal widerfahren war, ohne die übrigen Bürger niederen Ranges zu erwähnen. Hatten sie alle dieses Schicksal verdient? Das wollte Seneca keineswegs glauben. Er machte mich darauf aufmerksam, daß die Hinrichtungen in den letzten Zeiten erheblich zugenommen hatten. Er wollte wissen, ob der Princeps vor irgend etwas Angst hätte, so daß er nun überall Feinde sähe, die beseitigt werden müssen. Ich wußte darauf keine Antwort. Es war so, daß Claudius viele Todesurteile aus einer plötzlichen Anwandlung heraus verhängte, an die er sich manchmal schon Stunden später überhaupt nicht mehr erinnerte. Aber das durfte ich nicht einmal Seneca erzählen. Also schwieg ich. Wir redeten über andere Dinge. Seneca machte mir noch einmal

Komplimente über die Fähigkeiten, die er bei seinem Schüler entdeckte, betonte seine geistige Lebendigkeit, die Leichtigkeit, mit der er Gedichte verfaßte, seine starke Liebe zum Theater. Seneca plante, diese Begabung Neros zu fördern, vielleicht weil er selbst gern Tragödien schrieb.

»Die größten Taten der Helden von einst«, sagte er, »sind vorzügliche Beispiele, die uns helfen, die menschliche Natur und den Wert der Tugenden zu verstehen, durch die wir der Gottheit gleichkommen. Die Kraft der Moral, Klugheit, Gerechtigkeit, Weisheit – all das finden wir bei den Dichtern, die Ödipus, Agamemnon, Theseus und insbesondere Herkules auf die Bühne bringen. Sie lehren uns, über das Schicksal zu siegen.«

Nach einem Schweigen, bei dem er mich unverwandt anschaute, fügte er hinzu: »Und könnte es für die Könige eine bessere Schule geben als die Tragödie? Die Tragödie lehrt sie, daß man Monarchie und Tyrannei nicht verwechseln darf. Ich weiß schon, daß nicht alle Fürsten berufen sind, die Leistungen des Herkules noch einmal zu vollbringen. Es kann jedoch jedem passieren, daß man einer betörenden Schönheit begegnet, und so die Keule gegen die Spindel eintauscht. Nero ist jung, Agrippina! Ich sehe die Gefahr, die eine Königin aus Lydien für ihn bedeuten könnte. Gegen eine derartige Begegnung möchte ich ihn wappnen. Für keine Frau, ganz gleich wer sie ist, darf er die Waffen ablegen, die zu tragen einzig und allein er das Recht hat. Und das kann er durch das Theater lernen. Warum also nicht seine Neigung dazu nutzen, damit er die beste Lehre hört, die die Dichter zu bieten haben? Ich weiß, liebe Agrippina, damit stelle ich mich in Widerspruch zu Plato und vielen anderen Philosophen, die als Poesie nur die absurden Märchen gelten lassen. Die menschliche Seele, Agrippina, bedarf des Erhabenen, selbst wenn sie davon meistens nur träumen kann. Hast du nicht selbst erlebt, wie nötig wir das Träumen haben? Es ist überhaupt nicht schlimm, wenn auch ein Fürst träumt, wenn er sich mehr vorstellt, als er je verwirklichen könnte, doch eines Tages ... Da siehst, ich träume auch. Aber dein Sohn hat eine wirkliche Begabung im Vortragen von Versen und im Singen. Hast du ihn schon einmal gehört, wie er sich selbst auf der Lyra begleitet?«

Ich bejahte. Seit dem Tag, als seine Stimme sich aus dem Schatten von Lepidas Portikus erhob und mich bezauberte, habe ich ihn verschiedentlich gehört. Ich hatte das jedoch bisher nur als angenehmen Zeitvertreib für Jugendliche betrachtet. Und das sollte sich nun auch für einen Princeps eignen? Könnte man sich einen römischen *Imperator* vorstellen, der die Lyra spielt und singt? Ich hatte Seneca stets für einen weisen Mann gehalten. Sollte ich mich in ihm getäuscht haben? Wie konnte er es wagen, in meinem Sohn einen Schauspieler zu sehen! Nero mußte für den Gebrauch der Macht ausgebildet werden, aber doch nicht zum Singen!

Seneca lächelte, bevor ich ihm meine Überraschung, wenn nicht gar meine Empörung zum Ausdruck bringen konnte. »Ich weiß, was dich bewegt, Agrippina«, sagte er, »und ich kann deine Einwände erraten. Aber denk mal ein wenig nach. Bedenke – man kann einen Baum nicht zwingen, eine Form anzunehmen, die ihm zuwider ist. Wenn man will, daß er einem gehorcht, muß man zuerst ihm gehorchen. Man muß ein Terrain finden, auf dem man sich verständigen kann. Man kann die Natur nur unter der Bedingung formen, daß man sie nie zwingt. Nero hat eine einzigartig vielseitige Natur. Du hast ihm wunderbare Begabungen in die Wiege gelegt. Ich bemühe mich darum, daß er sie im guten Sinne nützt und nicht zu seinem eigenen und zum Unglück der Römer mißbraucht.«

Ich war einen Augenblick lang versucht zu antworten: »Ist es deshalb notwendig, daß Nero um des Wohls der Römer willen Schauspieler wird und mit einer Lyra in der Hand und in einem griechischen Gewand auftritt?« Aber ich behielt meine Bedenken für mich und schwieg. Ich konnte kaum erwarten, Seneca auf ein dringenderes Thema anzusprechen, und wußte nicht, wie ich es anschneiden sollte. Schließlich sagte ich:

»Erinnerst du dich an die tröstlichen Worte, die du Polybius zum Tode seines Bruders geschrieben hast? Und an dein Lob für den Princeps? Ich habe es nie vergessen. Du hast damals geschrieben: ›Nehmt Caesar zum Vorbild, dem alles erlaubt ist und der sich aus eben diesem Grund vieles versagt.‹ Das scheint mir als Lehre für Nero eine hervorragende Maxime. Du hast Claudius in seinem Amt als Kaiser auch mit den Sternen verglichen, die in ihrer Bahn nie stehenbleiben. Du hast nicht nur seine Wachsamkeit gelobt, sondern auch seine Milde. Du hast Polybius erklärt, daß Claudius das Universum regierte und durch seine Wohltaten mehr Gehorsam erzielte als durch Waffengewalt, und daß er den Seinen nur Freundlichkeit und Liebe erwiese. Denkst du noch immer so? Würdest du dich trauen, das heute so zu schreiben?«

»Du weißt so gut wie ich, Agrippina, daß die Menschen, wie alle Lebewesen, mit der Zeit sich verändern, daß die Seele wie der Körper altert. Man sähe es wohl gern, daß der Herr über die Welt unveränderlich bliebe. Leider ist das nicht möglich. Es gibt Fürsten, die bereits in jungen Jahren ihren Leidenschaften unterliegen und sich damit zufriedengeben. Andere, von denen man sich Besseres erhofft hatte, verlieren mit dem Älterwerden die Tugenden, die sie in der Jugendzeit auszeichneten. Was Claudius betrifft, so kann es niemand besser beurteilen als du. Selbst Herkules hat seine eigenen Kinder ermordet, als Juno ihn täuschte... Aber er wurde schließlich wieder vernünftig und bestieg, als er sich im Griff hatte, den Scheiterhaufen, der einen Gott aus ihm machte. Mehr kann ich dir dazu nicht sagen.«

Damit endete unsere Unterredung. Ich dachte viel darüber nach und fragte mich, ob Senecas plötzlicher Aufbruch, nach unserem Gespräch über Claudius, seinen Ärger darüber verriet, an diesen berühmten Trost erinnert zu werden. Aber davon war ich eigentlich nicht überzeugt. Er hatte reichlich Gründe, diesen Brief aus der Verbannung nach Rom zu schikken. Außerdem hatte der Kaiser das darin ausgesprochene Lob damals sicherlich verdient. Seneca hatte offensichtlich, wie auch ich, seine Meinung über Claudius geändert. Die Bemerkung Senecas, daß der Princeps nichts von den Versprechungen verwirklicht hätte, die er in jungen Jahren versprochen hatte, ließ mich darauf schließen. Aber war das alles, was Seneca mir zu verstehen geben wollte? War die Anspielung auf Herkules' Verrücktheit und an den Mord an seinen Kindern von Megara nicht eine verschlüsselte Botschaft, eine Warnung? Wollte er zu verstehen geben, daß Claudius ein verrückter Tyrann geworden und daß Neros Leben in Gefahr sei? Und welche Schlüsse müßte ich in dem Fall aus seinen Worten ziehen?

Ich erinnerte mich an eine Unterhaltung, die ich einige Monate vor Senecas Verbannung mit ihm über die Ermordung von Gaius geführt hatte. Der beste, ja der einzige Dienst, dem man einem Tyrannen erweisen kann, sei, ihn umzubringen – so hatte er damals gesagt, und ich wußte, daß das eine alte, bei Philosophen tiefverwurzelte Überzeugung ist. Die Griechen konnten es sich erlauben, sie unermüdlich zu wiederholen. Sie hatten ja so wenige Tyrannen! Und außerdem haben sie sie selten umgebracht! Einen durch Zufall, aber das lag lange zurück. Bei uns Römern, und hier vor allem in unserer eigenen Epoche, ist das ganz anders gewesen. Wir hatten es mit einem konkreten Problem zu tun. Hatte Seneca mich eben darauf hinweisen wollen? Ich versuchte mich genau an seine Worte vor zehn Jahren zu erinnern. Ihm ging es beim Tyrannenmord nicht darum, zu verhindern, daß der Tyrann Schaden verursacht, sondern darum, »seine Seele zu pflegen«: Die Grausamkeiten eines Tyrannen verraten ein tiefes, unheilbares Leiden, dem der Mord ein Ende macht. Was hatte er noch gesagt? Daß er nie einwilligen würde, einem Tyrannen die Mittel zur Gewaltanwendung zu geben. Er würde ihn nie mit Geld oder Waffen ausrüsten, er wäre ihm gegenüber aber zu einem – dem einzigen – Gefallen bereit, nämlich, und hier fielen mir Senecas genaue Worte wieder ein, »seinen minderjährigen Sohn zu retten«. Angenommen, Seneca hatte seine Meinung nicht geändert – hieß das, er würde das Leben des Britannicus schonen, seinen Vater jedoch bedenkenlos töten? Nun war mir bekannt, daß Seneca die stoische Maxime beherzigte, die besagt, daß ein Weiser seine Ratschläge nicht ändert.

Folglich ... Jawohl, der Rat, den er mir einst gegeben hatte, war genau der, den ich mir jetzt gewünscht hätte. Der Mann, den ich zu töten plante, das war nicht der Onkel, den ich vor langer Zeit einmal gekannt hatte, und auch nicht mein Ehemann – das war er jetzt nur mehr dem Namen nach –, sondern ein Tyrann, das war der Kaiser, der kaum in der Lage war, die Aufgaben seiner Machtstellung wahrzunehmen, weil er seinen Leidenschaften und, schlimmer noch, seinen Launen ausgeliefert war. Ich fand meinen Plan auf einmal bestätigt. Was ich vorhatte, war weder von Ehrgeiz diktiert (selbst wenn es meine ehrgeizigen Vorstellungen verwirklichen würde) noch von Sorge für meine persönliche Sicherheit (selbst wenn sie dadurch gewährleistet wurde). Wenn ich Claudius' Leben ein Ende machte, so würde ich damit Rom einen Dienst erweisen. Der Augenblick zu handeln war gekommen.

Inzwischen war es schon fast Herbst. Claudius hatte sich selbst bei der größten Hitze geweigert, die Stadt zu verlassen. Narcissus war bei ihm geblieben, um unaufhörlich, Tag und Nacht, auf seine Sicherheit zu achten. Die ständige Sorge und Wachsamkeit hatten ihn so erschöpft, daß er erkrankte. Er konnte nicht schlafen, er aß kaum mehr. Ende September, nach Abschluß der römischen Spiele, die für ihn wie eine lange Qual gewesen waren, hatte er einen Gichtanfall erlitten, und sein Gesundheitszustand verschlechterte sich dermaßen, daß Claudius, der eigentlich immer nur an sich dachte, schließlich besorgt wurde und ihn aufforderte, sich auszuruhen. Er fragte den Arzt Xenophon um Rat, der gleicher Meinung war. Narcissus beugte sich und reiste nach Kampanien. In Sinuessa mit seinen Heilquellen gegen die Gicht besaß er inmitten von Weinbergen am Fuße der Berge eine Villa über dem Meer. Dorthin zog Narcissus sich nach den Feierlichkeiten zum Gedenken an die Geburt des göttlichen Augustus zurück. Claudius hatte ihn persönlich von der Aufgabe, sich um seine Sicherheit zu kümmern, entbunden. Das beunruhigte Narcissus nur noch mehr.

Wenn ich meinen Plan in die Tat umsetzen wollte, durfte ich nicht zögern. Würde sich je wieder eine so gute Gelegenheit bieten? Der Tod des Princeps mußte natürlich wirken, als Folge einer Krankheit oder mindestens eines Unfalls. Da es ja gerade Herbst war, kam mir die Idee, daß es am einfachsten und sichersten wäre, ihn mit Pilzen zu vergiften, zumal er für sein Leben gern Pilze aß. Es schien mir trotzdem zu riskant, mich nur auf das natürliche Pilzgift zu verlassen. Seine Wirkung war ungewiß, sie konnte sehr langsam sein oder, schlimmer noch, nur vorübergehendes Unwohlsein verursachen. Ich machte mir ferner klar, daß Claudius imstande wäre, den ungenießbaren Pilz zu erkennen und das Essen zu verweigern. Aus allen diesen Gründen faßte ich den Beschluß, das natürliche Pilzgift um ein Mittel zu ergänzen, das unweigerlich den Tod nach sich zieht, nur durfte der Tod nicht allzu rasch eintreten. Es sollte ja wie ein natürlicher Tod aussehen.

Nun wollte es der Zufall, daß im Kerker des Palasts eine Frau gefangensaß, die mehrerer Vergiftungen für schuldig befunden und deshalb zum Tode verurteilt worden war. Sie war so etwas wie eine Hexe und aus Gallien angereist, um mit ihren Kenntnissen, insbesondere der Zubereitung von Giften, in Rom ihr Glück zu machen. Sie hatte unter den reichen Römern sofort Kunden gefunden, die sich eines vermögenden, allzu langsam dahinsiechenden Verwandten oder eines lästigen Ehepartners entledigen wollten. Die Unvorsichtigkeit eines Kunden hatte aber schließlich zu ihrer Anklage und Verurteilung geführt. Sie wartete in ihrer Zelle auf den Tod. Ich ließ sie in einer Nacht heimlich zu mir kommen und schilderte ihr meine schwierige Lage als Notsituation einer Freundin, für die ich Rat suchte. Ich wußte sehr wohl, daß die Frau meine Lüge durchschauen würde, aber auch, daß sie hier bei Wahrung der Diskretion eine Möglichkeit zur Rettung des eigenen Lebens erkannte. Von dieser Seite hatte ich also nichts zu befürchten.

Lucusta – so hieß sie – versprach, mir ein Giftgemisch mit der gewünschten Wirkung zu beschaffen. Auf ihre Bitte hin ließ ich sie unter strenger Bewachung in ihre Wohnung führen. Am nächsten Tag kehrte sie in ihre Zelle zurück, nachdem sie mir eine kleine Schachtel mit einem weißen Puder überreicht hatte – eine tödliche Substanz, warnte sie. »Meine Freundin« brauche dem Essen für ihren Mann nur eine Prise beimischen, und die erwünschte Wirkung würde binnen einer halben Stunde eintreten.

Doch es gab ein letztes Hindernis. Wie könnte ich es bewerkstelligen, daß Claudius das tödliche Puder einnahm? Glücklicherweise war Halotus bereit, mir dabei zu helfen. Er war derjenige, der die Gerichte des Princeps vorkosten mußte. Er versprach, das Gift auf einen besonders schönen Pilz von Claudius' Lieblingsspeise zu streuen.

Es kam dann genauso, wie Halotus und ich es geplant hatten. Claudius aß die schönsten Pilze des Gerichts, das man ihm vorsetzte. Kurz danach mußte er sich übergeben. Als sich ein starker Durchfall einstellte, trug man ihn aus dem Saal. Ich bekam Angst. Würde die Wirkung des Giftes anhalten, oder würde er es ausspucken, bevor es voll wirksam werden konnte? Auch ich verließ das Bankett, indem ich große Besorgtheit vortäuschte. Aber ich war ja auch besorgt, wenngleich aus ganz anderen Gründen. Xenophon war bereits an Claudius' Seite. Er hatte den Plan durchschaut. Ohne ihm Zeit zum Nachdenken zu geben, schlug ich ihm vor, daß er mir bei der Vollendung des Verbrechens helfen sollte. Er warf mir einen kurzen Blick zu, griff in eine Schatulle, von der er sich nie trennte, entnahm ihr eine kleine Phiole mit einer Flüssigkeit, mit der er eine lange Gänsefeder tränkte, und führte sie in den Hals des Princeps ein, wie um seinem Erbrechen nachzuhelfen. Claudius, der bis dahin unter starken Schmerzen zu leiden schien und gestöhnt hatte, beruhigte sich. Die Krämpfe hörten auf. Er schien einzuschlafen.

Nach einem flüchtigen, affirmativen Zeichen – es war so flüchtig, daß ich eine Weile unsicher blieb und mich fragte, ob ich mich auch nicht getäuscht hätte – schaute Xenophon mich lange wortlos an, bis er den Kopf wandte und den Dienern sagte: »Der Princeps sollte schlafen. Niemand darf ihn stören. Morgen wird er wieder gesund sein!«

Seneca, der an dem Bankett teilgenommen hatte, kam zu mir, als ich in den Saal zurückkehrte. Ich teilte ihm mit, daß Claudius, wenn man dem Arzt glauben dürfte, sich außer Gefahr befände, daß es aber trotzdem besser wäre, den Senat einzuberufen und, nach alter Gewohnheit, öffentliche Gebete für die Gesundheit des Princeps sprechen zu lassen. Seneca äußerte sich dazu nicht, versprach, meine Mitteilung weiterzuleiten, und verließ den Palast. Burrus, den ich dringlich auf den Palatinus gerufen hatte, ließ gleichzeitig die Wachen in seiner Umgebung verdoppeln und ließ nur die Diener aus dem Haus, denen ich aus irgendeinem unaufschiebbaren Grund den Ausgang gestattete. Man mußte um jeden Preis erreichen, daß in der Stadt nur das bekannt würde, was ich bekanntmachen wollte.

Xenophon und ich hatten Claudius persönlich so vorsichtig auf sein Zimmer getragen, daß niemand bemerkt hatte, daß er nicht mehr atmete. Wir blieben bei ihm, als ob er noch am Leben wäre. Xenophon bat einen Diener um eine angewärmte Decke, um den Princeps einzuwickeln. Wir wollten vortäuschen, daß Claudius – wie es oft genug vorgekommen war – von zuviel Wein steif war und man nur warten müßte, daß er wieder zu sich käme. Auf die Nachricht vom Unwohlsein ihres Vaters waren seine Kinder, Antonia, Octavia und Britannicus, sofort herbeigeeilt. Ich hatte darauf geachtet, daß sie ihm nicht zu nahe kommen konnten. Antonia und Octavia bat ich, in einem anderen Zimmer auf Nachrichten zu warten. Was Britannicus anging, so nahm ich ihn in meine Arme, sagte ihm, er sei mein ganzer Trost, das Ebenbild seines Vaters, und bat ihn inständig, mich nicht allein zu lassen, sondern mit mir an der Seite seinen Vater zu bewachen.

Ich fürchtete vor allem, daß trotz all meiner Bemühungen Claudius' Tod zu schnell bekannt würde und die Prätorianer von ihrem Lager herbeieilen könnten, um den Sohn als Nachfolger zu proklamieren. Unter keinen Umständen durfte Britannicus in der Öffentlichkeit erscheinen. Was Nero betraf, so müßte man noch warten, bevor man ihn den Prätorianern vorstellte. Ich hatte nämlich bei Balbillus Rat gesucht, der wie sein Vater der beste Sterndeuter der Stadt war. Auf meine Frage nach dem günstigsten Moment für die Bekanntgabe von Claudius' Tod hatte er den dreizehnten Tag vor den Iden genannt, zur Tagmitte, wenn die Sonne den höchsten Punkt am Himmel erreicht. Bis dahin war aber noch ein ganzer Tag. Eine ganze Nacht und den nächsten Morgen müßte das Geheimnis noch gewahrt bleiben.

Die Nacht, die uns von diesem schicksalshaften Tag trennte, war eine der längsten meines Lebens. So eilig ich es auch haben mochte, meinen seit langem gehegten Plan zu vollenden – ich mußte mich in Geduld üben und weiterhin Theater spielen. Ich blieb also gemeinsam mit Xenophon bei Claudius. Nach etlichen Versuchen, dem Schlaf zu widerstehen, war Britannicus schließlich doch in meinen Armen eingeschlummert. Ich brachte ihn auf sein Zimmer, das er auf meine Anweisung hin unter keinen Umständen verlassen durfte. Der Arzt und ich taten, als ob wir die Genesung Claudius' überwachten. Von Zeit zu Zeit ging ich hinaus, um einen Diener mit der Botschaft zum Prätorianerlager zu entsenden, der Princeps befinde sich auf dem Wege der Besserung und würde bald wieder gesund.

Die Stunden vergingen entsetzlich langsam. Diese erzwungene Untätigkeit ließ in mir längst vergessene Erinnerungen hochkommen. So fiel mir mit erstaunlicher Klarheit eine Erzählung Claudius' ein, wie Servius Tullius dank Tanaquil König geworden war. Zwischen dieser Königin und mir bestanden viele Ähnlichkeiten. Wir hatten die gleiche Absicht gehabt, den Römern einen König aufzuzwingen, der nicht der leibliche Sohn des Herrschers war und keinerlei Anrecht auf die Nachfolge hatte. Wir trafen die gleichen Vorkehrungen, um diesen Plan durchzuziehen. Es ehrte mich ein wenig, mich in dieser Rolle zu sehen. Aber einen Unterschied gab es doch. Tanaquil hatte Tarquinius nicht ermordet, wohingegen ich . . .

In dem Moment schienen mir die (gewiß ausgezeichneten) Beweggründe für mein Handeln gar nicht mehr so gut. Dieser Claudius, dieser Onkel, den ich in meinem Gedächtnis hatte, der Mann, der mir Tanaquils Geschichte erzählt hatte, war der gleiche Mann, über den ich angeblich wachte. Aber er würde sich nie mehr von seinem Lager erheben, denn es war sein Totenbett. Danach würde er auf den Scheiterhaufen gelegt.

Der Moment der Schwäche währte nicht lang. So stark auch die Erinnerung war, jetzt galt nur eins: mein Sohn mußte an die Herrschaft kommen. Er mußte herrschen, selbst wenn er mich eines Tages umbringen sollte! Diese Vorhersage, die Balbillus mir einst enthüllt hatte, hatte ich längst akzeptiert. Ich erneuerte meinen Pakt mit dem Schicksal und geriet in eine wahre Erregung. Mir war, als ob ich Nero noch einmal zur Welt brächte. Die Entscheidung war gefallen. Das Schicksal nahm unweigerlich seinen Lauf. Die Zeit des Nachdenkens war vorbei. Es blieb mir nur noch, die notwendigen Vorbereitungen für den großen Moment zu treffen, von dem ich schon so lange träumte. Und dies Schauspiel regelte ich persönlich.

Genau in dem Augenblick, als die Sonne in den Zenit trat

und senkrecht über dem Obelisk des Augustus im großen Zirkus stand, öffneten sich die Pforten des Palastes. In Begleitung von Burrus erschien Nero und blieb regungslos oberhalb der Stufen stehen. Vor ihm war die Kohorte versammelt, die seit dem Vortag auf Wache war und auf Ablösung wartete. Und genau in diesem Moment erschien die andere Kohorte, die sie ablösen sollte, und formierte sich auf der Esplanade zu einem Karree. Dann ergriff Burrus das Wort. Er erklärte einfach nur: »Soldaten, das ist euer Kaiser!« Womit er ihnen klar und deutlich signalisierte, daß er ihre Zurufe erwartete. Einige grüßten Nero mit dem Ruf *Imperator*. Andere blieben stumm. Zwei oder drei Stimmen riefen nach Britannicus. Köpfe drehten sich auf der Suche nach ihm nach rechts und nach links. Doch Britannicus war nirgends zu sehen. Dann schickten sie sich drein und grüßten Nero. Sie brauchten jetzt einen *Imperator!* Da tat es dieser so gut wie ein anderer. Daraufhin stieg der neue Kaiser zu ihnen hinab und nahm Platz in einer Sänfte, die Burrus bringen hatte lassen. Während die Kohorte, die die Wache übernahm, sich auf ihre Posten stellte, eskortierte die andere Kohorte die Sänfte, die sich in Richtung des Lagers entfernte.

Ich war während dieser alles entscheidenden Zeremonie mit klopfendem Herzen im Schatten hinter der Schwelle geblieben. Am glücklichen Verlauf meines Plans gab es für mich jetzt keinen Zweifel mehr. Wie viele Anstrengungen und Risiken hatte ich freiwillig auf mich genommen! Das Ziel war erreicht! Mein Sohn war Kaiser, und ich, seine Mutter, ich, die ihn zu dem gemacht hatte, was er von diesem Tage an war, war fest entschlossen, das, was ich ihm gegeben hatte, mit ihm zu teilen.

Sechstes Buch

Mein Sohn Nero

Ich blieb im Palast, wo Claudius' Leichnam von einigen Dienern bewacht wurde, und wartete auf Neros Rückkehr. Burrus kam lange vor Anbruch der Nacht vom Lager zurück. Als disziplinierter Soldat erstattete er Bericht! (Als ob ich ein Teil der Hierarchie wäre!) Das Gefühl einer gewissen Befriedigung konnte ich nicht bestreiten. Er war kaum eingetroffen, als Seneca erschien und um eine Unterredung bat. Burrus sprach zuerst. Im Lager der Prätorianer war, wie er berichtete, alles gut verlaufen. Die Soldaten hatten nicht protestiert, als er ihnen Nero vorstellte. Keiner hatte den Namen Britannicus erwähnt. Der neue Kaiser nahm auf der Tribüne Platz, und in der allgemeinen Stille begann er, eine Rede zu halten, mit großer Würde, wie Burrus sagte, aufrecht, im purpurroten Mantel des *Imperators*. Natürlich wirkte er jung. Man konnte zuerst kaum glauben, daß er Oberhaupt und Seele von so vielen Menschen war, nicht nur der unmittelbar vor ihm versammelten, sondern unzähliger anderer, gar nicht sichtbarer, die über das ganze Gebiet des Reiches verstreut waren und noch gar nicht wußten, daß sie ihre Befehle nunmehr von einem anderen Kaiser erhielten. Doch durch das Reden wurde er sicherer, und man vergaß seine Jugend. Ganz einfach, mit gewöhnlichen Worten, so sagte Burrus, hatte Nero den Prätorianern zuerst den Tod seines Vaters bestätigt und dann versprochen, daß es in den Armeen und namentlich bei der Garde keinerlei Veränderungen geben werde und den Soldaten ihre erworbenen Dienstränge und die Privilegien erhalten blieben. Schließlich verkündete er, worauf alle gewartet hatten – eine Geldausteilung, die gleiche Summe, die sie von Claudius erhalten hatten. Da jubelten ihm alle mit großer Begeisterung zu. Das war alles. Die Übergabe der Macht hatte stattgefunden.

Nero, so berichtete Burrus, war noch bei den Soldaten geblieben. Er hatte die Tribunen der Kohorten und die ranghöchsten Zenturionen zusammengerufen, um ihnen seine Achtung und sein Vertrauen auszusprechen. Die Versammlung dauerte immer noch an. Sie würde jedoch bald enden und Nero zum Palast zurückkehren, der es kaum erwarten könne, so erklärte Burrus, seine Mutter in die Arme zu schließen. Daraufhin ließ mich der Prätorianerpräfekt mit Seneca zurück.

Als wir allein waren, sagte mir Seneca: »Du triumphierst, Agrippina. Du hast die Macht dem wahren Blut des göttlichen Augustus zurückgegeben. Du hast die Stellung, die deinem Vater gebührte, den Deinen geschenkt und noch mehr. Von nun an brauchst du nicht mehr zu kämpfen, um zu erobern. Aber du wirst vielleicht andere Kämpfe führen müssen, damit das Erreichte bleibend gesichert ist. Mögen die Götter geben, daß dein Sohn nicht vergißt, was er dir schuldet, und daß er sich dessen würdig erweist, was du ihm geschenkt hast! Ich glaube deinen Sohn inzwischen besser zu kennen. Ich weiß, daß er noch anfällig und von seinen Launen beherrscht ist. Ich weiß, daß er eine tiefe Zuneigung für dich empfindet. Entzieh du ihm nicht deine! Denke stets daran, daß du, die du ihm zur höchsten Stellung im Staate verholfen hast, von jetzt an eine andere Rolle in seinem Leben spielen wirst – eine andere, aber keineswegs mindere. Nero braucht deine Liebe, dein Verständnis. An eurer herzlichen Beziehung hängt das Schicksal Roms.«

Seneca hatte eben zu Ende gesprochen, als ein Diener uns die Ankunft des Princeps meldete und seinen Besuch ankündigte. Und bevor ich antworten konnte, stand er schon vor mir, nicht mehr im Mantel des *Imperators*, sondern in der weißen Toga, auf die er so stolz war. Mir kam es vor, als ob diese Feier, die seinen entscheidenden Vorsprung gegenüber Britannicus markiert hatte, erst gestern stattgefunden hätte – und nun stand er als Herr der Welt vor mir! In unseren Gesichtern spiegelten sich Stolz und Liebe wider. Ich trat auf ihn zu. Er warf sich mir in die Arme wie ein Kind und küßte mich.

»Mutter«, sagte er, »diese Allmacht, die ich dir verdanke, will ich dir als Huldigung darbringen. Ich verspreche dir, immer ein guter Sohn zu sein.« Dann wandte er sich Seneca mit den Worten zu: »Und dir, Seneca, verspreche ich, ein guter Princeps zu sein. Und wenn ich hoffen darf, es tatsächlich zu werden – und ich werde alles dafür tun –, so muß die Welt es dir danken, dir und deiner Lehre gebührt das Verdienst, und ich denke, du wirst sie mir auch weiterhin nicht verweigern. Ich werde sie noch lange brauchen.«

Seneca versicherte ihn seiner Freundschaft und Ehrerbietung. Und schon fing das Theater, die Pantomime der Macht, an! Ich sah, wie der Junge, der Nero gestern noch gewesen war, vor meinen Augen unterging und eine neue, andere Persönlichkeit auftauchte, die bald die Herrlichkeit Roms verkörpern würde, jene Majestät, die alle Nationen in uns erkennen und die einst unserem ganzen Volk gehörte.

Mein Sohn! War er es immer noch? Würde er mir nicht bald entgleiten, aufgrund seiner neuen Stellung, durch die die Götter ihn zu ihrem Vertreter unter den Sterblichen gemacht hatten? Enthielten die Worte, mit denen Seneca mich von der Übernahme einer neuen Rolle überzeugen wollte, nicht eine

Drohung, ein Vorzeichen? Sie bedeuteten jedenfalls eine Warnung, die ich zu beherzigen gedachte..., soweit es mir möglich wäre.

Doch Nero und Seneca unterhielten sich bereits über ernste Angelegenheiten, denn am nächsten Tag mußte Nero dem Senat entgegentreten. Es ging um die Frage, welche Gruppierungen unter den Patres bestanden und in welcher Stimmung sie wohl auf das Zusammenziehen der Soldaten reagieren würden. Nero wußte weitaus mehr über die Parteiungen und die Intrigen, als ich vermutet hatte. Zweifellos hatte sein Erzieher ihn vorgewarnt.

Mir schenkten sie während ihres Gesprächs keine Beachtung. Ich fragte mich bedrückt, welche Rolle mir wohl von nun an zufallen würde und wie Seneca sie sich vorstellte. Sollte ich wieder ins Dunkel zurücktreten, selbst nichts mehr sein, bestenfalls noch eine Zuflucht, ein Trost für Nero an Tagen der Mutlosigkeit, aber vielleicht auch eine unliebsame Ratgeberin, wenn ich eine Meinung zu äußern wagte? Das war es ja, was ich befürchtete. Ich verabscheute von vornherein die drohende Bedeutungslosigkeit meiner späten Jahre.

Mittlerweile entwarfen die beiden die Rede, die Nero als neuer Princeps halten sollte. Claudius mußte selbstverständlich gelobt werden. Das war eine unumgängliche Notwendigkeit, auch wenn jeder diese Heuchelei entlarven würde. Als erste Tugend wurde von Nero jetzt Sohnesliebe erwartet, und die verlangte, daß er an seinem Vater die Eigenschaften rühmte, die ihm zwar gefehlt hatten, die man jedoch in seinem Nachruf erwartete. Aber es gab da eine Grenze, die nicht überschritten werden dürfte: Man müßte geschickt andeuten, daß der Sohn dem Vater nicht in allem folgen würde, versprechen, daß er keineswegs so gefällig wie der Dahingeschiedene sein Ohr Denunzianten leihen würde, daß ihm das Leben der Senatoren heilig sei und daß er die Vorrechte ihres Standes achten wollte. Außerdem würde er dem Regiment der Freigelassenen ein Ende machen und den Staat nicht mehr mit dem Haushalt des Princeps verwechseln. Nach den Grausamkeiten von Claudius mußte er aber vor allem beruhigen und die Tugend der Barmherzigkeit hervorheben, die, wie Seneca Nero erklärte, für einen Princeps essentiell sei. Bei diesem Thema verharrte Seneca lang. Er erinnerte Nero an Gesetze, die unter Claudius in Vergessenheit geraten waren, und die Nero in Zukunft wieder einführen müsse.

Ich hörte das alles mit einer gewissen Verärgerung. Warum betonte Seneca diese Ideen, die er von seinen Philosophen übernommen hatte, statt auf den Boden der Realität herunterzukommen? Wußte er denn nicht, daß im politischen Leben Ereignisse und Tatsachen den Ton angeben, mit denen ein Monarch fertigwerden muß? Wem nützt der Hinweis, daß jeder Mensch ein Recht auf Milde und Barmherzigkeit hat? Wußte er etwa nicht, daß die Staatsräson wichtiger ist als alle anderen Gesichtspunkte? Was wollte er eigentlich – einen Schüler an die Macht bringen, der alle philosophischen Werke gelesen hätte und ihre Theorien in die Praxis umsetzte? Oder Rom einen Princeps geben, der imstande wäre, die Ordnung in der Welt zu sichern?

Aber dann machte ich mir klar, daß Nero am nächsten Tag die Senatoren für sich einnehmen mußte, indem er ihnen das vorhielt, was sie hören wollten. Die Ausübung der Macht beschränkt sich nicht nur auf eine Reihe von Handlungen unter dem Druck der Notwendigkeit. Sie besteht auch darin, in den Köpfen und Herzen eine Gemeinsamkeit zu erzeugen. Genau das ist der Grund für die allgemeine Überzeugung, daß ein Princeps die Redekunst beherrschen sollte. Unser erster

Princeps, der göttliche Caesar, war darin dem berühmten Cicero ebenbürtig gewesen. Sein Großneffe Augustus redete gewandt und nicht ohne Charme, und das gleiche läßt sich von Tiberius, Gaius und Claudius sagen, die es verstanden, sich Gehör zu verschaffen und zu überzeugen. Ich erinnerte mich an die Reden von Gaius, die voller Ironie und Grausamkeit waren, doch Senatoren wie das einfache Volk stets in ihren Bann schlugen und seine Beliebtheit förderten. Und Nero mußte morgen als Kaiser seine erste Probe bestehen! Ich war Seneca plötzlich dankbar, daß er meinen Sohn darauf vorbereitete, wenngleich mich der Inhalt der Rede, den er Nero vorschlug, einigermaßen verunsicherte.

Nero hatte einen Sekretär rufen lassen, der seine und Senecas Argumente Punkt für Punkt notierte, damit er nichts vergessen würde. Nero würde nicht in Verlegenheit kommen. Daß er einem großen Publikum gewachsen war, hatte er bereits bei seinem Engagement für eine Reihe von öffentlichen Belangen unter Beweis gestellt. Hinsichtlich des Ausgangs der morgigen Sitzung war ich deshalb gänzlich unbesorgt. Für den Abend war kein offizielles Essen vorgesehen, wie es bei Claudius tagtäglich stattgefunden hatte. Das hätte uns auch die Trauer nicht erlaubt. Ich blieb also in meinen Gemächern mit meinen Frauen und meiner stets treuen Acerronia. Wir ließen die Ereignisse der letzten zwei Tage, in denen ich alles aufs Spiel gesetzt hatte, noch einmal Revue passieren. Das Spiel war allem Anschein nach gewonnen. Ich fühlte mich beruhigt, zumindest sagte ich mir das immer wieder. Doch ich konnte die alarmierenden Vorzeichen vom Anfang des Jahres nicht verdrängen. Bei einigen Legionen und der Prätorianergarde war ein Blitz in die Feldzeichen eingeschlagen. Er hatte in den Quartieren der Soldaten Zelte in Brand gesteckt. Bedeutete das etwa einen verlustreichen

Krieg? Noch ernster und bedrohlicher war ein Bienenschwarm, der über dem Jupitertempel auf dem Capitol eingefallen war. Ich hatte Mühe zu verstehen, warum das so erschreckend schien, aber Claudius hatte mir früher einmal versichert – in einem Gespräch über sein Lieblingsthema, die Augurenkunst –, daß derartige Wunder eine Umwälzung im Staat ankündigten. Hatte es damit zu tun, daß Jupiter kurz nach seiner Geburt, als er in der Höhle von Kreta versteckt worden war, von Bienen ernährt wurde, die ihren Honig mit der Milch der Ziege Amalthea mischten? Bedeutete es, daß der Gott wieder ein Kind geworden war, daß er nicht die Kraft besäße, uns zu schützen? Das schien mir ein lächerlicher Gedanke. Es mußte andere Gründe geben, aber mein Onkel hatte sie mir damals nicht verraten. Die Unwissenheit darüber verunsicherte mich. Außerdem glaubte ich zu verstehen, daß das angekündigte Unglück ganz Rom betreffen würde, weil – und das war ein weiteres verhängnisvolles Vorzeichen – in rascher Folge von jedem Collegium ein Magistrat gestorben war: in den ersten Monaten des Jahres waren ein Quästor, ein Ädil, ein Tribun und ein Prätor verschwunden. Das schien mir ein eindeutiges Zeichen für eine »Verringerung« des Staates in naher Zukunft. Aber in welcher Form? Die Seher sagten es nicht. Claudius hatte geschwiegen; vielleicht waren da auch die alten Bücher stumm geblieben, in denen er so gern nachgeblättert hatte. All das beunruhigte mich. Nur der Frohsinn der stets optimistischen Acerronia, die alles, was mir bedrohlich vorkam, lächerlich machte, konnte an diesem Abend und in der Nacht vor Claudius' Bestattung meine Angst im Zaume halten.

Die Senatssitzung, die ich als Nagelprobe für Nero gefürchtet hatte, verlief reibungslos. Nach altem Brauch ratifizierten die

Patres die Zurufe der Soldaten. Nero wurde also auf absolut legitime Weise zum Kaiser. Man bewilligte ihm alle üblichen Vollmachten und stimmte auf seinen Antrag hin dafür, Claudius göttliche Ehren zu verleihen. Er war von nun an offiziell ein Gott. Er würde seinen eigenen Tempel bekommen und, genau wie der göttliche Augustus, ein Kollegium von Priestern, die nur seinem Kult dienten. Und durch eine Ironie des Schicksals, die mich sehr vergnügte, wurde ich selbst zu seiner *Flaminica* bestimmt! Es geschah vermutlich auf Anregung Neros, daß die Patres für Claudius auf besonders alte und ungewöhnliche religiöse Bräuche Roms zurückgriffen. Wie ihn das glücklich machen mußte!

In meiner Eigenschaft als *Flaminica* wurde ich damit beauftragt, den Standort des Tempels auszusuchen, der für ihn errichtet werden sollte. Mir schien dafür der Berg Caelius am geeignetsten. Claudius wäre sicher damit einverstanden gewesen. Er hatte mir nämlich früher einmal erzählt, daß ein etruskischer Heerführer namens Caeles Vibenna in der Anfangszeit Roms auf diesem Hügel wohnte und ihm seinen Namen gab. Demnach würde der neue Gott sich in der Gesellschaft seiner geliebten Etrusker befinden.

Die Begräbnisfeierlichkeiten waren ganz besonders prachtvoll und beeindruckend. Man hielt sich bis ins Detail an das Vorbild der Feiern für den göttlichen Augustus. Jede Art von Traurigkeit wurde verbannt. Das war nur natürlich, denn man feierte ja nicht den Tod eines Menschen, sondern die Ankunft eines Gottes. Es gab jedoch einen Unterschied zur Zeremonie für den göttlichen Augustus vierzig Jahre zuvor. Auf meinen Wunsch wurde Claudius' Testament nicht, wie bei Augustus, öffentlich verlesen. Claudius bestimmte darin zwar Nero ausdrücklich zu seinem Nachfolger und schloß damit seinen blutsmäßigen Sohn aus, aber ich befürchtete, daß das Volk plötzlich von tiefem Mitleid ergriffen werden könnte und Nero dann weniger wohlwollend aufnehmen würde. Ich rechnete damit, daß dies noch für eine lange Zeit einen kritischen Punkt darstellte, und ich hatte recht.

Nero hielt bei diesem Begräbnis eine wunderbare Rede, die er gemeinsam mit Seneca verfaßt hatte. Beide hatten es für richtig gehalten, den Verstorbenen für seine Weisheit und Voraussicht zu rühmen. Die Anwesenden reagierten allerdings ganz anders als erwartet. Die Worte »Weisheit« und »Voraussicht« lösten allgemeines Gelächter aus. Die Vorstellung, die Claudius von sich hinterließ, glich nicht im mindesten der des göttlichen Augustus. Er verließ diese Welt ohne Würde. Ich sah ihn auf seinem Wege zu den Göttern vor mir, hinkend und stolpernd, so wie ich ihn am Ufer des Fuciner Sees beobachtet hatte, als er die widerspenstigen Gladiatoren verfolgte wie ein Schullehrer, der in seiner Klasse die Ordnung wiederherzustellen versucht.

Als ich das abends Seneca erzählte, meinte er:

»Du bringst mich auf eine Idee, Agrippina. Ich habe mir nämlich den Eintritt des Claudius bei den Göttern ebenfalls versucht vorzustellen. Du erinnerst dich doch – als deine Schwester Drusilla auf Erlaß von Gaius zur Göttin geworden war, hatte ein Mann geschworen, sie in der Umgebung der Via Appia auf dem Weg zum Himmel gesehen zu haben. Vielleicht könnte man ähnliches für Claudius arrangieren. Wäre das eine hübsche Komödie!«

Die Patres hatten dem Anschein nach Neros Thronbesteigung einstimmig angenommen, trotz dem Widerwillen mancher Senatoren. Einige trauerten Claudius und den Möglichkeiten nach, die sie unter seine Herrschaft hatten. Von den Vermögen der Menschen nämlich, die sie in die Verbannung oder in den Tod schickten, war ein Teil ihnen selbst zugefallen, zur Belohnung für den Dienst, den sie damit dem Staat geleistet hatten! In seiner Antrittsrede hatte Nero das Ende solcher Zeiten verkündet. Nicht von Verurteilen würde nunmehr die Rede sein, sondern von Gnade: Das war die neueste Parole. Für die professionellen Denunzianten bedeutete es den Ruin: auch für Suillius, den berüchtigtsten dieser Senatoren.

Ich selbst war vollauf damit beschäftigt, daß Neros Nachfolge im Reich unantastbar wurde. Mir waren ehrgeizige, bis dahin geheime Pläne anderer großer Männer zu Ohren gekommen, die mir gefährlich erschienen. Es lebten in Rom nämlich noch einige Nachkommen des göttlichen Augustus. Auch wenn diese selbst nicht bestrebt schienen, ihre Rechte geltend zu machen, so konnten sie andererseits benützt werden, Aufruhr zu stiften, in deren Verlauf sich dann irgendwer vielleicht an Neros Stelle setzen würde. Unter diesen Männern war der Prokonsul von Asien, M. Silanus, zu dessen Vorfahren eine Enkelin des Augustus zählte – jene Julia nämlich, die wie meine Mutter eine Tochter Agrippas war. Silanus stand dem göttlichen Augustus also genauso nah wie Nero. Das machte ihn gefährlich. Er war allerdings ein friedlicher Mensch mit leicht pompösem Gehabe und überaus faul. Gaius, der nur wenig jünger gewesen war, hatte ihn gern ein »goldenes Schaf« genannt und für dumm verkauft. Ich war mir keineswegs sicher, ob er nicht doch intelligenter war, als man annahm. Doch selbst bodenlose Dummheit hätte andere nicht abhalten müssen, ihn als künftigen Kaiser anzusehen. Und deshalb beschloß ich – aus Gründen der Vorsicht –, ihn umzubringen. Kluge Voraussicht ist eine Tugend, insbesondere bei einem Menschen, der für ein Kaiserreich Verantwortung trägt.

Die Sache ließe sich mühelos erledigen. Ich wußte, daß ein

Prokurator, ein Ritter namens P. Celer, sich dazu bereit erklären würde. Er war ein habgieriger, ehrgeiziger Mann und deshalb bestrebt, mir meine Wünsche zu erfüllen. Gemeinsam mit einem gewissen Helius – einem Freigelassenen von Claudius – verwaltete er die kaiserliche Domäne in Asia. Während dieser Herbstmonate weilte er jedoch in Rom. Ich ließ ihn zu mir rufen. Er nahm meinen Auftrag an und schiffte sich sogleich nach Asia ein, obwohl die Jahreszeit für Schiffahrt nicht mehr geeignet war. Er nahm ein wenig von dem Giftgemisch mit, das Lucusta für Claudius zubereitet hatte, und ließ mir nach einiger Zeit die Nachricht zukommen: »Das Schaf ist leider gestorben.« Also war auch diese Gefahr gebannt.

Die Gefahr, die von Silanus ausgegangen wäre, war ohnehin nicht sehr konkret gewesen. Es gab jedoch einen andern Menschen ganz in der Nähe, der Nero und mir viel gefährlicher war – der treue Narcissus. Auf die Kunde von Claudius' Tod hatte er sofort seine Gicht vergessen, Sinuessa verlassen und die Rückreise nach Rom angetreten. Was er befürchtet hatte, war geschehen. Der Kaiser war ermordet worden, und er, Narcissus, war sich zweifellos darüber im klaren, wer für diesen Mord verantwortlich war. Würde er nicht alles versuchen, seinen Herrn zu rächen oder Nero die Macht durch Intrigen wieder wegzunehmen, um sie Britannicus zu übergeben? Die Hoffnung, daß Britannicus seinem Vater Claudius nachfolgen würde, hegte Narcissus seit langem. Er hatte sogar einen Seher befragt, der behauptete, das Schicksal der Menschen aus ihren Gesichtern lesen zu können. Narcissus hatte ihm mehrere Kinder vorgestellt, die damals mit den Prinzen zusammen im Palast lernten und spielten, die Namen hatte er ihm nicht genannt. Der Seher hatte lange Britannicus angeschaut und erklärt, dieser Junge würde nie Kaiser. Dann richtete er sein Auge auf einen gewissen Titus Flavius, den Sohn eines unbekannten Bürgers aus Sabina, und rief: »Du dagegen wirst regieren!« Narcissus hatte ihm nicht geglaubt. Er hatte daraus auf die Ignoranz des Sehers geschlossen und den Mut nicht aufgegeben. Auch nach diesem Zwischenfall spann er seine Ränke zugunsten des leiblichen Sohnes von Claudius weiter. Deshalb mußte er nun auch sterben. Weil er ahnte, was ihm bevorstand, traf er Vorkehrungen: so vernichtete er sämtliche Briefe von Claudius, die er als Inhaber des Amtes *ab epistulis* besaß. Es war ein allerletzter Beweis seiner Treue für seinen Herrn. Den Tod sollte es ihm nicht ersparen, das hatte ich mir geschworen. Um ihn öffentlich zu beseitigen, brauchte ich die Zustimmung Neros, und da stieß ich jedoch auf unerwartete Schwierigkeiten. Nero wollte Narcissus nicht verdammen. Daher kam es zwischen uns zu einer langen, mühsamen Auseinandersetzung.

Als ich Nero dargestellt hatte, welches Schicksal Narcissus verdiente und was meine Absichten waren, erwiderte er: »Mutter, willst du wirklich den Tod von Narcissus? Weißt du, er ist immer gut zu mir gewesen. Wann immer ich ihn um etwas gebeten habe, hat er es mir bewilligt. Er ist großzügig. Er hat mir unzählige Geschenke gemacht, so wie auch die Geldsummen, die er mir geliehen hat, nicht zu zählen sind. Jetzt kann ich es dir ja sagen. Ich habe mich bis zuletzt oft in der Situation befunden, daß ich aus Geldmangel auf das eine oder das andere Vergnügen hätte verzichten müssen. Dann hat Narcissus es mir angeboten, und dafür bin ich ihm dankbar. Warum sollte er denn nicht weiterleben? Und außerdem ist er äußerst einfallsreich, wenn es um die Gestaltung von Festlichkeiten geht! Und er hört mich gern singen: Findest du das kein großes Verdienst? Im übrigen singe ich gar nicht schlecht. Das hast du doch selber gesagt. Also, ich bitte dich, verschone ihn!«

Daraufhin nannte ich ihm also die wahren Gründe, daß ein Mann, der eines Tages vielleicht als Rächer auftreten würde, einfach verschwinden müsse. Die Wahrheit über den Tod von Claudius hatte ich meinem Sohn persönlich noch nicht gesagt. Es war jedoch im Palast ein offenes Geheimnis, und auch Nero wußte selbstverständlich Bescheid. Er erlaubte sich sogar einmal über diesen Tod zu scherzen, daß »Pilze die Nahrung der Götter sind«! Und er konnte selbst daraus schließen, daß ich es nur für ihn getan hatte. Und doch konnte ich mich in seiner Gegenwart kaum eines seltsamen Schuldgefühls erwehren, das ich zu verheimlichen versuchte, das mich aber befangen machte und einen Schatten über die Liebe warf, die ich ihm entgegenbrachte.

Doch Nero hielt mittlerweile eine Lobrede auf Narcissus, die gewichtigere Gründe zu seinen Gunsten anführte. Er rief mir seine Hingabe an Claudius und sein Vorgehen zur Vereitelung des von Silius vorbereiteten Staatsstreiches in Erinnerung. Die Hinweise boten mir Gelegenheit, ihn zu warnen, daß ein Freigelassener, der so wirkungsvoll in Staatsaffären einzugreifen vermochte, in der Tat ein sehr gefährlicher Mann sei. Außerdem fügte ich noch hinzu, daß viele Senatoren sehr zufrieden wären, wenn Narcissus bestraft würde für die Veruntreuungen, die ihm ein Vermögen von angeblich vierhundert Millionen eingebracht hätten. Die Senatoren seien ohnehin eifersüchtig auf die Stellung der kaiserlichen Freigelassenen. Sein Verschwinden würde unsere Behauptung glaubwürdiger machen, daß die Fehlentscheidungen, die man Claudius vorgeworfen hatte, tatsächlich der Vergangenheit angehörten. Nero hörte mir nur mit halbem Ohr zu und sagte schließlich nur: »Da dies dein Wille ist, Mutter, überlasse ich dir den armen Kerl. Aber es tut mir jedesmal leid, wenn ich sehe, daß ein Mensch hingerichtet wird!«

Mit dieser halbherzigen Zustimmung des Princeps ließ ich Narcissus in einem Kerker des Palasts einsperren – dort, wo mein armer Bruder mit dem Tode gerungen hatte – und gab Befehl, ihm nichts zu essen zu bringen. Ich ließ ihn nicht lange leiden. Am Tag der Feierlichkeiten zur Apotheose des Claudius wurde er von Soldaten des Prätoriums zum Grabe Messalinas geführt und dort hingerichtet. Dieser Ort schien mir für seine Hinrichtung geeignet und gleichzeitig Warnung für alle, die versucht sein könnten, wie er gegen mich zu intrigieren. Es ist nicht gut, daß Freigelassene sich gegen ihren Herren erheben. So groß Messalinas Fehler auch gewesen sein mochten – einem Bediensteten des Princeps hätte sie nie ausgeliefert werden dürfen.

Von den Informationen, die Narcissus Claudius lieferte und die meinen Einfluß auf den Princeps schwächten, hatte mich eine ganz besonders verletzt. Er enthüllte Claudius mein Verhältnis mit Pallas. Gewiß war Pallas seit der Regierungszeit von Gaius mein Liebhaber gewesen. Er war immer noch mein Liebhaber; meine Liebe zu ihm war beständig, und er schien sie zu erwidern. Hatte er mir nicht geholfen, Claudius zu heiraten? Doch diese Ehe, deren Gründe er sehr wohl verstand, hatte ihm einigen Kummer bereitet. Er hatte es mir selber gestanden, und ich glaubte ihm. Er wußte aber auch, daß es hier um höchste Staatsinteressen ging, im Vergleich zu denen unsere Liebesspiele mir ziemlich belanglos vorkamen. Seltsamerweise haben wir uns bei unseren Rendezvous nie über Staatsgeschäfte unterhalten. Er hat es vielleicht aus Rücksichtnahme – oder Vorsicht? – vermieden.

Wenn ich mir selbst gegenüber ehrlich bin, muß ich jedoch

gestehen, daß ich mich der Liebeslust nie gänzlich hingegeben habe. Die Arme, die mich umschlingen, sind keine Bande, die mich bezwingen. Absolut nicht! Selbst auf dem Höhepunkt der Zärtlichkeiten bin ich es, die den andern in Abhängigkeit hält. Und wenn er wieder bei Sinnen ist und mich, wie unsere gegenseitige Höflichkeit es erfordert, *domina* nennt, scheint kein Kosewort mir mehr wahr. Er ist der Diener, und ich bin die Herrin. Mein eigener Körper ist für mich in erster Linie ein Mittel, um einen Mann zu beherrschen, und nicht, um mir Lust zu verschaffen. Trotz der flüchtigen Schwäche meiner Sinne, die den Beschützerinstinkt des Liebhabers weckt und so seiner männlichen Eitelkeit schmeichelt, bleibt mein Wille intakt. Bei mir bleibt Amors Pfeil nicht lang in der Wunde stecken. Bei dem liebenden Mann aber, so war mir klar geworden, war das völlig anders. Ich habe nie ein Bild vergessen, das die Liebe zwischen Venus und Mars darstellt. Es zeigt den Gott, »von der ewigen Wunde der Liebe besiegt«, als Gefangenen der Göttin. Sie hält ihn fest unter ihrem Leib, so daß sein ganzes Wesen, Atmen, Leben, Denken in diesem Augenblick seiner Geliebten untertan sind – eine Revanche, oder eher ein Ausgleich der Autorität, welche Rom den Männern über ihre Gefährtinnen einzuräumen scheint, die aber häufig nichts weiter ist als eine Illusion ihres Stolzes.

In meiner Beziehung mit Pallas war es immer so, daß ich die Herrin war und er mein Knecht, und das keineswegs, weil er ein Freigelassener war und ich frei von Geburt. Der Unterschied der Herkunft war bei uns inzwischen bedeutungslos. Wenn er sich im Palast kraft seines Amtes um die Finanzen des kaiserlichen Haushalts kümmerte, dann konnte er nach seinem eigenen Gutdünken handeln und ließ sich dabei auch nicht dreinreden – was mir übrigens keinesfalls mißfiel, da ich Geld schon immer geschätzt habe. Wenn er jedoch, während einer Abwesenheit von Claudius, zu mir kam, dann ging die Seele dieses Mannes, der sonst kühl kalkulieren konnte, ganz in mir auf.

Manchmal ertappte ich mich dabei, ihn zu bedauern, hegte fast mütterliche Gefühle. Davor mußte ich mich hüten. Ich hatte Nero, Grund genug, mich glücklich zu schätzen. Dem einzigen Gegenstand, dem meine Sorgen und meine Liebe galten, war Nero. Als Mutter beherrschte ich ihn (weniger als ich dachte), ohne ihn körperlich erobern zu müssen. Doch wie lange noch? Ein ungutes Gefühl ließ mich schwere Zeiten vorausahnen. Welches Bild hatte er von mir? Wie beurteilte er mich? Würde er sich meiner schämen, wenn er erfahren würde, was für ein Leben ich geführt hatte?

Er könnte mir bestimmt mangelnde Enthaltsamkeit vorwerfen, die Reinheit des Körpers verletzt zu haben, die von römischen Männern als die wesentliche Tugend der Frau angesehen wird – nicht ohne Heuchelei, da die meisten alles Erdenkliche tun, um sie von eben dieser Tugend abzubringen.

Seit Crispus' Verscheiden hätte ich meine Tage und meine Nächte allein verbringen sollen. Ich kenne aber nur sehr wenige Frauen, die sich an diese Regel halten. Unsere Großmutter Antonia war dafür berühmt geworden, daß sie nach dem Tode ihres Mannes keusch blieb. Aber es hieß, daß er außer ihr auch keine andere Frau gekannt hat. Unsere Mutter war ohne die Gesellschaft und den Halt eines Mannes alt geworden. Ich habe allerdings auch die leiblichen und seelischen Auswirkungen ihrer Keuschheit beobachten können. Ich verdankte es Pallas, daß ich altern konnte, ohne unter den Ängsten der Einsamkeit leiden zu müssen.

Ich habe, ich muß es bekennen, noch andere Liebesabenteuer gehabt. Kurze Affären, die mein Herz nicht sonderlich berührt haben. An meine Beziehung mit Gaius dachte ich nicht mehr gern zurück. Inzwischen war mir Pallas genug.

Aber warum sollte ich mich wegen eines Urteils aufregen, das Nero möglicherweise nie im Traum abgeben würde? Ich mußte vielmehr einer handgreiflicheren Gefahr ins Auge sehen, die nicht sentimentaler, sondern politischer Natur war. Ich fühlte mich zunehmend bedroht, und bald hatte ich den Beweis in der Hand. Ich hatte Nero, wie bereits erwähnt, das Wohlwollen der Patres durch die Zusage verschafft, daß sie unter der neuen Herrschaft die alten Prärogative erhalten würden. Nero hatte es ihnen dann in seiner ersten Rede im Senat selbst versprochen, und das Versprechen war eingehalten worden.

Die Realität dieser neuen Politik schien mir nun aber auf gefährliche Weise die kaiserliche Macht zu schmälern. Außerdem empfand ich, so wenig logisch das auch klingen mag, großen Widerwillen gegenüber Maßnahmen, die in so krassem Widerspruch zu Claudius' damaliger Politik standen. Mir erschien es so, als ob man damit irgendwie eine Ruchlosigkeit beging, an der ich keinen Anteil haben wollte. Das war, wie ich mir heute sagen muß, völlig absurd. Doch ich konnte mich dessen damals nicht erwehren, und empfand daher eine dumpfe Abneigung, das Vermächtnis eines Mannes zu verraten, der inzwischen ein Gott war, den ich sogar selber zum Gott gemacht hatte. Vielleicht ist es leichter zu verstehen, wenn ich es anders formuliere: Ich erlebte das als Minderung meiner eigenen Macht, als Ablehnung all dessen, was dem Zeitraum angehörte, als ich die Gattin des Princeps gewesen war, gewissermaßen als Auslöschen eines Teils von meinem eigenen Leben.

Daher hatte ich das Bedürfnis, mir selbst meine Macht zu

bestätigen. Ich griff zu einer List, die erfolglos blieb und den wenigen Einfluß, den ich hatte, nur noch weiter verringerte.

Ich bat darum – und die Bitte wurde mir auch gewährt –, daß der Senat nicht in der traditionellen Curia zusammentritt, sondern zumindestens für die feierlichen und besonders wichtigen Sitzungen im Palast auf dem Palatinus. Für diesen Zweck wurde ein Saal hergerichtet, der mit einem, durch einen Vorhang abgetrennten, kleinen Kabinett verbunden war. In dieser kleinen Kammer ließ ich mich dann nieder, um zuzuhören, ohne gesehen zu werden. Auf die Weise war ich über die Debatten und anschließenden Beschlüsse auf dem laufenden. Aber zuzuhören, ohne je ein Wort zu sagen – das war ein Spionieren, das mir rasch auf die Nerven ging. Bald wurde ich der Situation müde, die mir kaum konkreten Nutzen brachte, mir jedoch auf schmerzliche Weise meine Ohnmacht bewußt werden ließ. Ich durfte auch dann nicht eingreifen, wenn irgendein Senator ganz besonders ärgerliche Anträge stellte, die mich so in Rage versetzten, daß ich mich kaum mehr zu beherrschen vermochte. Das konnte einfach nicht gutgehen.

Kurz nach Neros Machtantritt trat der Senat in diesem Saal zu einer Sitzung zusammen, als der Princeps armenische Fürsten empfing, die öffentlich ihre Anliegen vortragen wollten. Sie beklagten, daß ihr Land vom König der Parther angegriffen worden war, und baten die Römer um Hilfe. Nun war das ein nie gelöstes Problem, über das ich vieles zu sagen hatte. Und im übrigen entbehrte das, was ich da hören mußte, jeglicher Wahrheit. Die Rede der Botschafter mit ihren Ungenauigkeiten und Lügen zielte genau darauf ab, die Patres zu verwirren, und hätte sie zu einer für uns katastrophalen Entscheidung veranlassen können. Ich konnte es schließlich einfach nicht mehr aushalten, kam aus meinem Versteck hervor und ging langsam und majestätisch hinüber zur Tribüne des Princeps am anderen Ende des Saales. Als die Senatoren meine Schritte vernahmen, drehten sich alle nach mir um. In den Gesichtern zeigte sich Verblüffung und sogar Entsetzen, als ob ein Blitz in die Versammlung eingeschlagen wäre. Das hochheilige Ritual war gestört – das Verbot, das die Frauen von jeder Beteiligung an der Staatsführung ausschloß, dies Verbot, das nie aufgehoben worden war, wurde hier verletzt, von mir und zwar mit voller Absicht. Was würde nun geschehen?

Das Aufsehen, das mein Erscheinen verursachte, hat mich damals ziemlich befriedigt. War das der Beginn einer neuen Epoche im Leben Roms? Es war ja nicht das erste Mal, daß Frauen sich offen in Angelegenheiten der Stadt einschalteten. Sie hatten oft in Massen vor der Curia demonstriert, um den Beschluß oder die Annullierung des einen oder anderen Gesetzes zu fordern. Aber es war noch nie vorgekommen, daß eine Frau ganz für sich allein mit der offenkundigen Absicht unter die Senatoren getreten war, an ihrer Sitzung teilzunehmen. Würde meine Geste ausreichen, um eine neue Tradition zu begründen? Vielleicht wäre das möglich gewesen, wenn Seneca, der mit Burrus neben dem Princeps saß, nicht eingegriffen hätte. Nach der ersten Überraschung stand er auf und wechselte ein paar Worte mit Nero. Dann stiegen sie gemeinsam von der Tribüne herunter und kamen langsam auf mich zu. Ich hatte die Mitte des Saales noch nicht erreicht, als sie vor mir standen und mich in aller Höflichkeit grüßten. Nero umarmte mich. Anschließend geleiteten mich beide ehrfurchtsvoll zur Tür und schritten mit mir zusammen über die Schwelle. Die Sitzung war beendet. Außer in den Augen der Barbaren war die Ehre der Römer unangetastet. Ich aber fühlte mich tief erniedrigt und enttäuscht. Deutlicher hätte man mir gar nicht zu verstehen geben können, daß ich meine Befugnisse überschritten hatte, die man mir stillschweigend eingeräumt hatte. Und mir wurde ebenfalls klar, daß eine Frau ihren Sohn an die Macht bringen kann und alle Welt die Augen vor den Verbrechen verschließt, aber war dieses Ziel erreicht, so wurde sie nicht mehr benötigt.

Es wurde unübersehbar, daß Nero sich meinem Einfluß immer mehr entzog und nur noch Seneca als Berater akzeptierte. Es gab Gerüchte, die besagten, daß sich zwischen den beiden mehr als nur eine Freundschaft entwickelt hatte. An so etwas hatte ich niemals gedacht. Ich wußte ja aus eigener Erfahrung, welche Faszination von Seneca ausgehen konnte. Es überraschte mich keineswegs, daß auch Nero, noch immer ein Heranwachsender, sich davon verführen ließ. Die Ratschläge des Meisters bestätigten Empfindungen und Impulse, die für ihn natürlich waren. Wenn Seneca ihm klarmachte, daß Macht sich nur durch Milde wirklich entfaltet, so verstand Nero, daß man von ihm verlangte, das Recht über Leben und Tod, das seine Vorgänger maßlos ausgenutzt hatten, nicht leichtfertig auszuüben. Das paßte auch zu seiner spontanen Abscheu, einen Menschen zum Tode zu verurteilen, wie er es mir im Falle von Narcissus gestanden hatte. Den Römern waren die Worte geläufig, die er einmal bei der Unterzeichnung eines Hinrichtungsbefehls gemurmelt hatte. »Ich wünschte mir, daß ich nicht schreiben könnte!« Welche Erleichterung nach Claudius' Grausamkeiten!

Sollte ich mich darüber freuen? Würde mir Seneca Nero streitig machen?

Bald sah ich eine neue Gefahr am Horizont auftauchen. Nero hatte nun das Alter erreicht, in dem man anfängt, sich für das andere Geschlecht zu interessieren. Kein Zweifel, daß Frauen ihn anzogen. Ich hatte ihn dabei überrascht, als er einer jungen Palastsklavin nachsah, eine gewisse Acte, eine Griechin, die vielleicht aus Attika kam oder aus Pergamon. Einen gewissen Charme und eine gewisse Schönheit konnte man ihr nicht absprechen. Ich glaubte zunächst, daß die Zuneigung meines Sohnes für sie das Maß des Erlaubten nicht überschreiten würde. Ich war zumindest fest entschlossen, alles zu tun, damit er sie nicht als Mätresse nahm. Sie könnte ihn dominieren wollen, wie ich es aus eigener Erfahrung wußte. Ich wollte die Zeit der Liebeleien um jeden Preis hinauszögern – jene Zeit, in der Herkules Omphale begegnet war.

Bis jetzt war Nero vor solcher Versklavung geschützt gewesen, denn für seine Ehefrau Octavia empfand er eine richtige Abscheu. Nach einigen wenigen geteilten Nächten zu Beginn ihrer Ehe hatten sie kein gemeinsames Leben mehr geführt. Aber nun gab es da diese Acte, deren Anwesenheit im Palast mir Sorgen machte. Eine Zeitlang war ich blind für die Wahrheit. Während ich noch eine kleine, folgenlose Affäre vermutete, war sie in Wirklichkeit bereits Neros Mätresse geworden. Er hatte sich in sie verliebt. Im Gefolge Neros hatte sich jedoch eine Verschwörung gebildet, um mir eine solche Liebschaft zu verheimlichen. Daran beteiligte sich sogar Seneca! Einige Indizien deuteten darauf hin, daß er der Initiator gewesen war. Als Erklärung dafür, wieso dieses Mädchen sich oft in teurer Toilette und mit Juwelen zeigte, die ihrem Stande überhaupt nicht angemessen waren, hatte man sie mir nämlich als Gefährtin eines gewissen Serenus präsentiert. Serenus war ein junger Verwandter Senecas – der für seine Geschenke an Acte kritisiert wurde, welche aber in Wahrheit von Nero stammten. Pallas klärte mich auf, da er über die Ausgaben des Princeps Buch führte. Ich war besonders empört über Senecas Rolle in dieser Intrige, die darauf abzielte, mir jede Macht über meinen Sohn zu entziehen. Ich ließ ihn zu mir rufen und beschimpfte ihn:

»Ich hatte dich beauftragt, Seneca, meinen Sohn auszubilden, ihn zu lehren, ein tugendsames Leben zu führen. Nun muß ich aber durch jemand anderen erfahren, daß er in ein Mädchen ohne Herkunft verliebt ist – kaum besser als eine Kurtisane. Was mich jedoch am meisten ärgert, ist die Tatsache, daß sich alle verschworen haben, dies elende Abenteuer vor mir zu kaschieren. Ich muß hinzufügen, daß es die kaiserliche Kasse teuer zu stehen kommt. Du hast bei dieser Intrige mitgemischt. Von einem Freund hätte ich das nicht erwartet. Kannst du mir erklären, warum du es getan hast?«

»Meine liebe Agrippina«, antwortete er, »ich verstehe deinen Zorn und deine Empörung, aber ich bitte dich, mir geduldig zuzuhören. Wie du weißt, gibt es bei heranwachsenden Männern einen Zeitpunkt, an dem man das Verlangen der Natur nicht mehr unterdrücken kann. Dies gilt momentan für Nero. Leider verabscheut er aber seine Frau. Die Gründe sind mir nicht bekannt. Sie bleiben das persönliche Geheimnis der beiden. Aber es ist eindeutig so, daß die Götter der Liebe für Nero eine andere Wahl getroffen haben. Ich weiß nur, daß die Leidenschaft der Liebe eine harte Herrin ist, die Verstand und Willen vereinnahmt und einer andern Person übergibt. Das ist dir selbst nicht unbekannt, Agrippina ... Wundere dich nicht, daß dein Sohn dem gleichen Weg folgt.«

»Ja, das weiß ich wohl. Ich habe doch nicht mein Gedächtnis verloren! Aber warum soll ich als Schwiegertochter ein Mädchen akzeptieren, die bloß eine Magd ist? Warum liebt er nicht Octavia, wie es seine Pflicht ist? Und hattest du selbst nicht den Auftrag, ihn zu lehren, seine Leidenschaften zu beherrschen?«

»Das scheint mir eine Kunst, Agrippina, in der du nicht

gerade glänzt, wenn du dich über die Entdeckung entrüstest, daß dein Sohn auch nur ein Mensch ist. Wenn wir nicht gewußt hätten, wie rasch die Empörung dich packt, dann hätten wir es kaum für notwendig gehalten, dir die Amouren von Nero und Acte zu verbergen. Sie ist eine Magd, sagst du. Gewiß, sie wurde als Sklavin geboren, aber sie ist eine Freigelassene und versichert, daß sie von den Königen von Pergamon abstammt – so wie Pallas von den Königen Arkadiens abstammt. Und selbst wenn es nicht stimmt – dann ist es gar nicht schlecht für ihn, die Täuschungen der Liebe kennenzulernen. Du bedauerst, daß er keine Liebe für seine Gattin empfindet. Ich an deiner Stelle würde mich darüber freuen. Eine übermäßige Liebe, selbst für die eigene Frau, schadet der Seele mehr, als eine Mätresse zu haben. Erinnerst du dich an die Geschichte von diesem Mann, er war politisch gar nicht unbedeutend, der sich vor dem Ausgehen allmorgendlich unter seiner Tunika ein Kleidungsstück seiner Frau um die Brust band? Die beiden tranken stets aus derselben Schale, nie aus einer anderen. Ihre Liebe war legitim, ihre Exzesse keineswegs. Es ändert nicht viel, wenn man für sein Verrücktsein einen ehrenwerten Grund hat. Das solltest du bedenken und noch etwas: Du wirfst Acte ihre vermeintlich niedere Herkunft vor und solltest darüber doch froh sein. Wäre es dir denn lieber, daß Nero sich an Gaius ein Beispiel nimmt und ehrenwerte Frauen verführen würde? Der göttliche Augustus hat das getan, wie ich wohl weiß, aber er hat Livia nicht weggeschickt. Und sie hat ihm, wie du dich gewiß erinnerst, Mägde beschafft. Nero fängt mit ihnen an. Er ist klüger als der Gott!«

Was Seneca da an Argumenten anführte, waren Raffinessen, die man eher bei einem Sophisten als bei einem Philosophen erwartete. Und doch stimmten sie mich nachdenklich. Mich hatte der Gedanke nie gestört, daß Pallas ein Freigelassener war. Warum sollte ich da Acte ihre Herkunft vorwerfen? Wo lag der Unterschied? Daß Acte nie die legitime Frau Neros würde, stand ohnehin fest. Also mußte ich ihr gegenüber freundlich sein oder die Beziehung zumindest dulden, in der Hoffnung, daß ich meinen Sohn eines Tages wieder zu einem seiner Stellung gemäßen Verhalten bewegen könnte.

Durch das Gespräch mit Seneca begriff ich, daß mein Widerstand Nero nur in seiner Leidenschaft für Acte bestärkte. Er wurde um so eigensinniger, je mehr er den Eindruck gewann, sich seine Freiheit zu erkämpfen. Ich entschloß mich daher, meine Zustimmung zu zeigen und ihm so zu erkennen zu geben, daß er unrecht tat, mich zu belügen. Das wäre eine Möglichkeit, meinen Einfluß auf ihn zu behalten oder zurückzuerobern. Ich machte ihm also den Vorschlag, daß er sich mit Acte in meinem Privatgemach träfe – dort könnte er leichter geheimhalten, was er geheimzuhalten wünschte, als bei Rendezvous im Hause von Serena, oder, noch schlimmer, bei diesem Otho, in den er ganz vernarrt war.

Ich tat so, als ob ich bemerkte, daß es ihm an Geld mangelte, und gab ihm welches aus meinem Privatvermögen. Da ich ihn unbedingt wieder für mich gewinnen wollte, zeigte ich mich ihm gegenüber demütig und aufmerksam. Vielleicht zu sehr, denn Nero dankte zwar und erwiderte meine Liebkosungen, tat es jedoch mit einer spürbaren inneren Zurückhaltung, die mich betrübte. Das war so gar nicht mehr das spontane, liebevolle Kind, das ich gekannt hatte. Ich rechnete diese Reserviertheit dem Einfluß Actes zu. Aber vielleicht hatte sie damit überhaupt nichts zu tun? Was Nero und mich trennte und einander entfremdete, war nicht Acte, sondern vielmehr eine natürliche, unvermeidliche Entwicklung. Nach zahlreichen Gelegenheiten, Acte und Nero zusammen zu beobachten, ging mir allmählich auf, daß sie sich meines Sohnes gar nicht zu bemächtigen wünschte, sondern für ihn eine wahre Liebe empfand, die keinerlei Besitzanspruch stellte.

In Wirklichkeit wurde Nero immer unabhängiger von mir, weil er nach und nach seine Zukunft als Mann und Princeps entdeckte, in der es für mich keinen Platz mehr gab. Den Beweis dafür erhielt ich an dem Tage, als er mir einen Gefallen tun wollte. Er schickte mir ein wunderschönes Gewand, das früher einer Frau des Kaiserhauses gehört hatte, das immer in der Kleiderkammer des Palasts aufbewahrt worden war. Es stammte wahrscheinlich aus Syrien und war mit Perlen und Edelsteinen verziert. Statt mich zu freuen, machte mich dies unerwartete Geschenk, für das keinerlei Anlaß bestand, absolut wütend. Ich sandte es ihm sofort mit einer kurzen Notiz versehen zurück. Ich schrieb ihm, ob es mir in Zukunft verboten sei, mir im Palast das zu nehmen, was ich gerne hätte? Ob er mir die Güter in seiner Verfügungsgewalt nur deshalb entziehen wollte, weil ich sie ihm gegeben hatte?

Unter dieser Begebenheit hat meine Beziehung mit Nero sehr gelitten. Seine Rendezvous mit Acte fanden nicht mehr in meinen Gemächern statt. Um seine Verärgerung über mich deutlich zu machen, entließ er Pallas aus seinem Amt im Palast. Statt mich damit abzufinden, ließ ich meinem Zorn freien Lauf. Seneca versuchte mich zur Vernunft zu bringen. Aber ich hörte ihm nicht zu und schickte ihn wieder weg. Je mehr ich mich isoliert und ohne Stütze fühlte, desto mehr überließ ich mich meiner Wut. Ich verlor jede Vernunft und Vorsicht. Ich übernahm die Rolle, die einst Narcissus gespielt und die mich so beunruhigt hatte, daß ich ihn umbringen lassen wollte. Jedem, der mir zuhören wollte – auch Nero –, verkündete ich, daß es in Rom noch einen anderen wählbaren

Princeps gäbe, daß Britannicus alt genug sei, die Macht zu übernehmen, daß sein legitimer Anspruch größer sei als der Neros. Kurzum, ich beschwor die Situation wieder herauf, gegen die ich mit soviel Mühe angekämpft hatte. Ich war bereit, in der Öffentlichkeit all meine Verbrechen zu gestehen, alles, was ich begangen hatte, um Nero zum Kaiser zu machen. Ich schämte mich vor gar nichts mehr – aber hatte ich mich je geschämt? Alle Intrigen und Manöver, die ich jahrelang betrieben hatte, wurden ja nicht plötzlich verwerflich und verbrecherisch, nur weil ihr Nutznießer sich ihrer nun als unwürdig erwies.

Ich rechnete damit, daß mein Sohn vor meinem Zorn Angst bekäme. Daß er versuchen würde, mich zu besänftigen. Er wußte genau, daß es dafür nur ein Mittel gab: unser früheres Verhältnis wiederherzustellen, meine Ratschläge anzunehmen, mich privat über alle Angelegenheiten zu informieren. Es war ja nun mal nicht möglich, mich bei ihrer Erledigung unmittelbar einzuschalten. Mehr verlangte ich gar nicht. Ich sagte mir, daß Seneca dem Princeps vielleicht nicht gerade die beste Stütze war. Er schien nicht stark genug zu sein, um ein Kaiserreich zu führen. Ich hatte der Philosophie schon immer mißtraut. Sie erschien mir geeigneter, Dinge logisch zu beurteilen, als sie zu beherrschen. Waren seine Ansichten die richtigen für einen Herrscher über die Welt, nämlich alle Menschen als Kinder zu betrachten, deren leichter, beweglicher und stets unruhiger Geist nur unnütze Spiele schätzt? Gewiß, ein Philosoph kann über die Formen des politischen und gesellschaftlichen Lebens spotten, aber der normale Bürger nimmt sie ernst. Über sie ärgert und beklagt er sich. Was die Weisen als lächerlichen Firlefanz abtun, sind seine Wünsche, dafür arbeitet er, dafür begeht er manchmal Verbrechen.

Seneca hatte mir einmal von Ovids Schwiegersohn Cornelius Fedelius erzählt, der auf einer Senatssitzung in Tränen ausbrach, weil Domitius Corbulo ihn öffentlich einen gerupften Strauß genannt hatte. Seneca fand dieses Verhalten ziemlich lächerlich. Ich hatte damals gedacht, daß es um die Interessen des Staates schlecht bestellt sein muß, wenn die Senatoren sich untereinander derart beschimpfen!

Es schien mir nötig, Nero dem Einfluß von Seneca zu entziehen und ihm eine realistischere Auffassung von politischen Erfordernissen nahezubringen. Er hatte sich bereits mit einer öffentlichen Erklärung lächerlich gemacht, in der er verkündet hatte, bestimmte Steuern abzuschaffen. Solche Maßnahmen würden die Finanzkraft des Reiches schwächen. Das mußte Nero begreifen. Ja, es war offensichtlich, daß mein Sohn mich brauchte.

Mit diesen Argumenten rechtfertigte ich meinen Wutausbruch und meine Reaktion auf das Gefühl, Nero zu verlieren. Hatte ich aber die Risiken richtig eingeschätzt? Vielleicht war ich zu weit gegangen, zu drohen, einen Staatsstreich der Prätorianer zu provozieren? Ich hatte das zwar nicht öffentlich ausgesprochen, aber das Gerücht gelangte dennoch an die Öffentlichkeit. Man unterstellte mir sogar noch viel mehr Macht. Unplausibel klang das nicht, wie ich zugeben mußte. Denn diese Unterstellungen basierten auf einem Glauben, der mich seit meiner Jugend und der Zeit meines Vaters umgab, daß ich nämlich Trägerin eines Gottesgnadentums sei, das unsere Familie für die höchste Macht qualifizierte. Ich hatte angeblich erklärt, daß ich die Prätorianer leicht auf meine Seite ziehen könne, weil sie lieber der Tochter des Germanicus als dem geschwätzigen Seneca und dem einarmigen Burrus folgen würden. Ich will gar nicht leugnen, daß es stimmt. Aber daß man das auf dem Forum und den öffentlichen Plätzen bis zum Überdruß wiederholen würde – das hatte ich wirklich nicht beabsichtigt. Nero kannte mich, er würde schon verstehen, daß ich das während eines Wutausbruchs gesagt hatte, in einem dieser Anfälle, die mich manchmal einfach überkamen, die ich jedoch bald bereute.

Wie dem auch sei, die Ereignisse der folgenden Tage zeigten mir, daß Nero meine vermeintlichen Worte nicht auf die leichte Schulter nahm. Über den Tod von Britannicus, der vor meinen Augen gestorben ist, habe ich schon berichtet. Daß es sich um einen Mord handelt, steht außer Zweifel. Daß Nero in diesem nicht einmal vierzehnjährigen Kind für sich eine Bedrohung sah und deshalb ihn umbrachte, war sicherlich auch zum Teil auf meine Drohung zurückzuführen. Denn daß Claudius' leiblicher Sohn von sich aus die Idee gehabt haben könnte, die Prätorianer auf seine Seite zu bringen und die Macht zu fordern – das war schlicht undenkbar. Aber ich hätte ihn dazu bringen können. Und das wußte Nero. Als er seinen Bruder beseitigte, räumte er eine Waffe aus dem Weg, die ich hätte benützen können. Ich mußte mich vielleicht glücklich schätzen, daß er mich nicht direkt angriff. Mir gingen ständig die Worte von Balbillus durch den Sinn. Der erste Teil seiner Vorhersage war eingetroffen: Mein Sohn herrschte. Wann würde er den zweiten Teil ausführen? Britannicus' Tod bedeutete für mich nur einen zeitlichen Aufschub. Das Urteil war jedoch nicht aufgehoben.

Nero hatte Angst. Angst, seine Macht zu verlieren. Aber vielleicht überstiegen seine Ängste das, was er persönlich fühlte. So wie früher ich, so wie alle, die irgendwann einmal Verantwortung für das Kaiserreich gehabt hatten, spürte Nero die eine große Angst der Römer, die Angst vor dem Bürgerkrieg. Das konnte ich gut nachvollziehen. Diese

Angst war es nämlich gewesen, welche den aufeinanderfolgenden Kaisern die Macht gesichert hatte.

Nach der Regierungszeit des Augustus beherrschte nur eine Angst die Gemüter: daß das Schicksal für alles ein Ende vorgesehen hat, für Städte und ein Reich genauso wie für sterbliche Menschen. Daß immer ein Feind auftaucht, um ihren Untergang zu besiegeln. Aber die Macht Roms trotzte bis jetzt allen Feinden. Damit sich Roms Schicksal erfüllte, müßte Rom sich mit eigenen Händen zerreißen und sich selbst zerfleischen. Und genau das war geschehen, als Pompeius und Caesar sich die Stirn boten. Nur durch ein Wunder war unser Untergang verhindert worden. War es nur eine zeitliche Verzögerung?

Dieser Angst war ich mir bewußt, und ich warf mir vor, sie wieder heraufbeschworen zu haben. Meine vom Zorn diktierten Worte hatten allzu viele Erinnerungen wachgerufen. Und dann beging Britannicus noch eine Dummheit, die die Situation noch verschärfte. Es geschah bei einem Festmahl, an einem Abend während der ersten Saturnalien nach Claudius' Tod. Nero spielte mit anderen Jungen das übliche Spiel zum Jahresende, das darin besteht, einen Festkönig auszulosen. Nero war gewählt worden und befahl als Festkönig jedem einzelnen seiner Gefährten, dieses oder jenes zu tun. Es waren meist angenehme Dinge, die niemand beleidigen konnten. Als Britannicus an die Reihe kam, bat sein Bruder ihn, in die Mitte des Saales vorzutreten und zu singen. Wie er auf diese Idee gekommen ist, weiß ich nicht. Vielleicht weil er selber gern sang und zwischen sich und Britannicus gern einen Vergleich schuf, der zu seinem eigenen Vorteil ausfiel. Britannicus gehorchte, erhob sich und nahm zwischen den Liegen die Haltung eines Schauspielers an. Er begann ein Theater-*Canticum* zu singen – es ging um einen jungen

Prinzen, der durch einen unglücklichen Krieg seinen Rang verloren hatte, und in seinem Exil sang dieser Prinz, leidgeprüft und mittellos, nun von seinem Leid. Die Anspielung auf seine eigene Situation verstanden alle. Sie hörten dem Gesang schweigend und betroffen zu. Ein paar Jungen vergossen sogar Tränen. Alle empfanden Mitleid für den jungen Prinzen – für den des *canticum* und für den Sänger. Erst nach einiger Zeit wurde die Gesellschaft wieder lustiger.

Dieser Zwischenfall war wahrscheinlich der Auslöser gewesen. Nero blieb einen Augenblick lang still, bevor er Britannicus zu seinem Talent als Sänger beglückwünschte. Ich glaube, daß er sich genau in diesem Moment zu seinem Verbrechen entschloß. Er brachte ihn weniger als zwei Monate später um. Er holte sich zu diesem Zweck mal wieder Lucusta zu Hilfe, die wir damals noch immer im Palastkerker gefangenhielten. Er verlangte von ihr ein schnell wirkendes, tödliches Gift, das seinem Bruder keine Überlebenschance ließ. Er drohte, sie sofort zu töten, falls die Tat mißlänge. Daher starb Britannicus so schnell, wie von einem Dolch durchbohrt. Beim Verabreichen der tödlichen Dosis für seinen Bruder stieß Nero nicht auf solche Schwierigkeiten, mit denen ich bei Claudius zu kämpfen hatte. Die Ironie des Schicksals hat es so gefügt, daß ausgerechnet ich ihm indirekt den Weg geebnet hatte. Ich hatte nämlich dafür gesorgt, daß Britannicus' Gefolge aus skrupellosen Typen bestand, die zu allem bereit waren. Der vergiftete Wein wurde ihm von seinen Erziehern gereicht!

Es gab im Palast wie in der Stadt nirgends den geringsten Zweifel an der wahren Todesursache. Die Leute des Princeps hatten ja auch nichts unternommen, um sie zu verheimlichen. Ein Umstand, den niemand übersah: die Bestattung des Britannicus fand noch am gleichen Abend nach Anbruch der

Dunkelheit statt. Das beweist, daß die nötigen Vorbereitungen schon getroffen worden waren, als der junge Prinz noch am Leben war! Der Scheiterhaufen war schon an der für solche Zwecke reservierten Stelle errichtet, und so wurde die Asche des Britannicus im Denkmal des Augustus beigesetzt.

Es hätte nicht viel gefehlt, und der Scheiterhaufen wäre gar nicht angezündet worden. Es herrschte ein furchtbares Wetter. Es war Anfang Februar, eine Jahreszeit mit vielen heftigen Regenschauern. An diesem Abend regnete es nicht nur in Strömen, sondern ein Sturm, begleitet von einem schrecklichen Gewitter, tobte. Die Zeichen des göttlichen Zorns waren eindeutig. Aber gegen wen richtete er sich? Gegen Nero, der die Mordtat begangen hatte? Oder, noch schlimmer, gegen Rom, den Schauplatz dieses Greuels? Oder vielleicht gegen mich, weil ich die Durchführung beschleunigt hatte? Handelte es sich aber tatsächlich um Zorn? Vielleicht wollten die Götter nur das Ende der von Livia abstammenden Familie und, durch sie, der Claudier anzeigen? Davon war ich jedenfalls überzeugt. Gegen mich und meine Versuche, meinen Sohn mir gegenüber versöhnlich zu stimmen, teilten uns die Götter mit, daß für sie von nun an nur Nero zählte, der vom Blute Julias war und durch sie vom Blut des Augustus. Die Donnerschläge, die wir an diesem Abend gehört hatten, kündigten weder Mißstimmung noch Zorn der Götter an, sondern billigten die definitive und unbestreitbare Rückkehr der kaiserlichen Macht an diesen Zweig der Julier, deren einziger Vertreter seit dem Tode des Silanus Nero war. Da ich Claudius und dann Silanus umgebracht hatte, hatte ich dem Schicksal zugearbeitet. Mit der Vergiftung von Britannicus hatte Nero mein Werk gekrönt.

Diese Argumentation beruhigte mich. Nero teilte den Bürgern Roms mit, das Begräbnis seines Bruders habe noch in der

Nacht stattgefunden, weil die Beisetzung eines jungen Menschen nicht am Tag und ohne Lobesrede stattfinden sollte. Nero endete seine Ansprache mit der Klage, daß er der Hilfe beraubt worden sei, die sein Bruder ihm in der Verwaltung des Kaiserreiches einmal hätte bringen können. Er bat den Senat und das Volk, ihm ihre Liebe zu schenken. Am Schluß wies er noch darauf hin, daß er der am meisten zu Bedauernde sei, denn von einer Familie, die für die höchste Stellung im Staate vorherbestimmt wäre, sei nur noch er übriggeblieben.

Dieser Schluß gefiel mir ganz besonders. Er verkündete, was ich immer gefordert hatte: das göttliche Anrecht meines Stammes auf die Herrschaft des Kaiserreiches und des Universums. Damit wurde auf geschickte Weise unterstrichen, daß es im Staat für einen Rivalen keinen Platz mehr gab. Der innere Friede war wiederhergestellt. Dank diesem Kaiser war der Alptraum der Römer beschworen.

Hat Nero selbst geglaubt, was er da verkündete? Mir kamen Zweifel, als ich erfuhr, daß er seine engsten Freunde mit Geschenken und Geld überhäufte. Die beträchtlichen Güter, die Britannicus von seinem Vater geerbt hatte, verteilte Nero unter den Mitgliedern seines Rates. Auf diese Weise erhielt Seneca große Ländereien in Ägypten, die das Kernstück seines Vermögens wurden. Wie viele andere wurde auch Burrus bedacht. Das alles verriet Neros Angst. Es zeigte seinen Wunsch, sich mehr denn je mit Verbündeten zu umgeben, die ihm alles verdankten und deshalb in einer Krisensituation zu ihm halten würden. Aber glaubte er wirklich, daß ausgerechnet ich eine solche Krise auslösen könnte? Ich würde es doch nie mehr wagen, ihn zu tadeln und ihn öffentlich des Brudermordes anzuklagen, geschweige denn meine Drohnung wahr zu machen! Das hätte er doch begreifen müssen. Darf man denn dem Wutanfall einer Frau so große Bedeutung beimessen?

Ich bedauerte auch, daß Nero unter dem Vorwand, seine eigene Sicherheit zu stärken, Güter verschleuderte, die Claudius gehört hatten und jetzt mein persönliches Eigentum waren. Mußte er mir diese Schätze rauben?

In den Tagen nach Britannicus' Tod gelang es mir weder Seneca noch Burrus und selbstverständlich auch nicht Nero zu sprechen. Sie gingen mir aus dem Weg. Ich hatte nicht einmal mehr Pallas. Seit er sein Amt im Palast verloren hatte, weilte er meistens in einer seiner Villen in Kampanien. Dort hielt er sich auch in jenem Winter auf. So war ich völlig allein. Mit Britannicus' Tod war für mich eine Periode meines Lebens zu Ende gegangen, und ich stand vor einer großen Leere.

Wen konnte ich um Unterstützung bitten? Ich besaß noch einige Freunde in der Prätorianerkaserne, Offiziere, denen die Erinnerung an Germanicus teuer war, aber ich wagte es nicht, mich in ihrer Gesellschaft zu zeigen. Damit hätte ich nur denen einen Gefallen getan, die mich haßten und mich beschuldigten, einen Umsturz zu planen. Die Hoffnungen meines ganzen Lebens, die Früchte meiner Intrigen und meiner Verbrechen – alles entglitt mir. Was mir blieb, war nur der Haß, den ich in andern geweckt hatte, und die Schande des Scheiterns. Und das Allerschlimmste: Ich hatte das Vertrauen meines Sohnes verloren. Das bestätigte sich bald, als Nero mir die Bewachung durch Soldaten entzog, eine Ehre, die ich seit meiner Heirat mit Claudius genossen hatte. Daraufhin wurde ich auch noch gebeten, meine Gemächer im Palast zu räumen und mich im früheren Haus Antonias einzurichten.

Nero hatte es nicht einmal für nötig befunden, mich über

diese zwei Entscheidungen persönlich zu informieren. Es kränkte mich tief, daß ich von einem Tribun der Wache informiert wurde. Mir blieb nichts anderes übrig, als zu gehorchen.

In diesem alten Palast unserer Großmutter, wo ich lange Zeit mit Gaius gelebt hatte, schreibe ich diese letzten Seiten meiner Memoiren. Nun ist die Zeit für mich gekommen, in der Einsamkeit nach und nach eine alte Frau zu werden und die Qual zu erdulden, die damals Antonia und meine Mutter erleiden mußten. An ihren Händen klebte wenigstens kein Blut. Die Feinde, die sie sich vielleicht auch gemacht hatten, hegten gegen sie bloß gewöhnlichen Groll. Wohingegen ich mit dem Zorn meines eigenen Sohnes rechnen mußte. Er hatte nicht gezögert, auf bloßen Verdacht seinen Bruder zu ermorden. Würde er zögern, wenn er mich, seine Mutter, verdächtigte?

Was mich quält, ist weniger die Angst vor dem Schicksal, das mich erwartet, als die Gewißheit, das Vertrauen und die Liebe meines Sohnes verloren zu haben. Dieser Gedanke allein schnürt mir das Herz zusammen. Es ist eine ständige Folter, von der mich nicht einmal der Schlaf befreien kann. Vielleicht schaffe ich doch noch, mich von diesem Gefühl zu lösen. Ich will den Kampf nicht aufgeben. Ich werde mein Leiden ableugnen und die Intrigen vereiteln, die man sich bestimmt gegen mich ausdenken wird. Ich werde erst an dem Tage zum Sterben bereit sein, wenn ich nicht mehr daran zweifeln kann, daß Nero mich haßt.

Konsulat von Claudius Nero und L. Antistius.
Am dritten Tag vor den Maikalenden.

Ich hatte mir fest vorgenommen, diesen Bericht über mein Leben nicht mehr zu öffnen, nachdem ich ihn bis zu dem

Ereignis niedergeschrieben hatte, das für mich so wie für das Reich eine Katastrophe war – die Ermordung Britannicus'. Es war die Geschichte meines Mißerfolgs. Ich war jedoch fest entschlossen weiterzukämpfen, auch wenn der Kampf hoffnungslos erschien. Von hier an will ich von allen Ereignissen berichten, ganz gleich, wie sie ausgegangen sind. Es hilft mir selbst, Klarheit in die Geschehnisse zu bringen.

Wie erwartet, ließen die Intrigen gegen mich nicht lange auf sich warten. Unmittelbar nach Sonnenaufgang klopfte gestern morgen ein Trupp Soldaten an meine Tür. An ihrer Spitze Burrus persönlich, neben ihm Seneca. Was wollten sie um dieser Tageszeit bei mir? Ohne weitere Umstände erklärte Burrus in drohendem Ton: »Du mußt wissen, Agrippina, daß der Histrione Paris gestern abend im Palast erschienen ist, zu der Zeit, als der Princeps, wie es seine Art ist, den Abend beim Trinken einiger Schalen Wein verbrachte. Er habe, so sagte Paris, uns etwas Wichtiges mitzuteilen. Er sei gekommen, um eine Verschwörung anzuzeigen, die du, Agrippina, angezettelt hättest. Dein Plan wäre es, Nero zu stürzen und Rubellius Plautus an seine Stelle zu setzen. Sobald Plautus erst an der Macht wäre, würdest du ihn heiraten und wieder auf dem Palatin einziehen. Was hast du zu deiner Verteidigung vorzubringen?«

»Dazu kann ich nur sagen«, erwiderte ich, »daß an der ganzen Geschichte nichts wahr ist. Ich weiß aber wohl, woher dieses Gerücht kommt. Wenn Paris beauftragt war, mich zu denunzieren, dann hat ihn Domitia geschickt. Es ist allgemein bekannt, daß sie mich haßt. Sie hat es mir nie verzeihen, daß ich ihr ihren Mann, Crispus, weggenommen habe. Und ich kann mir auch vorstellen, daß sie dabei von ihrer engen Freundin Silana unterstützt wurde, die mich auch haßt, seit ich ihre Heirat mit dem schönen Africanus verhindert hatte.

Ich hoffe, daß Nero solchen Frauenklatsch nicht einen einzigen Augenblick lang geglaubt hat!«

In dem Moment schaltete sich Seneca in einem freundlicheren Ton ein: »Der Princeps hat es sogar so fest geglaubt – ich weiß es von ihm selbst –, daß er dich zuerst hinrichten lassen wollte. Ich habe versucht, ihn zur Vernunft zu bringen, indem ich ihm die ungeheure Dummheit solchen Vorhabens vor Augen führte. Er muß sich wenigstens deine Verteidigung anhören. Das ist der Grund unseres Besuches: dir die Möglichkeit einer Verteidigung zu geben.«

Ich mich verteidigen? Aber wie? Man kann seine eigene Unschuld beweisen, wenn der Gegner selbst keine Beweise liefert. Nun, woher sollte er Beweise haben? Er konnte gar keine haben. Seneca ging auf meine Bitte ein, mich zum Palast zu führen und mir Zugang zum Princeps zu verschaffen. Es war seit Britannicus' Tod mein erstes Gespräch mit Nero. Es war eine seltsame Begegnung. Keiner hatte für den andern eine zärtliche Geste oder ein freundliches Wort. Nero starrte mich mit wutverzerrtem Gesicht an, ohne auch nur einmal zu lächeln. Ich meinerseits hütete ich mich, an unsere frühere Zuneigung füreinander zu erinnern. Ich wollte bei ihm nicht den Eindruck erwecken, daß ich keine andere Verteidigung hatte. Außerdem sagte ich mir immer wieder, daß er einen Moment lang vorgehabt hatte, mich hinrichten zu lassen. Welch ein Unterschied zwischen diesem Sohn, der sich zum Richter seiner Mutter erhob, und dem jungen Princeps, der wenige Monate vorher bedauert hatte, schreiben zu können! Ich erinnerte mich, daß Angriff die beste Verteidigung sei, und verlangte die Bestrafung derer, die mich angeklagt hatten. Worauf ich mich ohne ein weiteres Wort zurückzog – ganz so, als ob mein Richter nicht mein Sohn wäre.

Heute erfuhr ich, daß er mir recht gegeben hat.

Konsulat von Q. Volusius und P. Cornelius Scipio.
Julikalenden.

Wir erlebten Nächte von Unruhen und Unfrieden. Schuld hatten daran Histrionengruppen und ihre Anhänger. Zwischen ihnen kommt es immer wieder zu Krawallen, die manchmal zu richtigen Schlachten ausarten. Früher hielten sie sich mehr zurück, doch Nero, der für Theaterleute immer eine Schwäche hat, hatte die Wachen abgezogen, die während der Vorstellungen für Ordnung sorgen sollten. Ich würde das alles nicht erwähnen, wenn ich nicht erfahren hätte, daß Nero selbst in den Straßen Roms bei Nacht Gewalttätigkeiten verübt. Als Sklave verkleidet, verunsichert er mit ein paar Freunden die Kneipen und Bordelle, plündert Läden und greift ehrbare Männer und Frauen an. Rom wird allabendlich zu einer Stadt, in der man sich nicht mehr ungefährdet bewegen kann.

Ich bin über solch ein Benehmen entsetzt. Anscheinend hat er keinen Sinn für die Würde seines eigenen Standes und scheint zu vergessen, was er als Herrscher dem Reich schuldet. Ist das das Blut des Germanicus? Ich entdecke da eher den Stempel seines leiblichen Vaters Domitius, der nicht zögerte, ein Kind mit seinem Wagen zu überfahren. Wenn Domitius mehrfach erklärt hat, daß mir und ihm nur ein Monster entspringen könnte, so hatte er recht, aber nur für die Hälfte unseres Sohnes, die ihm nachkam. Den Drang, anderen Menschen weh zu tun, die Feigheit, sich Schwächere als Opfer auszusuchen – das verdankt er diesem Vater. Ich begann, ihn zu fürchten.

Dank Seneca bin ich wieder in den Palatin aufgenommen. Man lädt mich ein, und man verrät mir auch manche Geheimnisse. Man fragt mich sogar um Rat. Aber ganz bin ich von dieser neuen Haltung mir gegenüber nicht überzeugt.

Weil einige der Fragen, die man mir stellt, durchaus eine heimliche Falle sein könnten. Zum Beispiel, wenn man beabsichtigt, die Freigelassenen zu bestrafen, die sich ihren früheren Herren und jetzigen Schutzherren gegenüber der Undankbarkeit schuldig gemacht haben, und dann mich dazu befragt – was soll ich antworten? Jeder denkt doch sofort an Pallas. War er Claudius gegenüber undankbar geworden, fiel er damit unter den Hammer des neuen Gesetzes? Ich verkündete schließlich, daß ich dazu keine Meinung habe, und damit hat sich die Sache. Da spielten einfach zu viele Interessenkreise hinein. Die Freigelassenen spielen im Staate eine viel zu große Rolle, als daß man etwas gegen sie unternehmen könnte. Das würde zu großen Umwälzungen führen.

Zweites Konsulat Neros und von L. Calpurnius Piso.
Aprilkalenden.

Seit ich wieder Zutritt im Palast habe, bin ich über viele Dinge auf dem laufenden. Eine recht seltsame Angelegenheit betrifft eine angesehene Dame, Pomponia Graecina, die ich gut kenne und sehr schätze. Bei den Oberpriestern ist gegen sie Anzeige erstattet worden mit der Beschuldigung, einem ausländischen Aberglauben anzuhängen, der für den Staat schädlich sein könnte.

Es stimmt, daß Graecina äußerst zurückgezogen lebt. Sie zeigt sich nie in der Öffentlichkeit, und wenn es doch gelingt, sie nach dem Grund solcher Abgeschiedenheit zu fragen, so antwortet sie, sie trauere um Julia, die frühere Gattin Neros. Nun ist Julia schon fast zwanzig Jahre tot: Es ist schwer zu glauben, daß Graecina, die außerdem nur eine entfernte Verwandte Julias ist, sich verpflichtet fühlt, so lange Zeit um sie zu trauern. Ihr seltsames Leben hat sicherlich andere Hintergründe. Die Indiskretion einer Magd habe angeblich enthüllt, daß sie daheim in einem dunklen Zimmer stundenlang vor dem Zeichen eines Kreuzes verharrt. Und eben deshalb ist sie denunziert worden. Welchem Gott huldigt sie? Zweifellos eine Gottheit der Unterwelt. Ist das Kreuz nicht das Symbol des Todes, der Folter der Sklaven? In der Umgebung von Kreuzen suchen Hexen und Hexenmeister nach den menschlichen Resten, die sie für ihren Zauber brauchen. Ist Graecina vielleicht eine Hexe? Das glaube ich kaum. Ich traue es ihr nicht zu, verbrecherische Praktiken auszuüben. Man weiß von ihr nur, daß sie gern aus Syrien und Palästina angereiste Leute empfängt und sich mit ihnen unterhält. Unterweisen die sie in einer neuen Religion? Vielleicht in einer Religion ihrer eigenen Götter? Und selbst wenn, so scheint mir das kaum eine Gefahr für das römische Reich. Ich finde es einfach nur traurig, daß sie sich damit von allen Freuden des Lebens isoliert.

In seiner Eigenschaft als Pontifex Maximus nahm Nero die Anzeige an, und überreichte gemäß dem Gesetz Graecinas Ehemann Plautius das Urteil – es ist dieser Plautius, der an Claudius' Feldzug in Britannien teilgenommen hatte. Plautius berief den Rat seiner Angehörigen und Freunde ein und zitierte Graecina dazu. Sie erklärten sie für unschuldig.

Dieser Schiedsspruch wurde heute bekannt, am Tage der Feierlichkeiten für Venus Verticordia, die Göttin, die das Herz der Frauen ändert. Wird Graecina zu einem menschlicheren Leben zurückkehren? Ich bezweifle es. Ich habe mich kürzlich mit Seneca über sie unterhalten. Er mißbilligt absolut alle, Frauen wie Männer, die sich unter irgendeinem Vorwand von der menschlichen Gemeinschaft ausschließen, innerhalb derer wir die Pflicht haben, immer eine heitere Miene zur Schau zu tragen. Die Traurigkeit, sagte er, ist ansteckend, und wir haben kein Recht, die Trübsal, die wir selbst empfinden, auf andere zu übertragen. Seine Freunde, die Philosophen, halten die Traurigkeit für ein Laster der Seele, das im Widerspruch zum Leben steht. Beim Verlust eines geliebten Menschen sei es natürlich, ihn zu beweinen und zu seufzen, es sei jedoch notwendig zu akzeptieren, daß man nicht ewig trauern kann, sonst wird es zu einer Leidenschaft, die so gefährlich ist wie Liebe, Ehrgeiz und Habgier. Ich kann einfach nicht glauben, daß Graecina nach all den Jahren wirklich noch immer um Julia weint. Ich würde mir eher denken, daß sie in solchem Kummer eine andere Befriedigung sucht. Könnte es möglich sein, daß sie damit der Toten eine Art von Ehrerbietung darbringt?

Seneca und ich kamen zu dem Schluß, daß Graecina mit der so lang Betrauerten im Geiste weiterleben will. Besteht nicht zwischen den Seelen der Lebenden und der Toten eine wahre Gemeinschaft? Seneca versicherte es mir. Er spricht von den Dämonen als Toten, die auf halbem Weg zwischen dem Himmel der Götter und der Erde der Menschen umherirren. Ich bin nahe daran, ihm zu glauben.

Drittes Konsulat Neros und von Valerius Messalla. Mainonen.

Heute habe ich erstmals Sabina Poppea flüchtig gesehen, die neue Leidenschaft Neros. Sie ist eine gutaussehende Frau, die sich des Rufes der Schönheit ihrer Mutter würdig zeigt. Das ist zumindest der Eindruck, den sie vermitteln will, und ich würde mich hüten, Widerspruch zu äußern. In Wirklichkeit mag ich die gelbliche Farbe ihres Haares ganz und gar nicht. Sie kämmt es auf eine sonderbare Art. Sie zieht ihre Locken über den Kopf und flicht einen Zopf, der ihre Stirn in Augenhöhe kreuzt. Ich finde die Frisur gänzlich unpassend. Ihr milchweißes Gesicht hat feine Züge, und Poppea würde einen

Liebreiz ausstrahlen, wenn sie nicht die ganze Zeit über kokettieren würde, selbst dann, wenn niemand vor ihr steht. Ich sah sie nur ganz kurz, aber es reicht, um mir ein klares Bild von ihr zu machen. Ich mag den Ausdruck ihrer Augen nicht. Ich könnte mir vorstellen, daß sie eine berechnende, in sich selbst verliebte Frau ist.

Als ich sie beim Vorübergehen bemerkte, kam sie mir wie eine goldweiße Erscheinung vor. Sie trug eine lange, mit Gold bestickte Seidentunika; für meinen Geschmack war die Tunika zu breit, aber dafür wird Poppea wohl ihre Gründe haben. Ich konnte gerade noch sehen, daß an jedem Finger ein Ring mit einem Edelstein steckte. Außerdem trug sie eine endlose Perlenhalskette. Als sie hinter einem Vorhang verschwand, sah ich als letztes von ihr noch einen mit Goldfäden durchzogenen Schuh.

Sie hatte – oder nahm sich – die Zeit, mich zu grüßen. Sie suchte zweifellos Nero. Ich fürchte sehr, daß sie ihn jedesmal finden wird, wenn sie ihn haben will. Zu unserem Unglück, fürchte ich, und sehr wahrscheinlich auch zu seinem. Sie ist von diesem hassenswerten Nero-Günstling Otho im Palast eingeführt worden. Ich glaube, sie wird Nero bald von der Umwelt isolieren, um ihn für sich allein zu haben.

Septemberiden.

Ich werde Acte im Hause Antonias empfangen, wo ich von Zeit zu Zeit weile. Acte hatte darum gebeten, mich zu sprechen. Sie wollte mit mir über Nero reden. Er entfernt sich mehr und mehr von ihr. Er wird immer mehr von Poppea dominiert, die ohne Rivalin zu herrschen beabsichtigt. Otho bereut es schon, daß er die beiden zusammengebracht hatte. Er tat es mit dem Hintergedanken, seinen Einfluß auf Nero zu sichern. Doch jetzt wird er selbst als störend empfunden. Sie spielt einen gegen den anderen aus. Sie macht Nero glauben, daß sie sich ihm nur hingeben wird, wenn er sie heiratet. Sie sei, so behauptet sie, Otho verbunden. Warum solle sie Otho verlassen, um die Rivalin einer Magd zu werden? Sie treibt es so weit, daß Nero beschlossen hat, Otho aus Rom zu verbannen.

Acte sorgt sich, daß der Princeps sich unter Poppeas Einfluß noch stärker als bisher seinen Vergnügungen hingeben würde und überhaupt keine Grenzen mehr erkennen könnte. Acte selbst ist bereit, sich ganz zurückzunehmen. Sie stellt keine Ansprüche. Sie wird Nero im stillen weiterhin lieben. Aber er sollte wenigstens er selber bleiben, er sollte nicht zum Spielzeug dieser Frau werden, die das Theater von Bescheidenheit und ehelicher Treue spielt. Sie zeigt sich in der Öffentlichkeit sogar nur verschleiert, aber wahrscheinlich nur deshalb, weil sie es für vorteilhaft hält, Neugier zu erwecken. Acte bat mich, alles zu tun, um Nero Poppea zu entreißen.

Ich bin von ihrer Treue zu meinem Sohn tiefbewegt und fühle mich geschmeichelt, daß sie mir noch ein wenig Einfluß auf Nero zugesteht. Aber hat sie recht, das zu glauben, oder täuscht sie sich?

Konsulat von G. Vipstanus und C. Fonteius.
Januariden.

Ich muß mich damit abfinden, muß mich geschlagen geben. Gegen Poppea, gegen Neros Leidenschaft für sie bin ich machtlos. Sie bedrängt ihn, sie zu heiraten. Dazu soll er Octavia verstoßen. Solange ich überhaupt noch etwas Einfluß auf ihn habe, wird er das nicht tun. Dafür habe ich nichts unversucht gelassen, habe ich alles geopfert! Ich habe mich ihm während der Saturnalien angeboten. Ich bin mit ihm in seine Sänfte gestiegen und habe ihn an mich gedrückt. Wir haben Küsse getauscht, die keineswegs die Küsse zwischen Mutter und Sohn waren. Unsere Liebkosungen hörten auf, als die Sänfte anhielt. Wir waren angekommen. Ich mußte einen weiteren Versuch machen.

Am Abend war es mir gelungen, mich zu Nero zu schleichen, als er sich nach dem Gelage zurückzog. Aber in dem Augenblick, als ich sein Zimmer betreten wollte, stand plötzlich Seneca vor mir. Er hielt mich fest und forderte mich in scharfem Tonfall auf, ihm zu folgen. Als wir allein waren, sprach er mit einer ganz ungewohnten Strenge mit mir. Er fragte, ob ich den Verstand verloren hätte, ob ich die Folgen eines solchen Inzests bedacht hätte – Nero, so räumte Seneca ein, sei willens, ihn zu begehen, doch er, Seneca, war fest entschlossen, ihn zu verhindern. Vom Volk war meine Ehe mit meinem Onkel nie akzeptiert worden, man empfand sie schon immer noch als inzestuös. Ein weiterer Inzest, diesmal mit meinem leiblichen Sohn, würde zu ernsten Unruhen führen. Einen durch solches Verbrechen verunreinigten Princeps würden weder die Senatoren noch die einfachen Bürger, und schon gar nicht die Soldaten an der Macht lassen. Die Götter selber würden es ihm nicht gestatten. Bevor ich derartige Mittel einsetzen müsse, um Einfluß auf meinen Sohn zu behalten, sollte ich doch lieber akzeptieren, ihn verloren zu haben. Seneca fügte hinzu, er hätte Acte damit beauftragt, Nero vor diesem Inzest zu warnen, und der Princeps hätte die Argumente eingesehen.

Dann sollte er eben Poppea heiraten. Man mußte zustimmen, da seine Ehe mit Octavia nur noch auf dem Papier bestand. Poppea hatte ihre Fruchtbarkeit bewiesen. Sie würde Nero gewiß die Kinder schenken, die er sich so leidenschaftlich wünschte. Seneca gab mir den Rat, Rom für einige Zeit zu verlassen, um unsere Versöhnung zu garantieren. Auf die Weise würde man den Gerüchten ein Ende machen, die bereits in Umlauf gekommen seien.

Ich reise morgen nach Tusculum, in die Villa, die Crispus so gern hatte. Aber ich werde nach Antium weiterfahren, um dort das Zimmer wiederzusehen, in dem ich Nero zur Welt brachte. Ich werde die Morgensonne grüßen, deren Vorhersage bestätigt wurde.

Am vierzehnten Tag vor den Aprilkalenden.

Heute morgen bekam ich einen Brief von Nero. Er hält sich in Baiae auf, wo er die Festtage der Quinquatrus begeht. Er lädt mich zu sich in seine Villa in Bauli ein. In diesem Brief erklärte er mir seine Liebe, die nie aufgehört hat. Er fügte hinzu, daß wir während des Abendessens über das alles und über die Zukunft reden werden. Er gibt zu, viele Vorwürfe verdient zu haben, weil er mir seine Liebe nicht besser gezeigt habe, und daß ich gute Gründe gehabt hätte, wenn ich manchmal auf ihn zornig gewesen wäre. Ich werde meinen Sohn wiederfinden!

Novissima Verba

Was ich jetzt auf dieser Seite niederschreiben werde, sind meine letzten Worte. Ich weiß, daß ich sterben muß. Ich warte auf den Menschen, den Nero mir schickt, um mich umzubringen. Ach! Diese Heuchelei, dieser so liebe Brief, mit dem er mich nach Bauli gelockt hat. Mir waren ein paar Zweifel gekommen, aber ich hatte einfach nicht gewagt, sie mir einzugestehen. Außerdem hatte er sich bei diesem Abendessen mir gegenüber so zärtlich und respektvoll verhalten. Das alles nur, um mich durch einen vorgetäuschten Schiffbruch umzubringen. Die Decke der Kabine, die plötzlich einstürzte, und den unglücklichen Gallus erschlägt, der mich begleitete. Das Schiff, das sich auf einmal zusehends auf eine Seite neigt und mich ins Meer wirft. Falls ich noch Zweifel gehabt hatte, so wurden sie beim Anblick der Matrosen zerstreut, die meine arme Acerronia, die Gefährtin meines Lebens, mit ihren Rudern unter Wasser drückten.

Er wollte mich umbringen. Er wird es noch tun. Um Poppea zu gefallen. Nicht er ist mein Feind, sie ist es. Die Götter, die den Vatermord rächen, werden sie nicht ungestraft davonkommen lassen. Aber möge der Himmel es fügen, daß er, der nur ihr Werkzeug ist, lang genug lebt, um sich der Tage zu erinnern, als ich ihn bei mir hatte, der Tage, da er mich liebte.